杏林春暖

弘揚中國文化

講好中醫故事

為歷代中醫先賢故事集而書

歲次甲辰二月 東升

恭賀許君大作杏林春暖

杏林千秋春光暖

弘揚名家濟蒼生

中華中醫藥學會國際針法經方專家
委員會　甲辰年孟春月中浣　後學吳漢卿書

杏林春暖

苇忠碧

博學廣識揚國粹

聖方今開傳杏林

賀杏林春暖大作問世

甲辰之春

龙起升作

讲好中医故事 弘扬中国文化

甲辰春月冯少斌

许连纯　编著
任　毅　插图

杏林春暖

古代中医药名家传奇故事

郑州大学出版社

图书在版编目（CIP）数据

杏林春暖：古代中医药名家传奇故事／许连纯编著. -- 郑州：郑州大学出版社，2024.5

ISBN 978-7-5773-0290-4

Ⅰ.①杏… Ⅱ.①许… Ⅲ.①中医学－医药人物－列传－中国－古代 Ⅳ.①K826.2

中国国家版本馆 CIP 数据核字（2024）第 074013 号

杏林春暖

XINGLIN CHUNNUAN

策划编辑	李龙传	封面设计	苏永生
责任编辑	李龙传　王飞峰	版式设计	苏永生
责任校对	薛　晗	责任监制	李瑞卿

出版发行	郑州大学出版社	地　　址	郑州市大学路 40 号（450052）
出 版 人	孙保营	网　　址	http://www.zzup.cn
经　　销	全国新华书店	发行电话	0371-66966070
印　　刷	河南瑞之光印刷股份有限公司		
开　　本	787 mm×1 092 mm　1 / 16	插　　页	4
印　　张	36.75	字　　数	435 千字
版　　次	2024 年 5 月第 1 版	印　　次	2024 年 5 月第 1 次印刷

书　　号	ISBN 978-7-5773-0290-4	定　　价	198.00 元

序 一

　　自小养成的习惯,看书首先看序言。一篇序言,会引领你进入这部书的"独立世界",领略书籍的缤纷多彩,浏览书中的精彩内涵!

　　好友、仁兄许连纯,长期在河南省纪委工作。连纯兄博学多识,笔耕不辍,对党风廉政建设既有长期、丰富的实践经验,又有深刻的思考和深入的研究,曾出版多部研究专著。退休后,有了更多的可支配时间,更加醉心于中国传统文化,痴迷于中国传统医学,特别是对中医学的热爱,让我这"门里出身"、"科班出身"的"中医人"甚为感佩。2020 年,疫情期间,他开始了一项重要"工程"——要为中医历代先贤树碑立传,2023 年终于结集成书——《杏林春暖——古代中医药名家传奇故事》。有幸先睹为快,读后感动不已。为伟大的中医药树碑,为中医的先贤们立传,以中医药为题,讲好中医故事,以中医药为媒,讲好中国故事,无疑是广大国人特别是广大中医爱好者,尤其是众多"中医人"的历史使命。在此,必须为连纯兄致以崇高的礼赞,正是像他这样的文化学者在做着一件传承弘扬中国传统优秀文化的义举和好事——为中医药树碑立传!

　　自从盘古开天地,三皇五帝到如今,世代黎民百姓与生俱来就要面对生老病死、自然灾害，就要把生存生长生活中的治病救人、保健养生等身心健康方面的问题作为一项重大课题，积极主动地去寻求解决方案。一部人类发展史，也是人与瘟疫病魔抗争的历史，关于医术、医道、医生的医药学发展史也如影随形，同向同行。作为中国人，作为中华民族的传世后人，我们必须感恩我们的健康保护神——伟大的中国医药学！

历史不会忘记，而且会永远记住中医药学的伟大贡献。纵览中国光辉灿烂的历史脉络和文化体系，中医药学在其中占据极其重要的地位，从未断代的中国文明史，是靠繁衍生息、绵延不绝、生生不息的中国人民书写的！习近平总书记指出，"中医药学包含着中华民族几千年的健康养生理念及其实践经验，是中华文明的一个瑰宝，凝聚着中国人民和中华民族的博大智慧。"

中医药学是中国人民与疾病抗争的创新创造产物，是历代国人集体智慧的结晶，更是对世界做出重大贡献的精神财富和文化遗产。最最需要记住的是，"中医药学"是中国"健康保护神"，不管是游走民间的江湖郎中，还是悬壶济世的坐堂"先生"，乃至上流阶层的"宫廷御医"，更有众多"居世之士"，学习乃至通晓医道，"上以疗君亲之疾、下以救贫贱之厄、中以保身长全以养其生"，他们都为黎民身心健康做出了不可磨灭的卓越功勋。尽管中国五千余年文明史上有无数次疫疠流行，尽管随着社会的发展滋生出症状各异的新型病种，尽管经历了各种自然灾害和社会变迁，中国永续不断的文明史向世界彰显了异乎寻常的中国力量。作为护航健康的"中医药学"，为了生命的延续、民族的繁衍、人民的生息，以及社会的发展、文明的进步，居功至伟！

中华文明因其卓越的成就，形成了一座取之不尽用之不竭的

"东方文明宝藏",中医,无疑是其中耀眼夺目的伟大宝库。伏羲先祖创阴阳八卦,奠定了中医药理论的坚实根基,神农尝百草百果,创制了抵御疾病消除病魔的"致胜武器",黄帝岐伯构筑了中医药学的基本理论体系,医圣仲景创新了中医辨证施治的理法方药"经典",无数先圣先贤,代代传承,不断积淀,创新不辍,丰富完善了浩如烟海的中医药理论宝库,同时也形成了博大精深的中医药学术思想和源远流长的中医药文化大观!

历史不会停滞不前,会永远推动中医药学的创新发展。一直以来,中医药都是一个开放包容、创新兼容的知识体系。放在国际视野看中医,放在国内环境看中医,放在民生保障看中医,中医药不仅是中国对世界的创新贡献,更重要的她在国内外具有深厚的群众基础,还是中国医疗体系的独特优势,让众多喜爱中医药的受众有了更多的诊疗康复选择和治病救人渠道。由此而看,"中医药"就是上苍、先人给与我们的最大恩赐——我们必须心存感恩!中医药发展至今,遇到了空前的挑战,有来自自身的问题,有来自客观的困难,有来自现代科技的呼唤,有来自西方医学的镜鉴,有来自信息化、现代化的倒逼,有来自邪恶势力的打压,还有别有用心之徒的抹黑,大众的依赖度在减弱,中医药到了异常危险的境地。重压之下必有转机,危机中寓新机,危机中求转机——新时代催生"新中医",新阶段孕育新发展,"传承精华,守正创新",必然成为"新中医"的时代最强音!

健康所系,性命相托,使命光荣,责任如山。2015年,习近平总书记给中国中医科学院成立60周年的贺信中明确指出:"中医药学是中国古代科学的瑰宝,也是打开中华文明宝库的钥匙。"我们有责任、有义务切实把中医药这一祖先留给我们的宝贵财富继承好、发展好、利用好,在建设健康中国、实现中国梦的伟大征程中谱写新的篇章。医学是人类永恒的需求,也是不容忽视的永恒课题,中医药作为医学家族中的骨干和中坚,已经在新的历史时期迎来了欣欣向荣、生机勃发的春天。历史已经成为过去,辉煌往往不会长期持久,赓续传统,接续前行,新时代的"新中医"必然会应运而生。中医药给世界和中国的回报一定成为全人类的福祉和健康。我大胆预言:关注人类健康、解决人类疾苦、适应人类需求、促进人类进步的"新中医"正在向我们走来!

再次感谢连纯兄的盛邀,也特别乐意向读者朋友强力推荐本书。浏览本书,会看到波澜壮阔的中医药发展历史,会了解历代中医先圣先贤名医名家的感人故事,同时也会领会到作者连纯兄的文化情怀和中医情结,进而领悟中医学作为大道的源远流长。

特此为序!

许东升　作于 2024 年甲辰春节

许东升,教授,研究生导师,现任郑州大学纪委书记、监察专员,郑州大学纪检监察研究院院长,长期致力于中医药文化、中医药发展战略和中医治未病等研究,发表专业论文 20 余篇,著作5 部。

序 二

连纯君与我同乡同族,他年龄小我几岁,但是在家族中是我的长辈。他天资聪颖,思维敏捷,文采斐然,对中国传统文化情有独钟,笔耕不辍,出版了多部著作。他的踏实、勤奋、智慧与能力令人佩服,也让家乡人引以为傲。

中医药学是华夏文明的重要组成部分,福佑中华民族的繁衍生息。中医药学的发展深受哲学、文化和宗教的影响,其中易经、道家、儒家等哲学思想为其提供了重要的思想基础,已融进中华优秀传统文化的血脉之中,成为传统文化的重要组成部分。

连纯君有中国传统文化的深厚功底,从另一种视角认知、演绎中医药,赋予了更多的中医文化符号,本书从文化层面上展示中医药的历史渊源、发展脉络、梳理凝练及阐释元本,让先贤栩栩如生地跃然纸上,有令人耳目一新的感觉。

中华民族是一个懂得感恩的民族,继承和弘扬是最好的感恩。中医先祖悬壶济世,妙手回春,护佑众生安康。感恩先祖智慧与御赐,为世人点燃生命之光。承先祖之德,扬中医之魂,基于对中医药的痴爱和执着追求,作者可谓呕心沥血,历经数载完成巨著,通过精心布局、严密构思、缀连揉合,人物形象生动,医学理论、典故及医案皆信手拈来,充分显示了作者博古通今、渊博的文学和史学功底,以及对中医药丰厚的感悟和表现力,全景式的呈现中医先贤因药结缘、以医济世、虽历尽磨难却以造福大众为己任、矢志传承和发展中医药的传奇故事。让我们能够深刻地感受中医药文化的独特魅力与传承数千年的东方智慧,从而增强中医药文化自信和中华民族文化自信。

读完本书,我掩卷回味良久,感受到一股久违的酣畅享受和一种源自心灵深处的震撼。"书是思想的产儿",我相信读者一定能在字里行间领略"文以载道"的价值,拓宽我们的视野,增长我们的知识,激发我们的思考,启迪我们的智慧,也更加感恩我们的中医先祖。

"好书一册可作枕",这是一本值得反复拜读的经典之作。

是为序。

许启太

二〇二四年三月二日

许启太,教授,博士生导师。欧洲自然科学院院士、俄罗斯自然科学院外籍院士,国家药典委员会(中药)特聘专家,海南省博士院士产业促进会常务副会长。曾任河南大学药学院院长,现任国家槟榔加工技术研发专业中心首席科学家,海南省委联系服务重点专家。主持完成重大科技攻关 17 项,取得国家新药证书 13 件,发表学术论文 121 篇,主编著作及教科书 9 部,申请及获得国家、国际发明专利 33 件。

序 三

　　中医药作为中国传统文化的瑰宝,博大精深、源远流长,几千年来为中华民族的繁衍生息与人类健康作出了巨大的贡献,一部中医药发展史,就是一部中国人民与疾病瘟疫斗争的可歌可泣的诗史。在漫长的历史长河中,中医名家灿若繁星,涌现出了无数杰出的中医药先贤,他们以醇厚的医德和精湛的医技,救助了无数黎民群众,为后世留下了宝贵的遗产。从伏羲、神农到黄帝、岐伯,从扁鹊、华佗、张仲景到皇甫谧、孙思邈、李时珍等中医先贤名家,各自在不同时期的中医药领域,对中医药的发展起到了积极的推动作用。

　　许连纯先生中医情怀高远,学识渊博,爱好广泛,诗词歌赋文韬武略,忧国忧民,具有强烈的爱国情怀。在三年疫情期间,他亲身感受和见证了中医药与仲景经方祛除疫毒,救治苍生的神奇,从而萌生了要为中医历代先贤树碑立传的决心。几年来,他夜以继日,勤奋笔耕,终于在甲辰年初春完成了这部历史医学鸿著《杏林春暖——古代中医药名家传奇故事》。他从哲学、历史、文化等不同视角,再现了中医药的神奇与伟大,全景式的展现了中医药的起源与辉煌、曲折与抗争的发展历史,为中医历代先贤竖起了一座座巍峨的丰碑。

本书通过作者的行云流水、博学文风的笔锋，给我们描绘出一幅幅栩栩如生、真实生动的中医先贤的传奇故事，让我们回归穿越历史，仿佛看到了一个个中医先哲济世活人的鲜活画面。他们用砭石、针灸、经方、丹药、推拿等精湛的医术，救助饱受瘟疫和罹患病痛的黎民百姓。从神农氏亲尝百草，以身试毒，创立了《神农本草经》；到黄帝问医岐伯，开启了《黄帝内经》的世代传奇；从汉代的医圣张仲景励精图治、勤求古训、博采众方著伤寒到唐代大医精诚药王孙思邈，历经数十年踏遍大江南北，收集医方编著《千金要方》；从张仲景《伤寒杂病论》开创了"六经辨证""理法方药"之先河；到清代吴又可历尽艰辛在伤寒论基础上撰写《瘟疫论》提出温病疫毒从口鼻人，侵犯肺经留于隔膜，创立了"膜原学说"，总结出名方"达原饮"，成为治疗温病学创始人；再到吴鞠通在六经辨证基础上提出了三焦辨证纲领撰写《温病条辨》论，这些名家为中医治疗伤寒、温病奠定基础，成为千百年来抗击瘟疫的伟大医学经典，泽惠后人……无数历代中医先贤们以卓越的医术和无私的奉献，赢得了世人的尊敬和赞誉。他们不仅精通医术，更懂得如何以仁爱之心去关怀黎民患者，用中医药的智慧去解除病痛。正是他们的不懈奋斗与大爱无疆精神，使得中医药学生生不息，得以传承至今，为人类的健康事业做出了杰出的贡献。

本书作者以博大的中医情怀，娴熟的笔法，无私奉献的精神，撰写了《杏林春暖》一书，旨在弘扬中医药文化，传承先贤们的精神。通过这些历代名家生动真实的感人故事，展现这些先贤们高尚的医德和无私奉献精神，让更多的人了解中医药的深厚底蕴和丰富内涵。每一个传奇的中医药名家故事都是一段历史的见证，每一位中医名家先贤都是一座丰碑，他们济世活人的精神，将激发更多人民大众了解中医药的价值,让更多人热爱中医,传承弘扬中医,激励千百万中医药从业者,不断追求高尚的医德与精湛的医术,为中医药事业的发展,奉献出自己的一份光和热。

经河南省人民政府 20 多年的资深参事张桂兰老大姐的真诚推荐,要我为省纪委许连纯先生大作作序,我自知学识浅薄,无以胜任。然张大姐传来的许兄大作文稿,作为一名中医人,被作者高尚的情怀,以妙笔生花的文笔,所撰写的栩栩如生的历代先贤的故事情节所吸引。反复阅读数遍,深受感动、激励与鼓舞,阅读后久久不能平静,坚信这部大作,定会助力中医药的传承、弘扬与创新发展,感谢本书作者的信任与辛勤付出,因此在繁忙的临床与教学工作中,特此匆忙以为序。

吴汉卿
甲辰年仲春于北京

吴汉卿,主任医师、教授,吴氏中医第五代传承人,中医筋骨针法与水针刀疗法发明人,北京中医药大学临床岐黄导师、特聘专家,广东省中医院主任导师、张仲景国医学院教授、北京世针联中医微创针法研究院院长、中华中医药学会国际针法经方论坛专家委员会主委、世界针灸学会联合会筋骨针法传承委员会主委、新加坡针灸学会名誉会长、瑞典针灸学会永远名誉会长。主编了全国高等中医药院校中医微创针法"十三五"系列创新教材九部,编著医学专著三十余部,撰写论文三十余篇,获国家科技成果奖五项,国家专利十七项。

前　言

　　在地球 50 亿年的历史长河中，人类历史只是短暂的一瞬。翻开五千年的中华文明史，就是一部与瘟疫疾病斗争的历史。中国曾经发生过上千次瘟疫，最终都被我们的中医战胜了，是我们伟大的中医护佑着中华民族挑战自然、世代繁衍，中华民族才得以绵绵延续。2016 年 2 月 3 日，习近平总书记在江西考察江中药谷制造基地时指出："中医药是中华民族的瑰宝，一定要保护好、发掘好、发展好，传承好"。

　　中医药起源于远古时代。自从盘古开天辟地以来，天地间便产生了人类。后来，人类进入了三皇五帝的时代，中华民族的人文始祖伏羲，就是产生于这个时代（约旧石器时代中晚期，距今约8000 年）。伏羲是三皇之首，是当时人类的百王之先。他通过长期观察天象、察看地理，发现了宇宙运行、变化的规律。根据自然界的万事万物取像，创立了太极八卦，发现并总结了阴阳五行的学说，由此衍生了最早的文字，从而奠定了《易经》和中医的哲学根基，开启了中华民族的文化之源。医易同源，就是来源于伏羲的太极八卦和阴阳五行的理论，神秘而又神奇。

　　中医的理论，是华夏先民研究自然，研究人和自然的关系，研究生命之源和生命的发展规律，研究人体生理、病理和疾病防治方法的科学。中医也是建立在中国传统文化基础上的科学,是关于人体的哲学,是辩证思维的科学。中医追求的是天人合一的理念,其理论基础是阴阳五行和五运六气,最接近宇宙的规律。

神农氏亲尝百草,以身试毒,创立了《神农本草经》,开启了中草药治病救人的先河。黄帝问医岐伯,开启了《黄帝内经》的世代传奇。中医博大精深,揭示了宇宙和人体之间最深层的奥秘。人体是自然的一部分,又是一个独立的整体。自然界是一个大宇宙,人体就是一个小宇宙。当人类顺应自然,遵守规律,身体就会健康。当人类违背自然,对抗规律,身体就会出现问题。中医不仅是揭示人体奥秘最高深的科学,它还是最接地气的科学。因为她深深地扎根在中华大地的沃土里,最容易被普通民众接受和学习。中医就像日月星辰,一年四季,周而复始,岁月交替,永远不会过时,而且可以跨越时空和地域。中医也是关于人体的哲学,哲学是不会过时的,哲学揭示的就是宇宙的真理。这就是中医贯通古今,放之四海,屹立不倒,生生不息的奥秘。中医典籍博大精深,中医大家浩若星辰。从扁鹊到华佗,从张仲景到李时珍,续写着代代圣贤的传奇。从《黄帝内经》到《扁鹊内经》,从《神农本草经》到《本草纲目》,从《伤寒杂病论》到《瘟疫论》,再到《温病条辨》,中国的圣贤先祖们,创造了无数的中医典籍。中医讲究宏观思维,辨证施治;扶正祛邪,遵守规律;中医首重医德,医者仁心,悬壶济世,童叟无欺,传播的是真善美。中医的理论和治国安邦的道理是相通的,正所谓大医治国就是这个道理。

中医的命运是与国家的命运紧紧联系在一起的。中医文化是中华民族的灵魂,早已融化在华夏民族的血液里,早已扎根在中华大地的沃土里。每当中华民族遇到重大瘟疫灾难,都是我们伟大的中医挑起大梁、担当重任,拯救万民于水火。从 2003 年的抗击严重急性呼吸综合征,到 2019 年底爆发并延续 3 年之久的新冠肺炎疫情,都是我们伟大的中医力挽狂澜,起到了中流砥柱的作用。历史事实充分证明,国家兴,则中医兴,国家亡,则中医亡。在中国近代历史上,由于列强的入侵和国力的衰弱,我们伟大的中医经历了太多的苦难和屈辱。中医的复兴,需要国家行政力量的加持与推动,更需要全民族的觉醒与支持。我常常为中医的伟大和辉煌而自豪,也常常为中医所遭受的苦难和屈辱而不平,更为中医的现状而担忧。

中医学源远流长,出现过许多杰出的医学家,他们以自己高超的医术救死扶伤,治病救人,为人们所崇敬。作者创作本书的初衷,就是要讲好中医故事,为我们伟大的中医呼吁呐喊,让更多的人了解中医,支持中医,从而唤起民众的觉醒,增强我们的文化自信,让中医药造福更多的人,为中医的复兴尽一份绵薄之力。本书以人物传记(本书人物配图任毅)和传奇故事的形式,介绍了中医的起源、发展与辉煌的历史。再现了中国历史上 40 位中医先祖圣贤的传奇故事和伟大功绩。他们的伟大功绩,就像一座座巍峨的丰碑为后人所敬仰。他们的传奇故事,就像一个个镶嵌在中华大地的明珠,照亮着中国人民前进的脚步。我们伟大的中医,就像一根红线,串起了这颗颗明珠,使我们的五千年文明绵绵延续,熠熠生辉。中医药的复兴是大势所趋,是民心所盼。

我们伟大的中医将会与天地同在,与日月同辉。

2024 年 1 月 22 日(春节)于河南郑州

目 录

第一章

人文始祖伏羲,医易同源成鼻祖

生平小传

伏羲,华夏民族人文始祖,三皇之首,亦是与女娲同为福佑社稷之正神。楚帛书记载其为创世神,是中国最早的有文献记载的创世神。风姓,又名宓羲、庖牺、包牺、伏戏,亦称牺皇、皇羲,史记中称伏牺,在后世与太昊、青帝等诸神合并,被朝廷官方称为"太昊伏羲氏",亦有青帝太昊伏羲(即东方上帝)一说。伏羲生于成纪(今甘肃天水),后迁移定都在陈(现今河南省周口市淮阳区)。所处时代约为旧石器时代中晚期(距今八千年左右)。伏羲是古代传说中的中华民族人文始祖,是中国古籍中记载的最早的王,是中国医药鼻祖之一。

据传,伏羲生日为农历正月十六日。在伏羲故里天水市,有农历正月十六日祭祀伏羲的风俗。每年的 6 月 22 日举办国家公祭人文始祖伏羲大典,由国务院港澳事务办公室、国务院台湾事务办公室、中华全国归国华侨联合会和甘肃省人民政府共同主办,天水市人民政府承办。

闻一多先生在 1942 年前后撰写的《伏羲考》中,认为中国神话传说中的伏羲、女娲是葫芦化身,其依据是早期史籍称盘古氏为"盘瓠",即葫芦。除了"瓠"与"葫"同音通用外,按古老传说,在远古大洪水时期,伏羲、女娲同乘葫芦躲过洪水灾难,于是葫芦遂成为"盘瓠"族人崇拜对象。

伏羲有神圣之德,团结统一了华夏各个部落,定都在陈地(现在的河南省周口市淮阳区),封禅泰山。伏羲取蟒蛇的身、鳄鱼的头、雄鹿的角、猛虎的眼、红鲤的鳞、巨蜥的腿、苍鹰的爪、白鲨的尾、长须鲸的须,创立了中华民族的图腾龙,龙的传人由此而来。

伏羲仰观天上的云彩、雨雪、雷电,以及刮大风、起大雾等自然现象,又观察飞鸟走兽,根据天地间阴阳变化之理,创造了八卦,即以 8 种简单却寓意深刻的符号来概括天地之间的万事万物。他模仿自然界中的蜘蛛结网而制成网,用于捕鱼打猎。他还创造了文字替代在绳子上打结的记事方法。

伏羲制定了人类的嫁娶制度,实行男女对偶制,用鹿皮为聘礼;以所养动物为姓,或以植物、居所、官职为姓,以防止乱婚和近亲结婚,使中华姓氏自此起源,绵延至今。

"三皇五帝"被尊为中华民族的人文始祖,其世系位序的排列在春秋战国到秦汉时期即已确立。在"三皇五帝"的世系之中,伏羲位居"三皇之首""百王之先"。《左传》《管子》《周易》《庄子》《国语》等先秦典籍都有关于伏羲的记述,在正史中,司马迁在《史记·太史公自序》中说:"余闻之先人曰:'伏羲至纯厚,作《易》八卦",肯定了伏羲的历史地位。

近1个世纪以来,随着考古和对远古各部族研究的进展,学界对中华文明的起源有了新的认识。一般认为,中华民族早期血脉来自华夏、东夷、苗蛮三大族群,到秦汉之际形成中华民族的主体血脉。炎帝和黄帝是华夏族的代表,伏羲是各族共同尊奉的先祖。在当代社会,汉族和许多少数民族仍然保留着伏羲创世神话和祭祀伏羲的习俗。伏羲作为"有大智"的思考者和发明创造者,作为各民族团结协作、寻求生存与发展的历史象征,对中华民族的文明进步和发展起到了不可估量的作用。著名文人陆游对伏羲开天的评价是"无端凿破乾坤秘,始自羲皇一画时。"

自古以来,"三皇五帝"就受到历代帝王的尊敬与祭祀,作为"三皇之首""百王之先"的伏羲是有大智的思考者和发明创造者,作为各民族团结协作、寻求生存与发展的历史象征,对中华民族的文明进步和发展起到了不可估量的作用。

直到今天,伏羲女娲和炎黄二帝依旧是国家正式提出要祭祀的人文始祖,他们是华夏儿女共同的父亲母亲。每年国家都会派遣官员与海峡两岸暨香港、澳门华夏儿女共同参加祭祖大会(公祭先祖盛典)。

主要成就

从历代典籍的记载看,伏羲的主要成就主要有以下几个方面。

一是创立太极八卦,开启了中华民族的文化之源,这是伏羲最突出的贡献。伏羲八卦中所蕴含的"天人合一"的整体性、直观性的思维方式和辩证法思想,是中华文化的原点,也是中华文明的开端。他通过观察天象、地理,发现并总结出宇宙运行、变化的规律,根据万事万物取像,画出了太极八卦。其八卦名称为乾、坤、震、巽、离、坎、兑、艮(即代表天、地、雷、风、火、水、泽、山)。提出了阴阳五行的理论,从而奠定了《易经》和中医文化的哲学根基。医易同源,就是来源于伏羲创立的太极八卦阴阳五行学说,为中医的产生和发展奠定了理论基础。因此,伏羲是中医理论的鼻祖和奠基人。

伏羲太极、阴阳、五行、八卦是古中医药学奠基及发展的主要内容,"包含着朴素的唯物论与辩证法,是中医药学得以传承发展的重要因素和核心内容,是中医药学创立、形成、发展及生生不息的总源头",是伏羲对远古社会生活实践的总结。"也是通过定天地、分阴阳、辨五行、演八卦来表现生命运动变化客观规律的符号"。伏羲阴阳、五行、八卦动态地反映了中医药学与易学古朴生命观的丰富内涵,是一部包涵自然万物和人类获得生命、自然、生态、阴阳平衡、饮食与健康协调发展的灿烂文化史,渗透于数千年以来人们生活的各个方面,与人的思维及生活方式、生命、体质、健康、养生、医疗、药食,疾病的预防、治疗、转归、康复等有着千丝万缕的联系。

伏羲阴阳、五行、八卦哲理思想是中医学的精髓理论,是辩证法和方法论。伏羲阴阳辩证法思想在中医药学术界被高度重视、广泛推行,归功于古籍经典《连山》《归藏》《神农本草经》《黄帝内经》《黄帝八十一难经》《阴阳大论》《胎胪药录》《平脉辨证》《伤寒杂病论》《针灸甲乙经》《易经》《道德经》等历代医易学说传记或专著的传播。医易相通,医源于易,中医学的理论体系是通过近取诸身、远察诸物、取类比象的方法来诊察疾病的。这正是伏羲"仰观俯察"所创立的,也是《易经》的主要思想。伏羲阴阳、五行、八卦哲学思想观点,对华夏民族的繁荣发展起到了极大的推动作用,不仅奠定了我国的中医中药、针灸学及最古老哲学著作《易经》的基础,而且奠定了我国中医学《黄帝内经》的主要基础理论。

伏羲是远古华夏民族伟大的哲学家,阴阳、五行、八卦学家,中医中药学家、针灸学家。从伏羲在中医中药、针灸、经络脉道等方面的贡献来讲,伏羲太极阴阳、五行、八卦学说是祖国中医药学的总源头。"《周易》是《黄帝内经》的河头源水,《黄帝内经》汲取了《周易》的精粹,又创造性地发展了《周易》的诸多理论,从而成为一部伟大的医学巨著,使中医成为哲学理论水平很高的自然科学,有力地推动了中医学的发展。"伏羲太极、阴阳、五行、八卦学说对中医药学与易学的发展起到了影响、引领、渗透、促进、再生、繁衍推动的作用。对后世历代中医养生、诊法、疗法、药剂、针灸等各个环节都发挥着引领推动作用,是祖国中医药学灿烂的瑰宝。

综观历史古籍文献记载,伏羲卦画光天,道开前古,六经之原,群圣之祖。伏羲文化及其中医药学理论对中华民族生生不息繁衍发展功不可没,伏羲不仅是"人文始祖",也是中医药学的始祖。

二是教民织网用于捕鱼,提高了人类的生产能力。同时教民驯养野兽,这就是家畜的由来。

三是变革婚姻习俗,倡导男聘女嫁的婚俗礼节,使血缘婚改为族外婚,结束了长期以来,子女只知其母不知其父的原始群婚状态。

四是创造文字,用于记事,取代了以往结绳记事的形式。

五是发明陶埙、琴瑟等乐器,创作乐曲歌谣,将音乐带入人们的生活。

六是将其统治地域分而治之,而且任命官员进行社会管理,为后代国家治理和社会管理提供了借鉴。

传奇故事

◆ 神话传说

▶ 开天神话

根据古籍记载,伏羲以一拟太极,然后一画开天,世间万物的创造,世界生命的诞生全靠这一画。

有谓之天根者,以其混沌世界,黑暗无光,忽焉一画开天,而阴阳动静迭为升降,天地定位,日月运行,万物之生生不息。伏羲一画开天,岂非以一拟太极哉?则凡卦爻,莫非自此一来,固莫非太极之象。《易经》云,保世滋大,概群藉而罗万有者,悉在此一画开天,人文肇始之。

▶ 创世神话

伏羲是中国有记载的最早的创世神,记录于楚帛书中。长沙楚帛书出土于 1942 年,出土地点是长沙东郊子弹库的王家祖山一座楚墓,是目前中国出土的最早最完整的先秦创世神话记载,在现有的中国先秦传世文献与出土文献中,还没有比它更完整、更明确的创世神话,其珍贵是不言而喻的。

楚帛书甲篇释文说,在天地尚未形成,世界处于混沌状态之时,先有伏羲、女娲二神,结为夫妇,生了四子。这四子后来成为代表四时的神。四神开辟大地,这是他们懂得阴阳参化法则的缘故。由禹与契来管理大地,制定历法,使星辰升落有序,山陵畅通,并使山陵与江海之间阴阳通气。当时未有日月,由四神轮流代表四时。四神的老大叫青干,老二叫朱四单,老三叫白大橪,老四叫墨干。

数百年以后,帝俊生出日月。从此九州太平,山陵安靖。四神还造了天盖，使它旋转，并用五色木的精华加固天盖。炎帝派祝融以四神奠定三天四极。人们都敬事九天，求得太平，不敢蔑视天神。帝俊于是制定日月的运转规则。

后来共工氏制定十天干、闰月，制定更为准确的历法，一日夜分为霄、朝、昼、夕。

▶八卦祖师

传说伏羲因为制造八卦，人奉之为天神，尊其为八卦祖师。远古时代，人对大自然一无所知。天气会变化，日月会运转，人会生老病死，所有这些现象，谁也不知道是怎么回事。人们遇到无法解答的问题，都问伏羲。伏羲解答不了时，感到很茫然，人们为此每天提心吊胆地过日子。伏羲经常环顾四方，揣摩着日月经天，斗转星移，猜想着大地寒暑、花开花落的变化规律。他看到中原一带蓍草茂密，开始用蓍草为人们卜筮。

有一天，伏羲在蔡河里捕鱼，捉到一只白龟，他赶快挖了一个大水池，把白龟养了起来。一天，伏羲正在往白龟池里放食物，有人跑来说蔡河里出了怪物。他来到蔡河边一看，只见那怪物说龙不像龙，说马不像马，在水面上走来走去，如履平地。伏羲走近水边，那怪物竟然来到伏羲面前，老老实实地站那儿一动不动。伏羲仔细审视，见那怪物背上长有花纹：一六居下，二七居上，三八居左，四九居右，五十居中。伏羲薅一节蓍草梗，在一片大树叶上照着龙马背上的花纹画下来。他刚画完，龙马大叫一声腾空而起，转眼不见了。大家围住伏羲问："这是个啥怪物呀？"伏羲说："它像龙又像马，就叫它龙马吧。"

伏羲拿着那片树叶，琢磨上面的花纹，怎么也解不开其中的奥妙。这天他坐在白龟池边思考，忽听池水哗哗作响，定睛一看，白龟从水底游到他面前,两眼亮晶晶地看着他,接着向他点了三下头,脑袋往肚里一缩,卧在水边不动了。他面对白龟聚精会神地观察起来。渐渐地,他发现白龟盖上的花纹中间五块,周围八块,外圈儿十二块,最外圈儿二十四块,顿时心里亮堂了,悟出了天地万物的变化规律,唯一阴一阳而已。伏羲画出了 8 种不同图案即八卦图。

◆出世传说

传说在我国遥远的西北,有一个极乐的国家,叫"华胥氏国"。这个国家非常遥远,无论你是走路、乘船,还是坐车,都很难到达那儿。这个国家没有政府,也没有首领,而且一般人也没有什么欲望和嗜好,所以这里的人们不仅生活美满而幸福,而且寿命奇高。他们落在水里淹不死、掉在火里烧不化、在天空如履平地。这里的人们,可以说是生活在地上的神仙。

在这个极乐的国土上,有个名叫"华胥"的姑娘。

有一次,她到东方的一个非常美丽的大沼泽"雷泽"去游玩,偶然看到沼泽边有一个巨人的大脚印,她觉得这个脚印又奇怪又好玩,想用自己的脚比较一下脚印的大小,便去踩这巨人的脚印,这一踩不要紧,她顿时有了某种奇特的感觉,后来她就怀了孕,生下了一个男孩,取名叫"伏羲"。

雷泽的主神是雷神,在这里留下脚印的就是他,所以人们都说伏羲是雷神的儿子。他长得确实有些像雷神,是人面蛇身。说他是雷神的儿子,还因为他能沿着一道天梯,自由自在地到天上去。

后来伏羲成了东方的上帝,辅佐他的是手里拿着一个矩尺的木神句芒,他和伏羲共同管理春天。

◆织网与火种

伏羲为人类做出了很大的贡献。他曾经画出了八卦,这其中包括了天地万物的种种情况，于是那时候人类就用它来记载生活中发生的各种事情。伏羲又把绳子编织起来，做成渔网，用来捕捞江河里的鱼。他看到人们都是手拿木棍到江河里去打鱼，他便教给人们编织渔网的技术，使人们能够捕到许许多多的鱼。他手下的句芒从他的渔网得到了启发，仿照他的办法编织出了鸟网，教人们去捕鸟。这都对人类改善生活条件提供了良好而适用的工具。

要说伏羲对人类做出的最大的贡献是什么，那恐怕就是他将火种带给了人类。在这之前，人们吃的全都是生冷食物。吃肉食时，腥膻的生肉常常使人们得胃病、坏肚子；吃生的野菜、野果，使人们消化不良。伏羲看到这一切，很怜惜人们的痛苦。

一次，他来到天山，恰好遇到了大雷雨，霎时间雷电交加，十分恐怖。突然，山林里燃起了熊熊的大火，原来是雷电把干枯的树木引燃了。有许多小动物被烧死，大火过后，伏羲拾来这些小动物一尝，味道非常可口。于是，伏羲便把火种留了下来。

他把这火种传给每一个人，教人们用火烤熟食物来吃。人们吃了烤熟的食物，一个个身强体壮，无论捕鱼、打猎都非常有力气。而且，人们因为吃生食引起的疾病也越来越少了。

◆拐杖降龙

很早以前，西边很远的大山里有个深水潭，人们都靠潭里的水浇地、做饭过日子。

有一天夜里刮起了大风，刮得树倒屋塌。原来有一条黄龙从别处飞来，钻进了深潭里。它吃人、吃畜生，害得百姓往外地逃。

人祖爷伏羲正在八卦台推算八卦，掐指算出这个事情。他拿起青龙拐杖，说声"变"，青龙拐杖变成了一条青龙。

伏羲骑着青龙来到深潭边儿，青龙又变成拐杖。

伏羲从身上掏出个小铜锅，用火石打着火用柴草烧起来，烧一个时辰能烧干四海的水。

黄龙顶不住，变个老头儿从潭里钻出来，指着伏羲问："我跟你没冤没仇，你为啥来害我？"说着，还要拼个你死我活。

伏羲说："小小恶龙，还不跪下认罪，看我要你的命！"

这时，老头儿现出了黄龙原形，张牙舞爪，口吐黑气，直向伏羲扑来。伏羲不慌不忙，拿起青龙拐杖迎了上去。这青龙拐杖是老天爷送给伏羲的，不管遇上啥妖怪，只要用它去打，没有打不胜的。

黄龙不知道这拐杖的厉害，一个劲地往伏羲跟前蹿。伏羲一拐杖打在黄龙身上，打得它鲜血直流。黄龙害怕了，眼看斗不过伏羲，赶紧朝东逃窜，拱到东边的大海里。

黄龙把经过的地方，拱出一条曲里拐弯的大沟，这就是黄河。

◆教人打鱼

伏羲兄妹成婚以后，世间一天比一天热闹起来了。可是，那时候的人跟我们现在的人大不相同。那时候人不晓得种庄稼，一天到黑只晓得打野物，吃的就是野物的肉，喝的就是野物的血。野物打得少，就少吃一些；打不到，就饿肚皮。在那个时候吃饭成了一个大问题。

伏羲看到这个光景，心里很难过。他想：要是老这样下去，岂不是要饿死一些人吗？他左思右想，想了三天三夜，都没有想出个可以解决儿孙们吃饭问题的办法来。到了第四天，他走到河边一面转悠，一面想办法。走着走着偶尔抬头一看，看见一条又大又肥的鲤鱼，从水面上跳起来，蹦起多高。一会儿，又是一条鲤鱼跳起来；再隔一会儿，又是一条。这下子就引起了伏羲的注意。他想：这些鲤鱼又大又肥，弄来吃不是很好吗！他打定主意，就下河去抓鱼,没费多大工夫就捉到一条又肥又大的鲤鱼。伏羲欢喜得很,就把鲤鱼拿回家去。

伏羲的儿孙们看见伏羲捉来了鱼,也都欢欢喜喜跑来问长问短。伏羲把鱼撕给他们吃,大家吃了,都觉得味道不错。伏羲对他们说:"既然鱼好吃,以后我们就动手捉鱼,好帮补帮补生活。"儿孙们当然赞成,当下都跑到河里去捉鱼。捉了一个下午,差不多每人都捉到了一条,还有捉三四条的。这下子大家都欢喜得了不得,把鱼拿回去美美地吃了一顿。伏羲又打发人给住在别的地方的儿孙们送信,喊他们都来捉鱼吃。

这样,没到三天,伏羲的儿孙们都学会捉鱼了。

偏偏好事多磨。到第三天,龙王忽然带了乌龟丞相跑来干涉,他恶声恶气地对伏羲说:"哪个喊你来捉鱼的? 你们这么多人安心要把我的龙子、龙孙们都捉完吗?"

伏羲没被龙王的话吓倒,他理直气壮地反问龙王:"你不准我们捉鱼,那我们吃啥子?"

龙王气冲冲地说:"你们吃啥子,我管得到? 就是不准你们捉鱼。"

伏羲说:"好,不准捉,我们不捉;以后没得吃的我们就来喝水,把水喝得干干的,把你们所有的水族都干死!"

龙王本来是个欺软怕硬的家伙,听伏羲这么一说,心里果然害怕。他怕伏羲和他的儿孙们真来把水喝干,自己的命就难保了。想让他们捉吧,又实在回不过口来,正在进退两难,乌龟丞相凑到龙王耳朵边上,悄悄向龙王说;"你看这些人都是用手捉鱼,你就和他们定个规矩:只要他们不喝干河水,就让他们捉去,但是不许用手捉。他们不用手就捉不到鱼。这下子既保下了龙子龙孙,又保住了龙君你的性命,让他们看着河水白瞪眼,该多好呢!"

龙王一听这话,高兴得哈哈大笑,转过脸来向伏羲说:"只要你们不把水喝干,你们要捉鱼就来捉吧,可是得遵守这么个规矩,就是不能用手捉。你们若是答应,就算是说定了,以后双方都不准反悔!"

伏羲想了想,说:"好吧。"

龙王以为伏羲上了当,便带着乌龟丞相高高兴兴地回去了。伏羲也带着儿孙们回去了。

伏羲回去以后,就想不用手捉鱼的办法。想了一个通宵,第二天又想了一个上午,还是没有把办法想出来。到了下午,他躺在树荫底下,眼望着天,还是在想。

这时候,他看见两枝树枝中间,有个蜘蛛在结网。左一道线,右一道线,一会儿就把个圆圆的网子结好了。蜘蛛把网结好就跑到角落里躲了起来。过了一会儿,那些远远飞来的蚊子、苍蝇都被网子网着了。蜘蛛这才不慌不忙地从角落里爬出来饱餐一顿。

伏羲看见蜘蛛结网,心里突然开了窍。他跑到山上找了一些葛藤来当绳子,像蜘蛛结网那样,把它们编成了一张粗糙的网,然后又砍了两根木棍十字形绑到网上,又拿了一根长棍绑到中间,网就做好了。他把网拿到河边往河里一放,手握长棍在岸边静静地等候着。隔了一会儿,把网往上一拉,哎哟!网里净是些活蹦乱跳的鱼。比起用手捉鱼不但捉得多,人还不用下水了。伏羲就把结网的方法教给他的儿孙们。从此以后,他的儿孙就都晓得用网来打鱼了,吃的再也不缺了。一直到现在人们还是用网来打鱼。

龙王看见伏羲用网来打鱼,气得干着急。因为他们并没有用手捉鱼呀!龙王如果反悔,不但话不好说,还怕惹得伏羲和他的儿孙们起了火,真来把水喝干了。龙王坐在龙宫里急呀急的,就把一对眼睛急得鼓出来了。所以后来人们画的龙王像,眼睛都是鼓起来的。那个不知趣的乌龟,看到龙王急得那个样,还想替龙王出个主意。哪晓得刚刚爬到龙王肩膀上,嘴巴凑到龙王耳朵边,一句话还没说出来,就被龙王一巴掌打到面前公案上的墨盘里啦。乌龟在墨盘里翻了两翻,染了一身墨汁。现在乌龟身上乌漆漆的,就是那回被龙王打到墨盘里染的。

◆ 兄妹爬天梯

有一天,伏羲同往常一样,在母亲华胥的带领下,与妹妹女娲和其他族人一起到彭池的森林中去打猎和采果,伏羲与妹妹一起爬到彭池中最高的灵山上,兴致很浓地爬上一棵极高的树。这棵树表皮滑溜,粗细适中,树干笔直,周围没有枝杈,但这根本难不倒他们兄妹俩。只见伏羲双手交替着往上一伸,双脚用劲一蹬,人就爬上去一大截。爬到高处,偶尔出现了一根树枝,树枝上缀满了青色的和红色的鲜果。兄妹俩就站在树枝上一边歇息一边采摘那些鲜果吃。一会儿,兴致所致,兄妹俩还唱起自编的歌谣:彭池是个好地方,山环水复祥云绕,我和妹妹(哥哥)攀建木,爬到云端见神妙。

"哥哥,这果子我从来没有见过,还真好吃。"女娲对伏羲说。"妹妹,我也是第一次尝到这样好吃的果子,待会儿下去的时候我们多采摘一些,给母亲和族人们尝尝。"伏羲说话的时候总是把眼光投向高高的天穹,"妹妹,要是我们真的能通过这棵树爬到天上去,不知道能不能见到妈妈说的那个青脸雷公?""哥哥耶,你可不要犯傻了,这棵树能长到天上去吗? 再说,那青脸雷公既然不敢主动来见妈妈,可能在天上犯了什么错,就算我们能爬到天上,恐怕也不能见到他呀。"妹妹就是妹妹,说话直率,而且一边说话一边总是大口大口地吃树上的果子。

一会儿伏羲又想起了什么,但他看见妹妹只顾摘鲜果吃,就不开腔了。这样休息了一会儿,兄妹俩又鼓起劲往上爬,爬呀爬呀,真不知这树究竟有多高,越往上爬树枝也越多了起来,慢慢地他们看不见周围其他的灌木和林木了,再往上爬一阵,风开始大了起来,连彭池的山峰也看不见了。原来看起来高高在上的云朵这时候竟然跑到他们的脚下去了。伏羲感到身心有些飘飘然,而妹妹女娲却对哥哥说:"哥哥啊,我头脑晕晕的,手脚好像没有力气了。哎呀,是不是这果子吃多了,我还感到心里憋得慌呢。怎么办?""妹妹,既然你不舒服,那你就在这里歇息,我再往上爬,我想看看这树到底有多高,我还想知道这上面究竟有什么。"就这样伏羲让妹妹在原处休息,他独个儿又沿着树干攀爬上去。他爬了一阵,风越来越大,简直吹得他睁不开眼睛来。不知过了多久,他已经望得见头顶的树冠了,他看见树冠处一团漆黑,但偶尔里面有金环闪动,眼看就要接近树冠处,他突然感觉整个身体像被一股大力拉着升腾起来,那股力量大得出奇,拉着他升腾的速度也快得出奇,他感觉他仿佛在穿越一个长长的黑暗隧道,不知过了多久,那股拉着他的力量突然没有了,他像被停在了一个走廊上,半晌,他才睁开眼睛,定睛一看,原来他站在一个在地上从来没有看见过的美丽花园里,这里没有一个人,但有很多漂亮的亭楼台阁,水池里的水清澈得一眼见底,水面上环绕着一道道金色的光环,很多像鹏一样的巨大的鸟类在水面上追逐、嬉戏。这时候他感觉身心清爽多了,眼睛也能看得很远,他像换了一个人似的有了很多从来没有过的想法。就在这时候,从远处一个阁楼里走出来几个说笑着的长发飘飘的老翁,伏羲赶紧走上前去,向老翁询问这是什么地方。

一个老翁看了看他,说:"你这小子还真行,能爬上天来。看来那青脸雷公说得倒还不假。"老翁说话的时候用手拍了拍他的肩膀。

"这里是玉皇大帝的后花园,这花园里的树呀、花呀、草呀都是玉皇大帝派人从昆仑山上移栽过来的充满仙气的灵物。那水池里的鹏鸟是飞往北冥去中途到天上的仙池来戏玩的神鹅。你小子能上得来,将来一定有大造化!"另一个神态极为慈善的老翁一边补充说一边用手摸了摸他的脑袋。

第三个老翁往他面前一站,突然化成了一朵红云,在他面前飘来飘去;然后那朵云又化成一股清气,钻入了他的七窍,最后从他的七窍中蹦出来,又还原成了先前那个老翁,站在那里对着他傻乎乎地笑。

伏羲觉得自己灵性多了,同时也感到自己身上多了很多以前没有的能量。这时候他看到平时在地上看到的太阳其实像只发光的金鸟,全身长满了透明的翅膀,从他的身边飞过,那只巨大的发光的金鸟久久地吸引住了他的视线……后来,他突然记起了还在树上等他的妹妹,他连忙向三个老翁告别,转身就往回走。这一走他可糊涂了:这里到处是亭台楼阁,当初上来的那棵树在哪儿呢?

正在他为难的时候,一只黑青色的大鹏突然出现在他的面前,他心念一动,立即跃上大鹏背,那大鹏载着他飞驰起来,他紧闭上眼睛,不一会儿他就回到了当初那棵树上,他惊异地发现,妹妹已经长得比先前高了一个头。

妹妹拉着他的手说:"哥哥呀,你咋去了这么久?我在地上等了你大半年,每天都要爬到这棵树上来等你,你究竟去了哪儿?那上面是什么地方？你能不能带我去呀？"

"妹妹耶，说来你不会相信，那上面是天庭呢！我见过三位老翁，他们一位拍了我的肩膀，一位摸了我的头，一位化成清气钻进了我的七窍。最后是一只黑青色的大鹏把我托下来的。"

"那你赶快带我上去看一看。"

"将来有的是时间，我们还是先回去看望妈妈吧，她可是等急了。"于是兄妹俩从树上溜下来，回到了族人中。

◆ 画图八卦

伏羲是中华历史上一位很伟大的上古帝王。他娶了自己的妹妹，大名鼎鼎的女娲娘娘，两个人生育了人类。他还统一了整个华夏民族，教会了人们很多东西，还曾经在泰山举行了封禅仪式。完成这些事情之后，他感觉有些疲劳，于是在一座山上生活了一段时间。伏羲是一个注意观察四周事务的人，在那段时间，他一边享受着天娱之乐，一边推演着自然的变化。白天时候他就看着山下的田野，晚上的时候他就看着天上的星星。日复一日，终于有一天他灵光一闪，开始用树枝在地上写写画画。他曾经教人们结绳记事，他自己也是用这个方法的。推演来推演去，费了他很大的精力，也消耗掉了他很长的时间，他终于完成了一个非常伟大的东西，叫做八卦图。

八卦图，是伏羲大帝一个非常伟大的发明。黑白两色，互通有无，相互贯通，相互关联，又相互对立着。阴阳平衡，平衡的又特别的微妙。人们喜欢用八卦图来推演事情的发展，算一下自己将来的事情，是吉祥是凶残，怎么才能够化险为夷。总而言之，八卦图就在山上完成了。山上地势微妙，因而八卦图的形状还有一点像山下的俯视图。人们到了伏羲当年待过的山，总是不忘看一下山下的平原形状（像八卦图一样的平原盆地）。为了纪念伏羲对于人类的杰出贡献，人们便把这座山命名为卦台山。

伏羲画八卦的地方叫做卦台山，在那里，伏羲大帝抬头观察着天空的星星，低头推测着地上的变化，终于画出了八卦图。卦台山，顾名思义，就是为了纪念伏羲而起的名字。它的位置在甘肃省天水市。远远看去，卦台山就像是一条飞腾的龙从一片山中探出头来，有山有水，有树有云，王者之气。站在卦台山的山顶上，会看到渭河的流向是一个"S"形，整个的三阳川盆地被它分成了两半，加上椭圆形的轮廓，俨然就是一个八卦图案。即使你登上了卦台山的山顶，也会发现这里并不像你想象中的那么陡峭。这里的地面是非常平坦的，为了纪念伏羲，还建设了庙堂。伴随着庙堂一起修建的，还有钟楼之类的建筑。到了现在，还有一个游客必看的木制雕刻——就是传说中的"伏羲六十四卦二十八宿全图"，是伏羲庙里面非常珍贵的东西。

既然是"华夏第一山"，那就一定有它与众不同的地方。作为以伏羲大帝而闻名的山麓，自然有着关于伏羲大帝许许多多的传说。伏羲氏是人们爱戴的祖先，教会了人们许许多多的东西。古时的神话故事都是以对人们的贡献来讲述的，伏羲大帝的八卦图沿袭至今，人们依旧在用。道家讲究一个阴阳平衡，一个圆形，你中有我，我中有你，相互演变，相互转换。这，也许就是八卦的魅力所在吧。

"三皇五帝"被尊为中华民族的人文初祖，其世系位序的排列在春秋战国到秦汉时期即已确立。在"三皇五帝"的世系之中，伏羲位居"三皇之首""百王之先"。伏羲和女娲的母亲是同一个人：华胥氏。伏羲和女娲兄妹俩居住在昆仑山上，为了繁衍后代，两人结为夫妻。缔造了人类,在春秋时期,有任、宿、须、句、颛臾,都是伏羲的后裔。宓妃,她是伏羲氏的女儿,淹死在洛水中,成了洛神。传说伏羲因为制造八卦,人奉之为神,尊其为八卦祖师。

◆后世纪念

▶太昊陵

太昊陵,即伏羲的陵庙,位于河南省周口市淮阳区,为全国重点文物保护单位、国家 AAAA 级旅游景区。太昊陵占地 875 亩,规模宏大,始建于春秋时期,增制于唐代,被称为"天下第一陵"。历代帝王曾 51 次亲自来此祭奠。1997 年 6 月 26 日,时任国务院副总理的朱镕基参观太昊陵后,亲笔题写"羲皇故都"四个大字。

淮阳区太昊陵庙会,已有数千年历史,被国家列为第一批国家级非物质文化遗产。每年农历二月二日至三月三日都要举办庙会,当地还有农历二月十五祭祀伏羲氏的风俗。

2008 年,太昊陵以单日 825 601 人游客流量纪录刷新吉尼斯世界纪录,成为全球第一庙会。

▶伏羲庙

伏羲庙,是国家 AAAA 级旅游景区、全国重点文物保护单位,位于天水市区西关伏羲路,始建于明代成化年间,后经九次重修,形成古建筑群。自 1988 年开始,每逢龙诞日(农历五月十三日),都在天水伏羲庙举办"天水伏羲文化节",举行祭祀、朝拜仪式、祭祖活动。1992 年 8 月,时任中共中央总书记、国家主席江泽民来天水,亲笔题写了"羲皇故里"四个大字。2012 年 11 月,甘肃省天水市秦州区拟于天水伏羲庙中轴线以北建设人文始祖伏羲祭祀广场,并建 99 米高大型伏羲塑像。

第二章

神农亲尝百草,中药治病创始人

生平小传

　　神农,即炎帝,亦称神农氏、烈山氏,汉族神话人物,名伊耆,姓姜。生辰:古历4月26日。传说生于距今5500～6000年前姜水之岸(今宝鸡市境内),远古传说中的太阳神,华夏太古"三皇五帝"之一,农业的发明者,医药之祖。

　　炎帝在民间传说中被尊崇为中华民族的祖先之一。有文字记载的出现时代是在战国以后。他不仅是传授人类播种五谷方法的农业祖先,也是传授人们尝百草以药治病的医学发明人,不但能保佑农业收成、人民健康,更被医馆、药行视为守护神。被世人尊称为"药王""五谷王""五谷先帝""神农大帝"等。

　　传说神农氏的样貌很奇特,人身牛首,身材瘦削,身体除四肢和脑袋外,都是透明的,因此内脏清晰可见。三岁知稼穑,长成后,身高八尺七寸,龙颜大唇。神农氏尝尽百草,如果药草是有毒的,服下后他的内脏就会呈现黑色,因此什么药草对人体哪一个部位有影响就可以轻易地知道了。故此,古有"神农尝百草,一日而遇七十毒"的传说。关于神农的死因,说法不一。一说,神农氏由于服太多种毒药,积毒太深,终于身亡。一说,一日他尝草时误食了毒草(穿肠草)而死。

主要成就

神农著有《神农本草经》一书,原书已佚,现行本为后世从历代本草书中集辑的。

《神农本草经》,简称《本草经》或《本经》,是我国现存最早的一部药学专著。《神农本草经》大约成书于秦汉时期,也并非出自一时一人之手,而是秦汉时期众多医学家总结、搜集、整理当时药物学经验成果的专著,只是托名为神农所作而已,这已经是医学史界比较公认的结论。

《神农本草经》记录了365种中药,其中有植物药252种,动物药67种,矿物药46种(此据顾观光辑本统计之数,其他各版本有出入);它将药物分为上、中、下三品,是中药学按功用分类之始。上品120种,无毒。大多属于滋补强壮之品,如人参、甘草、地黄、大枣等,可以久服。中品120种,无毒或有毒。其中有的能补虚扶弱,如百合、当归、龙眼、鹿茸等;有的能祛邪抗病,如黄连、麻黄、白芷、黄芩等。下品125种,有毒者多。能祛邪破积,如大黄、乌头、甘遂、巴豆等,不可久服。

《神农本草经》对每味药的性味、主治、异名及生长环境均有记载。如"当归味甘温,主咳逆上气,温疟寒……妇人漏下,绝子,诸恶疮疡金疮，煮饮之。一名于归。生川谷"。这些内容以当时的水平来衡量，是比较切实的。它所述的药物主治病症大部分是正确的，有一定的科学价值。如水银治疥疮、麻黄平喘、常山治疟、黄连治痢、牛膝堕胎、海藻治瘿瘤。不但确有实效，而且有一些还是世界上最早的记载。如用水银治皮肤疾病，要比印度和阿拉伯早500~800年。

《神农本草经》是汉以前劳动人民在实践中所积累的用药经验的总结，它的问世，对中国药学的发展影响很大。历史上具有代表性的几部本草著作，如《本草经集注》《新修本草》《证类本草》《本草纲目》等，都是渊源于《本经》而发展起来的。同时，该书还教人种植五谷、豢养家畜，使中国农业社会结构日趋完善。神农最早发现泥灸养生。远在两千多年前春秋战国时，人类已经开始利用泥土祛邪治病和养生保养，并运用泥灸温敷治疗疾病，达到治疗和缓解症状的目的，为近现代养生学发展奠定了基础。

关于神农尝本草，中国历史上有"神农尝百草，一日而遇七十毒"的传说，反映了古代劳动人民在与自然和疾病作斗争的过程中发现药物、积累经验的艰苦过程，也是中药起源于生产劳动的真实写照。由于药物中草类占大多数，所以记载药物的书籍便称为"本草"。据考证，秦汉之际，本草流行已较多，但可惜这些本草都已亡佚，无可查考。现知的最早本草著作称为《神农本草经》，著者不详，根据其中记载的地名，可能是东汉医家修订前人著作而成。《神农本草经》全书共三卷，收载药物包括动、植、矿三类，共365种，每药项下载有性味、功能与主治，另有序例简要地记述了用药的基本理论，如有毒无毒、四气五味、配伍法度、服药方法及丸、散、膏、酒等剂型，可说是汉以前中国药物知识的总结，并为以后的药学发展奠定了基础。南北朝,梁代陶弘景(公元 452—536 年)将《神农本草经》整理补充,著成《本草经集注》一书,其中增加了汉魏以下名医所用药物 365 种,称为《名医别录》。每药之下不但对原有的性味、功能与主治有所补充,并增加了产地、采集时间和加工方法等,大大丰富了《神农本草经》的内容。到了唐代,由于生产力的发展以及对外交通日益频繁,外国药物陆续输入,药物品种日见增加。为了适应形势需要,政府指派李勣等人主持增修陶氏所注本草经,称为"唐本草"后又命苏敬等重加修正,增药 114 种,于唐显庆四年(公元 659 年)颁行,称为《新修本草》或《唐新本草》,此书由当时的政府修订和颁行,所以可算是中国也是世界上最早的一部药典。这部本草载药 844 种,并附有药物图谱,开创了中国本草著作图文对照的先例,不但对中国药物学的发展有很大影响,而且不久即流传国外,对世界医药的发展作出了重要贡献。以上所述是中国古代药物知识的 3 次总结,以后每隔一定时期,由于药物知识的不断丰富,便有新的总结出现。如宋代的《开宝本草》《嘉祐补注本草》,都是总结性的。到了北宋后期,蜀医唐慎微编成了《经史证类备急本草》(简称证类本草)。他将《嘉祐补注本草》与《图经本草》合并,增药 500 多种,并收集了医家和民间的许多单方验方,补充了经史文献中得来的大量药物资料,使得此书内容更为充实,体例亦较完备,曾由政府派人修订三次,加上了"大观""政和""绍兴"的年号,作为官书刊行。明代的伟大医药学家李时珍(1518—1593 年),在《证类本草》的基础上进行彻底的修订,"岁历三十稔,书考八百余家,稿凡三易",编成了符合时代发展需要的本草著——《本草纲目》,于李时珍死后三年(1596 年)在金陵(今南京)首次刊行。此书载药 1 892 种,附方 11 000 多个。李时珍在这部书中全面整理和总结了十六世纪以前中国人民的药物知识，并作了很大发展。他改绘药图，订正错误，并按药物的自然属性，分为十六纲，六十类，每药之下，分释名、集解、修治、主治、发明、附方及有关药物等项，体例详明，用字严谨，是中国本草史上最伟大的著作，也是中国科学史中极其辉煌的成就。李时珍长期亲自上山采药，远穷僻壤，遍询土俗，足迹遍布大江南北，对药物进行实地考察和整理研究，并用实事求是的科学态度力辟迂儒之谬论，痛斥方士之邪说，纠正了古代本草中不少药物品种和药效方面的错误，才使《本草纲目》一书达到前代一切本草远未达到的水平，这部书在十六世纪初就流传中外，曾经多次刻印并被译成多种文字，不但对世界医学作出了伟大的贡献，也是研究动植矿物的重要典籍。清代乾隆年间赵学敏编成《本草纲目拾遗》一书，对《本草纲目》作了一些正误和补充，增药716种。由汉到清，本草著作不下百余种，各有所长，但可称为总结性的，只有上述几书。其余如地方性的《滇南本草》（明代兰茂）、专记外来药物的《海药本草》（唐代李珣）。记载食物疗法的《食疗本草》（唐代孟诜）、记载救荒植物的《救荒本草》（明代朱橚）、侧重药物鉴别的《本草衍义》（宋代寇宗黄）、侧重药物炮炙的《雷公炮炙论》（南北朝刘宋雷敩）以及便于学习诵读、翻检查阅或临症参考的中小型本草多种。清代道光年间，吴其浚的两部专论植物的著作《植物名实图考》和《植物名实图专长编》问世，前者记载植物1 714种，后者描述了植物838种。对于每种植物的形色性味、用途和产地叙述颇详，并附有精确插图，尤其着重植物的药用价值与同名异物的考证，所以虽非药物专著，亦有重要的参考价值。此外，中国古代人民关于药物的知识还收载在许多医学和方剂学的著作中。例如东汉张仲景所著的《伤寒论》和

《金匮要略》、东晋葛洪的《肘后备急方》、唐代孙思邈的《千金备急方》和《千金翼方》、宋代陈师文等所编的《太平惠民和剂局方》、明代朱橚等的《普济方》等，不胜枚举。这些书籍中收载的药物和方剂，很多至今还被广泛地应用着，具有很好的疗效。很多中草药的疗效不但经受住了长期医疗实践的检验，而且也已被现代科学研究所证实。有些中草药的有效成分和分子结构等也已经全部或部分地研究清楚。例如麻黄平喘的有效成分麻黄碱、常山治疟的有效成分常山碱、延胡索止痛的主要成分四氢帕马丁（延胡索乙素）、黄连和黄柏止痢的主要成分小檗碱（黄连素）、黄芩抗菌的主要成分黄芩素、大黄泻下的有效成分番泻苷等。为了保证药物的疗效，中国劳动人民在长期的实践中，对于药物的栽培、采收、加工、炮制、贮藏保管等方面，也都积累了极为丰富的经验。

大量事实证明，中国古代劳动人民通过长期实践所积累起来的医药遗产是极为丰富、极为宝贵的。我们应当珍视这个祖国医药学的伟大宝库，努力发掘，加以提高。早在夏商周时期（约公元前22世纪末—公元前256年），中国就已出现药酒及汤液。西周（约公元前11世纪—公元前771年）的《诗经》是中国现存文献中最早记载有药物的书籍。现存最早的中医理论典籍《黄帝内经》提出了"寒者热之，热者寒之""五味所入""五脏苦欲补泻"等学说，为中药基本理论奠定了基础。现存最早的药学专著《神农本草经》是秦汉时期（公元前221—公元220年）众多医学家搜集、总结了先秦以来丰富药学资料而成书的。本书载药365种，至今尚为临床所习用。它的问世，标志着中药学的初步确立。在3000多年前的殷商甲骨文中，中国已经有关于医疗卫生以及十多种疾病的记载。周代已经使用望、闻、问、切等诊病方法和药物、针灸、手术等治疗方法。秦汉时期，形成了《黄帝内经》这样具有系统理论的著作。此书是现存最早的一部中医理论性经典著作。张仲景所著的《伤寒杂病论》，专门论述了多种杂病的辨证诊断、治疗原则，为后世的临床医学奠定了发展的基础。汉代外科学已具有较高水平。据《三国志》记载，名医华佗已开始使用全身麻醉剂"麻沸散"进行各种外科手术。从魏晋南北朝（公元 220—589 年）到隋唐五代（公元 581—960 年），脉诊取得了突出的成就。晋代名医王叔和所著的《脉经》归纳了 24 种脉象。该书不仅对中国医学有很大影响，而且还传到了国外。这一时期医学各科的专科化已趋成熟。针灸专著有《针灸甲乙经》；《抱朴子》和《肘后方》是炼丹的代表著作；制药方面有《雷公炮炙论》；外科有《刘涓子鬼遗方》；《诸病源候论》是病因专著，《颅囟经》是儿科专著；《新修本草》是世界上第一部药典；眼科专著有《银海精微》等。另外，唐代还有孙思邈的《千金要方》和王焘的《外台秘要》等大型方书。唐代（公元 618—907 年）经济繁荣，促进了中药学的发展。唐政府率先完成了世界第一部药典性本草——《唐本草》的编修工作。全书载药 850 种，还增加了药物图谱，进一步完善了中药学的规模格局。在宋代（960—1279年）医学教育中，针灸教学有了重大改革。王惟一著有《铜人腧穴针灸图经》，后来，他又设计制造等身大针灸铜人两具，教学时供学生实习操作。这一创举，对后世针灸的发展影响很大。明代（1368—1644 年）时，有一批医学家提出把伤寒、温病和温疫等病区分开。到了清代，温病学说达到成熟阶段，出现了《温热论》等专著。从明代开始，西方医学传入中国，一批医学家们主张"中西医汇通"，成为当代中西医结合的先声。到了明代，医药学家李时珍历时 27 年，完成了中药学巨著《本草纲目》，全书载药 1 892 种，成为中国本草史上最伟大的集成之作。中医的最高境界是什么？就是致中和。寒者热之，热者寒之。致中和，寒就要热，热就要寒，结就要散，逸就要劳，劳就要逸。微者逆之，小的你就可以逆它。甚者从之，你不能逆它，你逆它你就崩溃了就没有了。上之下之，摩之浴之，薄之劫之，适事为故，恰到好处就好了，以平为期，以和为重，这就是它的一种最高境界。《中庸》一书中至关重要的哲学命题是"致中和"这一思想。《中庸》曰："中也者，天下之大本也；和也者，天下之达道也。致中和，天地位焉，万物育焉。"说的是中和是世界万物存在的理想状态。通过各种方法达到这一理想状态就是致中和。天地就各得其所，万物便生长发育。可以说中医学所阐明的"阴阳和合""阴平阳秘"生理机制正是儒家致中和思想的最佳体现。在这个终极目标下，中医是用精气学说、阴阳学说和五行学说，这三大来自中国古典哲学的理论，来具体解释生命的秘密。第一个代称是岐黄。这个名字来源于《黄帝内经》。因其是黄帝与岐伯讨论医学的专著，便称《黄帝内经》为岐黄之术。自然，岐黄也就成了中医的别名。第二个代称叫青囊。现在知此名字并使用者甚少。它的来源与三国时期的名医华佗有关。据说，华佗被杀前，为报一狱吏酒肉侍奉之恩，曾将所用医书装满一青囊送与他。华佗死后，狱吏亦行医，使华佗的部分医术流传下来，据此，后人称中医为青囊。第三个代称唤杏林。这个名字的起始，也与三国时期的名医董奉有关。有资料介绍，三国时吴国有位名医叫董奉，他一度在江西庐山隐居。附近百姓闻名求医，但董奉从不收取钱财，只求轻症被治愈者种一棵杏树，大病、重病被治愈者种五棵杏树。数年后，董奉门前杏树成林，一望无际。从此，人们便唤中医为杏林。第四个代称悬壶。传说河南汝南的费长房在街上看到一卖药老者的竿上挂一葫芦，奇怪的是，天黑散街后，老者就跳入那葫芦中。为弄清底细，费长房以酒款待，老者后来约他同入葫芦中，只见玉堂俨丽，甘肴旨酒。费长房即拜老者为师，学修仙之道。数载后，他术精业成，辞师出山，又得壶翁传赠的治病鞭鬼之竹杖，从此悬壶行医。从那时起，医生腰间挂的和诊所门前悬挂的葫芦，便成了中医的标志。在西医传入中国之后，中医亦被称为"皇汉医学"。在日本中医被称为"汉方医学"。中医是我们中华民族自己的医学科学，它珍藏着中国人民同疾病作斗争的丰富经验和理论知识，是我国优秀的民族文化遗产。它是在古代朴素的唯物论和自发的辩证法思想指导下，通过长期医疗实践逐步形成并发展为独特的医学理论体系。在研究方法上，具有朴素的系统论、控制论和信息论内容；孕育着很多现代医学和生物学的新理论、新学说的胚胎和萌芽，正是这些宝贵精髓，赋予了它强大的生命活力。中医学不是一般的发明，而是"大发明"，是比造纸术、火药、指南针、活字印刷术更伟大的发明和创造，可称为"中国古代第五大发明"。第一，它由中国首创，是中国古代科学技术的杰出成就。这里所称之中医学，是指从远古到1840年所形成的经典中医药学术体系，它由中国独创，产生于中国古代社会，是中国古代科学技术的杰出代表。第二，它传播至全世界并被广泛地接受和应用。中医学早已开始走出国门，20世纪70年代以来，又进入国际化的新阶段，现已传至140多个国家和地区，其科学价值和卓越疗效已经为世界医学界所公认，中医学正在被地球村的居民们日益广泛地接受。第三，对人类文明和社会进步产生了重大推动作用，作为"伟大发明"的价值和意义已得到世界公认。中国是医药文化发祥最早的国家之一，从文明的曙光在天幕上耀映亚细亚大地之时，遍及神州大地的簇簇史前文化篝火,由点到面连接起来,形成燎原之势,逐渐地融化在文明时代的光华之中。"中医"是个专用名词,它的"中"字显然是为了区别"西医"的"西"字。因此,大家理解的"中医"是指传统中国医学或中国大夫。不过认真求实地考证一下,这个"中医"之"中",本来的意思根本就不是指中国呢!西汉开始有"中医"的说法,若"中"不指中国,究竟何意呢?中国最早认识尤物的思想基础,来源于《易经》,将世界一切事物均纳入阴阳的轨道,对后世的哲学、社会、堪舆、天文、地理、医学……都具有重要和直接的影响。因此中国古代的医学理论认为,人体的阴阳保持中和才会取得平衡不会生病。若阴阳失衡,则疾病必来。中医大夫有"持中守一而医百病"的说法,意即身体若无阳燥,又不阴虚,一直保持中和之气,会百病全无。所以"尚中"和"中和"是中医之"中"的真正含意。

以神农为本草之宗的神话已经流传了几千年,近年来随着考古发掘的深入,发现一些早期古代文献的记载并非仅仅是旨在尊圣尚古,而是以历史真实性为依据的。神农和药的关系最早见于《淮南子·修务训》:"神农乃始教民,尝百草之滋味,当时一日而遇七十毒,由此医方兴焉"。说尝百草,有了药而医学勃兴。后又见于《史记补·三皇本纪》:"神农氏以赭鞭鞭草木,始尝百草,始有医药",既尊神农为三皇之一,又是医药的创始人。《世本》也说:"神农和药济人"。可见神农不只是尝百草认药,还有遣药之能。宋代刘恕又把以上诸论综合起来,他在《通外纪》中说:"民有疾病,未知药石,炎帝始味草木之滋,尝一日而遇七十毒,神而化之,遂作方书,以疗民疾,而医道立矣"。近年考古尚没有发现方书,但确认了尝百草的历史年代和活动区域,说明古人以神农尝百草之说溯本崇源言大道的立意正确不谬。现代考古认定,距今五千至一万年前,是我国新石器时代的早、中期,即传说中的神农时代,距今五六千年是新石器时代晚期向青铜时代过渡的时期,即传说中的黄帝时代。神农、黄帝既是氏族领袖,又是氏族和部落的称号,分别代表着两个时代。神农氏族,姜姓,又称炎帝,《大戴礼记·五帝德篇》又称赤帝,原是西戎族的一支,以牛为图腾。最早居住在大西北的新疆维吾尔自治区和甘肃、青海、陕西等省,炎帝族先于黄帝族自西北进入华北、中原等地区,后来又逐渐向南方转移至湖湘。炎帝族在进入中部地区时,与最早进入中部地区的南方"蛮族"的九个部落联盟的九黎族发生冲突:蚩尤是九黎族的首领,兄弟八十一人,即八十一个氏族的酋长,炎帝族被迫逃避到涿鹿,后来炎帝族与姬姓、号轩辕氏又号有熊氏的黄帝族联合,在涿鹿大械斗,攻杀蚩尤。继后炎黄两族在阪泉发生了三次大冲突,黄帝族统帅以熊罴、貔貅、虎的各族打败了炎帝族,之后炎帝族逐渐在中部定居下来,延续了炎帝的文化。神农氏族时代,以农业为主,畜牧业也是重要的部门,并有制陶、纺织等手工业,已经用弓箭,有货物交换。在陕西半坡遗址出土有石斧和骨锄,有一陶罐粟在居室内被发现,另有一陶钵粟作为殉葬物放在墓葬里。

传奇故事

◆以身试毒尝百草

上古时候,五谷和杂草长在一起,药物和百花开在一起,哪些是可以吃的粮食,哪些是可以治病的草药,谁也分不清。黎民百姓靠打猎过日子,天上的飞禽越打越少,地上的走兽越打越稀,人们就只好饿肚子。如果有人生疮害病,无医无药,不死也要脱层皮啊!

老百姓的疾苦,神农氏看在眼里,疼在心里。怎样给百姓治病? 神农苦思冥想了三天三夜,终于想出了一个办法。

第四天,他带着一批乡民,从家乡随州历山出发,向西北大山走去。他们走了很久,腿走肿了,脚起茧了,还是不停止,整整走了七七四十九天,来到一个地方。只见高山一峰接一峰,峡谷一条连一条,山上长满了奇花异草,很远就闻到了香味。神农和乡民们正往前走,突然从峡谷里蹿出来一群狼虫虎豹,把他们团团围住。神农马上让乡民们挥舞神鞭,向野兽们打去。打走一批,又涌上来一批,一直打了七天七夜,才把野兽赶跑。那些虎豹蟒蛇身上被神鞭抽出一条条一块块伤痕,后来渐渐地变成了皮上的斑纹。

这时,乡民们说这里太危险,劝神农回去。神农摇摇头说:"不能回! 黎民百姓饿了没吃的,病了没医的,我们能回去吗?"说着领头进了峡谷,来到一座大山脚下。

这座山半截插在云彩里头,四面是刀切崖,崖上挂着瀑布长着青苔,溜光水滑,看来没有登天的梯子是上不去的。乡民们又劝他说:"算了吧,还是趁早回去吧。"

神农还是摇摇头。

他站在一个小石山上,对着高山,上望望、下望望、左瞅瞅、右瞄瞄,思主意、想办法。后来,人们就把他站的这座小山峰叫作"望农亭"。

忽然,他看见几只金丝猴顺着高悬的古藤和横倒在崖腰的朽木爬过来。神农灵机一动,有了! 他当下把乡民们喊来,叫他们砍木杆、割藤条,靠着山崖搭成架子,一天搭上一层,从春天搭到夏天,从秋天搭到冬天,'不管刮风下雨,还是飞雪结冰,整整搭了一年,搭了360层,才到了山顶。据传说,后来人们盖楼使用的脚手架，就是从神农那儿学来的办法。

神农带着乡民，攀登木架，上了山顶。山上真是花草的世界，红的绿的白的黄的，各色各样，郁郁葱葱。神农高兴极了，他叫乡民们提防狼虫虎豹，自己采摘花草，放到嘴里尝。为了在这里尝百草；为百姓找吃的，找医药，神农就叫乡民在山上栽了几排冷杉做城墙防野兽，在墙内盖茅屋居住。后来，人们就把神农住的地方叫"木城"。

白天，他领着乡民们到山上尝百草；晚上，他叫乡民生起篝火，他就着火光详细记载下来：哪些是苦的，哪些是甜的，哪些热，哪些凉，哪些能充饥，哪些能医病，都写得清清楚楚。

有一次，他把一棵草放到嘴里一尝，霎时天旋地转，一头栽倒。乡民们慌忙扶他坐起，他明白自己中了毒，可是已经不会说话了，只好用最后一点力气，指着面前一棵红亮亮的灵芝草，又指指自己的嘴巴。乡民们慌忙把那红灵芝放到嘴里嚼嚼，喂到他嘴里，神农吃了灵芝草，毒气解了，头不昏了，会说话了。

从此，人们都说灵芝草能起死回生。乡民们担心他这样尝草，太危险了，都劝他说："我们还是下山回去吧。"

他又摇摇头："不能回去啊！黎民百姓饿了没吃的，病了没医的，我们能回去吗？"说罢，他又接着尝百草。

他尝完一山花草，又到另一山尝，还是用木杆搭架的办法，攀登上去。一直尝了七七四十九天，踏遍了这里的山岭。他尝出了麦、稻、谷子、豆子、高粱能充饥，就叫乡民把种子带回去，让黎民百姓种植，这就是后来的五谷。他尝出了 365 种草药，写成《神农本草》，叫乡民带回去，为天下百姓治病。

神农尝完百草，为黎民百姓找到了充饥的五谷、医病的草药,来到回生寨,准备下山回去。他放眼一望,遍山搭的木架不见了。

原来,那些搭架的木杆,落地生根,淋雨吐芽,年深月久,竟然长成了一片茫茫林海。神农正在为难,突然天空飞来一群白鹤,把他和其他几位乡民,接到天庭去了。从此,回生寨一年四季,香气弥漫。

为了纪念神农尝百草造福人间的功绩,老百姓就把这片茫茫林海取名为"神农架",把神农升天的回生寨,改名为"留香寨"。

◆蛇毒克星延龄草

一次,神农在深山老林采药,被一群毒蛇围住。毒蛇一起向神农扑去,有的缠腰,有的缠腿,有的缠脖子,想致神农于死地。神农寡不敌众,终被咬伤倒地,血流不止,浑身发肿。他忍痛高喊:"西王母,快来救我呀!"王母娘娘闻听呼声后,立即派青鸟衔着她的一颗救命解毒仙丹在天空中盘旋窥瞰,终于在一片浩瀚森林里找到了神农。毒蛇见到王母的使者青鸟赶到了,都吓得纷纷逃散。

青鸟将仙丹喂到神农口里,神农逐渐从昏迷中清醒。青鸟完成使命后翩然腾云驾雾归去。神农感激涕零,高声向青鸟道谢,哪知,一张口,那仙丹就从他口中滚落到地上,立刻生根发芽长出一棵青草,草顶上长出一颗红珠。神农仔细一看,与仙丹完全一样,放入口中一尝,身上的余痛全消,便高兴地自言自语:"这下可好了,有治毒蛇咬伤的药方了!"于是,神农就给这味草药取名为"头顶一颗珠"。

后来,药物学家给这味草药更名为"延龄草"。

◆神奇獐狮识药性

从前,凡是开办中药店的,都要在柜台上摆一个小狮子,有的是玉石雕成，有的是精巧的陶制品，口中含一颗黑珠子，神态庄重，有"药不过獐狮不灵"的说法。

相传，神农采药时，在一座深山里得到这个奇兽。它周身透明，好像水晶做的一样，五脏六腑，骨骼经络，可以看得一清二楚。

令人称奇的是，獐狮不但能吃百草，而且还能吃百虫，各种药性，都能从它的脏腑、经络中看个明明白白。原来神农只能尝百草，而对鸟、兽、虫、鱼能不能当药，却没有办法断定。自从有了獐狮，神农识药再也不用发愁了。

一天，神农走进一座高山，看见一条黑油油、闪闪发亮的虫在地上爬着。一听到声音，它身子一蜷，像颗圆溜溜的黑珠子，滚下山去。神农从未见过这种怪虫，他捡了一个放在手心，滚来滚去，样子很招人喜爱。他想，这也是药吗？递给獐狮。獐狮闻了又闻，龇了龇牙，神农说："吃吧，小畜生！"獐狮一口吞在嘴里，嚼了嚼，又赶快吐了出来，哪知道这条虫的毒汁已进入獐狮的肠胃。霎时它遍体发黑，口吐白沫，黏涎不断流出，眼睛直瞪瞪，祈求地望着神农，滚出泪水。神农连忙拿药为它解毒，结果无济于事。不一会儿，獐狮四脚蹬了几下，就死了。神农含着眼泪，心疼得直叹气，说："獐狮呀！是我害了你，不该叫你吃这个毒虫。你是我心爱的宝贝呀……"

原来，那个虫叫作"滚磙珠"，又叫作"滚坡虫""千脚虫"，毒性大得很。这种虫子入了药，以毒攻毒能治各种肿毒和恶瘤。

后来，中药店供一獐狮，是为了给医生提醒警示：千万不要乱用药，错用药！

◆高山峡谷寻药草

在神农架的高山峡谷里，长着一种像荷叶的药草，独茎圆叶,形如小碗,碗边有锯齿,开白色小花;叶中常聚满露水、雨水,能为采药人解渴。这种药草的名字更为奇特,叫作"江边一碗水"。

相传,神农采药时,在岩上爬上爬下,脚底下的石头松了,"哗啦"一声,他滚下深沟,摔了个半死。等他清醒过来,觉得疼痛难忍,口渴得要命,想喝点水,又动弹不得。后来,勉强挣扎起来,爬到沟边,只见沟中有流水,但是浑浊不堪,腐草烂叶泡在水里发臭,实在难喝;左看右看,沟边生着几棵像荷叶一样的药草。

他爬过去一瞄,里面盛着清亮亮的露水。神农赶忙捧着叶儿一口气喝个干净,顿时觉得身上的伤痛轻了许多,恢复了元气。神农大喜,赶紧把那荷叶形、开小白花的药草吃了下去,伤势立刻痊愈。

神农就采下这棵救了性命的药草,给他取了个名字叫作"江边一碗水"。同时,也记下了这种药草具有散瘀活血、止血、止痛、治跌打损伤的功能。

◆起死还阳九龙盘

神农架有一种稀奇古怪的药草,叫作九龙盘,生长在峭壁陡崖的地方。这种药长得像一条盘龙,有头有尾,根紧扣崖壁,像龙爪;头生两匹翠叶,像龙角。它只有小茶盘大,金色略带翠绿。这药的生长有个特性:朝北要背山,山色要带瓦翠色。天下连阴雨,它不烂,天旱3年,它不变色。有起死还阳,接骨斗臼的功效。

但是,这种药很难采到,除山高难攀之外,还有毒蛇守护,人不敢靠近。毒蛇都是由九节组成,头节逃命,丢了几节还可以长出新的来,人称为"脆蛇",也是一种稀奇好药。被毒蛇咬伤了,非九龙盘入药是治不好的。

相传,当年神农采这种药的时候,费了不少周折,差点丢了性命。那天，神农采药来到一个高岩上，看到九条像小龙的蛇，围住一个什么东西。仔细一看，原来是一种药草。他心里急得慌，就是不能下手，怎么办呢？他正要捡石头去打，九条蛇一齐向他扑来，都分成数节，像乱棍齐打。神农招架不住，脚上手上被毒蛇咬了几口，疼痛难忍。幸好几个徒弟赶来，才把神农救走。因为神农尝过百草，能消蛇毒，只起了几个疙瘩，敷了点药，慢慢也就好了。

九龙盘采不到手，不能知道它的功效，师徒们不肯罢休，于是一起商量如何擒蛇得药的事。有个徒弟比较聪明，想起那日尝花椒时，把舌头都麻僵了，便说："咱们也用花椒毒蛇吧。"

神农一听，高兴地说："有道理。"

他们马上采来花椒，用石头砸烂，用水浸泡，然后把花椒水悄悄带在身边，洒到九条毒蛇身上，毒蛇一沾上花椒水，麻得乱蹦乱跳，结果断成无数个节，动弹不得，麻昏过去了。神农和徒弟们趁机采了九龙盘，把毒蛇打死，一起带下山去。

后来，人们说："吃长虫肉放不得花椒，一放就乱跳乱蹦，收拾不住。"就是从神农那时起留下来的。

◆发现天麻真奇妙

天麻为多年生草本植物，分布于中国大部分地区。其干燥块茎亦称天麻，是一味常用而较名贵的中药，临床多用于头痛眩晕、肢体麻木、小儿风、癫痫、抽搐、破伤风等症。天麻过去一直依赖野生资源，20世纪70年代野生变家种成功后，家种天麻成为主要商品来源。关于天麻的来历，还有一段神奇的传说。

相传，神农当年采药时，天麻产量极少，是很不容易采挖到的。有时连续几天在山里转悠，都寻觅不到它的踪影。

一次，神农偶然挖到了一棵天麻，见它下无根须，上无秧苗，长有尺余,活像一个肥大的人脚。他正要用手拿起来,一眨眼,它就不见了。

奇怪,哪里去了呢?

神农连忙挖土寻找,连影子也没有。神农不甘心,挖呀挖呀,几乎把一面山坡挖遍了,终于找到了它。从这以后,神农就有了准备,只要天麻一露面,就一竹剑扎下去,牢牢扎住,天麻就再也跑不了了。

但是,等神农喘过气来,再去拔他的竹剑时,怎么也拔不掉了。竹剑与天麻长到一起,成了天麻的茎秆了。

从那时起,天麻才发芽长秆。虽然它野性难改,喜欢在大山里跑动,但人们却还是能找得到它。后来,天麻就有了"仙人脚"的美名。

第三章

黄帝问医岐伯,《黄帝内经》传后世

生平小传

黄帝(公元前2717—公元前2599年),所处时代为原始社会末期,古华夏部落联盟首领,华夏民族共同的祖先,五帝之首,被尊为中华"人文初祖"。史载黄帝因有土德之瑞,故号黄帝。

据说他是少典与附宝之子,本姓公孙,后改姬姓,故称姬轩辕。居轩辕之丘,号轩辕氏,建都于有熊,亦称有熊氏,也有人称之为"帝鸿氏"。

相传黄帝诞辰是农历三月初三,黄帝即位据说是在公元前2698年,即位时20岁,据此推算黄帝出生于公元前2717年。

黄帝刚出生,就显得异常的神灵。出生没多久,便能说话。到了15岁,已经无所不通了。公元前2698年,20岁的黄帝继承了有熊国君的王位。在黄帝成为氏族首领之后,有熊氏的势力得到迅速发展,并形成一个独立的黄帝部落。

主要成就

黄帝部落在从姬水向东发展的过程中,继承了神农以来的农业生产经验,将原始农业发展到高度繁荣阶段,使本部落迅速发展壮大。因他发明了轩冕,故称之为轩辕。

黄帝以统一华夏部落与征服东夷、九黎族而统一中华的伟绩载入史册。黄帝在位期间,播百谷草木,大力发展生产,始制衣冠、建舟车、制音律、创医学等。

传说他的发明创造很多,如养蚕、舟车、兵器、引箭、文字、衣服、音律、算术等,我国古文献也多有黄帝创造发明医药之记载。《帝王世纪》说:"黄帝使岐伯尝味草木,典医疗疾,今经方、本草之书咸出焉",《通鉴外记》亦说:"(黄)帝以人之生也,负阴而抱阳,食味而被色,寒暑荡之于外,喜怒攻之于内,夭昏凶札,君民代有,乃上穷下际,察五色,立五运,洞性命,纪阴阳,咨于岐伯而作《内经》,夏命俞跗、岐伯、雷公察明堂,究息脉;巫彭、桐君处方饵,而人得以尽年。"

《黄帝内经》是中国最早的典籍之一,也是中国传统医学四大经典之首。相传为黄帝所作,因以为名。但后世较为公认此书成于西汉,作者亦非一人,而是由中国历代黄老医家传承增补发展创作而来。正如《淮南子·修务训》所指出的那样,冠以"黄帝"之名,意在溯源崇本,借以说明中国医药文化发祥之早。实非一时之言,亦非一人之手。《黄帝内经》涉及养生、预防、针灸、调摄等诸多方面,至今都有效地指导着人们防病治病。

黄帝被尊奉为"华夏始祖"。黄帝和炎帝时期逐渐形成华夏族,因而视他们为华夏民族共同的祖先,故中国人自称"炎黄子孙",每年在陕西黄帝陵举行祭祀活动,在河南新郑有拜祖活动。

据记载,祭祀黄帝始于公元前 442 年。自唐大历五年(770 年)建庙祀典以来,一直是历代王朝举行国家大祭的场所。黄帝陵是全国重点文物保护单位,历朝历代历经多次修复,2004 年开始每年在黄帝陵举行国家公祭访,包括刘彻、朱元璋、孙中山、蒋介石、毛泽东等名人都曾参与拜谒或撰写祭文活动。《黄帝内经》是中国传统医学四大经典著作(《黄帝内经》《难经》《伤寒杂病论》《神农本草经》)之一,是我国医学宝库中现存成书最早的一部医学典籍,是研究人的生理学、病理学、诊断学、治疗原则和药物学的医学巨著。《黄帝内经》作为中国传统文化的经典之作,不仅仅是一部经典的中医名著,更是一部博大精深的文化巨著,以生命为中心,从宏观角度论述了天、地、人之间的相互联系,讨论和分析了医学科学最基本的命题——生命规律,并创建了相应的理论体系和防治疾病的原则和技术,包含哲学、政治、天文等多个方面学科的丰富知识,是一部围绕生命问题而展开的百科全书。

《黄帝内经》分《素问》和《灵枢》两部分,以朴素的唯物主义观点和辩证思想,通过黄帝、岐伯、雷公对话、问答的形式,阐述人与自然以及生理、解剖、病理、诊断和养生防病治病方面的原则问题,成为中国医学的基石,中医理论体系的源泉,临床各科诊治的依据,后世奉为"经典医籍",为学中医者必读之书,是研究中医学的重要文献,也是中华民族宝贵的文化遗产。作为中国传统医学的理论思想基础及精髓,在汉民族近两千年繁衍生息的漫漫历史长河中,它的医学主导作用及贡献功不可没。它的理论对于现代中医临床仍然具有非常重要的指导意义。它所确立的独特养生防病视角,决定了它不仅为保障人民健康,繁衍中华民族做出了巨大贡献,而且,还将一如继往地为人类的健康事业保驾护航。

《黄帝内经》在中国医学界有很高的地位,后世历代有所成就的医家,无不重视此书。曾被译成日、英、德、法等文字,对世界医学的发展也产生了不可忽视的影响。

传奇故事

◆黄帝与中医的起源

中医中药发展到今天,已有数千年的历史,它不知解除了多少人疾病的痛苦,挽救了多少人的生命。可是,谁是中医中药最早的发明者呢?原来最早发明中医中药的不是别人,正是我们的祖先——轩辕黄帝。是他,在5000年前就写下了人类第一部中医中药著作——《祝由科》。尽管在当时的条件下,这部著作还夹杂着一些迷信成分,但群众对它的评价是:"家有祝由科,害病不吃药"。后世人在这部医药著作的基础上,去伪存真,不断增补,逐渐形成了后来的《黄帝内经》。这是我国现存最早的一部医学理论著作。它不但在历史上对我国人民保健事业做出了巨大贡献,直到现在还起着指导中医临床实践的作用。《黄帝内经》包括《素问》和《灵枢》两大部分,各有文章81篇,内容非常广泛。《黄帝外经》37卷,据说内容也很丰富,可惜失传了。黄帝的这两部医学著作是怎样写成的呢?相信在黄帝时期,人们生活在极端艰苦的环境中。生活资料十分缺乏,经常遭受野兽的伤害和烈火、洪水等自然灾害的威胁。平时在打猎的过程中还不断出现跌打损伤等事故。因此,因病伤而死的人越来越多。黄帝经常为此事愁得吃不下饭,睡不着觉。那时候,没有人懂得用药物治病,更不懂得预防。人一得病,只有听天由命,谁也没有办法。有一次,黄帝带领一支队伍进山狩猎,一只老虎突然向他们猛扑过来,黄帝急忙拉弓向老虎射了一箭。由于没有射中要害,箭头从虎背穿皮而过,受伤的老虎逃走了。几天后,有人发现它在一片树林里专门寻找一种长叶草吃,而且边吃边用舌头舔背上的伤口。虎背上的伤口没有血迹,也没溃烂。黄帝听到这个情况。立刻命人前去察看,并一再叮咛不许杀害老虎。察看人回来也说:"受伤的老虎吃了这种长叶草,伤口不但不流血,而且已慢慢愈合。"黄帝听后,沉思一会儿,便派人把老虎吃的这种长叶草采集回来,专门给部落里受伤流血的人吃。受伤流血的人吃了这种长叶草,果然收到止血、止痛的效果。黄帝兴奋地说:"看来,野兽有时比人还聪明。它们受伤后,知道吃草治伤,我们就不知道这个道理。"还有一次,黄帝手下驯养动物能手王亥在训练一只熊时,由于这只熊不听指挥,王亥一怒之下,失手将它的一只后腿打断。这时,有人主张将熊杀掉吃肉;有人却说:"这是一只母熊,留它一条命,也许还能生育小熊呢!"王亥按后一种意见,把这只断腿的母熊放了。这只母熊一颠一跛地钻进了树林,不料又被几个猎人发现。其中一个猎人正准备用箭射它,忽然看到这只熊的一条后腿吊着,正在树林的草丛里寻什么。猎人便隐藏起来仔细观看。原来这只熊用前掌在草丛里刨一种雪白的草根。每刨出一撮,先放在嘴里嚼一阵,然后吐出来,再用前掌轻轻地敷在被打断的后腿上。猎人感到非常奇怪,便没有惊动这只受伤的母熊,回去后把在树林里看到的情景报告给黄帝。黄帝听后,又派人去树林里察看。谁知,去的人找了三天,也没有发现这只熊的踪影。十几天以后,当有人在另一片树林里发现这只熊时,它的断腿不知什么时候已经长好了。一见猎人,就飞快地逃得无影无踪了。人们把熊刨过的这种草根从地里挖出来捣烂以后贴在损伤筋骨的人身上,结果都治愈了。黄帝从这两件事上受到很大启发,认识到自然界有很多东西都可以用来治疗疾病。于是他命雷公、岐伯二人,经常留意山川草木、虫鸟鱼兽,看它们如何生存。雷公、岐伯按照黄帝的吩咐,对自然界的飞禽走兽、草木花卉等,都详细地观察和记录,进行研究和试验,直到最后确认什么东西能治什么病为止,再由黄帝把它正式整理出来。这就是我国最早的《医案》和《本草》。经过长时间的积累,中华民族第一部医药著作——《祝由科》就这样诞生了。不久,又出现了巫彭这位有名的郎中。后世人为了不忘黄帝的功德,综合了黄帝时期的名医的医术,定名为《黄帝内经》。黄帝升天后,相继出现了战国的扁鹊、东汉的华佗、张仲景、唐代的孙思邈,明代的李时珍等名医。他们都是吸收了黄帝在医药方面的实践经验和科学原理,为后世人寻药,看病,著书,立说,最后都成为古代的名医。

◆黄帝升天的传说

黄帝在的晚年时,发明了鼎。当第一个鼎被铸造出来时,天上突然飞下来一条龙,那条龙有着不怒自威的眼睛和长长的、闪着银光的龙须,整个龙身透着金光,降临时好像带来万匹的金锻,笼罩了整个天空。黄帝和大臣都很吃惊。

那条龙慢慢靠近黄帝,眼神变得十分温和,忽然开口对黄帝说:"天帝非常高兴看到你促使中华文明又向前迈进了一步,所以特地派遣我来带你升天去觐见天帝。"黄帝一听,点了点头,就跨上龙背,并且对群臣说:"天帝要召见我了,你们多保重,再会了。""请让我们追随您去吧!"大臣们说完,就一拥而上,希望爬上龙背,随黄帝一起走。可是那条龙却扭动身躯,把那些人都甩了下来。

金龙带着黄帝快速飞上天空,一下子就消失在云雾中。群臣没有办法,只好眼睁睁地看着黄帝升天而去。一位大臣看着天空,若有所思地说道:"并不是每个人都上得去的啊!只有像黄帝那样伟大的人,才有资格呢!"后来,人们为了纪念这位帝王,就把黄帝升天的地方叫作"鼎湖",龙去鼎湖而升天,后人因以"龙去鼎湖"谓帝王去世。

第四章

上古名医岐伯,中医理论奠根基

生平小传

　　岐伯,是中国上古时期著名的医学家,精于医术脉理,名震一时,被后世尊称为"华夏中医始祖"。由于年代过于久远,关于他的籍贯有不同的说法,除了陕西岐山说,还有甘肃庆阳说、四川盐亭说。一般认为,岐伯是岐山(今陕西省岐山县)人。岐伯从小善于思考,有远大的志向,喜欢观察日月星辰、风土寒暑、山川草木等自然界的事物和现象,还懂音乐,会做乐器,测量日影,多才多艺,才智过人。后见许多百姓死于疾病,便立志学医,四处寻访良师益友,精于医术脉理,遂成为名震一时的医生。

主要成就

岐伯是我国有史以来最著名的医学家,他对中华民族的主要贡献就是创作了《黄帝内经》。他的贡献主要有以下 5 个方面。

一是创立了中医学基本理论的思想方法。著成了《黄帝内经》,开创了中国医学著述之先河。《黄帝内经》以《易学》哲学思想统领全书,阐明了阴阳五行五运六气学说和脏腑经络学说,包括了人的呼吸、循环、消化、神经系统及其相互关系。它是研究人的生理学、病理学、诊断学、药物学以及治疗原则最经典的医学典籍,列举了凡人与自然、摄生、防病、生理、脏腑、经络、病症、诊断、治疗、中药、针刺、灸慰、导引、按摩各方面的知识。其内容涉及天文、历法、气象、地理、生物、农艺、哲学等方面的知识,是我国首部内容丰富,影响深远的中医典籍。

二是创立了中医针灸学理论和人体按摩学。现存的历史典籍中记载的与岐伯有关系的主要著作约有8 种,有《黄帝岐伯按摩》十卷、《岐伯经》十卷、《岐伯灸经》一卷、《黄帝问岐伯灸经》、《黄帝岐伯针论》二卷、《岐伯论针灸要诀》等,内容主要涉及针灸、按摩、藏象等。

三是创立了中药学。他尝百草、辨药性、总结临床经验,辨证施治创方剂。记载古代药物的制作《神农本草经》,收药物 365 种,共记载植物、动物、矿物和酿造的饮料食品及少数化学制品等,因以草药居多,故有此称。

四是创立了中医养生理论。《黄帝内经》云:"不治已病治未病,不治已乱治未乱",主张治病要从病根着手治"未病",治乱要从"乱"的源头治起,同时主张养生、摄生、益寿延年等理论。创导饮食有节制,起居有规律,不妄事操劳,卫生合理等养生之道。

　　五是创立了生命哲学的国学基础。岐伯以人的生命(即生老病死)为中心,研究了人的生命与天文、地理、周围环境、心理、历史等方面的辩证关系,他创立的《黄帝内经》是人的生命的百科全书。

　　《黄帝内经》的形成,就是黄帝与岐伯等讨论医理的过程中而形成的。岐伯,中国古代原始社会后期最有声望的医学家,后世尊称为"华夏中医始祖"。岐伯不是传说人物,在历史上确有其人。岐伯是黄帝时期的人,与黄帝属于同一区域的人,在当时交通极不发达的远古时期,没有车船可利用,居于陕西的部落联盟首领黄帝不可能跋山涉水到今天甘肃的庆阳、四川的盐亭同岐伯谈医论道。

传奇故事

　　关于岐伯的身世,在古老的庆阳还有一段美丽的传说。相传上古时期,在一个叫青龙嘴的山下土窑洞里,住着一对年轻夫妇。他俩十分恩爱,不久妻子便有了身孕。在孩子出生那天,只见青龙山上祥光缭绕,数百只吉祥鸟围绕窑洞飞鸣不停。远亲近邻闻知后纷纷前来道贺,孩子的父母请亲朋给孩子取名。一位有见识的老者说:"这孩子出生得奇,人长得奇,又是长子,就叫他奇伯吧!"也有人说:"这孩子肯定聪慧不凡,倒不如将'奇'字改为'岐'较好。因为'岐',知意也,就是聪慧的意思。"于是这孩子就以"岐伯"命名了。

　　岐伯少而神灵,长而博识,厚道谦恭,睿智超群。成人后,立志悬壶济世,解救民间疾苦。他长途跋涉,先后跟随广成子、赤松子、中南子等仙人学习医术。他白天识药、尝药性,晚间学习养生之道,掌握阴阳四时运气之理、经络医术疗疾之法。数年之后,岐伯的医学理论和临证技术精湛,治病无不奇验。后来黄帝在崆峒山问道于广成子时,广成子向黄帝推举了岐伯。黄帝亲自考察,论医问政，见岐伯聪颖惠敏，学识渊博，便拜岐伯为师，谋划济世利民大道，帮助自己治理天下。

　　黄帝请到岐伯后，面临的第一个问题就是军队的士气问题。由于黄帝九战九败于蚩尤，元气大伤，不仅黄帝自己苦闷不已，士卒也未战先怯，士气低靡。黄帝求教于岐伯。岐伯说："治兵先治其心，励兵先鼓其气，气实则斗，气夺则走。而治心者，莫过于音乐。"岐伯发明了金镯、金铙、号角、神钲等许多乐器，教出了一支鼓乐队，把音律用战争。他用鼓声来鼓舞士气，震慑敌军，并定出击以击鼓吹号为进，退军则是"鸣金击钲为退"的号令。岐伯指挥演奏，各种乐器或缓或急，或轻或重，或单击，或合奏，和缓时如仙乐缭绕，急促时如巨雷轰顶。这些音乐，令伤者凝神忘痛，健者勇气倍增，音乐一出，万众同心，有势破山河之力。黄帝发现音乐是直通心灵之音，战时使之振奋士气，扬我军威，和平之时，用于祭礼天地神灵，陶冶和教化民众。

　　黄帝自从得岐伯之后，乐以鼓气，药以疗伤，全军士气空前高涨，黄帝连战皆捷，斩蚩尤于中冀，得胜而班师还。这时，医治战争创伤，抚慰民生疾苦便成为头等大事。在上古之时，人们认为，人之所以得病或死去，皆是因为鬼神作祟，于是，每当人们得病之后，就请巫师驱鬼禳神。但黄帝非常清醒，疾病岂是鬼神所为。必须继承神农时代尝百草寻医药的办法，探讨一条医学之路，交给万民一个方便的医道。于是，他将政事、兵事交与大臣，征集天下名医，建明堂，日日与这些天下大医一起探讨医道，创立医学，讲究医术。岐伯是当时医疗经验最多和医学理论最为渊博的人，于是，便有了黄帝与岐伯论医、创立"岐黄之术"的史实。黄帝为疗救民疾，尊岐伯为老师，一起研讨医学问题，从这个举动可以看出，黄帝具有多么伟大的胸怀和谦虚的美德!

这天深夜,黄帝和岐伯促膝对谈,黄帝问了个现代很多人关心的养生问题:"伯啊,朕听说上古时候的人,年龄都能超过百岁,动作不显衰老;现在的人,年龄刚至半百,动作就都衰弱无力了,这是由于时代不同所造成的呢,还是因为今天的人们不会养生所造成的呢?"

岐伯听到这个问题,微微一笑,捋捋两撇小胡子,唏嘘道:"我聪明伶俐的黄帝啊,上古时代的人,啧啧,今人不可比啊!"

黄帝追问:"此话怎讲?""那些懂得养生之道的,能够取法于天地阴阳自然变化之理而加以适应,调和养生的办法,使之达到正确的标准。而今人……"岐伯一顿。"伯且慢,"黄帝拦了一下岐伯的话头儿,"先不说今人,咱们还是先聊聊上古之人的养生大法,他们具体是如何做的吧!"

岐伯点头,喝了口茶,润了润喉,开始娓娓道来:"上古之人啊,他们能够做到饮食有所节制,作息有一定规律,既不妄事操劳,又避免过度的房事,所以他们能够形神俱旺,协调统一,达到天人合一的状态,活到天赋的自然年龄,超过百岁才离开人世。"

黄帝听到这,便露出了然的表情,"懂了,他们就是不胡吃海塞,到点儿该干嘛干嘛,不胡思乱想,不没事儿找事儿让自己累着,鱼水相欢又比较有克制呗!"

紧接着,岐伯补充了"现代人"之所以刚刚年至半百,动作就衰弱无力的原因。

岐伯:"今天的人们啊,把酒浆当作水,滥饮无度,使反常的生活成为习惯,醉酒行房,因恣情纵欲,而使阴精竭绝,因满足嗜好而使真气耗散。不知谨慎地保持精气的充满,不善于统驭精神,而专求心志的一时之快，违逆人生乐趣，起居作息毫无规律，所以……"

黄帝抢答到："所以，今人逆天而行，到半百之年就衰老了。伯啊，朕懂了。""我们尊贵又聪敏的黄帝啊，您可真是一点就透，臣真心拜服！"岐伯夸赞道。黄帝红着脸，又道："伯啊，朕还有一个不情之请，希望你可为朕解惑。"

黄帝向岐伯问道："伯啊，朕抚爱万民，供养百姓，平时征收他们的租税以充盈国库。朕如今为他们生活不能自给很是哀怜，可怜的百姓们还接连不断的发生疾病。我有一个大胆的提议，我想叫他们不服苦药，不用砭石，只是用小小的银针，刺入肌肤相应的穴位，就能够达到疏通经络、调和气血的作用，使气血的运行在经脉、络脉中起到逆顺往来的相合作用。你看，这个想法是否可行呢？"岐伯听到这，心里咯噔一下，他知道今夜注定是个不眠夜……他的君主是个有理想、有抱负又敢想敢干之人，如果这事没给他唠明白，没给他规划出一条可行之路，以黄帝的政治抱负和学术才干，势必不能死心。于是，岐伯也就凝神思忖，边琢磨、边分析、边汇报，倾囊相授、毫无保留。岐伯道："老臣以为可行，但是极有难度。"黄帝听到"可行"二字，一双眸子就亮了起来，接着道："朕知道大凡对天下苍生有益之事，必不会简单。朕其实想过，为了使这种针刺疗法传于后世，就必须制定出针经的法理；要想针法永远不灭，历久而不失传，容易被运用，而又难以被医者所忘记，这又要求我们必须建立条理清晰的体系，划分出不同的章节。此外，还要区分表里，从而明确气血在人体周而复始循环的规律。制定出针的长短标准、规格，使针具能各具形态和用途。而为了能够更好地流传下去，最好的方法就是著书立说，编成一部世人皆可读懂的针经。"岐伯："老臣佩服，原来您已经有了如此多的思考，真是万民之福！黄帝圣明！"黄帝淡淡一笑："伯啊，马屁就不要拍了，将这件事情做成，主要是先编成一部针经，朕想听听与针刺相关的实际内容。"岐伯正色答道："臣想按照次序，有条理地跟您念叨念叨，从小针说起，直到九针，详细解释一下其中的道理。小针的要诀，掌握起来看似容易，但是要达到精微的境界却是极难的。一般的大夫拘守于形体，只知道在病位上针刺，也就是所谓的'头痛医头、脚痛医脚'，只知道选择'阿是穴'一条路，啧啧，这不行啊。相反，高明的大夫呢，却能根据病人神情气色的变化来选取相应的穴位，以针刺直达病所，比如，有时候明明看上去是头面的疾患，却选择肢体远端的穴位，结果疗效显著，很快头面的问题就解决了，那才是真的神奇啊！"黄帝不住点头："那真是神奇啊！伯，那就是说辨病一定要很准确，才能找到对症的治疗措施啊，我可以这样理解吗？"岐伯露出赞许的眼神："是的，您说的很对。要知道，人身的经脉出入于一定的门户，邪疾可从这些门户侵入体内，如果辨病不准确，又哪能准确掌握发病的原因呢？"黄帝道："愿闻其详。"岐伯接着说："针刺的微妙之处，在于如何运用徐疾手法。一般的大夫据守四肢关节的穴位来治病，高明的大夫却能把握经气的机动。要知道，经气的机动，是不会离开孔穴的。其中所蕴藏的道理，是极精妙的，待老臣慢慢说来。当邪气盛时，不可迎而补之；邪气衰时，不可追而泻之。懂得气机变化的道理，就不会'行差踏错'；不懂得气机变化的道理，就会'针不应手'，如同弓弩扣之不发。因此，针刺必须掌握气的往来顺逆、气的盛衰变化机，才能把握针刺的正确时间。"

岐伯顿了顿，呷口茶叹道："还是那句话啊，不是老臣啰唆，一般的大夫往往不会注重气机变化的道理、对此昏昧不知，只有高明的大夫才能知其妙处。为什么这么讲呢？咱们具体说说，比如正气之去叫做逆，正气之来叫做顺，明白了逆顺之理，就可以大胆直刺。有的大夫治病，如果正气已虚，反而用泻法，病人怎能不更虚呢？如果邪气正盛，反而用补法，怎能不更实呢？"黄帝抢答道："所以，必须'迎其邪而泻，随其去而补'，对于泻补之法，需要医家用头脑认真分析，辨证论治、标本缓急，那样，针刺之道就比较详尽了，是不是这样？"岐伯点头肯定："我主圣明！"

黄帝听得意犹未尽，求知欲被充分点燃，继续道："伯啊，还有什么针刺的道理，你继续讲，快来说与朕听。"

"老臣不敢，黄帝言重了！"岐伯一惊，赶忙应道。

"朕年纪过轻，所知甚少，本欲求学一二，以造福百姓，以管理四方。奈何方式太过激进，难怪平素身边无近臣体谅，呜呼！悲之哀之。"

岐伯闻此立即清醒了，睡意全无。"黄帝啊，这话从何说起呢？老臣愿辅佐不弃，肝脑涂地！"

黄帝眼中闪过一丝狡黠，"朕知你心，朕只是自责不该三更仍强留你在此伴驾，原是朕不对。你若是困倦了，就快快回去歇息，养足精神，你我君臣容后再叙吧。"岐伯略一思忖，心道："这是道送命题啊！"当即擦擦额头的汗，应道："老臣精神矍铄，绝无疲累，帝体谅臣，臣甚为感动，还是让老臣继续为您讲说针道吧！"

黄帝应允："朕洗耳恭听。"

岐伯道："大凡用针时，正气虚则用补法，邪气满则用泻法，有长久瘀血的用破除法，邪气胜的用攻下法。简单来说，我们讲虚实寒热，热就是实，寒就是虚。举个例子，如果临床上有病人胃痛，经诊断是胃家实证，如果你用平补平泻，过一会儿针就凉掉了，就代表气散掉了,这样的话胃痛就得不到缓解。如果是寒证,我们说虚的人内里有寒,此时就要用补法,慢进针、快出针,急按针孔以闭其穴的手法为'补法',我们用补法使针慢慢热起来,热回来了寒气就去掉了,这样胃痛就得以治愈。同理,邪气满就要用泻法,病症才能得以解决。与'补'相对,快进针而慢出针,摇大针孔不闭其穴的手法为'泻法'。菀陈则除之,'菀陈'是说血络,经脉上有瘀血,我们就要放瘀血出来。遇到络脉上有瘀血的时候,我们就要刺脉或刺络,让血流出来。如果是实证,放血的时候不要按压,让血尽量流出来。如果是虚证,我们要尽量按压出血点,不要让气跑掉。这就要求医者要细察气的后来与先至,决定取针或留针。不管是用补法还是用泻法,要使病人感到补之若有所得,泻之若有所失。"

"啊!果然精妙!"黄帝击掌叫绝。

"总之,补泻的要点,在九针有不同之妙。上古之人,体力比今人用得多,肌肉很扎实,铜墙铁壁一样,单用细针无法刺入皮肤孔穴,故而需要不同的九针才能适用不同的部位和不同的病证。用针刺手法来调节补或是泻。如果用泻法,可以根据时日将针刺入,得气之后,摇大针孔,不闭其穴,转而出针,可使邪气随针而出。这时候如果马上按闭针孔,邪气就会蕴积于内,瘀血不散,'泻'便起不到它应有的作用。如果施用补法,不拘时日,可随时用针,意念中若无其事,如行如止,心到手到,如同有蚊虻叮在皮肤上一样。将针刺入、破皮,所谓'候气'仿佛停留徘徊,得气之后,疾速出针,如同离弦之箭。右手拔针之时,左手紧闭针孔,经气因而留止,针孔已闭,中气就会充实了。"岐伯紧接着道:"如果皮下出血,不可任其瘀留,一定要尽快止血、作速除去。"

见黄帝罕见地没有接话,而是蹙眉思忖,岐伯呷了一口茶、顿一顿,又进一步将针刺的使用要领说与黄帝。

"持针的准则,精神坚定至为重要,这是说神志要到,也称为导引。对准穴位,手指持针垂直而刺,针要不偏左右,还要注意观察病人的反应。仔细审视病人的血脉走形,也就是血管,进针时我们避开它,这样就不会发生大的危险了。方要进针的时候,一定要观察病人的鼻头和眉目之间,医者须全神贯注、屏气凝神,用心体察,由此来预知病情的良恶存亡。我们讲血脉横布在腧穴周围,看起来十分清楚,切按时指下会感到坚实。不知道老臣是否说明白了?"

黄帝拍手称绝:"伯啊,你可真是博学多才!普天之下,也就是你了,才能将这么玄妙的针刺道理讲得如此深入浅出,又面面俱到。得君一人,犹如千军万马!"

岐伯见自己被一通追捧,自是心花怒放,感动之余不免行大拜之礼,以表忠心:"愿为我主肝脑涂地、鞠躬尽瘁,死而后已!"

我们以《黄帝内经》的开篇为例。中华民族的"人文初祖"黄帝是提问者,中华民族的中医始祖岐伯则是答问者。相对于《黄帝内经》记录的其他问题,开篇这些问题的提出和答对是根本性的,它探求的是人类生存和发展的大方略,体现了中华先贤对人类的生、老、病、死的深刻思考,强调了"天人合一"与"人体内外统一"的整体观念,因而成为我国中医基本理论以及养生之道的渊源。

历史进入数千年后的今天,"黄帝之问"并没有因为岁月的久远淡化它的重要性,也没有因为时间的流逝磨去它的针对性,而是恰恰相反,数千年前的"黄帝之问"似乎就是在问今天的人,数千年前的"岐伯之答"说的似乎就是今天的现实情况。是的,今天的人更需要"黄帝之问"来问问自己,更需要用岐伯的精妙回答来检点自己的生活方式和饮食习惯。

◆岐伯修医

有这样一个传说,在上古时代,庆阳北部山区一带,是个气候温和,水草丰美,很适宜放牧牛羊的地方。特别是庆阳县城东河湾处,阳光充足,河水甜香,山湾河水合为一体,更是适宜养人畜之处,这里住着一户姓岐的两口人家。两口子相亲相爱,白天忙着在野外放牧牛群羊只,夜间回来后,男的忙着照料小牛、小羊羔,女的忙着挤奶、做饭、做衣裳,小日子过得倒也舒心。可是,两口子年近40岁,膝下仍然没生养下一个孩子,女人也被繁重的活儿累了一身病,但是她总是带病帮着男人一起到山间放牧牛羊。有一天男人硬留她在家里休息,可是男人刚赶上牛羊上了山,女人就背着男人,偷偷到山里采集果食。她看到花丛间蝴蝶双双飞舞,看到林子中间母山鸡引着小山鸡娃在地上觅食,不由心里暗暗难过,流着眼泪。她干脆跪在地上,祈求苍天赐她一男或一女。这一天,南方天空突然来了一股黑云,顿时雷电暴雨交加,山间独自一人采食的她,一时害怕,藏在附近一个不太大的山洞里避雨。这时她想,我若有一孩子做伴,孩子也会替我壮壮胆,那该多好啊!不由大喊:"天赐我一子吧!"话音没落,她觉得顿时眼前一片漆黑,一团火向她藏身的洞口扑来,火团不住地向她怀里钻,这时她觉得浑身上下一阵麻木,霎时失去理智,好像进入了一个更快乐的世界。她苏醒过来时,天气已是晴朗无云。她觉得今天精神格外爽快。当天晚上,她将这一稀奇古怪事告诉男人,男人不住地发出笑声。过了几天,女人总是呕吐,并且吃饭不香。几个月过去了,女人的肚子越来越大,还常说肚子里的东西动弹。十个月后有一天,女人果然生下一个男孩,孩子大大的凤眼,浓浓的黑眉毛,特别是那大而又长的耳朵，可以拖到肩膀上，饱满的天庭，红彤彤的脸膛，更使人喜爱。两口子给孩子起了个名字叫"天赐"。天赐自幼聪慧，非常孝敬父母，15岁那年，他看见50多岁的老父老母，还带着衰老多病的身子，为全家生活奔忙着，就坚决要代替父亲在外面放牧牛羊。他在外面放牧牛羊时，一边在山林放牧牛羊，一边请教老者，寻找给老人治病的药方，辨识许多草药的性能。他采集回来的草药，都要自己尝尝，然后按药方，在山里偷偷地熬好，自己先尝着喝，再为父母治病，他父亲的病真的就好了。年长日久，天赐记载了许许多多治病的药方。他给老人治病的消息传开后，找他看病求医的人也越来越多，果然是药到病除。不到20岁，天赐成了当地出名的医师。当地人们非常尊敬他，尊他为"师父""医伯"。后来黄帝轩辕来庆阳巡视，发现了天赐这位医师，就拜他为师，赐他为"天师岐伯"。后来庆阳人为了纪念这位医学祖师爷，在他出生地药王洞处，修筑一座药王庙，还在县城的南城外瓮城，修建一座岐伯庙，庙门上悬挂着轩辕黄帝赐的大匾："天师岐伯"。庙里墙壁还画了《天师岐伯给人治病》《轩辕黄帝拜岐伯为师》《岐伯助轩辕灭蚩尤》《岐伯与轩辕黄帝写医书》等生动的壁画。每逢农历三月初五，天神岐伯圣诞之日，当地官员百姓都举行隆重的祭祀活动，这一习俗一直延续到清代同治年间。当时没有文字记载，岐伯的药方只是在民间口头流传于后世。

第五章

上古名医俞跗,外科手术开山鼻祖

生平小传

　　俞跗(yúfū)(生卒年不详),上古著名医家,擅长外科手术,是黄帝的御医之一,和岐伯、雷公齐名。据《史记》的"扁鹊传"中,曾经提到黄帝之时有一位良医俞跗。相传,这位以济世活人之术而名传古今的俞跗,就是数千年来中国姓俞的始祖。这位上古良医的医术之高超,几乎已到达现代医学的水准和境界。在五千年以前,俞跗医疗疾病时就不仅仅限于"对症下药",而已经懂得使用"割皮解肌,洗涤五脏"的现代外科技术,这种表现,可以说为中国人的智慧提供了最有力的证明。相传黄帝时期出现了3位名医,除了雷公和岐伯两人外,名气最大的是俞跗。他的医道非常高明。特别是在外科手术方面很有经验。据说,他治病一般不用汤药、石针和按摩。而是诊断清楚病因后，直接就用刀子划开皮肤，解剖肌肉，疏通经脉，结扎筋腱，按治脑髓，触动膏肓，梳理横膈膜，清洗肠胃，洗涤五脏，修炼精气，使病人起死回生。被称为外科手术的开山鼻祖。

主要成就

五千年前，中华大地最大的两个部落展开了一场争夺天下的大战，一个是以黄帝为统帅的部落，一个是以蚩尤为首领的部落。两大部落兵马相当，势均力敌，这场上古时期最惨烈的战争，足足持续了十个春秋，每个阵营都是伤兵满营，但仍然是不分胜负。黄帝让首席太医岐伯赶快想出一个快速医好伤兵、提高战斗力的好方法，岐伯推荐了俞跗。俞跗一不用针，二不用灸，三不用药，四不用酒，只在脚上找到一些神奇的特效穴位，点拨之间就治好了伤病。俞跗首先治好了先锋大将军'风后'寸步难行的腰伤，紧接着又医好了一批又一批伤兵，及时地补充了兵源，'风后'很快领兵冲垮了蚩尤阵营的防线，黄帝部落一举歼灭了蚩尤的部落，平定了天下，成为中华历史上第一位统一天下的帝王。这就是俞跗摸脚定天下的传奇故事。五千年前，上医俞跗找到了脚底治病的根本，为现代创建足全息医学奠定了坚实的基础。

传奇故事

十八卷的《黄帝内经》，从远古时代一直到今，而三十七卷的《黄帝外经》，则可能永远失传了。但是，关于它的民间传说，还是相当丰富和十分有趣的了。相传黄帝时期出现了 3 位名医，除了雷公和岐伯两人外，名气最大的是俞跗。他的医术非常高明。特别是在外科手术方面很有经验。据说，他治病一般不用汤药、石针和按摩。而是诊断清楚病因后，就用刀子划开皮肤，解剖肌肉，结扎筋脉，除去病根。经过这番手术以后，病人的精神和形体很快就能恢复正常。所以，那时人们称赞俞跗的医术是"出丧的灵车能返回，要埋的死人能复活。"

传说有一次，俞跗出外看病回来，刚一进村，就听见哭声。一打听，原来是邻居的孩子突然死了。他顾不得进自己的家，急忙先到死者家里，问明孩子死前的病况，就让人赶快把孩子从"葬罐"里拉出来，他脱去孩子的衣服，用刀划开肚皮，拿出肠子一看，原来孩子吃了过多的未烤熟的肉，肠子一下被堵住了。俞跗很快将肉食挤出，使肠子畅通，然后理好肠胃，缝合伤口，最后又给孩子鼻子塞进了一些草药。不到半天时间，孩子就慢慢复活了。

还有一次，俞跗在过河时，发现一个掉河里淹死了的女人被几个人打捞出来准备埋葬，俞跗挡住他们询问死者掉进水里多长时间。抬尸体的人说，刚掉进水里，捞上来就断气了。俞跗让他们把尸体放在地上，先摸了摸死者的脉搏，又看了看死者的眼睛，然后又让人找来一条草绳，把死者双脚捆绑好，倒吊在树上。开始大家都不理解俞跗为什么要这样做。死者刚一吊起，就大口大口地往外吐水，直到不吐时，俞跗才叫人慢慢将死者解下来，仰面朝天平放在地上，双手在死者的胸脯上一压一放。最后他拔掉自己的几根头发，放在死者鼻孔上观察了一阵，发现发丝缓缓地动了动，才放心地对死者家里人说："她活过来了，抬回家好好调养吧！"

传说俞跗还有一次在山谷走路，忽见一个年轻的猎人不慎从悬崖上跌下来，被半山腰的藤条挂住脖子，上不去也下不来，又喊不出声，俞跗正在着急时，迎面来了一个跛子老人，俞跗请老人设法把吊在半空的年轻猎人救下来。跛子老人一看，二话没说，取下腰间的弓箭，"嗖"的一声，射断藤条，猎人掉落在地，眼看着没气了。俞跗蹲下为死者切了脉，从地上采了一把野草塞进猎人肛门，又用手紧紧捂住猎人的鼻孔。时间不长，就把塞进鼻孔的草药喷出来。俞跗这才松了一口气，说了声"有救了！"跛子老人在旁边看到这样的医术，嘴里不停地说："活神仙，活神仙！"

在俞跗晚年的时候，黄帝派仓颉、雷公、岐伯三人，用了很长时间，把俞跗的医术整理出来，纂成卷目，然而还没有来得及公布于众，仓颉就去世了。后来，俞跗的儿子俞执，把这本书带回来交给父亲修订。不幸全家遭到了大火，房屋、医书和俞跗、俞执全家人，一起化为灰烬。这也许是《黄帝外经》失传，至今没有找到的原因吧。

第六章

商代名医伊尹，中药汤剂创始人

生平小传

伊尹，己姓，伊氏，名挚，一说为空桑人（今河南省杞县葛岗镇空桑村），二说为有莘国（今陕西省渭南市合阳县），还有说法出生于伊水，史籍记载生于洛阳伊川。商朝开国元勋，杰出的政治家、思想家、医药学家、烹饪家，道家学派创始人之一、中华厨祖，被后人奉祀为"商元圣"。甲骨文中有"大乙（即商汤）和伊尹并祀"的记载。

伊尹辅助商汤灭夏朝，为商朝的建立立下汗马功劳。伊尹聪明颖慧，勤学上进，耕作于有莘国。经过成汤三聘之后，担任右相，联合仲虺辅佐商汤打败夏桀。商朝建立后。担任尹（相当于秦朝时期的丞相），用"以鼎调羹""调和五味"的理论治理天下。积极整顿吏治,洞察民心国情,推动经济繁荣、政治清明。历事成汤、外丙、仲壬、太甲、沃丁五代君主,尊号"阿衡",辅政五十余年,为商朝兴盛富强立下汗马功劳。沃丁八年(公元前1550年)去世,卒年100岁,以天子之礼陪葬于亳都(今河南省商丘市)。奉祀为"商元圣"。

主要成就

根据学者考证,伊尹在商的身份除了在政权为相之外,更为重要的身份他还是一个巫师。商是一个非常崇信鬼神的朝代,国家大事小情皆要通过占卜,"国之大事,在祀与戎",因此巫师具有崇高的地位。伊尹是商代第一大巫师,上古巫、史、医合一,巫师本身多兼有医的功能,如蜚声远近的巫彭、巫咸等皆以擅长医术闻名,《说文》释"尹"作"治也"。古文字学家康殷就指出:尹,"象手执针之状,示以针刺疗人疾病";官名尹"同样是医疗治调之意的引申转化"。"伊尹"同时具有来自伊水的医和相的意思,归根结底,还是来自伊水的巫师。商代给后代留下的最大一笔遗产就是殷墟甲骨文,甲骨文的产生就是由巫师主持祭祀鬼神,占卜吉凶,其中还有关于后代祭祀伊尹的内容,在甲骨文中有"伊尹""伊""伊奭""黄尹"诸称皆指伊尹。甲骨文记载的疾病约有二十多种,如疾首、疾目、疾耳、疾口、疾身、疾足、疾止、疾育、疾子、疾言、蛊、龋等,还有疾年、雨疾、降疾等,虽然不能说与伊尹有直接关系,但伊尹肯定参与过类似占卜活动。《汉书·艺文志》中有《汤液经法》,医家都认为此书为伊尹所撰。晋代皇甫谧就认为:"伊尹以亚圣之才,撰用《神农本草》以为汤液……仲景论广伊尹汤液为数十卷,用之多验。"南朝梁陶弘景在列数古代医哲先贤时也不忘伊尹的功绩:"昔神农氏之王天下也,画易卦以通鬼神之情;造耕种,以省煞害之弊;宣药疗疾,以拯夭伤之命。此三道者,历群圣而滋彰。文王、孔子,彖象繇辞,幽赞人天;后稷、伊尹,播厥百谷,惠被生民。岐皇彭扁,振扬辅导,恩流含气。并岁逾三千,民到于今赖之。”明代李梴在上古医家圣贤中也记载:“伊尹殷时圣人,制《汤液本草》,后世多祖其法。”元代王好古撰有《汤液本草》一书,他坚信汤液就是伊尹所创立的:“神农尝百草,立九候,以正阴阳之变化,以救性命之昏札,以为万世法,既简且要。殷之伊尹宗之,倍于神农,得立法之要,则不害为汤液。”历代医家皆对伊尹创制汤液的故事深信不疑。元代起的三皇庙中,伊尹已列配享,与上古传说的医家进入医家朝拜的殿堂。清代陆以湉记载了京师先医庙的沿革情况,在先医庙诸位名医中,伊尹赫然在位:“京师先医庙,始于明朝嘉靖年间(按:元贞元间建三皇庙,内祀三皇并历代名医十余人,至是始定为先医庙)。本朝因之,中奉伏羲,左神农,右黄帝,均南面,句芝、风后,东位西向,祝融、力牧,西位东向,东庑僦贷季、天师、岐伯、伯高、少师、太乙、雷公、伊尹、仓公淳于意、华佗、皇浦谧、巢元方、药王韦慈藏、钱乙、刘宗素、李杲,皆西向,西庑鬼臾区、俞跗、少俞、桐君、马师皇、神应王扁鹊、张仲景、王叔和、抱朴子葛洪、真人孙思邈、启元子王冰、朱肱、张元素、朱彦修,皆东向,以北为上,岁以春冬仲月上甲,遣官致祭。”还有人将黄帝、神农和伊尹并称为“三圣人”的说法:“隐医医之为道,由来尚矣。原百病之起愈,本乎黄帝;辨百药之味性,本乎神农;汤液则本乎伊尹。此三圣人者,拯黎元之疾苦,赞天地之生育,其有功于万世大矣。万世之下,深于此道者,是亦圣人之徒也。”

　　1985年,当代名医姜春华在《中医杂志》撰文指出《伤寒论》与《汤液经》的渊源关系。依据除皇甫谧《针灸甲乙经·序》之外,还有一部敦煌石室唐写卷子本的传抄本——梁代陶弘景《用药法要》。该书说:"诸名医辈张玑……咸师式此《汤液经》法。"并细数了其中的大小青龙汤、大小白虎汤、大小朱乌汤、大小玄武汤、大小阳旦汤、阴旦汤等。其实关于《伤寒论》来源问题历代医家并不避讳,王好古曾说:"殷伊尹用《本草》为汤液,汉仲景广《汤液》为大法,此医家之正学,虽后世之明哲有作,皆不越此。"清代陈修园也指出:"明药性者,始自神农,而伊尹配合而为汤液。仲景《伤寒》《金匮》之方,即其遗书也。"伊尹的《汤液经》在宋代时民间还有残存,如《普济本事方》在大柴胡汤方的最后一味药大黄后即以小字说明:"伊尹《汤液论》大柴胡同姜枣共八味,今监本无,脱之也。"再如朱肱《类证活人书》在桂枝加葛根汤方后注中也说明:"伊尹《汤液论》桂枝汤中加葛根,今监本用麻黄误矣。"《阴证略例·伊尹汤液论例》也进一步指出:"朱奉议云仲景泻心汤比古汤液则少黄芩,后人脱落之。许学士亦云伊尹《汤液论》大柴胡汤八味,今监本无大黄,只是七味,亦为脱落之也。以是知仲景方皆《汤液》也。"伊尹虽然不是最主要的医药行业神,但大多数民众相信,汤液是由他发明的,汤液的发明提高了医药的疗效,成为中医药学最主要的特色之一。

《五味调和说与火候》论述伊尹由厨入宰的经历,从史料记述中可知,伊尹先是当过奴隶的,幼年的时候寄养于庖人之家,得以学习烹饪之术,长大以后成为精通烹饪的大师。并由烹饪而通治国之道,说汤以至味,成为商汤心目中的智者贤者,被任用为相,影响较大。从《吕氏春秋·本味篇》伊尹说汤以至味那些话来看,他的烹饪理论水平绝对是一流的。虽然他是借烹饪之事而言治国之道,但若无对烹饪理论的研究和烹饪实践的体会,是不可能说得那么在行、那么精辟的。中国著名烹饪理论学者熊四智先生在《当立伊尹为厨坛始祖》一文中说:伊尹说,烹调美味,首先要认识原料的自然性质:"夫三群之虫,水居者腥,肉玃者臊,草食者膻。臭恶犹美,皆有所以。"伊尹说,美味的烹调:"凡味之本,水最为始。"伊尹说,烹饪的用火要适度,不得违背用火的道理:"五味三材,九沸九变,火为之纪,时疾时徐。灭腥去臊除膻,必以其胜,无失其理。"伊尹说,调味之事是很微妙的,要特别用心去掌握体会:"调和之事,必以甘酸苦辛咸。先后多少,其齐甚微,皆有自起。"伊尹说,烹饪的全过程集中于鼎中的变化,而鼎中的变化更是精妙而细微,语言难以表达,心中有数也更应悉心去领悟:"鼎中之变,精妙微纤,口弗能言,志弗能喻。若射御之微,阴阳之化,四时之数。"伊尹说,经过精心烹饪而成的美味之品,应该达到这样的高水平:"久而不弊,熟而不烂,甘而不浓,酸而不酷,咸而不减,辛而不烈,淡而不薄,肥而不腻。"与此同时,伊尹又为商汤讲了当时可以制作美味的各种名特产品。在中国几千年烹饪技术发展长河中,曾经出现了许多的技艺高超的名人,如帝尧时代传说中的彭铿、周朝的太公吕望,春秋时代的易牙等。这些人都各有专长,而且在烹饪技术的发展中都起了很大的推动作用。伊尹在烹调技术及其烹饪理论等方面独树一帜。厨艺,只是伊尹众多本领中的一种。伊尹是中国烹饪之圣。如今在中国香港、中国台湾、新加坡等地中国烹饪的同行也都奉伊尹为中国的"厨圣""烹调之圣"。

伊尹在军事方面的活动,主要是参与了灭夏战争的策划、准备与实施。通过对有关文献资料的归纳,我们可以看出,他对中国军事发展所作出的巨大贡献。主要表现在以下几方面。一是将人心向背的政治因素用于指导战争。二是"上智为间"的谋略。三是根据敌我力量变化选择有利战机。

　　由于商代有关伊尹的文献极缺，所以伊尹在做"师仆"时如何对奴隶主贵族子弟施教，在被封为尹后，又是怎样在宫廷中施教，很难勾画出一个像样的轮廓。但他的哲学思想、教育思想，还可以从《尚书》《孟子》《吕氏春秋》《史记》等书中找出一些零星的记载。"殷人尊神"既是商代思想的主要特点也是商代教育的主要特点。伊尹就是被称为"格于皇天"的天的代言人。"格"，也称"格人"，是人和天之间的媒介。商代"率民以事神"在教育上的体现就是巫教。说伊尹是太上老师，就是因为他是"格于皇天"的"格人"，亦即巫师。他可以刺探天意，他可以代传天意，在《伊训》中，伊尹告诫太甲说："惟上帝不常，作善，降之百祥；作不善，降之百殃。"就是代天传意，说明老天爷要用降百祥奖励作善者，降百殃惩罚作不善者。就是伊尹用天命、人事、祸福对太甲的申戒，也是神道设教思想的体现。虽然伊尹抬出皇天以先知先觉的天意代言人教育太甲，但那只是借天之威，给君权涂上神授的色彩，以统治百姓。伊尹一方面用君主若不从天意，天必警以祸殃的思想教育太甲，另方面他更重人，特别是帝王的道德修养。在《太甲》篇中，伊尹通过太甲反省的认识说："天作孽犹可违，自作孽不可逭（逃）"。这句话强调的是自我修养的重要作用。伊尹还申诰太甲说："惟天无亲，克敬惟亲。"意思是说，只有自己克敬、克明、克诚，才能取得臣民的忠和亲。他还说："天难堪，命靡常；常厥德，保厥位。厥德匪常，九有以亡……漫神虐民，皇天弗保。"意思是说老天爷是难以相信的，命运也是靠不住的。只有常于有德，才能保住王位，否则统治九州的权利就要失去。如果轻漫祖先和神灵，虐杀老百姓，皇天也保不了你的王位，唯一有效的办法就是"眷求一德"。"一德"就是纯一之德。虽然伊尹的整个思想体系是为神权政治服务的唯心主义，但其更重视个人道德修养，以"眷求一德"，以求天佑，以求民归于一德的思想，在当时是具有进步意义的。在政治上，伊尹主张"居上克明，为下克忠"。做国王的要"惟亲厥德、终始维一、时乃日新"。就是说要始终如一的注意自身道德修养，不断更新自己的道德意识，使自己"时乃日新"，处于时时追求新的状态中。他还强调"任官惟贤材，左右惟其人"。主张尊贤、用贤，用人适当。他强调"臣为上为德，为下为民"。就是做大臣的要上对天子负责，下保庶民安定。并视此为大臣之职。在教育上，伊尹认为"习于性成"。就是说人的性格、品质是在日常生活行为的习惯培养中形成的。他还说过"慎终于始"的话，可以推知他在做"师仆"时一定是十分重视幼儿的起始教育的。从他放太甲于桐宫，并著训词以促太甲觉醒的教育实践看，他已经懂得并自觉地创设特殊环境教育太甲。这说明，他已看到了环境在教育中的作用。太甲改恶从善，伊尹立即亲自到桐宫迎太甲还朝当政，并著书加以褒扬，这一教育实践，至少说明伊尹对太甲的激励是适时的。这叫惩恶于前，奖善于后。正确运用奖惩实施教育，这一思想即使在今天也仍不失为教育方法之一。伊尹对于道德教育是尤为重视的。这从太甲改恶从善后向伊尹作反省检讨的话中可以看到。太甲向伊尹拜手稽首检讨说："我小子不明于德，自己的根底很不像我爷爷成汤。结构是欲败度，纵败礼，败坏了爷爷的法典，很快使灾难降于我身。老天爷作孽还可以补救，自己作孽可就没有了逃路。我过去违背师保您的教训……只是由于你的教育、挽救，才使我知道做人、称王要善始善终。"伊尹向太甲回拜时继续教育太甲要"修厥身，允德协天下"。在《咸有一德》中，伊尹用夏朝所以灭亡是因为"夏王弗克庸德",商汤所以能代夏而立是曲于汤王"眷求一德"的历史事实教育太甲。告诉太甲,商朝所以称王天下,不是苍天偏爱商王,而是老天爷保佑有德的人,不是商王哀求于老百姓,而是老百姓愿意归顺有德之王。在伊尹看来,失德则失天下,求于一德,则能得到天的佑助而得天下。他把帝王的道德教育亦即修德、修身看成是关乎国家存亡兴衰的大事,所以处处强调"惟新厥德,终始如一。"在道德教育中,他强调"居上克明,居下克忠,与人不求备,检身若不及"。就是说要求居上的商王要克诚克明,明断是非;居下的臣民对君上要克诚尽忠。修身的原则是不求全责备他人,对自己则要经常检点不及他人处,做到自我完善。"与人不求备,检身若不及",这种道德修养的方法在今天仍不失其教育意义。运用历史的经验教训,教育当代的人,这是伊尹在进行道德教育中的一个有效方法。在道德上,伊尹主张"德无常师,主善为师"。就是说谁能积众善之德,谁就可以为师。对于德和政的关系,伊尹说:"七世之庙可以观德,万夫之长可以观政"。意思是说德、政是否修到以德兼众善一以贯之的程度,这要从万民是否悦服今王和后世是否尊祀七庙上得到验证。可见伊尹是主张德政的。

传奇故事

◆传奇经历

伊尹,商初右丞相。名挚。今洛阳人,奴隶出身。因其母曾在伊水居住,以伊为姓。尹是他的官名,所以称为伊尹。

伊尹,在甲骨文中称"伊",金文中称为"伊小臣",金文中"小臣"的身份是奴隶,但又区别于一般的奴隶,是管理奴隶的小头目。小臣是指伊尹的身份和地位,不是名字。伊尹作了商汤的右相,执掌了商的大权,又称其为阿衡。伊尹的历史功绩,就是辅佐商汤灭夏,建立起了长达六百年商帝国。

伊尹出生在伊水边(在今河南伊川),成年后流落到有莘氏国。伊尹到了有莘氏国以后,虽然身处在田亩中,还时时关心着形势的变化。他想找到一个有作为的诸侯,推翻荒淫暴虐的夏桀。他听说有莘国君是一个比较好的诸侯,对平民和奴隶不像夏桀那样暴虐,就想去劝说有莘国君反夏。为了能接近有莘国君,伊尹自愿沦为奴隶,到有莘国君身边去当一个厨子。工作一段时间后,有莘国君发现他很有才干,就升他为管理膳食的小头目。他本想劝说有莘国君起来灭夏,但是一来有莘是个小国,兵微将寡,二来有莘氏和夏桀同姓,都是夏禹之后,因而处于进退两难之境。

伊尹在有莘国作管理膳食的小头目过程中,商汤与有莘氏经常往来。伊尹见汤是一个有德行、有作为的人,就想去投奔商。正在这时,商汤要娶有莘氏的姑娘为媳。伊尹看见机会来到,就向有莘国君请求,愿以陪嫁的奴隶身份陪嫁跟随至商。

伊尹随同有莘氏女来到商汤身边以后,就开始给汤作厨子。他就利用每天侍奉汤进餐的机会,分析天下的形势,数说夏桀的暴政,劝汤蓄积力量灭夏桀。汤发现伊尹的想法和自己的主张不谋而合,认定伊尹一定是一个有才干的人,就破格免去伊尹的奴隶身份,任命为右相。左相仲虺也看出伊尹是一位贤才,两人的治国方略也相同,就一心一意和伊尹合作,共同辅佐汤蓄积力量,准备灭夏。

伊尹具有杰出的战略指挥才能。在汤灭掉葛国,杀了葛伯,取得了葛国的土地和人力的占有权后,夏桀反应不强烈。为了观察夏王朝的情况,伊尹向汤献策。由他亲自去夏王都城住一段时间，观察夏的动静。汤立即就准备了方物（土特产）、贡品，派伊尹为使臣去夏王都城朝贡。伊尹带着方物、贡品来到夏王都后，夏桀不在王都管理朝政，而是在河南的离宫——倾宫，寻欢作乐呢！伊尹便赶往倾宫来朝见夏桀。夏桀见了伊尹后，问商侯为什么要灭掉葛国，伊尹回答说："葛伯不举行祭祀，商侯送给他祭祀用的牛羊，他也不祭祀，还把牛羊都宰杀吃了；我们主动派人帮助他耕种，他不但不感激，反而杀害我们送饭的人。商侯见他身为大王麾下的诸侯，如此不仁，有损大王的威严，才将他诛杀。"夏桀听后点了点头，没有说什么。伊尹又奏道："商侯派臣下前来贡职，不知大王有何差遣。"夏桀不在意地说："你先回王都住下吧，有事再传你。"就这样伊尹在夏王都一住就是三年。观察到的是，夏桀只知饮酒作乐，基本上不理朝政，国家的败象尽现。

伊尹将夏桀及朝廷的情况观察清楚之后，借机回到了商。就何时发兵讨桀的问题，向汤禀报："夏自禹建国以来，已经经历四百多年，虽桀暴虐无道，民有怨恨，但在诸侯中仍有威信，故不能很快伐桀，只有等待时机再行动。"于是伊尹和仲虺商议后，与汤制定国策：不能急于出兵，还要蓄积更大的力量，等待时机。汤接受了伊尹的主张，加大力度屯兵屯粮，训练军卒。

那时的夏王朝，已经出现众叛亲离的现象。忠实于夏桀的只有东北地区的韦国（今河南清县东）、顾国（今山东鄄城东北）和昆吾国（今河南濮阳）。汤在灭葛国以后，先后又征服了十个不归顺商的诸侯小方国。已赢得"十一征而天下无敌"的美誉。但这三个方国不为所动，仍执意与商为敌，他们监视着商汤的活动，还经常向夏桀报告汤的动态。

汤和伊尹、仲虺决心除掉这三个夏桀的羽翼。就在正准备进攻韦国时,夏桀得知汤还在继续征伐诸侯,商的势力也在不断扩大。于是派使臣至商召汤入朝。汤无法直接抗命,无奈来到夏都。夏桀得知汤已来到,就下令将汤囚禁在夏台监狱。

伊尹和仲虺得知夏桀将汤囚禁起来以后,就蒐集了许多珍宝、玩器和美女献给夏桀,请求释放汤。桀见商送来的珍宝、玩器和美女,非常高兴。就下令将汤释放了。夏桀囚汤之事在诸侯、方国中引起了极大的恐慌。原来都是夏王朝的属国,现在因惧夏桀的暴虐,纷纷投奔商,愿助汤灭夏,或干脆就到商都供职。有一天,各诸侯国的官员们到汤来要求供职的人达到五百多人。所以夏桀囚汤不但没有达到以儆傚尤的目的,反倒加速了其统治基础的瓦解步伐。

汤回商以后,叛夏归商的诸侯愈来愈多。伊尹、仲虺建议汤应该征伐韦国和顾国了。经过一番谋划和准备之后,汤和伊尹就率领了助商各方的联合军队,先对韦国发动进攻。汤率领大兵压境,韦连求援都来不及,很快就被商联军灭亡。韦被灭,顾国势单,汤接着又挥师东进,乘胜也将顾国灭了。韦、顾二国的土地、财产、人民尽归商所有。

在这个时候,伊尹为了更深入的了解和掌握夏桀的政情民情,不顾个人安危向汤请缨,再探夏桀的动静。伊尹到夏王都后,一面了解情况,一面利用所掌握的情报,联络夏臣和当时已失宠于桀的妺嬉。扩大夏王朝内部的矛盾,削弱其实力,掌握桀的核心机密和重大国策,为即将到来的灭夏战争创造了有利条件。

开国帝王汤王死后,伊尹继续辅佐卜丙(即外丙)、仲壬二王。仲壬死后,太甲即位。汤孙太甲为帝时,因不遵国家法规,恣意妄为,横行无道,被伊尹流放到桐宫(今山西省万荣县西,另说河南省虞城东北），令其悔过和重新学习国家的法令。3 年后，伊尹亲迎太甲复位。伊尹为商朝理政安民五十余载，治国有方，权倾一时，世称贤相，三代元老。

除军事才能外，伊尹还是一位多才多艺的人。他被人誉为"中华厨坛始祖"。

伊尹由厨入宰的经历，从史料记载中可查，他幼年的时候寄养于厨师之家，得以学习烹饪之术，成年后成为精通烹饪的大师。用伊尹来比喻技艺高超的厨师的词语也不少。如"伊尹煎熬""伊公调和""伊尹负鼎"等。

从《吕氏春秋本味篇》来看，他的烹饪理论水平绝对是一流的。虽然他是借烹饪之事而言治国之道，但若无对烹饪理论的研究和烹饪实践的体会，是不可能说得那么在行、那么精辟的。伊尹说："在三类动物中，住在水里的腥，食肉的有臊味，吃草的有膻味。"伊尹说："调味的根本，水是第一重要的。"他还说，"甜、酸、苦、辣、咸五味和水、木、火三种材料，多次煮沸多次变化，掌握火候是关键。时而用猛火，时而用微火，以火灭腥去臊除膻，但火候要适中。"伊尹说："调和味道，一定要用甘酸苦辛咸五味，先放后放，放多放少，混合用还是分开用，这些都有一定的分寸。"烹饪的全过程集中于鼎中的变化，精妙细微，语言难以表达，像射箭驾驭一样微妙和阴阳变化一样复杂，跟四时交替一样有规律，应悉心去领悟。伊尹说，经过精心烹调而成的美味佳品，应该达到这样的水平："久煮而不焦，熟而不烂，甘而不过分甜，酸而不过分呲舌，咸而不减鲜味，辛而不浓烈，清淡而不过薄，肥而不腻。"如今在中国香港、中国台湾省、新加坡等地华人烹饪的同行也都奉伊尹为中国的"厨圣""烹调之圣"。

◆中医药汤剂的创始人

伊尹博学广识,用草药为人治病也是他的专长。《史记殷本纪》中有"伊尹以滋味说汤"的记载。《针灸甲乙经序》亦谓"伊尹以亚圣之才,撰用神农草本,以为汤液。"从史书记载中可以看到伊尹对中药汤剂的研究很有深度。

关于伊尹创汤液的说法,最早在汉代或汉代以前就已流传,栾川民间都知道煎中药源于伊尹。伊尹出身平民,在为百姓治病过程中,尝遍百草,得出经验生食草药不如煮熟的好。他从做饭的道理摸索,生米生菜做成美味佳肴,营养丰富,口感上乘,何不将草药混合煎成药水用之! 实践和时间的流逝创造了草药汤液。

汤液就是将各种生药加水煎煮而成,方法与烹调食物十分近似,但在古时只有伊尹才能有所发现和实践。伊尹既精烹饪,又兼通医学,在三千五百年前,能把自己加工食物的经验转而用来加工药物,这是一个伟大的发明。伟哉,伊尹!

伊尹,他将烹调技术与养生相结合,创立食疗方,开后代"药食同源"之先河。他改变历代中药服用方法,创制汤液,极大地提高了药物疗效,标志着方剂的诞生。在灿烂悠久的中华文明史中,伊尹堪称一位传奇人物。

伊尹出生于伊水之滨,洪水过后成为孤儿,有莘氏女子采桑捡到他,将他献给有莘国国君,国君令一位厨师抚养他。伊尹机敏聪颖,自幼便受养父烹饪饮食的熏陶,耳濡目染,日久逐渐精通烹饪。他虽然在有莘国为奴,以躬耕为生,同时兼任"有莘氏女师仆",地位卑微,但却心怀天下。

当时的百姓在夏桀的残暴统治下,生活于水深火热之中,伊尹投奔英明的汤(商汤,商朝开国君主),助其起兵灭夏。其时汤娶有莘氏之女为妃，伊尹自愿作陪嫁厨师，随同到商。他"负鼎俎，以滋味说汤，致于王道"，"以尧舜之道要汤"，教给商汤谋划灭夏的方略和治国驭民之道。

汤由此知伊尹有经天纬地之才，便免除他的奴隶身份，任命他做最高执政大臣。伊尹不负众望，不仅成为辅佐汤夺取天下的开国元勋，还是后来三任商王的重臣，成为商代的四朝元老。因此，伊尹在甲骨卜辞中被列为"旧老臣"之首，得到与商王一样的礼遇，被隆重祭祀。

伊尹既精烹饪之术，又擅占卜和医药之法，因此能够成为商国的宰相、商王的老师，厨师兼医生。伊尹对医学最大的贡献在于，他将烹饪、占卜与医药知识融合起来，将传统的烹饪技艺与中医养生结合起来，创制食疗方剂，开创中医"药食同源"的先河。伊尹在烹饪中，总结出"调和之事，必以甘、酸、辛、苦、咸，先后多少，其齐甚微，皆有自起"，并将食物的五味推广应用到医药中来。被誉为仲景"群方之祖"的桂枝汤，相传就是伊尹所创制。

伊尹与商汤谈论烹调方法时，曾有"和之美者，阳朴之姜，招摇之桂"的说法。据史学家分析，桂枝汤中的桂枝、芍药、甘草、生姜、大枣五味药物，均为古代烹饪中常用的调味品，伊尹将这些食物佐料组成方剂，用于疾病的预防和治疗，其本质仍为饮食之方，这也是中医学中"药食同源"疗法的来源。在当时对药物功效和毒性尚未深入了解的条件下，食疗方既能减少服用药物容易中毒的危险，还能起到治病和保健的作用，这种方法对于保证先民身体健康的安全具有重要意义。

汤液是中国医药发展史上的一项重要发明，它标志着方剂的诞生。在伊尹发明汤药以前，人们服用药物大都是把单味药物嚼碎后吞下,这种服药方法存在诸多弊端,例如服用多有不便,药效不能充分发挥,服用的药物品种和数量有限等。伊尹将饮食烹调中的煎煮方法引入药物制剂中,克服了这些弊端。

汤剂不仅具有口味好、药味多、服用方便、起效快捷等优点,从中医学理论来讲,汤液中多味药物按照一定原理配合使用,已经初步具备了"君臣佐使"和"辨证论治"的雏形,为中医方药理论的形成和发展奠定了基础。中药汤剂至今仍是中医药中应用最广泛的剂型。

伊尹大智大勇,勤学上进,虽耕于有莘国之野,却乐尧舜之道;既深谙治国之道,又熟识烹调和医药技术。论及对中医学的贡献,不能忽略他撰写的《汤液经法》,这部著作奠定了中医方剂学的基础,中医方剂即渊源于此。

伊尹看到人们治病时生吃中草药的叶、根、茎时实难下咽,就试验发明了用陶器煎制草药汤液的方法,以提高功效,减少病人的痛苦。另外他利用五味入五脏,以君臣佐使配伍的原则,把以前的单味药治病发展成为方剂治病。

在中华中医药学发展历史上,伊尹一向被公认为是中药汤剂的创始人。伊尹在烹饪中,总结出"调和之事,必以甘、酸、辛、苦、咸,先后多少,其齐甚微,皆有自起",他将烹饪原料与医药知识、烹饪技艺与医学技术结合起来,将食物的五味推广应用到医药中来,创制食疗方剂,开创中医"药食同源"的先河。

由于汤剂吸收充分,起效迅速,随证加减灵活方便,适应范围十分广泛,是古今最为普遍应用的中药剂型。汤剂的出现,使药物组合成方得以成为现实,标志着方剂的诞生,是中华中医药发展史上的一次跃进。正如"本草"作为中药的代名词一样,"汤液"也成了方剂的代名词。据传伊尹著《汤液经》，"仲景论广伊尹汤液为十数卷，用之多验"。学者研究后普遍认为，今本《伤寒论》是在伊尹《汤液经法》基础上经仲景阐述推衍而写成的，由此奠定了中国中医药学的经典文献基础，被誉为仲景"群方之祖"的桂枝汤，相传就是伊尹所创制。

伊尹的一生实现了从奴隶到宰相的转变，以其卓越的政治才干被誉为中国历史上的第一贤相。除了政治上的影响，伊尹还因其"庖人"的出身，从"医食同源"的角度，被认为是创制汤液疗法的第一人。

从汤液到汤剂，中药的服用方法，经历了从生药吞食到煮汁饮汤的发展过程。

冶末吞服：早在"神农尝百草"时代，人们直接把药用植物放在嘴里咀嚼，或者将干燥的药物将药物干燥后研制而成。

因药物未经加工炮制，肠胃吸收不良，影响药效的发挥，且易产生毒副作用。

这种原始的服药方法，在古书中称为"叽咀"。随着火的普遍应用，在对药材进行初步修治的基础上，出现了炒、炙、锻、垠、煮、蒸、淬、矛单等炮制方法，使药物变生为熟，不仅便于服用，利于肠胃吸收，

随着制陶和冶炼业的发展以及烹饪技术的进步，药物的制剂用法亦随之变化。人们在烹调菜肴的启示下，把几味药物混合起来，加水煮成汤液饮用，这就是"伊尹制汤液"的产生过程。服用汤剂，已不再是生硬粗糙的原始药材了，而是溶解于水的精华物质，能很快地被肠胃吸收发挥药效。汤剂还具有可控温的特性：可以趁热服用，这对于发挥解表散寒、助阳温中、活血通络、温化痰饮

等作用,无疑是有利的;而对于清热、泻下、止呕、祛湿之剂,有时宜采取冷服法。

由于汤剂吸收快,起效速,随证加减灵活方便,适应范围广,是古今最为普遍应用的剂型。汤剂的出现,使药物组合成方成为现实,标志着方剂的诞生。正如"本草"作为中药的代名词一样,"汤液"也就成了方剂的代名词。古今成方中,以汤命方者占有相当的比例,虽然酒剂的出现也不亚于汤剂,但酒性辛热走窜,应用有一定的局限性,远不如以生命之源的水为溶媒的汤剂那样普遍。况且,在汤剂的煎制过程中,可加入适量的酒同煎,这样把酒剂的特点也包括其中了。其他剂型,如膏剂、露剂、熏洗剂、茶剂、浓缩丸剂,以及冲剂、注射剂等,多是在汤剂的基础上加工制成的。

◆身世传说

伊尹,夏末商初人。《列子·天瑞》称:"伊尹生乎空桑。"《墨子·尚贤》称:"伊尹为有莘氏女师仆。"在甲骨文中有大乙(即商汤)和伊尹并祀的记载。可以说伊尹是中国第一个见之于甲骨文记载的教师。伊尹出生后,被有莘国庖人收养。耕于莘野,乐尧舜之道。因后被商汤封官为尹(相当于宰相),故以伊尹之名传世。父亲是个既能屠宰又善烹调的家用奴隶厨师,他的母亲是居于伊水(今洛阳伊河)之上采桑养蚕的奴隶。他母亲生他之前梦感神人告知:"臼出水而东走,毋顾"。

第二天,她果然发现臼内水如泉涌。这个善良的采桑女赶紧通知四邻向东逃奔二十里,回头看时,那里的村落成为一片汪洋。因为她违背了神人的告诫,所以身子化为空桑。巧遇有莘氏采桑女发现空桑中有一婴儿,便带回献给有莘王,有莘王便命家用奴隶厨师抚养他。这一神话传说曲折地反映了伊尹是依水而生的,故命名为伊,而他的母亲就是那个采桑的女奴。

◆商汤和伊尹

商汤是商朝的创建者,伊尹是中国商朝初期的大臣。商部落因为畜牧业发展得快,到了夏朝末年,汤做了首领的时候,已经成为一个强大的部落了。过了一年,九夷中一些部落忍受不了夏朝的压榨勒索,逐渐叛离夏朝,商汤和伊尹才决定大举进攻。

夏王朝统治了大约四百多年,最后的一个王夏桀是个奢侈荒淫、杀人如麻的暴君。夏民对他痛恨万分,怨声载道。东方商族部落首领商汤看到夏桀所作所为,十分愤怒。

这时,在伊水河畔出了一名贤能之士,此人叫伊尹。他是个颇有心计的人,虽出身奴隶,地位卑贱,但志大才高,对当时社会有深刻的观察分析。汤与莘氏通婚后,伊尹作为莘氏的陪嫁奴隶做了汤的厨师。

商汤发现伊尹跟一般奴隶不一样,便向他请教治国之策。伊尹见汤是个贤德的人,便向他提出自己的治国主张。

一次,伊尹借汤询问饭菜的事说:"做菜既不能太咸,也不能太淡,要调好佐料才行;治国如同做菜,既不能操之过急,也不能松弛懈怠,只有恰到好处,才能把事情办好"。

商汤听了很受启发,拜伊尹为右相。伊尹辅佐商汤大力发展农耕,铸造兵器,训练军队,使商部落强大起来。

一年后,夏桀成为众矢之的。伊尹见时机成熟便劝汤发兵讨伐夏桀。商军在商汤"讨伐暴君,为民除害"的号召下,舍身冲锋,势如破竹,不可阻挡。夏朝将士不愿为夏桀卖命,军队失去了战斗力,因此一触即溃。夏桀大败,最后他带着妻子妹喜逃出重围,乘一只小船渡江到南巢(今安徽巢湖市),后死于此地。商军攻入夏都,汤建立了商王朝。

　　伊尹连辅商初数王,既为帝王老师,又代帝王行政,功高盖世,前无古人。伊尹死后,商王沃丁以天子之礼将其归葬故里。伊尹墓就在今伊川县平等村。

第七章

战国医神扁鹊,望闻问切诊病理

生平小传

　　扁鹊(公元前 407—公元前 310 年),姬姓,秦氏,名越人,又号卢医,勃海郡郑(今河北任丘)人,一说为齐国卢邑(今山东长清)人,春秋战国时期名医。由于他医术高超,被认为是神医,所以当时的人们借用了上古神话的黄帝时神医"扁鹊"的名号来称呼他。

　　扁鹊是我国中医理论的奠基者,他以自己的实践首创了中医的"四诊法",也就是我们常说的"望、闻、问、切",并在此基础上建立了一个比较完整的科学诊断体系。扁鹊的一生,留下了许多传奇故事。尤其引人注目的是,司马迁在《史记》当中专门写了扁鹊的传记。因此,扁鹊是中国古代第一个进入正史的医生。

扁鹊行医生涯中,不仅表现出高超的诊断和治疗水平,还表现出高尚的医德。他谦虚谨慎,从不居功自傲,终成一代名医,是先秦时期医家的杰出代表。扁鹊成名后,周游各国。他擅长各科,遍游各地行医,在赵国为"带下医"(妇科),至周国为"耳目痹医"(五官科),入秦国则为"小儿医"(儿科),医名甚著。

扁鹊在诊视疾病中,已经应用了中医全面的诊断技术,即后来中医总结的四诊法:望诊(看看病人的脸色等)、闻诊(听听病人最近做了什么事情后生病)、问诊(问问有没有做可以导致生病的一些事情)和切诊(号号病人的脉搏),当时扁鹊称它们为望色、听声、写影和切脉。这些诊断技术,充分地体现在史书所记载的扁鹊的一些治病的案例中。在四诊法中,扁鹊尤擅长望诊和切脉技术,他能通过望色和切脉判断病症及其病程演变和预后,因此名扬天下。

扁鹊看病行医有"六不治"原则:一是依仗权势,骄横跋扈的人不治;二是贪图钱财,不顾性命的人不治;三是暴饮暴食,饮食无常的人不治;四是病深不早求医的不治;五是身体虚弱不服药的人不治;六是相信巫术不相信医道的人不治。他的一言一行,彰显了他高尚的医德和反对迷信巫术的唯物主义思想。

在平时,扁鹊还始终注重"传、帮、带"的教育方法,无私地把自己的医术传授给门徒。后来,他的徒弟子阳、子豹、子越等都有所成就。

遗憾的是,扁鹊后因医治秦武王病,被秦国太医令李醯妒忌杀害。

在《史记·扁鹊仓公列传》《战国策·卷四秦二》里载有扁鹊的传记和病案,并推崇其为脉学的倡导者。据《汉书·艺文志》载,扁鹊有著作《内经》和《外经》,但均已失传。

主要成就

扁鹊医术高超,早在公元前5世纪就已全面运用望、闻、问、切的方法诊断疾病。他尤其擅长切脉,开创了我国中医脉学理论的先河,奠定了祖国传统医学诊断法的基础。扁鹊精于内、外、妇、儿、五官等科,应用砭刺、针灸、按摩、汤液、热熨等法治疗疾病,被尊为医祖。他用一生的时间,认真总结前人和民间经验,结合自己的医疗实践,在诊断、病理、治法上对中医学做出了卓越的贡献。扁鹊的医学经验,在我国医学史上占有承前启后的重要地位,对我国的医学发展有较大影响。因此,医学界历来把扁鹊尊为我国古代医学的祖师,说他是"中国的医圣""古代医学的奠基者"。司马迁称赞他说:"扁鹊言医,为方者宗。守数精明,后世修(循)序,弗能易也。"《史记》称赞扁鹊是最早应用脉诊于临床的医生,并且提出了相应的脉诊理论。

范文澜在《中国通史简编》中称扁鹊是"总结经验的第一人。"

关于扁鹊的医术,史学界一般认为,他是在长期的医学实践中,刻苦钻研,不断总结,才使得其学识与医术达到了常人难以超越的高度,最终成为流芳千古的一代名医。那么,扁鹊究竟有着怎样的医术?他对我国医学到底有着怎样的独特贡献呢?

扁鹊在中医发展史上具有开创性的意义。我们暂且不说今人对他的评价,看看古人对他的评价就知道他的名气了。汉初,扁鹊就已经是家喻户晓的人物了,人们常常在话语中提到他。汉初陆贾在《新语》中说,现在社会在发展变化,不要光看过去已有的东西,新的东西总是会不断出现的。他说:"书不必起仲尼之门,药不必出扁鹊之方。"意思是,社会在变化,各种新的东西不断出现,读书不是只能读孔子等人写的儒家经典,其他的书也可以读;药方不是只能沿用扁鹊所创制的,其他的药方也可以试用。这说明在当时人看来,孔子、扁鹊,这两个人是可以相提并论的。

还有一个故事可以说明扁鹊的成就,是刘邦讨伐叛乱的英布。在战斗中,刘邦中箭负伤,伤口越来越严重,吕后就给他找了一个医术非常高明的大夫,但刘邦坚决不治。他说,我以平民百姓的身份提三尺之剑取天下,这是天命,我现在身体受的这个伤,就是扁鹊来了也没用,我不治!这说明在当时人们的口头语当中,一说起治病的大夫,最棒的就是扁鹊。所以,刘邦一张嘴,就说扁鹊来了我也不让他治。这说明扁鹊的名声在汉初已经很高了。

晋代有一位炼丹家叫葛洪,说扁鹊是"治疾之圣",就是治疗疾病的圣人。扁鹊是切脉大师。中国古代的医学家,早就发现了人体血脉的这种跳动和心脏是同步的。在人们长期的实践基础上,切脉就逐渐科学化,而在这个过程中,扁鹊有他的独到之处。司马迁曾说:"至今天下言脉者,由扁鹊也。"天下谈论诊脉这个事,是从扁鹊开始的。扁鹊切脉是非常准的。

有一次,在晋国总揽朝政的赵简子,突然昏倒,不省人事。人们都非常害怕,于是就把扁鹊找来了。《史记》记载:"扁鹊入视病,出。"是说进去以后看了看,然后就出来了。乍一看,非常简单。那扁鹊是怎么给赵简子看病的呢?号脉。扁鹊说,病人的身体没有问题,他现在虽然昏迷不醒,但是脉搏跳动很正常。你们不用大惊小怪,不出三日,他一定能够醒来。我们虽然没有看到他如何给赵简子看病,但从他说的话,就知道他给赵简子号脉了。扁鹊的话很准,两天半过后,赵简子终于醒了。这说明扁鹊号脉是很准的,他通过脉象可以断定一个人的身体状况。

在扁鹊之前,不是没有切脉这一诊断技术,相反,中医先辈们很早就通过脉象来了解病情，只是过去切脉，是顺着人体的血脉一点一点由浅到深地去摸，比较麻烦。为什么人们对扁鹊切脉的评价这么高，是因为他发现了切脉的一个最关键的部位：寸口。现在中医切脉都是摸手腕，手腕处即是寸口。据说，扁鹊也曾经用传统的切脉方法，顺着身体的血脉摸，既简便又准确，可见在脉诊上，扁鹊有他的独到之处。正是从这个角度讲，司马迁才说："至今天下言脉者，由扁鹊也"。所以这是扁鹊的一大贡献。

传奇故事

◆扁鹊学医

扁鹊从小就是一个勤奋好学、不耻下问的人，常常受到左邻右舍的赞扬。有一位名叫长桑君的老中医，医术高明，四乡驰名。他发现扁鹊是棵好苗子，就有意将自己的医术传授给他。

一天，老中医长桑君把扁鹊叫到面前，开门见山地说："你如果愿意跟我学中医，就到南山采药去吧，一年之后再来见我。"扁鹊毫不犹豫地点了点头。

第二天一早，扁鹊就带着工具和药样出发了。他翻过一座座险峻的山峰，穿过一片片遮天蔽日的森林，采啊，挖啊。不知不觉，一年过去了，他不仅认识了许许多多药材，而且基本掌握了这些药材生长、采挖的规律。

长桑君见扁鹊满载而归，微微一笑："你还要去民间给人们切脉，不完成五千例不能回家。"

扁鹊二话没说，又背起药箱奔走四方。他为各种各样的人切脉，从脉象的变化中，细细揣摩人体的病症。当他完成任务返回老师住处的时候，不禁大吃一惊，只见长桑君正躺在床上低声呻吟。原来，在扁鹊外出期间，长桑君不幸中风偏瘫，右半身不能动弹。

扁鹊不顾旅途劳累,放下行李就给长桑君烧水煮饭,熬汤煎药。晚上,他又端来一大盆热水,蹲在床前给长桑君洗脚,洗着洗着,长桑君左脚一蹬,把盆子踢翻了,水浇湿了扁鹊的衣服、鞋子。扁鹊一点也不在意,转身铲来一些灶灰,撒到了湿漉漉的地上,接着,又忙着安顿长桑君入睡。正在这时,长桑君突然觉得喉中瘙痒,"呸",口痰不偏不倚吐到了扁鹊的脸上。扁鹊仍然不急不躁,默默地掏出手帕把痰擦掉了。

夜深了,长桑君把扁鹊唤至床前说:"你已经经受住了三次考验。上山采药,对你识药用药大有好处;按脉切诊,对你断病治病甚有帮助;今天,我又亲眼看到你对病人体贴入微,胜似亲人。作为一个好医生必须具备的三点,你都有了。现在,我可以放心了。"说到这里,老人用颤抖的左手从枕下摸出自己珍藏多年的医书,小心翼翼地交给了扁鹊。

从此,扁鹊边攻读,边实践,医术提高得更快了。

◆望闻问切

据《史记》记载,有一次,扁鹊带着几个学生路过西周分封的一个诸侯国虢国,在那里,他们听到大街小巷都在传,太子死了!人们都感觉到很震惊。扁鹊想了解实情,于是一边走一边问。走到王宫门前,遇到一个中庶子,中庶子是王宫的侍卫大臣,就是国王身边的人,扁鹊问,虢太子是怎么死的?中庶子说,太子的病是血气运行错乱,疾病突然猛烈地爆发在体表,使内脏受到了伤害。人体的正气不能战胜邪气,邪气蓄积而不能疏泄,导致阳脉缓慢,阴脉急促,突然昏倒而死。

扁鹊根据自己的经验,觉得太子不是真死,他说,他死了多久了?中庶子说,从鸡鸣到现在。扁鹊又问,收殓了吗?中庶子回答说，还没有，他死去还不到半天呢。

扁鹊觉得更有希望，就很郑重地对中庶子说，请禀告你们的国君，我是齐国勃海的秦越人，以行医为业，未曾拜见过贵国大王，也没有给大王效过力，请你立即禀报大王，就说我能使太子复活！

中庶子知道秦越人很有名望，但不相信他能把死去的人救活，以为他说大话，于是很不以为然地说，先生该不是胡说吧？太子已死，怎么可能复活呢！

扁鹊尽管对中庶子的话很反感，但并没有着急，只是感慨地说，我行医多年，像太子这样的病人见过很多。只要知道体表的病，就能推断内脏的病；只要知道疾病内在的原因，就能推知外在的表现。我决断的方法很多，不会只停留在一个角度看问题。你如果认为我说的不真实，你现在就进宫去看看太子，你会发现他的耳朵还有听觉，鼻翼还在微微张动，顺着他的两条腿往上摸，还会感觉温热没有消失。

中庶子听扁鹊说得这么肯定，不禁惊呆了，他赶紧进宫，把扁鹊的话禀告国君。国君又惊又喜，立即传令请扁鹊进宫。他对扁鹊表示感谢，说着还掉下了眼泪。

扁鹊根据大家谈论的病情，断定太子并没有死，他说，我认为太子的病是"尸厥（假死，类似昏厥）"，此刻他正处于昏迷状态，手脚冰凉，脉搏微弱，乍一看就像死了一样，其实并没有死。懂得五脏六腑道理的人就可以治好这个病。

国君听了大为折服，马上请扁鹊进太子的房间治病。扁鹊来到太子面前，仔细观察了太子的气色，给他切了脉，又解开太子的衣带，摸了摸太子的胸口。然后，叫弟子子阳磨好针具，在太子头顶中央凹陷处的百会穴上扎了针。过了一会儿，太子果然苏醒了。

扁鹊又赶忙调和了两种药,让弟子子豹用它热敷太子的腋下,经过这样的治疗,太子终于完全清醒了,不久居然能坐起来了。扁鹊又留下药,要太子按时服用,二十多天以后,太子的身体完全恢复了健康。扁鹊使太子起死回生的消息迅速传开,人们奔走相告,见到扁鹊的人都对他赞不绝口,扁鹊只是笑笑,说,我秦越人并没有起死回生的本领,太子本来得的就不是死证,他是可以活下去的,我只不过帮助他重新坐起来而已。

治疗虢太子的病例,全面展示了扁鹊的高超医术,望、闻、问、切,"四诊法"全部用上了。"望",走到太子身边近距离观察;"闻",走近后自然得知了太子的气味;"问",问中庶子、问路人,了解太子的病情;"切",这是诊断太子病情的重要环节。扁鹊在全面了解的基础上,综合分析,对症下药,药到病除。望、闻、问、切,在治疗虢国太子的过程中展示得淋漓尽致。

从史书所记载的扁鹊治病案例中可以看出,扁鹊在诊视疾病时,已经应用了中医全面的诊断技术,即后来中医总结的"四诊法":望诊、闻诊、问诊和切诊。在"四诊法"中,望诊居于首位,十分重要,也十分深奥。扁鹊不仅诊脉的能力非同寻常,望诊的技术更是出神入化,而最能表现扁鹊这一绝技的就是已经编入中学教材的《扁鹊见蔡桓公》的故事。那么,这个故事究竟是如何树立扁鹊的神医形象的呢?

在中医四大诊法当中,望诊是医疗实践的第一步。如果人有病,往往会使脸色、皮肤、神色发生变化。"望诊"就是察看气色和形态,以便了解疾病发生的部位及轻重程度。《扁鹊见蔡桓公》就是扁鹊望诊的典型例子。

一次,扁鹊拜见蔡桓公,他站在那里,观察蔡桓公的脸色,看了一会儿,说道:"君有疾在腠理,不治将恐深!"腠理是指皮肤肌肉的纹理。意思是,您的皮肤肌肉的纹理间有点小病,不医治恐怕要加重。桓公说:"寡人无疾。"扁鹊离开后,桓公对左右的人说,医生总喜欢给没病的人治病,以此炫耀自己的功劳。

过了十天,扁鹊又进见,他再次观察桓公的气色,对桓公说,您的病已到了血脉里,再不医治,会更加严重的。桓公还是不理睬,扁鹊只好扫兴地走了,桓公很不高兴。

又过了十天,扁鹊再次进见,他看到桓公的情况越发严重了,对桓公说,您的病已到了肠胃,再不医治,会更加严重的。桓公还是不理睬。扁鹊只好离开,桓公又很不高兴。

又过了十天,扁鹊再入宫,一见到桓公,转身就跑。桓公赶忙派人去追,问扁鹊为什么跑。扁鹊说,皮肤肌肉纹理间的病,用热水焙、用药热敷,可以治好;血脉里的病,可以用针灸治好;肠胃的病,可以用酒剂治好;骨髓里的病,即使是司命神(管人寿命的神),也是束手无策。桓公的病现在已到了骨髓,所以我不再过问了。

过了五天,桓公浑身剧痛,派人去寻找扁鹊,扁鹊已逃到秦国去了。不久之后,桓公就死去了。"讳疾忌医"的典故就来源于此。

扁鹊在自己的医疗生涯中,不仅表现出高超的诊断和治疗水平,还表现出高尚的医德。他谦虚谨慎,从不居功自傲。如他治好虢国太子的尸厥证后,虢君十分感激,大家也都称赞他有起死回生之术,扁鹊却实事求是地说,这是患者并没有死,我只不过消除了他的重病,使他恢复了原来的状态而已,并没有起死回生的本领。

还有一个故事,说魏文侯曾问扁鹊,你们家兄弟三人,都精于医术,谁的医术最好呢? 扁鹊说,大哥的医术最好,二哥的差一些,我的医术是三人中最差的。

魏王不解地说,请你介绍得详细些。扁鹊解释说,大哥治病,是在病情发作之前,那时候病人自己还不觉得身体有恙,大哥就开出药方,铲除了病根,这使得他的医术难以被人认可,所以没有名气,只是在我们家中被推崇备至。我的二哥治病,是在病初起之时,症状尚不十分明显,病人也没有觉得痛苦,二哥就能药到病除,这使乡里人都认为二哥只是治小病很灵。我治病,是在病情十分严重之时,病人痛苦万分,病人家属心急如焚。此时,他们看到我在经脉上穿刺,用针放血,或者在患处敷以毒药以毒攻毒,或者动大手术直指病灶,使重病患者的病情得到缓解并很快治愈,所以我闻名天下。魏王大悟。

这就是"良医治未病"的故事,说的就是扁鹊的大哥。这也是一个寓言故事。究竟扁鹊有没有两个哥哥,现在无从考证。但是这个故事告诉人们的道理已经超出了治身体之病这个问题,可以引申为治理国家或做事情,一定要从小处抓起,要防患于未然,不要等问题大了,造成损失了才去做。这就是我们常说的"治未病"。我觉得从扁鹊的故事中,人们除了学到了中医的一些原理,更多的是还感觉到那些病例、病案,包含了许多社会意义和政治意义。

◆治疗抑郁症

有一年,齐国的国王生了一种怪病,终日昏昏沉沉,蒙头大睡,叫也不醒。王宫里的御医用了不少药,也不见好转。文武大臣急得团团转,王后和太子也愁得日夜啼哭。这时,有个太监说:"听说扁鹊是个神医,何不请他来看看,也许可以治好。"

王后和太子立即派人把扁鹊请来。扁鹊看了看齐王,搭了搭脉,对王后和太子说:"大王的病可以治好。不过,我治好了大王的病,大王会处死我的。"

王后和太子连声说:"哪有这个道理,你治好了大王的病,一定要重重赏你,哪会处死你呢?"

扁鹊说:"既然如此,隔几天我再来。"

一天,天下大雨,扁鹊来给齐王看病。一路上,扁鹊既不坐轿,也不打伞,冒雨步行,弄得一身泥水。

扁鹊走进王宫,来到齐王寝宫,只见齐王仍然蒙头大睡,叫了几次也没叫醒。扁鹊一不脱鞋,二不脱衣,就爬到了齐王床上,把齐王推过去翻过来地折腾开了。

齐王睁开眼睛一看,见一个浑身泥水的人趴在床上摆弄他,顿时勃然大怒,坐起来指着扁鹊破口大骂。外面的文武大臣听了,连忙赶进寝宫。齐王见了众人,再望望湿淋淋的扁鹊,觉得有失威严,更加恼怒,大喝道:"来人!快把这畜生拉出去斩首示众!"

武士把扁鹊推了出去,扁鹊对王后和太子道:"大王今日发了此番大火,病已不治自愈,不必再服药了。我犯了辱君之罪,大王要处死我,我也预料到了。不过,我有个请求,不要杀我的头,把我罩在大钟内闷死好了。"王后和太子把扁鹊的要求回报了齐王,齐王同意了。

扁鹊被罩在钟内,时间一长就要闷死。他用手在钟边挖泥土,挖出一个通气孔道,自己就端坐在钟内静心养神。

三天后,齐王的病完全好了,他想起被他下令处死的扁鹊,心中十分后悔。便同王后、太子一同来到钟边,叫人把大钟吊起来,只见扁鹊正端坐养神,面色红润,安然无恙。

齐王见了很是惊讶。王后和太子问扁鹊为什么要用那样粗野无礼的办法给大王治病,扁鹊说:"大王之病,是因操劳国事过度,众多烦恼之事闷在心头,积郁成疾,实为'郁证'。这种病只有激发他生气狂怒,把胸中积郁,发泄出来就会好了。"

齐王听了,称赞道:"真乃神医也!"于是,厚赐了扁鹊。

◆特异功能之谜

医学界历来把扁鹊尊为我国古代医学的祖师。在有些历史记载和民间传说中,扁鹊堪称神医,无论什么疑难杂症他都能手到病除,最为神奇的就是他有特异功能,能够透视人的五脏六腑。那么,扁鹊真的具有什么特异功能吗?我们应该如何看待史书中有关这方面的记载呢?

据《史记》记载:扁鹊年轻时做舍长,有个叫长桑君的客人到客馆来,行为与众不同,扁鹊认为他是一个奇人,时常恭敬地对待他。长桑君也知道扁鹊不是普通人,来来去去十多年后,有一天,他叫扁鹊和自己坐在一起,然后悄悄地对扁鹊说,我有禁方,我年老了,想传给你,你不要泄漏出去。扁鹊说,遵命。长桑君这才从怀中拿出一种药给扁鹊,并说,用上池之水魅服这种药,三十天后你就能知晓许多事情。接着,他将自己的全部秘方都给了扁鹊。话刚说完,长桑君忽然间就不见了。扁鹊觉得他更神奇,他心想,大概他不是凡人吧。扁鹊按照长桑君说的方法连续服药三十天后,奇迹出现了!"视见垣一方人",意思是能看见墙另一边的人。因此扁鹊诊视别人的疾病时,能看到病人五脏内所有的病症,只是表面上还在为病人切脉。

这个故事太神奇了,简直让人不可思议。这么说,扁鹊真有特异功能吗?这可能吗?不少人对此持否定态度,他们不相信人有特异功能,因此论述扁鹊时往往一带而过,甚至不提这件事。当然也有人认为,具有特异功能的人是存在的,扁鹊就是这样的人。

如何理解这段记载呢? 所谓扁鹊有特异功能,即"视见垣一方人"这件事,估计是后人加上去的。由于扁鹊诊病非常准,他解除了许多病人的痛苦,尤其他对病人的病证说得非常准确,所以后人就觉得这个人怎么这么神呢? 于是就加上了一段,说他有透视人的腑脏的特异功能。尽管故事是后人编造的,但它表现了古人追求治病的最佳境界——"尽见五脏症结"。这里的"尽见",并非只看见心肝脾肺肾,而是指各种病灶,它实际是指中医四诊之"望"的最高水平。

中医诊病的高境界就是要发现并检测到隐藏在身体内部的病症,故中医有"脏象学说"。所谓"脏象学说",是研究人体各脏腑、组织、器官的生理功能、病理变化及其相互联系的学说。古代"脏"与"藏"字相通,又称"藏象学说"。"藏"指人体内的内脏,"象"指脏腑的功能活动和病理变化反映于体外的各种征象。这一学说是历代医家在医疗实践的基础上,在阴阳五行学说的指导下,概括总结而成的,是中医学理论体系中极其重要的组成部分。

"尽见五脏症结"的故事实际上说的是扁鹊通过"望"断病,达到了相当高的水平,目前还不能简单说是扁鹊有"特异功能"。

◆发现牛黄

扁鹊是中医史上一位承前启后的医学家,为传统中医学的发展奠定了重要基础,被后世的医生尊为祖师。自古医药是一家,但凡中医名家对中药材都是十分精通的。因此,民间流传着许多大医药学家与中药材的故事,扁鹊发现牛黄就是一个著名的例子。那么,其中的过程究竟是怎样的? 牛黄真的是扁鹊发现的吗? 大家都知道,牛黄是重要的中药材。以牛黄配置的成药非常之多,几乎每个人都吃过。但牛黄是怎样被发现的呢? 有一种说法,说是扁鹊发现的。据说有一天,扁鹊正从药罐中取出炮制好的青礞石,准备为一位名叫阳文的邻居治疗中风偏瘫。这时,门外传来一阵喧闹声,扁鹊一打听,原来是阳文家中养了十几年的一头老黄牛,不知何故,近来日渐消瘦,以致不能耕作,阳文的儿子阳宝一看牛没用了,就请人把牛宰了。谁知剖开牛肚子,发现牛胆里有块石头,大家都不知怎么回事。扁鹊得知后,对此颇感兴趣,就让阳宝把石头留下,准备进一步研究。阳宝就把石头拿给扁鹊,扁鹊接过来,随手把石头和桌上的青礞石放在了一起。

正在这时,阳文的病又发作了,阳宝急忙请扁鹊过去看看,扁鹊赶到时,只见阳文双眼上翻,肢冷气急,情况十分危急。他一边扎针一边叮嘱阳宝,快!去我家把桌上的青礞石拿来!阳宝气喘吁吁地拿来药,扁鹊也未细察,很快研为细末,给阳文灌下。不一会儿,病人停止了抽搐,气息平稳。待扁鹊回到自己的屋里,发现青礞石还在桌上,而牛结石却不见了,忙问家人,何人动了牛结石?家人回答,刚才阳宝取过。这个偶然的差错却引起了扁鹊的深思:难道牛的结石也有祛痰定惊的作用?于是,第二天他有意识地将阳文药里的青礞石改换为牛结石。三天后,阳文竟奇迹般地痊愈了,喜得阳文连声称谢。扁鹊说,不用谢我,还得谢谢你家公子呢。于是将阳宝错拿牛结石代青礞石的经过讲了一遍,并说,此石久浸于胆汁中,苦凉入心肝,能清心开窍,镇肝息风。阳文问道,这药叫什么名字呢?扁鹊思索片刻,说,此结石生在牛身上,凝于肝胆而成黄,可称它为"牛黄"。然后又说,牛黄有此神效,堪称一宝,牛属丑,再给它取个别名,叫"丑宝"吧。

由于牛黄能治许多病,疗效极好,人们为了表达对扁鹊的崇敬之心,把发现牛黄这件事归功于扁鹊,于是编出了这个故事。

◆最早的换心术

如果说扁鹊发现牛黄，还有生活依据可以推断的话，那么，扁鹊换心的故事就绝对称得上是奇谈怪事了。编纂于魏晋时期的《列子》一书记载了扁鹊为两个人实施换心手术的故事。对于这个故事，我们该怎样解读呢？以战国时代的科技水平，真的会发生换心这样的事吗？

这个故事说的是，鲁国的公扈和赵国的齐婴，两人都生了病，于是一块儿找扁鹊医治。经过扁鹊的治疗，两人的病同时好了。

扁鹊对二人说，你们以前的病，是外界干扰内脏引起的，因此用草药石针就能治好。这几天我发现你们身上还潜伏着一种病，那从娘胎里带出来并随同你们身体发育而一道生长的。这种病很危险，我愿意再给你们治一下，怎么样？

公扈和齐婴回答道，我们想听听这种病有些什么症状，然后再作决定。

于是，扁鹊先对公扈说，你有远大的抱负，又善于思考问题，遇事能想到很多的解决办法，但遗憾的是气质较为柔弱，在关键时刻往往优柔寡断，犹豫不决，易导致坐失良机。接着，他又转向齐婴，说，你的情况则正好与公扈相反。你对未来缺乏长远的打算，思想比较简单，然而气质却很刚强，为人处事少用心计，却喜欢独断专行。最后，扁鹊对二人说，现在如果让我将你们的心来个互换，你们就都可以变得完美无缺了。

公扈和齐婴听了扁鹊的分析之后，都表示愿意接受换心手术。于是，扁鹊让二人分别喝下一种麻醉药酒，致使他们昏迷了三天不醒。在这期间，扁鹊便将二人的胸腔打开，取出心来，交换安放。

手术完毕之后，又在伤口处敷上神药，等他们醒来后，仍如术前一样健康强壮。他们辞谢扁鹊之后，就各自回家了。

可是，由于心已互换，结果公扈就回到了齐婴的家，而齐婴则回到了公扈的家。这两人的老婆孩子都不认识来到自己家中的人，于是都发生了争吵。公扈、齐婴无法可想，只好请扁鹊出面解释。扁鹊就把事情的原委告诉了这两家人，才使争吵得以平息。

从这个故事本身看，无疑是神话，扁鹊做换心手术，按照当时的科学技术水平，是不可能实现的。那么，人们为什么编出这个故事呢？其实，这则寓言故事是借用神医扁鹊的名义，用换心手术来打比方，说明每个人都有各自的长处和短处。一个人只要善于取他人之长，补自己之短，就会逐渐趋向完美。

值得注意的是，他们换了心脏后，没有回到各自的家，而是进了对方的家，幸亏扁鹊解释才算平息闹剧。这可能吗？我认为这里面有古人的想象，他们认为心也可以思考、记忆，心换了，记忆也会随之转移。那么，记忆究竟会不会随着心脏移植而转移呢？我认为记忆是过去的知识、经验在人脑中的反映。人的大脑感知过的事物，思考过的问题和理论，体验过的情感和情绪，练习过的动作，都是记忆的内容。因此，心脏的移植是不会改变记忆的。我认为，换心手术是当时的人们想象出来的，他们觉得扁鹊能够换心，于是就把扁鹊作为换心手术的实施者，这反映出人们对扁鹊的敬仰。在扁鹊那个时代，医生是社会上的平民阶层，并不被人们特别尊重。并且许多历史资料所记载的扁鹊妙手回春的成功病例，患者也大都是帝王将相、王公贵族。那么，扁鹊为何千百年来为广大人民所爱戴和崇敬？他在民间的声望又是怎样树立起来的呢？

扁鹊医术精深,他到各地行医,常常根据当地老百姓的要求治病。在赵国邯郸,他发现那里的妇女得病的很多,于是就当"带下医",即妇科医生。到了洛阳,听说那里的老年人患眼病、耳病较普遍,他就当"耳目痹医",即五官科医生,治好了许多老人的五官病,使不少老人从耳聋眼花中恢复了健康。到了秦国首都咸阳,看到当地儿童的发病率很高,他就当了"小儿医",研究儿童发病的原因,治好了许多儿童的多发病。由此可见,扁鹊不仅精通内科,还兼通儿科、妇产科、五官科,甚至外科;在治法上,他不仅精通针灸,还善于用砭石、热敷、按摩、手术、汤药等,可谓一位多面手的民间医生。

◆死亡之谜

陕西的咸阳是扁鹊人生的最后一站。从扁鹊的行医路线来看,他的足迹是由东到西,也就是从山东到河北、河南、山西,一直到陕西。一路上都留下了许多治病救人的故事。他医德高尚,后人纷纷修墓、建庙以示纪念,因此,全国各地的扁鹊墓不下十处。各地人民都认为扁鹊和当地有关系,这种情结反映了人民对做过好事的人的怀念。扁鹊一生走南闯北,为无数患者解除疾病痛苦,被人们称为能起死回生的"神医"。然而,一生救死扶伤的扁鹊,最终却是死于非命。那么,一代神医的生命究竟是怎样终结的呢? 咸阳是扁鹊最后到达的地方。据《战国策》记载,扁鹊在秦国时,秦武王(公元前310—公元前307年在位)请扁鹊看病。扁鹊认为,秦武王的身体没有大的问题,建议及早医治。这时秦武王左右的近臣却说扁鹊的坏话,说秦武王的病在耳朵前面,眼睛下面,让扁鹊治疗未必能治好,弄不好反而会使他的耳朵听不清,眼睛看不见。

　　武王把这话告诉了扁鹊,说自己不会吃扁鹊开的药。扁鹊听了非常生气,把治病的砭石一丢,说君王同懂医术的人商量治病,又同不懂医道的人一道讨论,干扰治疗,就凭这一点,就可以了解到秦国的内政。你与有知识的人共事可以得天下,治天下;与无知之辈同谋,将会失去天下。从今天这件事可以推知秦国的事,如果再这样下去,随时都有亡国的危险! 扁鹊的话批评了秦武王,也得罪了一些近臣。太医令李醯自知医术不如扁鹊,对扁鹊怀恨在心,就在扁鹊离开咸阳东归的路上,派人刺杀了扁鹊。一代名医死于非命,令人叹息!

　　扁鹊是司马迁《史记》里记载的第一位医生,他对扁鹊给予了深切的同情,因为扁鹊无端受害,司马迁自己也有相同的遭遇呀! 所以在《史记·扁鹊仓公列传》中,太史公感慨道,女人无论美与丑,住进宫中就会被人嫉妒;士人无论贤与不贤,进入朝廷就会遭人疑忌。扁鹊因为他的医术而遭殃……所以,老子说,美好的东西都是不吉祥之物,说的就是扁鹊这样的人呀!

　　为什么司马迁会引用老子的"美好者不祥之物"? 我认为,这里有司马迁个人的一种感慨! 大家都知道,司马迁也是无端地被残害的,他因为替与匈奴作战的将军李陵说了几句公道话,说李陵这个人不会真正投降,他还会回归汉朝的。结果汉武帝大怒,说你敢为叛将辩护,他要是真把司马迁杀了,司马迁也许还不受罪了,可汉武帝偏偏不让司马迁死,而是下令对司马迁实行宫刑。这对司马迁来说,真是奇耻大辱,让他痛不欲生。司马迁在这种环境下艰难地写《史记》,所以对同样是无端地被残害的扁鹊充满了同情。

　　说到这儿,我们可以给扁鹊做一个总结,扁鹊是我国古代著名的医生,他满腔热情治病救人,后来的人们崇拜他,尊敬他,热爱他,于是就在他身上添加了许多带有传说色彩的神奇故事。扁鹊对中医学发展的贡献是不可磨灭的,他将永远为人民所铭记。

第八章

西汉名医淳于意,创立《诊籍》著经典

生平小传

　　淳于意(约公元前215—公元前140年),西汉临淄(今山东淄博东北)人,姓淳于,名意。淳于意曾任齐太仓令,精医道,辨证审脉,治病多验。曾从公孙光学医,并从公孙阳庆学黄帝、扁鹊脉书。后因故获罪当刑,其女缇萦上书文帝,愿以身代,得免。撰写了中国医学史上第一部中医医案——《诊籍》。淳于意《诊籍》录医案,开创临床病案记录先河。《史记》记载了他的二十五例医案,称为《诊籍》,是中国现存最早的病史记录。司马迁在《史记》中,把他与扁鹊合并立传,即《扁鹊仓公列传》。

　　淳于意从小就爱好医学,他拜淄川人公孙光为师,向他学习医术。公孙光见他十分好学,见解高明,夸奖他日后能成为国医。公孙光把自己的医术和收藏的药方全部传授给淳于意,又推荐他给临淄名医公孙阳庆做了徒弟。当时,阳庆已经八十多岁了,他家里很富有,虽然医术高明,但很少看病,也不收徒弟。淳于意聪明好学,殷勤懂事,对老师侍奉得很周到,阳庆就把黄帝和扁鹊的脉书以及药剂理论全部教给了淳于意。第一年,他学习了老师传授给他的《脉书》《上经》《下经》,对脸色诊病术、听诊术、揆度阴阳术等进行了系统的研究,并在实践中反复琢磨,不断得出自己的见解。到了第二年,淳于意开始试着给人看病,虽然有了效果,但效果还不精到。到了第三年,淳于意开始独立为人治病、判断病人的愈后效果,达到了灵验、精确的程度。他终于学成出徒了。淳于意医术精湛,决断病人生死多有应验,医治病人能达到起死回生的奇妙效果,人们都说他是神医。一些地方官吏甚至朝廷官员都想把他留在身边专门为官府服务。当时,赵王、胶西王都来请他去。他不肯依附权贵,采取迁移户籍和到全国各地行医的方法来推托。因此,得罪了一些权贵。汉文帝即位十三年,有人向皇帝告了一状,淳于意被判为肉刑,押解到都城长安。淳于意的小女儿缇萦毅然跟随父亲去了长安,面见文帝,替父亲申冤。汉文帝下诏免除了淳于意的刑罪,还废除了肉刑。缇萦救父的故事,成为历史上的一段佳话。从此淳于意彻底脱离了官场,专事于一心一意为民行医,救死扶伤的崇高职业。淳于意活了七十多岁,大约于公元前140年离开了人世。他死后,被安葬在了南依群山,东临时水,风景优美的临淄夏庄村西南。

出师后的第二年,淳于意开始挂牌行医。3年后,他能够预先判断人的生死,一经下药,无不应验。因此名声大噪,成为著名的医生。但是,淳于意并没有满足现状,而是依然潜心苦读经典医书,达到了随意熟读成诵的地步。但在诊病时,则视病人的实际情况,不盲目地死搬硬套,断章取义。

在随后的行医过程中,他逐渐感到为了更加有效地治愈疾病并适当控制其流行,有必要积累医案,为此他开始对前来就医患者的姓名、住址、职业、病名、病理、症状、脉象、治疗方式与过程、预后推断及效果等予以详细记录。当时称这种记录为"诊籍"。淳于意先后记载"诊籍"25 案,分属内、妇、外、牙等科。在诊断中,他还十分注意望色和切脉,在 25 案"诊籍"中,有 10 案是通过脉象来断定患者的病情。《史记·扁鹊仓公列传》记载了他的 25 例医案,称为"诊籍",是中国现存最早发明和使用病史记录的病历,距今已有两千多年历史。

淳于意心胸开阔,没有把医学经验的传授限定在神秘而狭小的范围内。因为中医方术历来秘而不宣,父子相传为己有,所以秘方特别多,此风气至今不衰。可是,淳于意不但是一个著名的医学家,而且是一位热心传播医学的教育家,他像秦越人一样,广收弟子,因材施教,精心传授医术,公开医药知识,将方药告知天下百姓。据《史记·扁鹊仓公列传》记载,他的学生有宋邑(临淄人)、冯信(临淄人)、唐安(临淄人)、高期、王禹、杜信以及齐丞相府的宦者平等数人,是秦汉时期文献记载中带徒最多的一位医家。

虽然,淳于意一生桃李满天下,但始终是寂寞的。他寂寞地钻研医术,寂寞地治病救人,寂寞地言传身教。他应该自始至终没有想过流芳百世,否则的话,他完全有时间,有精力写一本医学经典。正是这种甘于奉献、甘于寂寞的精神,才把他打造成一代国医圣手。

主要成就

淳于意最伟大的贡献是首创病历的书写，创造了中国医学史上第一部医案——《诊籍》。《诊籍》是淳于意对自己所诊治病例的详细记录，他对每位患者的姓名、症状、诊断、治疗经过、治疗效果等都进行了详细记载，并将典型病例的治疗经验和教训等都一一如实进行总结，这在世界医学史上也是珍贵的历史资料。

淳于意不仅是良医，还是一位良师，他非常注重医学传承教育，是秦汉时期文献记载中带徒最多的一位医家。在封建社会，同行之间往往将自己的治病秘方视为谋生的饭碗，都是秘而不宣的。而淳于意意识到单靠自己一个人的力量根本无法救治天下所有百姓，便决心打破这种知识封闭的狭隘格局，对每一位找他求学的人，都丝毫不吝惜自己所学，广泛传授医术，乐于公开自己的诊疗经验和有效药方，培养了众多徒弟，造福了一方百姓。

淳于意心怀苍生，游医乡里，为百姓治病，对待患者一视同仁。接下来通过一个小故事来了解一下淳于意的高尚医德吧。

淳于意记录的医案包括治愈的 15 例和不能治而死亡的 10 例，内容有患者的姓名、年龄、性别、职业、籍贯、病状、病名、诊断、病因、治疗、疗效、预后等，这就是被称为《诊籍》的 25 例医案。它反映了淳于意的医术水平、实事求是的精神，更是开了中国医学临床病案记录之先河，成为中国历史上最早的医案记载。

后人从这部《诊籍》中知晓了淳于意这位著名的医家，他的高明的医术及西汉初年我国医学发展的一些情况。《诊籍》记载的 25 个医案，体现出淳于意诊断疾病的丰富经验，他善于望诊，尤其精于切脉，在治疗中运用丰富多样的方法，有汤剂、丸剂、散剂、酒剂等，还辅助以针灸、冷敷等。以其中一个医案为例：齐国的中大夫患龋齿,淳于意灸治他的左手阳明脉,并让他每天用三升苦参汤漱口,治疗了五六天,就病愈了。淳于意分析病因,是受风,以及睡眠时张口和餐后不漱口。

著名史学家司马迁依据实录将淳于意的《诊籍》写进了《史记·扁鹊仓公列传》,这部中医历史上最早的医案才流传到了今天。《史记·扁鹊仓公列传》中还记载了汉文帝与淳于意关于医学问题的讨论。皇帝问淳于意:你所诊治的病案,有的病名相同而诊治却不同,这是为什么呢?淳于意回答:有许多病名彼此类似,无法辨别。所以,古代圣人制定了诊病的脉法,作为诊断准则,区别病人的不同脉象,才能辨别百病而使它们有所区分。淳于意的这段论述强调了脉法的重要性,很有启迪意义。淳于意广收弟子,因材施教培养徒弟,让徒弟们将其医术传承发扬,为医学的广泛传播与发展做出了贡献。

《史记》记载了他的二十五例医案,称为"诊籍",是中国现存最早的病史记录。司马迁在《史记》中,把他与扁鹊合并立传,即《史记·扁鹊仓公列传》。在淳于意被释之后,曾多次得到了文帝召见询问,详细陈述了自己的学医经过及为人治病的具体情况。而在这些答词中,他将自己遇到的典型病例进行整理,即为后世所称的"诊籍"。这是中国现存最早见于文献记载的医案记录,而且比西方诊籍的创立早数百年之久。在这些"诊籍"中,淳于意介绍了25个病例,记载了患者姓名、职业、里籍、疾病症状、脉象、诊断、治疗方式和预后推断等情况,从中反映了淳于意高超的医术。淳于意在"诊籍"中不仅记录了自己的成功病例,也承认有诊断错误的时候,在应对汉文帝的询问时,淳于意坦率回答说:"我不是一个诊断完全正确的医生"。他在"诊籍"中还真实地报告了治疗效果:25

例患者有 10 例医治无效而死亡,这种对病历记载的认真和忠实态度,对于后世医家重视医案记录有很大的影响。

第一,在诊法中重脉诊,同时认为"脉法不可胜验"。强调脉证合参。在 25 例病案中,其中 20 例是靠诊脉判定病情的。他应用寸口切脉法。惯常先望诊,后切脉,合参验证,如齐丞相舍人奴的病,"臣意见之食闺门外,望其色有病气。"仓公认为:"古圣人为之脉法,以起度量,立规矩,县权衡、案绳墨、调阴阳,别人之脉各名之,与天地相应,参合于人,故乃别百病以异之,有数者能异之,无数者同亡。然脉法不可胜验,诊疾人以度异之,乃可别同名,命病主在所居。"

第二,治疗上针药并用。在淳于意所述治愈的 15 例病案中,有 11 例是用药,如用火剂汤(为一种具有清热降气、利小便、通大便的通闭解结剂)治涌疝、热病、风瘅客脬病。用药酒治风蹶、用莨菪药一撮以酒饮之催产,以柔汤治肾濡腰痛、以窜药治月经不调,用芫花一撮饮服驱杀蛲虫,用火剂(米)汁(粥)治洞泄、痹证。此外,尚有两例用针灸治疗,如"刺足心各三所,案之无出血"(属于一种补法)。治足心热。还有针灸与外治法合用以及针药并用的治疗案例等,这种疗法都为后世许多医家的经验证明。有其较高的科学性。例如:用凉水拊头、刺足阳明脉左右各三所治郁热上冲。用先灸左阳明经,再服苦参汤治龋齿牙痛。灸足蹶阴之脉左右各一所,用火剂汤治愈气疝。淳于意在其医疗实践中,还针对病因倡导用体育疗法治疗肥胖病,用物理疗法冷敷降温。他反对庸医滥用药、针、灸,坚持反对服石。

淳于意不但是一个著名的医学家,而且是一位热心的教育家。他广收弟子,精心传授。据《史记·扁鹊仓公列传》记载,有宋邑、冯信、唐安、高期、王禹、杜信等人，是秦汉时期文献记载中带徒最多的几位医家，为医学的广泛传播与发展做出了重要的贡献。医圣张仲景在《伤寒杂病论》序文中说："上古有神农、黄帝、岐伯；中古有长桑、扁鹊；汉有公乘阳庆、仓公；下此以往，未之闻也。"后世影响淳于意在医学上的最大贡献是首创《诊籍》。随着时间的流逝，淳于意看过的病人越来越多，许多过去他看过的病人，再遇到病又来找他，他已经记不清以前是怎样的诊断和开出什么药方了。还有些疑难病症过去看过，可当时的方剂并没有保留，现在又要重新做起。这样往往重复做类似的和相同的工作，事倍功半，更重要的是不利于积累和总结经验。怎么解决这个问题呢？淳于意于是开始着意在诊断时随时记录病人的情况，并保存起来。从此他所诊治的病人，都留有病案，内容涉及患者的姓名、职业、居处、病名、脉象、病因、治疗、用药、疗效等。他把这些病案装订成册，起名叫《诊籍》。这些病案，《史记》记录下了二十五例，成为我国最早见于文献记载的医案。其体例，则为后世病例医案的创始。淳于意在医学上的第二大贡献是发展了扁鹊的医学理论。如在脉诊中，淳于意对各种脉象进行了界定，能够根据脉象诊出病源、病灶、疾病的转化和预后。根据淳于意所引《脉法》，提出的脉象概念有长、弦、和、代、数、急、沉、浮等，其中许多为后世脉学所采用。对经络在人体中的分布部位，淳于意也已经形成了明确的认识。在对病人进行诊断时，已经能根据经络理论进行脉诊，并以这一理论分析病因、病情和预后。淳于意在医学上的第三大贡献是改变了医术的传授方式。古代传播医术是非常神秘的单传方式，是不公开收徒的，这样很不利于医术的传播。淳于意不计较个人得失，敢于打破传统旧俗，把原来十分神秘的医学传播方式变为公开的带徒教授方式，避免了医术的失传，有利于医学队伍的扩大。淳于意曾先后向宋邑、高期、王禹、冯信、杜信、唐安传授医术，可谓是桃李满天下，带出了一大批优秀的医生，在当时临淄、淄川、济北一带形成了一个初具规模的齐派医学群体。

传奇故事

◆ 拜师学医

淳于意，对于一般大众来说，无疑是一个陌生的名字。但他在中国古代医学史上，绝对可进入一流国手之列。大史学家司马迁特别推崇他的医术，并为之列传。而医圣张仲景在《伤寒杂病论》的序言中，把淳于意与扁鹊相提并论。透过历史的风烟，我们可以看见一位醉心医学，不喜纷争的好大夫，这样一位国医圣手，名气远远比不上他的小女儿；他的贡献，在现代社会看来非常普通，但在两千多年前，却处于世界一流。

淳于是一个极罕见的姓氏，相传为上古时炎帝的后裔。作为正宗炎黄子孙的淳于意曾任齐太仓令（管理都城仓库的官，即"仓管"），因此后人都尊称他为"仓公"。他死后葬于山东省泰安市岱岳区满庄镇淳于村。目前，此墓周围古树参天，给人以庄严肃穆之感。

淳于意年轻时就喜好医术。汉高祖八年（公元前180年），同郡元里的公孙阳庆传他医术。这时公孙阳庆已八十多岁，把自己掌握的秘方全部传给了他，并授他黄帝、扁鹊的诊脉书，以及观察面部不同颜色来诊病的方法，使他能预先知道病人的生死，决断疑难病症，而且精于用药。学习三年后，淳于意为人治病，预断死生，多能应验。

约公元前165年秋天，西汉济北王刘宽召来淳于意，要他对府中的女仆做健康普查。名医让王府中的女仆排好队,依次接受诊断。结果,大多数女仆都很健康,没有什么奇怪病症。

轮到一个叫"竖"的女仆时,淳于意观察良久,然后对济北王说:"此女有病,不能过度劳累,否则就会吐血死去。"济北王见竖脸色正常,精神饱满,没有丝毫像有病的样子,便没把淳于意的话放在心上。

第二年春天的一天晚上,济北王上厕所,竖捧着一把剑在外面等候。济北王那天肚子不舒服,在厕所待了很久。出来后,他发现竖倒在地上,呕血而亡。济北王不由感叹道:"真不愧是名医呀!"

淳于意救治的病人很多,上至皇帝皇后,下至平民百因此留下许多巧手妙治的故事,其中《史记》就记载了近十个。

有一次,齐国中郎官生了病。恰巧淳于意路过,他经过望、闻、问、切,对中郎宫说,你是骑马速度过快伤了肺,要找几种极罕见、极贵重的药才能治好,如果不这样治,十天后就会尿血而亡。这位庸俗的中郎官以为淳于意是在危言耸听,讹诈钱财,根本没当回事,敷衍几句后便把他"请"出了府。不料十天之后,中郎官尿血而亡。

◆治病救人

临淄一个叫簿吾的女子,病得很厉害,找了许多医生都认为她得的是寒热病,没法治。病家又去请来了淳于意。只见病人肚子鼓得很大,肚皮黄粗,用手轻轻一按,病人就痛苦地呻吟。淳于意诊脉后,确诊是"蛲瘕"病。就是蛲虫在病人肚子里多了结成了块。于是取来一撮莞花,用水让她冲服,结果被药打出的虫子多达几升。病人感觉立时就轻松许多,过了三十天就完全康复了。

齐国有个姓淳于的司马病了,找淳于意去看。淳于意切脉后告诉他,这是"洞风痛"。症状是:吃了喝了刚咽下去,马上就拉下来。得这种病的原因是刚吃饱了就跑引起的。"对!"病人马上回答说,"昨天我到君王家吃马肝,吃得很饱,正好家中有急事,我就赶紧骑快马跑回家,结果就拉开了肚子,到现在已经几十次了。"淳于意告诉他,你只要喝点稻草烧的米汁,七八天就会好的。结果病人按淳于意的话去做,真的七八天就痊愈了。

淄川王病了,他头痛、高热、心情烦躁。召淳于意去医治,淳于意诊脉后告诉他这是严重的"蹶"病,是因为洗完头发,没有擦干就睡觉,热气逆行侵入上部的头和肩引起的。于是就用毛巾冷敷他的头部,用针刺他的足阳明经脉,左右各刺了三针,病很快就好了。

◆缇萦救父

《新三字经》中有"缇萦女,救父亲"的句子,这个句子和一个耳熟能详的成语"改过自新"都是淳于意的"杰作"。

公元前175年,身材臃肿的齐王患肥胖病,气喘、头痛、视物模糊,最后居然达到不想走路的地步。淳于意应召前往。经过认真诊断,他认为齐王形气俱实,应当少饮食、多运动,以便于舒筋活血。齐王认为淳于意的法子太慢,是在推卸责任——什么都让我自己去做,还要你们医生干什么?于是,他随即另找了一位医生。这位庸医见风转舵,为迎合齐王,便使用针灸法。三针两灸下来,齐王病情加重一命呜呼。这件本与淳于意无关的事情,却成为王公贵族们打击他的由头。

原来,淳于意脾气有些坏,一生起气来,竟然不愿给人治病,不管人家出多少钱,真有点"见死不救"的架势。此外,淳于意生性有些倨傲,赵王、胶西王、济南王请他治病也爱理不理。齐王之死,他们落井下石,诬告说淳于意没有医者之心,病人们都怨恨他,齐王之死是必然。真可谓欲加之罪,何患无辞!

衙门自古朝南开,有理无钱莫进来。官府听信诬告,把淳于意传到长安受肉刑。当时的肉刑共分三种:一为黥,就是面上刺字;二为劓,就是割鼻;三为断左右趾,就是把足趾截去。官差到家时,淳于意大惊失色。他平时也隐隐觉得自己的行为有些出格,但没想到后果如此严重。淳于意在动身去长安之前,只得把家人集中到客厅,悲戚地望着自己的五个女儿,叹气说:"唉,我一共有五个女儿,可惜一个男孩也没有,关键时刻有了急事,没有一个能帮我一点点呀?"

听了这话,几个女儿伤心得直哭。只有最小的女儿缇萦慷慨地说:"女孩子怎么没有用? 我一定随父亲到长安,想办法搭救您。"

年方15岁的幼女缇萦挺身而出,发誓愿意随父西入长安。一路上,她除了照顾老父的起居外,还思考着写一纸状书。缇萦到了长安,托人写了5封奏章,亲自到皇宫门口,请求卫兵转呈给皇帝。汉文帝听说上书的是个小姑娘,非常重视。他接过奏章,只见上面写道:"我是太仓令淳于意的小女儿,名叫淳于缇萦。齐地的老百姓都知道我父亲是个清官。现在他犯了法,应当受到处罚。但是肉刑是一种可怕的刑罚,就像一个人死了不能复生一样。被判肉刑的人,割去鼻子不能再长出来,砍了脚不能再接上,成了残废,以后就是想改过自新,也没有办法了。我情愿让官府收为奴婢,替父亲赎罪,让他有个改过自新的机会。"后来的成语"改过自新"便是由此引申出来的。

这封上书言辞哀婉,汉文帝觉得其情可哀。当时官府中的奴婢生活是相当凄惨的,她们日夜劳作没有丝毫人身自由,和囚徒没什么两样。缇萦为父亲免遭酷刑冒死上书的胆识孝心和这种甘为奴婢的自我牺牲精神,深深地感动了宽仁贤德、爱民恤民的汉文帝。同时,汉文帝也认识到,继续沿用秦代的肉刑,不利于经济的发展和社会的稳定,更不利于政权的稳固。

汉文帝为缇萦的言行所感动,亲自诏问了此案。于是,他下令免除了淳于意的刑罚,也没有让缇萦去当奴婢,淳于意蒙赦免罪行,父女双双望阙叩谢恩典以后,欢天喜地返回临淄。从此,他痛改以前的作风,专心济世救人,随到随看,视病犹亲,赢得口碑载道。

再说汉文帝感叹缇萦的孝心之余,发觉肉刑过于残酷,于是第二天下令废除此刑。这次刑制改革是中国古代刑制从野蛮时期到文明时期的转折点,也为后世刑制的定型奠定了基础。这些都是淳于意意料之外的"特殊贡献"。

免于刑罚之后不久,汉文帝就下诏书询问淳于意学医、治病、授徒的经历,淳于意一一进行了回答,并详细叙述了他对 25 位患者的诊治情况。对于这些患者,淳于意几乎都仔细地记录下了他们的姓名、性别、职业、籍贯、病状、病名、病因、脉象、治疗、预后等,这些记录在我国医学史上被称为"诊籍",也就是后来所说的医案,和现代的病历也有相似之处。

举例来说,有一则病例淳于意是这样记录的:"齐中大夫病龋齿,臣意灸其左大阳明脉,即为苦参汤,日嗽三升,出入五六日,病已。得之风,及卧开口,食而不嗽。"意思是齐国的中大夫患了龋病,淳于意就用艾草制品灼烧他的左手阳明脉,又立即为他调制苦参汤,据说这种苦参汤可以清热除湿,祛风杀虫,但方子已经失传。患者每天用三升苦参汤来漱口,过了五六天,病就好了。淳于意认为患者的病因是因为得了风气,以及张着嘴巴睡觉,吃完东西不漱口。可以看到,淳于意对于龋齿的病因有着正确的认识,认为是由于不注意口腔卫生所引起的。

除了涉及口腔科外,这25则病例还涉及内科、外科、妇产科、儿科等。在淳于意的行医生涯中,他所接触的患者数量定然不少,但他选择了这些病例来回答汉文帝的诏问,必定是经过缜密的思考的,这25则病例应该是最能代表他的治疗理念、手法与水平的典型案例。

通过这25则"病历",可以知道淳于意在诊断疾病时运用了望、闻、问、切四诊法,在望诊和脉诊方面的技术尤为突出。

在望诊方面,人们可能更熟悉的是扁鹊见蔡桓公的故事,通过初步的外观观察,扁鹊就对蔡桓公的病症做了准确的判断,望诊技术可谓是登峰造极。比起扁鹊,淳于意的望诊技术也毫不逊色,在25则病例中,有3例是他仅凭着观察患者面色,就说出患者的病情发展和病因,并成功救治了一位患者。在脉诊方面,早期的脉诊主要采取的是《黄帝内经》记载的"三部九候"法,也称为全身遍诊法。顾名思义就是对患者的头部、上肢、下肢三部,每部分天、地、人三候进行摸脉诊断,在实际应用中多有不便。

淳于意在诊脉时,主要采取"寸口"切脉法,也就是切候手腕附近的动脉。这种方法简单有效,在他所记录的25例病案中,有20例是以寸口切脉的方式确定患者病情。淳于意所记录的长、弦、大、小、沉、浮、平、鼓、紧、弱、滑、涩、实等20余种脉象,被晋朝的王叔和、明代的李时珍等吸收运用,而寸口切脉法在淳于意之后也得到大部分中医的认可,传承至今。

在治疗手段上,淳于意以药物为主,辅以针灸、冷敷等方法。

在他所记录的 15 例治愈的病例中,有 13 例以药物为主进行治疗,这些方药包括参汤、火剂汤、药酒、莨菪药、芫花等,运用针灸治愈的病例则有 4 则。在治疗中,淳于意并不拘泥于某种单一的治疗手段,往往采用综合疗法,并且多有创新。比如治疗龋齿,他就在采用针灸的基础上,让患者用苦参汤漱口;在为菑川王治病时,除了以针刺其足阳明脉,又用冷水敷患者头部,最终使其痊愈。

这 25 则诊籍也反映了淳于意实事求是的科学态度。汉文帝曾问他,给人治病是否能够完全没有失误,淳于意的回答很诚实,说自己也经常会出现差错。他所记录的诊籍也并不全是治愈的病例,对疗效不佳甚至死亡的失败病例,淳于意也如实地进行了记录,而且治疗失败的病例多达 10 例,占总数的五分之二,这种诚实的品格是值得提倡和学习的。

淳于意怀着总结成败得失,提高自身医术的目的写下了 25 则诊籍,这些诊籍不仅反映了西汉时期的医学发展水平,也凸显了他的医学成就,后人对淳于意的医术有着很高的评价。司马迁将他与扁鹊相提并论,医圣张仲景在《伤寒杂病论》的序文中列举在他之前的古代名医时则说:"上古有神农、黄帝、岐伯、伯高、雷公、少俞、少师、仲文,中世有长桑、扁鹊,汉有公孙阳庆及仓公,下此以往,未之闻也。"

第九章

东汉医神华佗，外科手术创奇迹

生平小传

　　华佗（约公元 145—208 年），字元化，一名旉，沛国谯县（今安徽亳州）人，东汉末年著名的医学家。华佗与董奉、张仲景并称为"建安三神医"。少时曾在外游学，行医足迹遍及安徽、河南、山东、江苏等地，钻研医术而不求仕途。他在医学上有多方面的成就，尤其擅长外科，精于手术。并精通内、妇、儿、针灸各科。晚年因遭曹操怀疑，下狱被拷问致死。华佗被后人称为"外科圣手""外科鼻祖"。被后人多用神医华佗称呼他，又以"华佗再世""元化重生"称誉有杰出医术的医师。

在华佗多年的医疗实践中,非常善于区分不同病情和脏腑病位,对症施治。一日,有军吏二人,俱身热头痛,症状相同,但华佗的处方,却大不一样,一用发汗药,一用泻下药,二人颇感奇怪,但服药后均告痊愈。原来华佗诊视后,已知一为表证,用发汗法可解;一为里热证,非泻下难于为治。华先生治府吏倪寻,头痛身热,则下之,以其外实也。治李延头痛身热,则汗之,以其内实也。盖得外实忌表、内实忌下之秘也。又按内实则湿火上冲,犹地气之郁,正待四散也。外实则积垢中留,犹山闲之水,正待下行也。其患头痛身热同,而治法异者,虽得之仙秘,实本天地之道也。余屡试之,果屡见效。又有督邮顿某,就医后自觉病已痊愈,但华佗经切脉却告诫说:"君疾虽愈,但元气未复,当静养以待完全康复,切忌房事,不然,将有性命之虑。"其时,顿妻闻知夫病已经痊愈,便从百里外赶来看望。当夜,顿某未能慎戒房事,三日后果病发身亡。另一患者徐某,因病卧床,华佗前往探视,徐说:"自昨天请医针刺胃管后,便咳嗽不止,心烦而不得安卧。"华佗诊察后,说:"误矣,针刺未及胃管,误中肝脏,若日后饮食渐少,五日后恐不测。"后果如所言而亡。

华佗曾经替广陵太守陈登治病,当时陈登面色赤红心情烦躁,有下属说华佗在这个地方,后来他就命人去请华佗,为他诊治,华佗先请他准备了十几个脸盆,然后为他诊治,结果陈登吐出了十几盆的红头的虫子,为他开了药,说陈登是吃鱼得的这个病,告诉他这个病三年后还会复发,到时候再向他要这种药,这个病就可以根治了,并且临走告诉了华佗家的地址,那年陈登36岁,结果陈登果然三年后旧病复发,并派人依照地址寻找,可是华佗的药童告诉陈登的使者说,华佗上山采药还没回来也不知道他什么时候能回来,结果陈登去世了(《三国志·陈登传》)。在周泰受重伤时,华佗医好了他,所以后来有人向曹操推荐华佗时就说:"江东医周泰者乎?"黄疸病流传较广时,华佗花了三年时间对茵陈蒿的药效作了反复试验,决定用春三月的茵陈蒿嫩叶施治,救治了许多病人。民间因此而流传一首歌谣:"三月茵陈四月蒿,传于后世切记牢,三月茵陈能治病,五月六月当柴烧。"华佗还以温汤热敷,治疗蝎子蜇痛,用青苔炼膏,治疗马蜂蜇后的肿痛;用蒜苗大酢治虫病;用紫苏治食鱼蟹中毒;用白前治咳嗽;用黄精补虚劳,如此等等,既简便易行,又收效神速。

华佗以医术为业,心中常感懊悔(中国封建社会中医生属于"方技",被视为"贱业")。后来曹操亲自处理国事,得病(头风)沉重,让华佗专门为他治疗。华佗说:"这病在短期之内很难治好,即便是长期治疗也只能延长寿命。"华佗因为离开家太久想回去,于是说:"收到一封家书,暂时回去一趟。到家之后,就说妻子病了,多次请求延长假期而不返。之后曹操三番五次写信让华佗回来,又下诏令郡县征发遣送,华佗自恃有才能,厌恶为人役使以求食,仍然不上路。曹操很生气,便派人去查看:如果他妻子真的病了,便赐小豆四千升,放宽假期期限;如果欺骗,就逮捕押送。结果华佗撒谎,于是用专车把华佗递解交付许昌监狱,经审讯验实,华佗供认服罪(汉律:①欺君之罪;②不从征罪)。荀彧向曹操求情说:"华佗的医术确实高明,关系着人的生命,应该包涵宽容他。"曹操说:"不用担忧,天下就没有这种无能鼠辈吗?"终于把华佗在狱中拷问致死。华佗临死前,拿出一卷医书给狱吏,说:"这书可以用来救活人。"狱吏害怕触犯法律不敢接受,华佗只好忍痛,讨取火来把书烧掉了。

华佗一生不求名利,不慕富贵,因此得以集中精力在医药的研究上。《后汉书·华佗传》载:华佗"兼通数经,晓养性之术",尤其"精于方药"。华佗创制了"麻沸散",施行剖腹到背手术,这在世界医学史上遥遥领先,为我国医学的发展做出了巨大的贡献。他还是医疗体育的倡导者,仿照虎、鹿、熊、猿、鸟五种动物创立,套行之有效的"五禽之戏"来预防疾病,增强体质,为我国的养生学开辟了新的方向。

华佗的医学成就不仅是中国历史的骄傲,更在世界范围内闪耀。近代西方学者皆认为华佗是古代东方医学杰出代表者,能与西方医学之父希波克拉底相媲美。美国《世界药学史》中便指出阿拉伯人使用麻药是由中国传出去的,并称"中国名医华佗最精此术"。华佗再世""元化重生"乃是对医者医术精湛的高度评价、肯定之词。

华佗经过数十年的医疗实践,熟练地掌握了养生、方药、针灸和手术等治疗手段,精通内、外、妇、儿各科,临证施治,诊断精确,方法简捷,疗效神速,被誉为"神医"。对此,《三国志》《后汉书》中都有一段内容相仿的评述,说他善于养生("晓养性之术,时人以为年且百岁而貌有壮容"),用药精当("又精方药,其疗疾,合汤不过数种,心解分剂,不复称量,煮熟便饮,语其节度,舍去辄愈"),针灸简捷("若当针,亦不过一、两处,下针言,'当引某许,若至,语人',病者言'已到','应便拔针,病亦行差'"),手术神奇("刳剖腹背,抽割积聚""断肠滴洗")。所留医案,《三国志》中有十六则,《华佗别传》中五则,其他文献中五则,共二十六则,在先秦和两汉医家中是较多的。从其治疗范围看,内科病有热性病、内脏病、精神病、肥胖病、寄生虫病,属于外、儿、妇科的疾病有外伤、肠痈、肿瘤、骨折、针误、忌乳、死胎、小儿泻痢等。他发明了麻沸散,开创了世界麻醉药物的先例。欧美全身麻醉外科手术的记录始于十八世纪初,比华佗晚一千六百余年。《世界药学史》指出阿拉伯人使用麻药可能是由中国传去,因为"中国名医华佗最精此术"。《隋书·经籍志》记有"华佗枕中灸刺经"一卷,已佚。《医心方》所引《华佗针灸经》可能是该书的佚文,《太平圣惠方》引有"华佗明堂"之文。从现存佚文看,《华佗针灸经》所载腧穴名称及定位均与《黄帝明堂经》有较大不同。麻沸散华佗首创用全身麻醉法施行外科手术,被后世尊之为"外科鼻祖"。他不但精通方药,而且在针术和灸法上的造诣也十分令人钦佩。华佗到处走访了许多医生,收集了一些有麻醉作用的药物,经过多次不同配方的炮制,终于把麻醉药试制成功,他又把麻醉药和热酒配制,使患者服下、失去知觉,再剖开腹腔、割除溃疡,洗涤腐秽,用桑皮线缝合,涂上神膏,四五日除痛,一月间康复。因此,华佗给它起了个名字—麻沸散。据日本外科学家华冈青州的考证,麻沸散的组成是曼陀罗花一升,生草乌、全当归、香白芷、川芎各四钱,炒南星一钱。如果需要灸疗,也不过一两个穴位,病痛也就应手消除。如果病患集结郁积在体内,扎针吃药的疗效都不能奏效,应须剖开割除的,就饮服他配制的"麻沸散",一会儿病人就如醉死一样,毫无知觉,于是就开刀切除患处,取出结积物。病患如果在肠中,就割除肠子病变部分,洗净伤口和易感染部分,然后缝好腹部刀口,用药膏敷上,四五天后,病就好了,不再疼痛。开刀时,病人自己并不感到疼痛,1个月之内,伤口便愈合复原了。他所使用的"麻沸散"是世界史最早的麻醉剂。华佗采用酒服"麻沸散"施行腹部手术,开创了全身麻醉手术的先例。这种全身麻醉手术,在中国医学史上是空前的,在世界医学史上也是罕见的创举。华佗也是中国古代医疗体育的创始人之一。他不仅善于治病,还特别提倡养生之道。他曾对弟子吴普说:"人体欲得劳动,但不当使极耳,动摇则俗气得消,血脉流通,病不得生,户枢不朽也。"华佗继承和发展了前人"圣人不治已病,治未病"的预防理论,为年老体弱者编排了一套模仿猿、鹿、熊、虎等五种禽兽姿态的健身操——"五禽戏"。华佗在医疗体育方面也有着重要贡献,华佗创编了一种锻炼方法,叫做"五禽戏",一叫虎戏,二叫鹿戏,三叫熊戏,四叫猿戏,五叫鸟戏,也可以用来防治疾病,同时可使腿脚轻便利索,用来当作"气功"。身体不舒服时,就起来做其中一戏,流汗浸湿衣服后,接着在上面搽上爽身粉,身体便觉得轻松便捷,腹中想吃东西了。他的学生吴普施行这种方法锻炼,活到九十多岁时,听力和视力都很好,牙齿也完整牢固。五禽戏是一套使全身肌肉和关节都能得到舒展的医疗体操。华佗认为"人体欲得劳动……血脉流通,病不得生,譬如户枢,终不朽也"。五禽戏的动作是模仿虎的扑动前肢、鹿的伸转头颈、熊的伏倒站起、猿的脚尖纵跳、鸟的展翅飞翔等。相传华佗在许昌时,天天指导许多瘦弱的人在旷地上作这个体操。说:"大家可以经常运动,用以除疾,兼利蹄足,以当导引。体有不快,起作一禽之戏,怡而汗出,因以着粉,身体轻便而欲食"。外科手术华佗是中国历史上第一位创造手术外科的专家,也是世界上第一位发明麻醉剂"麻沸散"及发明用针灸医病的先驱者、创始人。"麻沸散"为外科医学的开拓和发展开创了新的研究领域。他的发明比美国的牙科医生摩尔顿(1846年)发明乙醚麻醉获得成功要早1600多年。华佗在当时已能做肿瘤摘除和胃肠缝合一类的外科手术,而且他的外科手术得到历代的推崇。明代陈嘉谟的《本草蒙筌》引用《历代名医图赞》中的一诗作了概括："魏有华佗,设立疮科,剔骨疗疾,神效良多。"可见,后世尊华佗为"外科鼻祖"是名副其实的。

华佗生活的时代,是在东汉末年三国初期。那时,军阀混战,水旱成灾,疫病流行,人民处于水深火热之中。当时一位著名诗人王粲在其《七哀诗》里,写了这样两句:"出门无所见,白骨蔽平原"。目睹这种情况,华佗非常痛恨作恶多端的封建豪强,十分同情受压迫受剥削的劳动人民。为此,他不愿做官,宁愿捍着金箍铃,到处奔跑,为人民解脱疾苦。华佗看病不受症状表象所惑,他用药精简,深谙身心交互为用。华佗并不滥用药物。华佗重视预防保健,"治人于未病",观察自然生态,教人调息生命和谐。但对于病入膏肓的患者,则不加针药,坦然相告。华佗不求名利,不慕富贵,使他得以集中精力于医药的研究上。《后汉书·华佗传》说他"兼通数经,晓养性之术",尤其"精于方药"。人们称他为"神医"。他曾把自己丰富的医疗经验整理成一部医学著作,名曰《青囊书》,可惜没能流传下来。但不能说,他的医学经验因此就完全湮没了。因为他许多有作为的学生,如以针灸出名的樊阿,著有《吴普本草》的吴普,著有《本草经》的李当之,把他的经验部分地继承了下来。至于现存的华佗《中藏经》,那是宋人的作品,用他的名字出版的。但其中也可能包括一部分当时尚残存的华佗著作的内容。

华佗能批判地继承前人的学术成果,在总结前人经验的基础上,创立新的学说。中国的医学到了春秋时代已经有辉煌的成就,而扁鹊对于生理病理的阐发可谓集其大成。华佗的学问有可能从扁鹊的学说发展而来。同时,华佗对同时代的张仲景学说也有深入的研究。他读到张仲景著的《伤寒论》第十卷时，高兴地说："此真活人书也"，可见张仲景学说对华佗的影响很大。华佗循着前人开辟的途径，脚踏实地开创新的天地。例如当时他就发现体外挤压心脏法和口对口人工呼吸法。最突出的，应数麻醉术——酒服麻沸散的发明和体育疗法"五禽之戏"的创造。利用某些具有麻醉性能的药品作为麻醉剂，在华佗之前就有人使用。不过，他们或者用于战争，或者用于暗杀，真正用于动手术治病的却没有。华佗总结了这方面的经验，又观察了人醉酒时的沉睡状态，发明了酒服麻沸散的麻醉术，正式用于医学，从而大大提高了外科手术的技术和疗效，并扩大了手术治疗的范围。

《三国志》评曰："华佗之医诊，杜夔之声乐，朱建平之相术，周宣之相梦，管辂之术筮，诚皆玄妙之殊巧，非常之绝技矣。昔史迁著扁鹊、仓公、日者之传，所以广异闻而表奇事也。故存录云尔。"《后汉书》记载荀彧曾说："佗方术实工，人命所悬，宜加全宥。"华佗是中国医学史上为数不多的杰出外科医生之一，他善用麻醉、针、灸等方法，并擅长开胸破腹的外科手术。外科手术的方法并非建立在"尊儒"的文化基础上的中医学的主流治法，在儒家的"身体发肤，受之父母"的主张之下，外科手术在中医学当中并没有大规模地发展起来。有些医史学家考证出，华佗所用的治疗方法在印度医学中有所记载，他使用的麻沸散中主要药物"曼陀罗花"也是印度所产，因此他们提出华佗一生游历于中原各地，他很有可能是来自印度的天竺医生。这种说法有一定的参考价值。中医外科远在汉代，就曾经达到过相当高的水平，但随着时间的推移和中医学在理论和实践方法上的不断进步，大部分的疾病都可以通过针灸、药物等治疗方法达到治愈的效果，而这些痛苦大、损伤重、伤经断络的外科方法就渐渐被更加"文明"和"简便"的内治法取代了。在这种条件下,中医学同样得到了长足的发展,许多其他医学不得不承认它超越的科学性和其理论的精妙深远。

华佗的医书虽然被全部焚毁,但他的学术思想却并未完全消亡,尤其是华佗在中药研究方面。其弟子吴普则是著名的药学家,《吴普本草》的很多内容都可以在后世医书中看到。

传奇故事

华佗善于应用心理疗法治病。有一郡守得了重病,华佗去看他。郡守让华佗为他诊治,华佗对郡守的儿子说:"你父亲的病和一般的病不同,有淤血在他的腹中,应激怒他让他把淤血吐出来,这样就能治好他的病,不然就没命了。你能把你父亲平时所做过的错事都告诉我吗?我传信斥责他。"郡守的儿子说:"如果能治好父亲的病,有什么不能说的?"于是,他把父亲长期以来所做不合常理的事情,全都告诉了华佗。华佗写了一封痛斥郡守的信留下,郡守看信后,大怒,派捕吏捉拿华佗,没捉到,郡守盛怒之下,吐出一升多黑血,他的病就好了。

有一位极漂亮的姑娘,已经过了结婚的年龄,可是仍没有嫁人,因为长期以来她的右膝,长了个疮,不断往外流浓水。华佗看过后,她父亲问女儿的病情,华佗说:"派人骑马,牵着一条栗色的狗跑三十里。回来后,趁狗身子正热时截下狗的右脚,挂在疮口上。"不一会儿,有一条红色的小蛇从疮口中出来,进到狗的脚中,那姑娘的病就好了。

后汉末年时,有人腹中长一结块,白天黑夜疼痛无比。临死时,他对儿子说:"我死以后,可以剖腹把那东西拿出来,看看到底是什么。"他儿子不忍心违抗父命,于是剖腹,取出一个铜枪头。华佗听说后，就前去了解。华佗看完，从小箱子里取出药放在枪头上，枪头立刻化成了酒。

华佗一生有弟子多人，其中彭城的樊阿、广陵的吴普和西安的李当之，皆闻名于世。吴普著有《吴普本草》，李当之著有《李当之药录》，樊阿喜针灸，这三个弟子后来均成为有名望的医家。为了将医学经验留传于后世，华佗晚年精心于医书的撰写，计有《青囊书》《枕中灸刺经》等多部著作，可惜失传。吴普遵照华佗的医术治病，许多人被治好救活了。华佗对吴普说："人的身体应该得到运动，只是不应当过度罢了。运动后水谷之气才能消化，血脉环流通畅，病就不会发生，比如转动着的门轴不会腐朽就是这样。因此以前修仙养道的人常做'气功'之类的锻炼，他们模仿熊攀挂树枝和鸱鹰转颈顾盼，舒腰展体，活动关节，用来求得延年益寿"。樊阿精通针疗法。所有的医生都说背部和胸部内脏之间不可以乱扎针，即使下针也不能超过四分深，而樊阿针刺背部穴位深到一二寸，在胸部的巨阙穴扎进去五六寸，而病常常都被治好。樊阿向华佗讨教可以服用而且对人体有好处的药方，华佗便拿"漆叶青黏散"教给他。药方用漆叶的碎屑一升，青黏碎屑十四两，按这个比例配制，说是长期服用此药能打掉三种寄生虫，对五脏有利，使身体轻便，使人的头发不会变白。樊阿遵照他的话去做，活到一百多岁。刮骨疗伤在罗贯中的《三国演义》中，有一段华佗为关羽刮骨疗毒的描写，讲的是关羽在襄阳之战时右臂为魏军毒箭所中。后来，伤口渐渐肿大，十分疼痛，不能动弹。华佗为关羽剖臂刮骨，去除骨上剧毒，而关羽神色不变，尚在与人下棋。这个故事原本是颂扬关羽之神勇、有毅力、能忍耐，也同时说明了神医华佗的医技高明。博得人们的称赞和敬佩。他是我们外科医学的鼻祖。这是

《三国演义》和湖北《襄阳府志》上记载、在民间广为流传的一个根据事实虚构的故事。关羽虽然有刮骨疗伤,但是华佗早已在几年前死去。华佗由于治学得法,医术迅速提高,名震远近。

◆ 拜师学艺

华佗小的时候,父亲教书,母亲在家养蚕织布,那时是东汉末年,宦官豪强当道,鱼肉乡里,民不聊生。加上苛捐杂税,徭役频繁,兵荒马乱,瘟疫流行,家家顾命不得,谁还有心让孩子上学?这样一来,华佗父亲的书也就教不成了。

一天,华佗的父亲带华佗到城里"斗武营"(指当时富豪家练武或斗拳比武的地方)看比武,回家后忽然得了肚子疼的急病,医治不及,不久就死了!

华佗娘俩悲痛欲绝,设法把父亲安葬后,家中贫困得更是无法生活下去。那时华佗才 7 岁,母亲把他叫到跟前说:"儿呀! 你父已死,我织布也没有本钱,今后咱娘俩怎么生活呀?"

华佗想了一想说:"娘,不怕,城内药铺里的蔡医生是我爸爸的好朋友,我去求求他收我做个徒弟,学医,既能给人治病,又能养活娘,不行吗?"他的母亲听了满心欢喜,就给华佗洗洗脸,换了件干净的衣服,让他去了。

华佗拜了师傅,就跟蔡医生学徒,不管是干杂活,采草药,都很勤快卖力,很得师傅赏识。

一天,师傅把华佗叫到跟前说:"你已学了一年,认识了不少药草,也懂得了些药性,以后就跟你师兄学抓药吧!"华佗当然很乐意,就开始学抓药。谁知师兄们欺负华佗年幼,铺子里只有一杆秤,你用过我用,从不让他沾手。华佗想,若把这事告诉师傅,责怪起师兄,必然会闹得师兄弟之间不和,但不说又怎么学抓药呢? 俗语说:"天下无难事,只怕有心人。"华佗看着师傅开单的数量,将师兄称好的药逐样都用手掂了掂,心里默默记着分量,等闲下时再偷偷将自己掂量过的药草用秤称一称,对证一下,经过多次对比验证,用手抓药的准确度越来越高。

有一回,师傅来看华佗抓药。见华佗竟不用秤,顿时怒形于色,严厉地责备华佗说:"你这个小捣蛋,我诚心教你,你却不长进,你这样随手就抓,你知道药的分量吗? 这岂不是拿人的性命开玩笑,拿错了会药死人的。"

华佗笑笑说:"师傅,错不了,不信你称称看。"

蔡医生半信半疑地拿过华佗包的药,逐一称了分量,跟自己开的分量分毫不差。他又开了个新药方,让华佗再抓几剂,惊奇,反复询问华佗的好手艺是怎样练出来的。华佗只好实话实说了。师傅听了,感到非常开心便专心教华佗学医看病。

一次,丁家坑有个李寡妇的儿子在涡河里被淹了,李氏急得哭天嚎地地来找蔡医生,蔡医生见孩子双眼紧闭,肚子胀得像鼓,便叹气说:"孩子难救了。"李氏听了哭得死去活来,华佗过去摸了摸脉,低声对师傅说:"孩子还有救!"

蔡医生不信,华佗叫人牵头水牛来,把孩子先伏在牛身上控出水,然后用双腿压住孩子的腹部,提起孩子的双手,慢慢一起一落活动着,约莫一刻钟的工夫,孩子渐渐喘气,睁开眼了。华佗又给开了汤药,给孩子治好了。于是,华佗起死回生的消息像风一样的传开了。蔡医生羞愧地对华佗说:"你已青出于蓝而胜于蓝,我没本事教你了,你出师开业吧!"华佗出了师,也不开业,便到处寻访高明的医生请教,记录民间治病的单方,探学医理,给病人治病。据说华佗死后,亳县盖的华祖庵,就是李氏为纪念华佗救活自己的孩子捐钱修建的。

◆青苔炼膏

华佗出名了,求医人更多了。那真是有病的想请华佗一把抓好,无病的想看看华佗怎样断病如神。

华佗也是不怕辛苦,只要你来瞧病,他就是不吃饭也得给你瞧。有一天,华佗正给一个咯血的人配药,只听门外"哎哟,哎哟"传来一阵女人的呻吟,抬头一看,只见一个年轻女子用白绢捂住左眼,两个女子架着她走进来,嘴里还不住声地喊"华佗"。华佗急忙放下药碾子,迎上前去,问道:"这位大姐,得了什么病了?"旁边一个女人说:"她拿竹竿去够桑叶,被马蜂蜇了眼,疼得撑不住,快请华先生给治治吧。"华佗拿开病人脸上白绢一看,那只眼肿得像个桃儿。

这下,华佗作难啦,他啥病都见过,就是没治过马蜂蜇。沉吟了一会儿,又不能不懂装懂,不会装会的,华佗只好说:"这位大姐,你先回家去,我还没有啥好法子能立时止疼,真是对不起。"病人走了,华佗心里很不是滋味,暗自嘟囔道:"华佗呀华佗,马蜂蜇你都治不了,还是名医呢。"越想越不安。正在这时,耳边听得"嗡"的一声,抬头一看,是只马蜂向墙边飞去。

顺势一看,墙角旮旯里,正好有张蜘蛛网,一只大蜘蛛在网边探头探脑地张望。那只马蜂飞得疾速,一头撞进了蜘蛛网里,一对翅膀结结实实地粘在了网上,越"扑棱"粘得越紧。

华佗正看得有趣,那只大蜘蛛飞快地爬到网子中间,上去就对马蜂咬一口。马蜂用身子和蜘蛛拼斗,片刻工夫,马蜂一钩子刺中了蜘蛛肚子,蜘蛛一个跟头从网上掉了下来,躺在地上挣扎。华佗叹了口气,心中说:"完了,一个人都被蜇肿一大块,一个小蜘蛛能有多大能耐。"

正在叹息，只见蜘蛛慢慢爬到水缸旁的一块石头上。石头上长满了青苔，蜘蛛把肚子在青苔上摩擦起来。过了一小会儿，蜘蛛来了精神，没事一般又顺着丝儿爬上了网。华佗暗暗惊奇。

这一回，马蜂肚子里毒水放尽了，再蛰蜘蛛也不怕了。蜘蛛扑上去趴在马蜂身上，大吃大嚼了一顿。

华佗心里一动，用药刀铲了一块青苔，用手一摸，凉丝丝的。光是凉也不行啊，它到底能不能治蜂毒呢？非得试试不行啊。华佗一狠心，一咬牙，取出了棉袄顶着头，往后花园走去。

后花园棘钉上有一窝马蜂，华佗一竹竿捣掉了马蜂窝，蜂子"嗡"一声炸了营，华佗用棉袄蒙了头，伸出一只手掌。一只马蜂在华佗大拇指头上蛰了一下，华佗疼得钻心。他赶紧取过那块青苔，把大拇指放在青苔上摩起来。刚摩了几下，就觉得火辣辣疼的手指头上透进一丝凉气儿；又摩了几下，觉得生出一股热气，再摩几下，你说稀奇不稀奇？不疼啦。

这回总算找到治疗蜂蛰的方法了！华佗心里别提多高兴了，原来青苔能解蜂毒！又一想，要是平时出门看病，总不能带着青苔呀？用青苔熬成膏行不行呢？华佗想试试，赶快架起砂锅，铲一块青苔，又增添了白芍等几味中草药熬起来。不大工夫，熬好了青苔膏，急忙给上午来看蜂蛰的妇女送去。一试果然效果很好。

从那以后，华佗的"青苔炼膏"就流传民间了，一传直到现在。

◆妙方治心病

一次，华佗受广陵太守陈登的邀请，到陈登家里给他母亲治病。不想，走在半路上被一个中年人拦住。中年人请他去给老娘看病，并说："为了老娘的病，自己在此等候了一年，今天才遇到先生,所以无论如何请他去一趟。"

华佗念他是个孝子,便随中年人来到他家中。中年人的母亲已病了两年,华佗给她诊脉后,即道:"老人家,你得的是心病,可不好治啊!"

中年人一听,吓坏了,流着眼泪哀求道:"请你一定行行好,救救我娘!"老婆婆道:"我们穷,儿子三十多岁了,还没有娶上媳妇,我天天心焦啊!"华佗一听这话,心中明白了,又见他母子伤心的样子,想了一下就说:"叫你儿子跟我走一趟,取药去。"说罢,就带着中年人到陈太守府上去了。

华佗给陈太守的母亲看完了病,老太太见华佗大老远地跑来给自己看病,心中很过意不去,想要谢谢他。可华佗没有搭腔,眼睛却老是围着几个丫鬟转。老太太一见心里明白了,以为华佗想讨个小,就说:"华太医想要什么,尽管说。"

华佗说:"我想要个丫鬟,给我义子做媳妇。"

老太太一听,原来如此,就说:"好,你自己选吧。"

华佗就选了一个老实贤惠的丫鬟,交给中年人带回去。那人的老娘,一见儿子娶了个年轻漂亮的媳妇回来,喜得合不拢嘴。她的心事一了,病也就好了。

睢宁有个读书人张全,由于家贫,人到三十还未娶上老婆。张全有个舅舅,在曹操手下做将军。一次他回家探亲,一见外甥这副穷样,心中不忍,就送给他七间房子,五十亩好地。张全一高兴,便狂笑不止,成天大喊:"我有房子有地啦,哈哈哈……"从此,得了一个狂笑的怪病。张全的父亲立即找郎中给他治疗,总不见效。

后来,老汉听说华佗的医名,就带了儿子去找华佗。华佗听完老汉的介绍,又替张全诊了脉,摇头叹道:"他已病入膏肓,只能活十天,我已无能为力了。"

张家父子大惊失色,急忙跪下,求他救命。华佗说:"我的徒弟吴普,住在徐州,他有治这种病的秘方。我替你写封信,你去找他,也许有救。"华佗写好信交给老汉,又再三叮嘱千万不可在途中拆看,否则很难救治了。张家父子拿了华佗的信,水陆兼程,用了八天时间赶到徐州,找到吴普,交上华佗给他的信件。吴普看信后哈哈大笑起来。

张家父子被他笑得丈二和尚摸不着头脑,便问他:"这人命关天的事,你笑什么?"吴普把信给他们看,只见上面写道:"来人因乐极而狂笑不止,药物难以奏效,我故意说他病危,使其焦虑,当他二人到达徐州之日,病即愈矣。"张家父子这才明白,都有说不出的高兴。张老汉感激地对吴普说:"你师父真不愧是一位神医啊!"

焦郡有户人家,婆媳不和,常因芝麻小事闹得不可开交。一天,双方又起争端,媳妇突生歹念,竟去求神医华佗给她配一剂慢性毒药给婆婆吃,并能在其致命后,无法验出死因。华佗深知事态严重,却不便直说,写下处方:葛根熬鸡汤,每日服三次,用心侍候好,百日见阎王。并再三嘱咐媳妇,一定要亲自服侍婆婆吃此药,更要和颜悦色,使其安心服用才能有效。若途中中断,则不灵验。媳妇持方感谢离去。回家之后,按华佗嘱咐侍候婆婆服药。服到99天的时候,媳妇又来求华佗。奇怪的是,这次媳妇前来,不是催命,而是向华佗求解药,为婆婆续命的。原来,婆婆吃了"毒药"后,一改常态,不再对媳妇恶言恶语,而是同媳妇轮流做家务,有好东西让着吃,疼爱媳妇如己出。这般好的婆婆,媳妇怎能忍心让她中毒死掉呢? 明日就是最后期限了,媳妇只好来求神医搭救。

华佗闻言,不禁莞尔一笑,又开出一方:葛根熬鸡汤,解毒最灵光,每日服三次,长寿又健康。之后嘱咐媳妇继续让婆婆服用。原来,"葛根熬鸡汤"并非毒药,而是滋补佳品。故而三月之久,婆婆的身心越来越健康,不但化解了婆媳的怨恨,婆媳感情也融洽起来,自然和好一家人了!

◆独创五禽戏

华佗为了给百姓治病,终日忙得觉也睡不成,饭也吃不好。虽然这样,病人还是不见少,他治好了张三又病了李四,华佗为这事很着急。心想人为什么老有病呢? 要是能有一种办法,使人强心健壮不生疾病,该有多好呀!

一天,华佗正在山里采药,看到很多的云鹤在空中飞呀! 叫呀! 成群的猿猴在山上蹦呀! 跳呀! 他看到眼里,记在心上,心想;这些禽兽,它们的身体为什么那样灵巧、结实,而且又不大爱生疾病呢? 他终于把道理想出来了。它们不生病,是因为它们爱起早、爱飞跳、爱活动的缘故。人们要是每天都学飞禽走兽一样起早飞叫,一样爱好蹦跳,疾病一定也会少的。他一边采药,一边注意看:鹤是怎样飞的,猿是怎样跳的,虎是怎样跃的……他看着记着,采好药以后,回到家里,他就按照在深山老林里所见到的虎、鹿、猿、熊、鹤5种禽兽的姿态和动作,编了一套强心健体的"五禽戏"。

开始,只他独个学,一人练,练了一段时间,感觉自己的身体确实比以前壮实了,精神也增加了。

于是,他就教一些有慢性病的人来学习锻炼。这个法子还真灵,没过半年,好多患慢性病的人,有的病好了,有的病轻了,大家都说这个法子好。一传十,十传百,学习"五禽戏"的人越来越多。

华佗的"五禽戏"将肢体运动和呼吸吐纳有机结合起来,其设计是比较科学的,由于虎、鹿、猿、熊、鹤这五种动物的生活习性不同,活动方式也各有特点,或雄劲豪迈,或轻捷灵敏,或沉稳厚重,或变幻无端,或独立高飞。从中医的角度看,鹤、鹿、虎、猿、熊5种动物分属于金、木、水、火、土五行,又对应于肺、肝、肾、心、脾五脏。通过模仿它们的姿态进行运动,起到了锻炼关节、脏腑的作用,能令全身气血流畅,祛病长生。

华佗有两个弟子,一个叫樊阿,一个叫吴普,他们二人都向华佗请教养生之法,华佗传给樊阿一张服食秘方,名漆叶青粘散,属于药物养生。以此养生,一百多岁时毛发仍然乌亮,精力充沛;传给吴普的另一养生术是"五禽戏",据后汉书方术列传记载,华佗曾对吴普说:"是以古之仙者,为导引之事,熊经鸱顾,引挽腰体,动诸关节,以求难老。"意思是说,人要像熊那样晃动脖子,像鸟儿一样转动眼睛,让腰身关节经常活动,才能长寿,这段话中的熊经鸱顾也是最早关于"五禽戏"的文字描述。华佗将"五禽戏"传授给吴普,吴普坚持锻炼,至九十多岁时仍耳聪目明,牙齿完整。华佗的弟子以不同的养生方法都得到高寿,可见其养生术的效果是十分显著的。

"五禽戏"的动作主要是模仿虎的扑动前肢,借以锻炼下肢;熊的伏倒站起,以锻炼躯干部分;鹿的伸转头颈,锻炼头颈的肌群、椎关节和改善大脑的血液循环状况;猿的脚尖纵跳,以锻炼下肢;鹤的展翅飞翔,以锻炼上肢关节和胸部肌肉,帮助呼吸。这些动作连贯起来就可以锻炼全身,达到舒展筋骨、畅通经脉的目的。

2000年后的今天,这源远流长的健康术,已经由最初的5个招式演变为加入了虎、鹿、猿、熊、鹤更多姿态的20个招式。今天盛行的太极、八卦等传统健身方式，最早就源于华佗创编的"五禽戏"，以至于太极传承至今还留有"五禽戏"的痕迹。其在医疗保健方面的历史作用无疑是巨大的。

◆发明麻沸散

最早发明麻醉药的是我国东汉时期的名医——华佗，不过当时的药名不是叫麻醉药，而是叫麻沸散。

魏、蜀、吴三国鼎立时，战争频繁，军队和老百姓受伤、生病的很多。华佗是当时最有名的医生，伤病人员都请他治疗。那时没有麻醉药，每当进行剖腹、截肢等手术时，病伤员忍受不了手术的痛苦，有的晕厥了，有的痉挛了，呼爹喊娘的惨状使人目不忍睹！

华佗为了减轻伤病员的痛苦，想了许多办法，做了不少试验，总是收不到预期的效果，一次一次的失败了。但他不灰心，继续摸索。

有一次，华佗为一个患烂肠廖的病人破腹开刀。由于病情严重，前后忙了几个时辰，才把手术做好。手术做好后，华佗累得筋疲力尽。为了解除疲劳，他叫老婆打了一斤酒，炒了两个菜，自斟自饮地喝了起来。谁知华佗因劳累过度又加上空腹多饮了几杯，一下子喝得个酩酊大醉，弄得人事不知。他的老婆可吓坏了！就用扎银针的办法进行抢救。人中穴、百会穴、足三里都扎了。可是华佗总是没有什么反应，好像失去了知觉似的。他的老婆看了更是着急！随手摸摸脉搏、按按心窝，跳动的还都正常。这时才明白华佗真喝醉了。

过了两个时辰，华佗醒了过来。他老婆就把刚才他醉后给他扎针的经过讲了一遍。华佗听了甚为惊奇！为什么给我扎针我不知道呢？难道说，喝醉酒能使人麻醉失去知觉吗？

第二天,华佗就对他老婆说:"今天我再喝醉酒试验一下,你再给我扎针,看看我有没有感觉?"试验结果,先扎针还是没知觉,后来肌肉打哆嗦,最后才知道有点痛了,就这样,又反复地试验多次,得出结论,酒也有麻醉人的作用。后来动手术时,华佗就叫人先喝酒来减轻痛苦。可是有的手术时间长,刀口大,流血多,光用酒来麻醉还是不能解决问题。

有一次,华佗到乡下行医,碰到一个患奇怪病症的人:病人牙关紧闭,瞪着眼,口吐白沫,手攥拳,躺在地上不动弹。华佗上前看看神态、按按脉搏、摸摸额头,一切正常。又问病人过去有什么疾病。病人家里的人说:"他身体非常健壮。什么疾病都没有。就是今天他误吃了几朵臭麻子花(又名洋金花),才得了这种病症的。"

华佗听了患者家人的介绍,连忙说道:"快找些臭麻子花拿来给我看看。"

患者的家人把一棵连花带果的臭麻子花送到华佗面前,华佗接过臭麻子花闻了闻,看了看,又摘朵花放在嘴里尝了尝,顿时觉得头晕目眩,满嘴发麻:"啊,好大的毒性呀!"

华佗摸清了病人得病的原因,就对症下药,用清凉解毒的办法把病人救了过来。华佗临走时,就要了一捆连花带果的臭麻子花背着走了。

从那天起,华佗开始对臭麻子花进行试验,他先尝叶,后尝花,然后再尝果根。试验结果表明,臭麻子果麻醉的效果很好。华佗到处走访了许多医生,收集了一些有麻醉作用的药物,经过多次不同配方的炮制,终于把麻醉药试制成功。他又把麻醉药和热酒配制,麻醉效果更好。因此,华佗给它起了个名字——麻沸散。

华佗制成麻沸散的消息很快传遍了各地,"有了麻沸散,治病如神仙"。这话可一点也不假。自从华佗制成麻沸散以后,不论是开刀,还是剖腹,他先让病人喝麻沸散,失去知觉后,再开刀做手术。这样,病人就减少了痛苦。手术做完后,在刀口上敷些金疮膏,病人的伤口就愈合得快多了。真是妙手回春呵!

这一带的老百姓一提起华佗,都夸他医道高明,手到病除呢!可惜的是华佗的麻沸散自他死后就失传了。

◆利用情志疗法治怪病

有一位郡守得了病,华佗认为他是因为生了大气而得病,于是,他收了太守很多钱而不给太守治病。等钱收足了,干脆开溜。这还不算,临溜之前还留下一封信,把这个郡守臭骂了一通。你想想,这位郡守能受得了吗? 这位郡守气死了,勃然大怒,下令追杀华佗。

但是,郡守的儿子知道华佗是一位深懂情志疗法的名医,华佗是用情志疗法为他父亲治病,私下嘱咐不准追杀华佗。郡守气得半死,吐黑血吐了好几升,但是,血一吐,他的病也好了。

第十章

东汉医圣张仲景,伤寒金匮传后世

生平小传

　　张仲景(公元 150 ~ 154 年—公元 215 ~ 219 年),名机,字仲景,南阳涅阳县(今河南省邓州市穰东镇张寨村)人。东汉末年医学家,建安三神医之一,被后人尊称为"医圣"。张仲景广泛收集医方,写出了传世巨著《伤寒杂病论》,对于推动后世医学的发展起了巨大的作用。它确立的"辨证论治"原则,是中医临床的基本原则,是中医的灵魂所在。其所确立的六经辨证的治疗原则,受到历代医学家的推崇。这是中国第一部从理论到实践、确立辨证论治法则的医学专著,是中国医学史上影响最大的著作之一,是后学者研习中医必备的经典著作,广泛受到中医学生和临床大夫的重视。

　　张仲景生活的东汉末年,是中国历史上一个极为动荡的时代。

统治阶级内部出现了外戚与宦官相互争斗残杀的"党锢之祸"。军阀、豪强也为争霸中原而大动干戈。农民起义的烽火更是此起彼伏。一时里战乱频发。百姓为避战乱而相继逃亡,流离失所者不下数百万。汉献帝初平元年(公元 190 年),董卓挟汉献帝及洛阳地区百万居民西迁长安,洛阳所有宫殿、民房都被焚毁,方圆二百里内尽为焦土,百姓死于流离途中者不可胜数。

张仲景出身于一个没落的官僚家庭,其父张宗汉曾在朝为官。由于家庭条件的特殊,他从小就接触了许多典籍。他从史书上看到了扁鹊望诊齐桓公的故事后,对扁鹊产生了敬佩之情,立志长大后做一名救死扶伤的医生。

张仲景天赋聪颖,勤奋好学,尤其偏爱医学,"博通群书,潜乐道术"。当他 10 岁时,就已读了许多书,特别是有关医学的书。年轻时,还曾拜同郡张伯祖门下学医。张伯祖见他学医非常用心,无论是外出诊病、抄方抓药,还是上山采药、回家炮制,从来不怕苦、不怕累。张伯祖非常喜欢这个学生,把自己毕生行医积累的丰富经验毫无保留地传授给他。张仲景博览医书,广泛吸收各医家的经验用于临床诊断,进步很大,很快便成了当地一个小有名气的医生。他的同乡何颙赏识他的才智和特长,曾经对他说:"君用思精而韵不高,后将为良医。"(《何颙别传》)。后来,以至于"青出于蓝而胜于蓝",超过了他的老师。当时的人称赞他"其识用精微过其师"。

自 196 年汉献帝开始,战乱频发,瘟疫频发,张仲景痛定思痛,他决心要控制瘟疫的流行,根治伤寒病。从此他"勤求古训,博采众方",刻苦研读古代医书,继承《黄帝内经》等古典医籍的基本理论,广泛借鉴其他医家的治疗方法,搜集古今治病的有效方药，甚至民间验方也尽力搜集。

这时候，东汉王朝四分五裂，张仲景官不能做，家也难回。于是他就到岭南隐居，专心研究医学，撰写医书。经过多年的奋斗，到建安十五年，终于写成了划时代的临床医学名著《伤寒杂病论》（又名《伤寒卒病论》《仲景伤寒论》），共 16 卷。《伤寒杂病论》系统地概括了"辨证施治"的理论，为我国中医病因学说和方剂学说的发展做出了重要贡献。后来该书被奉为"方书之祖"，张仲景也被誉为"经方大师"。

到了晋代，名医王叔和又加以整理。到了宋代，才渐分为《伤寒论》和《金匮要略》二书。这时的张仲景已是医名大振，成为中国医学史上一位杰出的医学家了。明代《李濂医史》称："仲景之术精于伯祖，起病之验，虽鬼神莫能知之，真一世之神医也。"张仲景写成该书后仍专心研究医学，直到公元 219 年与世长辞，终年 69 岁。晋武帝司马炎统一天下后的 285 年，张仲景的遗体才被后人运回故乡安葬。

河南省南阳市还为他修建了"医圣祠"。新中国成立后，翻修了"医圣祠"，并修建了"张仲景纪念馆"，以纪念这位奠定中国中医治疗学基础的医学家。

主要成就

《伤寒杂病论》是集秦汉以来医药理论之大成，并广泛应用于医疗实践的专书，是我国医学史上影响最大的古典医著之一，也是我国第一部临床治疗学方面的巨著。《伤寒杂病论》的贡献，首先在于发展并确立了中医辨证论治的基本法则。张仲景把疾病发生、发展过程中所出现的各种症状，根据病邪入侵经络、脏腑的深浅程度，患者体质的强弱，正气的盛衰，以及病势的进退缓急和有无宿疾（其它旧病）等情况，加以综合分析，寻找发病的规律，以便确定不同情况下的治疗原则。他创造性地把外感热性病的所有症状，归纳为六个证候群（即六个层次）和八个辨证纲领，以六经（太阳、少阳、阳明、太阴、少阴、厥阴）来分析归纳疾病在发展过程中的，演变和转归，以八纲（阴阳、表里、寒热、虚实）来辨别疾病的属性、病位、邪正消长和病态表现。由于确立了分析病情、认识证候及临床治疗的法度，因此辨证论治不仅为诊疗一切外感热病提出了纲领性的法则，同时也给中医临床各科找出了诊疗的规律，成为指导后世医家临床实践的基本准绳。《伤寒杂病论》的体例是以六经统病证，周详而实用。除介绍各经病证的典型特点外，还叙及一些非典型的症情。例如发热、恶寒、头项强痛，脉浮，属表证，为太阳病。但同是太阳病，又分有汗、无汗，脉缓脉急之别。其中有汗、脉浮缓者属太阳病中风的桂枝汤证；无汗、脉浮紧者，属太阳病伤寒的麻黄汤证；无汗、脉紧而增烦操者，又属大青龙汤证。这样精细的辨证及选方用药法则，使医家可执简驭繁，应付各类复杂的证候都能稳操胜券。张仲景还提出了辨证的灵活性，以应付一些较为特殊的情况。如"舍脉从证"和"舍证从脉"的诊断方法。即辨证必须有望、闻、问、切四诊合参的前提，如果出现脉、证不符的情况，就应该根据病情实际，认真分析，摒除假象或次要矛盾，以抓住证情本质，或舍脉从证，或舍证从脉。阳证见阴脉、表证见沉脉和证实脉虚，其实质都是证有余而脉不足，即当舍证从脉而救里；而阴证见阳脉，提示病邪有向表趋势，里证见浮脉，多提示表证未尽解；证虚脉实，则宜舍脉从证。脉、证取舍的要点是从"虚"字着眼，即证实脉虚从脉，证虚脉实从证。这无疑为医者理清临床上乱麻一般的复杂症情，提供了可供遵循的纲要性条例。对于治则和方药,《伤寒杂病论》的贡献也十分突出。书中提出的治则以整体观念为指导,调整阴阳,扶正祛邪,还有汗、吐、下、和、温、清、消、补诸法,并在此基础上创立了一系列卓有成效的方剂。据统计,《伤寒论》载方113个,《金匮要略》载方262个,除去重复,两书实收方剂269个。这些方剂均有严密而精妙的配伍,例如桂枝与芍药配伍,若用量相同(各三两),即为桂枝汤;若加桂枝三两,则可治奔豚气上冲,若倍芍药,即成治疗腹中急痛的小建中汤。若桂枝汤加附子、葛根、人参、大黄、茯苓等则可衍化出几十个方剂。其变化之妙,疗效之佳,令人叹服。尤其是该书对于后世方剂学的发展,诸如药物配伍及加减变化的原则等都有着深远影响,而且一直为后世医家所遵循。许多著名方剂在现代人民卫生保健中仍然发挥着巨大作用,例如:治疗流行性乙型脑炎的白虎汤,治疗肺炎的麻黄杏仁石膏甘草汤,治疗急、慢性阑尾炎的大黄牡丹皮汤,治疗胆道蛔虫病的乌梅丸,治疗痢疾的白头翁汤,治疗急性黄疸型肝炎的茵陈蒿汤,治疗心律不齐的炙甘草汤,治疗冠心病心绞痛的瓜蒌薤白白酒汤等,都是临床中常用的良方。另在剂型上此书也勇于创新,其种类之多,已大大超过了汉代以前的各种方书。计有汤剂、丸剂、散剂、膏剂、酒剂、洗剂、浴剂、熏剂、滴耳剂、灌鼻剂、吹鼻剂、灌肠剂、阴道栓剂、肛门栓剂等。此外,对各种剂型的制法记载甚详,对汤剂的煎法、服法也交代颇细。所以后世称张仲景的《伤寒杂病论》为"方书之祖",称该书所列方剂为"经方"。《伤寒杂病论》对针刺、灸烙、温熨、药摩、吹耳等治疗方法也有许多阐述。另对许多急救方法也有收集,如对自缢、食物中毒等的救治就颇有特色。其中对自缢的解救,很近似现代的人工呼吸法。这些都是中医学中的宝贵资料。

《伤寒杂病论》奠定了张仲景在中医史上的重要地位,并且随着时间的推移,这部专著的科学价值越来越显露出来,成为后世从医者人人必读的重要医籍。张仲景也因对医学的杰出贡献被后人称为"医圣"。清代医家张志聪说过:"不明四书者不可以为儒,不明本论(《伤寒论》)者不可以为医。"后该书流传海外,亦颇受国外医学界推崇,成为研读的重要典籍。据不完全统计,由晋代至今,整理、注释、研究《伤寒杂病论》的中外学者记逾千家。邻国日本自康平年间(相当于我国宋朝)以来,研究《伤寒论》的学者也有近二百家。此外,朝鲜、越南、印尼、新加坡、蒙古等国的医学发展也都不同程度地受到其影响及推动。《伤寒论》和《金匮要略》仍是我国中医院校开设的主要基础课程之一。

张仲景的医学理论对中国古代医学的发展和人民的健康做出了巨大的贡献,而且对东南亚各国的影响也很大。后人研究他的医理,敬仰他的医术和医德,称他为"医圣"。

他著的《伤寒杂病论》是一部奇书,是人类医药史上第一部经验总结性的临床医学典籍,融"理、法、方、药"为一体,创中医临床医学之体。书中有许多可贵的医疗经验,例如对肺痈、黄疸、痢疾等病的辨证和治疗,在今天仍然有很高的实用价值。人工呼吸法也最早见于这部著作。张仲景第一次系统完整地阐述了流行病和各种内科杂症的病因、病理以及治疗原则和治疗方法,并为后世临床各科的发展奠定了坚实的理论基础,被后世医家誉为"万世宝典",也被称为"医方之祖"。

自隋唐以后,张仲景的著作和学说远播海外,对亚洲各国,如日本、朝鲜、越南、蒙古国等及东南亚一些国家影响很大。特别是日本,历史上曾有专宗张仲景的古方派,直至今天,日本中医界还喜欢用张仲景方。日本一些著名中药制药工厂如小太郎、内田、盛剂堂等制药公司出品的中成药（浸出剂）中，伤寒方一般占60%以上（其中有些很明显是伤寒方的演化方）。可见《伤寒杂病论》在日本中医界有着深远的影响，在整个世界都有着深远的影响。

自晋朝至今，中外学者整理、注释、研究、发挥《伤寒论》《金匮要略》而成书的已超过1 700余家，留下了近千种专著、专论，这在世界史上亦属罕见。后世医学者称张仲景为"医圣"，奉《伤寒杂病论》为医经。

坐落在豫西南历史文化名城南阳市东关温凉河畔的医圣祠是张仲景的墓祠纪念地，是全国重点文物保护单位。

张仲景为人谦虚谨慎，提倡终身坚持学习。他在序文中说："孔子曰：生而知之者上，学则亚之，多闻博识，知之次也。余宿尚方术，请事斯语。"张仲景引用孔子语录，在于说明自己不是天才，只能靠刻苦努力学习来获得知识。他特别表明自己从青少年时期就热爱医学，请允许他扎扎实实地按照孔子的话去做，因为医学没有止境，必须终身坚持学习，活到老，学到老。张仲景还为后人树立了淳朴无华、勤恳踏实的学风。《伤寒杂病论》著述风格朴实简练，毫无浮辞空论，对后世中医著作影响甚大。他诊病和学习时遇到一丝一毫的疑问，即"考校以求验"，绝不放过，一定要弄清楚是怎么回事。张仲景的医学理论对中国古代医学的发展和老百姓健康做出了巨大的贡献，同时张仲景医学理论对现代医学研究有重大贡献。而且对东南亚各国的影响也很大。后人研究他的医理，敬仰他的医术和医德，称他为"医圣"。在河南省南阳市还为他修建了"医圣祠"。新中国成立后，翻修了"医圣祠"，并修建了"张仲景纪念馆"，以纪念这位奠定中国中医治疗学基础的医学家。

传奇故事

　　张仲景喜欢上山采药，有一次他在河南桐柏山采药的时候碰到了一个白胡子的山民，请他为自己看病。张仲景答应了，然后把着脉，却感觉越来越奇怪。便对这个山民说："老先生您的脉象怎么如此奇怪，好像不是人的脉象而是野兽。"张仲景是一个实诚的人，遇到这种事也不觉得害怕反而很好奇，居然问了出来。那个山民也不瞒他，就如实回答道："我其实是山里的老猴子，最近不知道怎么了身体不太舒服，看您在山里采药冒昧前来。"张仲景恍然大悟，然后尽心医治，给他一粒药丸。老猴子吃了之后第二天就变好了，然后来感谢他："您治好我的病，我无以为报。这个木头给你，是山里面生长了万年的桐木，很珍贵，您收下吧。"于是张仲景就请人把桐木做了两把古琴，并取名叫古猿和万年。

　　到了千年之后的康熙年间，有个读书人，生了重病，忽冷忽热还打摆子。看了很多医生都没有看好，路过张仲景祠堂的时候进去烧了一炷香，当天夜里他发热晕晕乎乎的时候，感觉到身边有人，给他把了脉，然后说他很快就会好。这个书生很惊喜，于是问他的姓名，以后好感谢他。这个人微微一笑说，我是长沙太守张仲景，这个书生猛然惊醒，原来是一个梦，但是更奇妙的是，病从此就好了。

　　有一次，张仲景遇见一个妇女，又哭又笑的总是疑神疑鬼。家属听信巫婆的欺骗，认为这是"鬼怪缠身"，要请巫婆为她"驱邪"。张仲景观察了妇女的气色和病态，又询问了有关情况，然后对家属说："她根本不是什么鬼怪缠身，而是'热入血室'，是受了较大刺激而导致的。她的病能够治好。真正的鬼怪是那些巫婆，千万不要让她们缠住病人，不然的话病人会有性命危险。"

后来张仲景在征得病人家属同意后，他研究了治疗方法，为妇女扎了几针。过了几天那妇女的病慢慢好起来，疑神疑鬼的症状也完全消失了。从那以后，一些穷人生了病，便不再相信巫医的鬼话，而是找张仲景治病，因此张仲景解救了许多贫苦人家。

张仲景治病的经典故事被世人广为流传，因此张仲景救死扶伤的精神也被后人称颂，这也是后人尊他为医圣的原因。医圣并不是有高超的医术就能够胜任的，还需要救死扶伤高尚的医德才配得上医圣这一称号。

◆坐堂医的由来

尽管张仲景从小就厌恶官场，轻视仕途，但由于他父亲曾在朝廷做过官，所以对他谋得一官半职很是看重。张仲景不愿违背父命，因此在公元 188 年汉灵帝时，取得孝廉学历，进入官场。公元 196 年，被朝廷派到湖南长沙做太守。但他仍用自己的医术，为百姓解除病痛。

在封建时代，做官的不能随便进入民宅，接近百姓。可是不接触百姓，就不能为他们治疗。于是张仲景想了一个办法，择定每月初一和十五两天，大开衙门，不问政事，让有病的百姓进来，他端端正正地坐在大堂上，挨个地仔细为群众诊治。他让衙役贴出安民告示，告诉老百姓这一消息。他的举动在当地产生了强烈的震动，老百姓无不拍手欢迎。后来人们就把坐在药铺里给人看病的医生，通称为"坐堂医生"，也用来纪念张仲景这一深得人心的义举。

◆冬至吃饺子

"十一月，冬至到，家家户户吃水饺。冬至不端饺子碗，冻掉耳朵没人管"。以上冬至吃饺子的习俗，是因纪念张仲景冬至舍药留下的。

张仲景在长沙做官，在告老还乡退休的时候，正赶上那年冬天，寒风刺骨，雪花纷飞。在白河边上，他看到很多为生计奔忙的穷人，面黄肌瘦，衣不遮体，因为寒冷，把耳朵都冻烂了，心里非常难受。回到家后，由于张仲景的名声早已经闻名天下，所以很多人上门求医，他有求必应，整天都很忙碌，虽然上门求医的人很多，可他依然挂念那些冻烂耳朵的人。

冬至那天，他叫弟子们替他行医，自己来到南阳东关的一块空地上搭起棚子，支起大锅，说是专门舍药给穷人治冻伤的。舍的药叫"祛寒娇耳汤"：他把羊肉、辣椒和一些祛寒温热的药材放在锅里煮熬，等熬好后，把羊肉和药物捞出来切碎，再用面皮包成，样子像耳朵，又因为是为了防止耳朵冻烂，所以给它取名叫"娇耳"。

"娇耳"下锅煮熟后，分给来吃药的人们，每人给一大碗汤，两只"娇耳"。人们吃了"娇耳"，喝了汤，只觉得浑身发热，两耳暖和，再也没有人把冻伤耳朵了。

后来，每到冬至这一天，人们想起了当年他为大家熬药治病的情景，还传说吃了冬至的饺子不冻耳朵，就仿照着"娇耳"的样子做了一种食品。为了区别"祛寒娇耳汤"中的"娇耳"，有的人便称它为"饺子"，也有人称它为"扁食"和"烫面饺"的。

现在，"祛寒娇耳汤"虽然很少有人吃了，但经过岁月的洗礼，人们在冬至这天吃饺子的习俗流传了下来。并且饺子的种类和形状也有了很大改进，有中国人的地方就有饺子，饺子也成了阖家团圆的代表食品，但张仲景的名字却很少有人提到了。

◆山外有青山

张仲景有一个好友叫宁远，在郡府里当书办。一天闲暇无事,到仲景家中下棋闲聊。谈兴正浓,张仲景忽然望着宁远脸上的气色,半晌不说话。宁远惊问其故,张仲景为他仔细诊了脉息,然后说:"你患了消渴之症,现在初发,不易觉察,3 个月之后,头痛不眠,尿量增频,谓之上消;6 个月后,饥渴难忍,小便浓稠,谓之中消;一年之后,背发疽疮而死,谓之下消。现在幸亏发现得早,还可以治疗"。于是就为他开了一个药方。

不料宁远从他家中告辞出来,大笑不止,心中想道:人人都说医生善于大惊小怪,故弄玄虚,想不到仲景也学会了这一套。我那里有什么消渴之症! 我且不吃他的药,等将来无病时,来给他开个大玩笑。便将药单扯碎,顺风撒掉了。

3 个月后,宁远虽然感到有些头痛失眠尿量增多,但他仍不在意。6 个月后,病势来得厉害了,每日饥渴难挡,并且小便浓稠。宁远这才慌了手脚,急忙去拜望张仲景。仲景见状,长叹一声说:"病已进入中消,毒已入内,气血全消,非人力所能挽回了,还是早日准备后事吧!"

宁远回到家中,心中愁闷,心想:反正 6 个月后难免一死,倒不如去游名山大川,乐得快活半年。况且听说茅山有一道士,医术通神,只是不肯轻易给人看病,我顺便去寻访了,或者可以得救。于是他就到郡府辞了职务,回家变卖了田产,独自往深山之中去了。

1 年之后,宁远回到郡府,前去拜见张仲景,张仲景一见宁远,不仅照样活着,而且气色极好,脉息平和,甚至还年轻了许多,不由大吃一惊说:宁远,你一定是遇到了神人了!

宁远把这 1 年中如何到茅山,如何在清玄观当童仆,老道如何给自己治病,一五一十地给他讲了。仲景听完感叹说:真是山外有青山,我差得太远了! 说罢便焚香朝茅山拜了三拜,然后对家人说:我不能错过这个机会,决心到茅山去一趟,拜师学医。就这样毅然离开了家乡。

◆奇方治郁证

张仲景深知,不失时机虚心求教众医,博采众方,集各家之长,融为一体,灵活掌握,是飞速提高医疗技术、造福于人的一条捷径。然而当时一些中医,为了自己一家的利益,只把医术传给自己的子孙,甚至出现了"传媳不传女"的信条。致使医学经验长期得不到交流,医疗水平提高很慢。

张仲景对这种"各承家传,始终守旧"的风气十分痛恶,他总是想方设法来突破这种不良风气的束缚,尽量把更多的医疗经验继承过来。

当时南阳有个名医叫沈槐,已经七十多岁了,没有子女。他整天发愁后继无人,饭吃不下,觉睡不着,思虑日久,忧郁成疾。当地的郎中们来给沈槐看病都缩着头,老先生的病谁也看不好,越来越重了。

张仲景知道后,就直奔沈槐家来。他仔细察看了病情,知道忧郁之病,马上开了一个药方,用杂粮面各一斤,做成蛋状,外涂朱砂,让病人一顿食用。

沈槐一看这个药方,心里不觉好笑,他令家人把那五谷杂粮做成的药丸挂在屋檐下,逢人就指着这药丸把张仲景奚落一番。亲戚们来看望他时,他笑着说:"看! 这是张仲景给我开的药方。谁见过五谷杂粮能治病? 笑话笑话!"

朋友们来看望他时,他笑着说:"看! 这是张仲景给我开的药方,谁能一顿吃五斤面? 滑稽滑稽!"同行的郎中们来看望他时,他笑着说:"看! 这是张仲景给我开的药方。我看了几十年病,听都没听说过。哈哈！哈哈！"他一心只想着这件事可笑，忧心多虑的事全抛在脑后了，不知不觉地病就好了。

这时张仲景来拜访了，说："恭喜先生的病好了！学生斗胆在此班门弄斧了。"沈槐一听恍然大悟，又佩服，又惭愧。

张仲景接着又说："先生，我们做郎中的就是为了给百姓造福，祛病延年。先生无子女，我们这些年轻人不都是你的子女吗？何愁后继无人？"沈槐听了，觉得很有道理，内心十分感动，从此就把自己的医术全部传授给张仲景和其他郎中。

◆襄阳城学医

这天一大早，张仲景来到襄阳同济药堂的大门前，向管家说：我从河南来，生活没有着落，请贵店收留我当伙计吧！王神仙闻声从药店走出来。他见后生年轻利落，就说：好吧！我这里缺人，就收你当个炮制药材的伙计吧！

从此，张仲景就在同济药堂住下来。他聪明好学，不但熟悉各种中草药的性能，而且炮制药材，干得又快又好，没几天就被王神仙调换至药铺。他管司药，又管看病，店里人有个头痛、发热，也来找他诊治，大伙都称他是二先生！

王神仙看在眼里，就让做自己的帮手。王神仙切脉看病，他抄药单；遇着疑难病症再叫他摸摸，好叫他明了病在哪里，怎样医治。张仲景把这些深深地记在心上，写在本子上，就这样度过了一年。

有一天，一个骑驴的老者匆匆来到药店，说他儿子得了急症，请王神仙去看。约莫半个时辰，老者来到药店取药。张仲景见药方内有驱虫药，但又见药只用了二钱，就迟疑了一下，随后抓了药叫带走了。

不一会，王神仙回来了，张仲景忙道：先生慢走，病人很快还要来请的！王神仙惊奇道：病人好啦，还来做什么？

张仲景说：恕学生直言，驱虫药开了二钱，只能暂时致虫昏迷，等它返醒过来，会更凶恶，再用药也不灵了！王神仙听了半信半疑，忽然那老者急匆匆赶来，呼叫道：王先生，我儿疼得死去活来，你快去看看吧！王神仙顿时慌了手脚，急得额上直冒冷汗。张仲景看了笑着道：先生，不管是吉是凶，学生情愿替先生去一趟！当下骑着毛驴走了。到家后，只见病人疼得直打滚。

张仲景知道是虫作怪，于是他不慌不忙，掏出三寸银针，叫病人脱掉衣服，看准穴位，捻动手指，照着虫的头部刺了进去。只听病人疼得哎哟一声，昏了过去，老者大惊失色。

张仲景却呵呵笑着说：别害怕，虫已经被刺死了！说罢病人呻吟两声，醒了过来。接着他又开付泻药，让病人吃下。顷刻一根尺把长的大虫被排泄出来，病人完全好了。

王神仙知道后，又惊又喜道：张先生，你到底是什么人？张仲景说：我是南阳张仲景，到这里拜师学医来啦！王神仙连说可不敢当！后来他们成了医学上的好朋友。

◆按压救性命

有一次，张仲景外出看病，见许多人围着一起叹息，有几个妇女在悲惨地啼哭。他一看，地上躺着一个人，打听后得知，那人因家里穷得活不下去，就上吊自杀，被人们发现救下来时已不会动了。

张仲景问了情况，距上吊的时间不太长，便赶紧吩咐把那人放在床板上，拉过棉被为他保暖。同时叫了两个身强力壮的年轻人，蹲在那人的旁边，一面按摩胸部，一面拿起双臂，一起一落地进行活动。张仲景自己则叉开双脚，蹲在床板上，用手掌抵住那人的腰部和腹部，随着手臂一起一落的动作，一松一压。不到半个时辰，那人竟然有了微弱的呼吸。张仲景关照大家不要停止动作，继续做下去。又过了一会儿，那人终于清醒过来。据说这是现在广泛使用的胸外心脏按压术的雏形。

胸外心脏按压术适应因各种原因所造成的循环骤停，包括心搏骤停、心室颤动及心搏极弱。机制是在胸外按压时，心脏在胸骨和脊柱之间挤压，使左右心室受压而泵出血液；放松压迫后，心室舒张，血液回心。但要注意按操作规程去做，不能用力过大。

◆智医府台女

东汉年间，南阳有个府台，他干了很多坏事，人们气恨他，巴不得找个出气的机会。这年府台的女儿有病了，一连几个月，遍求名医，也治不好病。这天府台派家人去请张仲景，来给女儿看病。那阵子，伤寒病正流行，张仲景每天早出晚归，到乡下给老百姓医病，只有儿子在家，他们就把张仲景的儿子请了去。

张仲景的儿子常年随他学医，也是个知名的郎中。他来到府衙，询问了小姐的病情，府台夫人没张嘴，泪就先落下来：哎呀！她面黄肌瘦，茶饭不进，还不住歇地呕吐呢！说着让给女儿诊脉。

那时候，年轻郎中给女子看病是不能见面的。所以只好从帘帏中牵出一根红线，一头拴在小姐的中指上，一头让张仲景的儿子拉着，放在耳朵边静听。他仔细听了好久，心里不觉好笑：就这病竟没人看得出吗？

原来府台的女儿是怀孕啦！可他并不知道她还是个没出阁的姑娘，就高声朝着府台说：恭喜大人！小姐没有啥病呀，她是喜脉！你快要当外爷了！府台一听气得浑身乱颤，大喊道：混账东西！纯是一派胡言，快把他赶出去！家人一拥而上，把他痛打一顿，赶出了府门。

晚上,张仲景回来听了,心里十分气愤,他问儿子:你果然看得真切? 儿子说:确确实实是怀孕,已经六七个月啦! 张仲景沉吟了一下说:这个府台,干尽了坏事,明天找他出气去!

第二天,张仲景吆喝着邻居,带着礼品,来到府衙,正赶上全城绅士和名流在那里议事。张仲景见府台施一礼,说:不肖之子医理不明,口出不逊之言,望大人海涵! 今天,一来赔礼道歉,二来我要亲自给令爱诊脉治病!

府台一听大喜,忙说:"贱女区区小恙,何劳先生大驾呀!"说着就要设宴款待。张仲景说:"还是先给令爱诊病要紧。"府台忙叫佣人把女儿请出来。张仲景观那女子气色,早已明白了几分。暗用右手的小拇指甲剜了一点药,藏在宽大的袖中,然后端坐给小姐切脉。

张仲景切脉后,就对病人说:"张开嘴巴,看看舌苔!"小姐刚张开嘴,他就弹动右手小拇指,把药弹进小姐嘴中,又叫端来开水,小姐喝了。张仲景这才笑呵呵地对府台说:药到病除,送令爱到耳房观察,一会儿说会好的。

府台十分感激,摆上酒宴招待。他刚端起要敬张仲景酒,耳房边传来了小姐的呻吟声,府台有诧异,张仲景说:这是药力到了,你放心,令爱顷刻就会痊愈的!

话音未落,只听哇哇的婴儿哭声从耳房传来。府台和夫人猛地惊呆了,一时羞得面红耳赤,恨不得钻到地缝里去。那些绅士名流也惊奇地你看看我,我看看你,交头接耳暗暗发笑。

张仲景拍案而起,哈哈大笑,指着府台说:现已真相大白! 你们口口声声礼义廉耻,干的却是鸡鸣狗盗的事啊! 府台和夫人听了,气得晕了过去。张仲景为百姓们出了气,高高兴兴地回去了。

◆创蜜煎导法

一般遇到便秘病人,多采用口服泻下药治疗。有一个病人,大便干结,久排不出,吃不下饭,身体虚弱。张仲景仔细做了检查,确认是高热引起的一种便秘症。但是这个病人身体很虚弱,如果服用泻药,他会经受不住。但不用泻药,大便又不通,热邪无法排除。怎么办呢?

张仲景经过慎重考虑,决定做一种新的尝试:他让家属取来一些蜂蜜,在锅内熬煎浓缩,趁热取出,捻成细细的长条,制成药锭样,慢慢地塞进病人的肛门。药锭进入肠道后,很快溶化,干结的大便被溶开,一会儿就排了下来。大便畅通,热邪排出体外,病人的病情立刻有了好转。这就是我国医学史上最早的"蜜煎导法",也是现在"肛门栓剂"的滥觞。

后来,他在《伤寒论》中写道:"阳明病,自汗出,若发汗,小便自利者,此为津液内竭,虽硬不可攻之,当须自欲大便,宜蜜煎导而通之。若土瓜根及大猪胆汁皆可为导"。"蜜煎方:食蜜七合,上一味,於铜器内,微火煎,当须凝如饴状,搅之勿令焦著,欲可丸,并手捻作挺,令头锐,大如指,长二寸许。当热时急作,冷则硬。以内谷道中,以手急抱,欲大便时乃去之。"认为这种方法适于病后或老年、新产,因肠胃津液不足,大便秘结,体虚不任攻下者。

◆桐柏山治病

张仲景经过几年刻苦钻研,医术提高很快,在全郡都出了名。找他治病的人越来越多。他从不摆架子,最反对"竟逐荣势,企踵权豪"。不管贫富贵贱,白天黑夜,只要有人找他治病,他都立即前往,并且认真诊断。就连外出采药时遇到病人,他也主动给人家治病。

有一年夏天,张仲景到桐柏山区采药,路过山脚下一个村子时,听到阵阵哭声,一打听,原来这个村子里正闹瘟疫,还死了不少人。有一户人家老两口只有一个儿子,偏偏得了时疫,病得不省人事。老两口束手无策,哭得成了泪人。邻居们都来探望,看到孩子病成了这样,不住地陪着叹气。只听有的说:"好一个后生,怕是没指望了"。又一个人说:"要是南阳那个张仲景来咱这里,孩子就有救了。"

张仲景听了,便毫不犹豫地走进屋对老两口说:"老人家,不要哭,我来给弟弟治病,好吗?"老两口见走进来一位眉目清秀、仪表端正的青年人,便马上起身让座。

张仲景给病人摸了脉,又摸摸肚子,深思了片刻,对老人说:老人家,你儿子得的是伤寒症。因耽误了,表病已入内,热积肠胃便闭,吃点凉药,通通大便把病邪泻出去就好了。老两口听了连声说:先生说的对,说的对!张仲景便给病人开了药方。

经过两天精心治疗,病人很快就好了。村里人听说来了好医生,纷纷前来找他治病。张仲景便在村子里往下来,很快把村子的病人都治好了。等他走后,村子里的人们才知道他便是张仲景,个个赞不绝口:真是个好医生啊。

◆对症开药方

有一次,张仲景给一个伤寒病人治疗。到病人家里后,他先听病人家属介绍说,病人8年前因出疹子没有忌酒肉,结果落了个拉肚子的病,迁延至今未愈,现在又得了伤寒,刚得病时,只喊头痛,现在已经七天了,夜不能眠,经常说胡话,拉肚子比过去更严重了,简直像是流水一样。

张仲景了解病情后,发现脉洪大而浮,观病人满面发赤,烦躁口渴,舌生黑苔。于是开了个竹叶石膏汤的方,单是石膏,一剂药就开了一两。病人吃了后病仍不见轻,于是他又把石膏增为二两。病人的家属一看药方,担心地问:这不会对病人有妨碍吗? 张仲景耐心地对他们解释说:伤寒是热邪在作怪,这是从外部传染进去的急病,不马上治就会立即丧命。而拉肚子已经 8 年,不是突然发作。治病应先抓主要的下重药,然后再慢慢地治拉肚子这个老毛病。

病人家属听了觉得很有道理。立即按方给病人吃了一剂药。当天晚上病人就能安然入睡,而且不说胡话了。第二天又吃了一剂药,病就立即见轻,连吃了几剂,伤寒就止住了。但是照样拉肚子,于是仲景又开了脾肾双补丸方,外加黄连、葛根、升麻,按疴痢来治疗,不到一个月拉肚子的病也治好了。

◆候色断死期

到了晚年,张仲景行医到了京师。这时他的医道已经达到了炉火纯青的程度。他能“察断人病初起于微末,掌握生死之转机”,人们都称赞他是“扁鹊再生”。

有一天,他见到侍中王仲宣,这时王仲宣 20 多岁,正是年轻气盛的时候。张仲景却断定说他有病,并且告诉他这种病 40 岁时才能发作,症状是掉眉毛,眉毛掉完后半年就会死去。让他赶快服用“五石汤”。

王仲宣听了这话,认为他是胡说八道,根本不相信,没有吃药。又过了 3 天,张仲景看了看他的脸色说:你的气色根本不像吃过药的样子,你为什么这样轻视自己的生命呢? 然而王仲宣仍然执迷不悟,不肯相信仲景的话。20 年后,果然王仲宣开始掉眉毛,又过了 187 天,就不幸死去了。

◆湿席解醉婴

他从茅山回南阳的路上,再度路过襄阳,看到很多人围看一个告示,讲的是襄阳知府三代单传,57 岁才盼到一个儿子,偏偏生出来就昏迷不醒,群医束手,所以有人能够医他儿子的病,必定重重有赏。

张仲景问旁边看告示的当地人:"这个知府为官如何?"当地人回答:"颇为清廉。"既是好官,他就去看看能否帮得上忙。张仲景撕下告示,当差的就把他带到官邸见知府。官邸内堂襄阳城所有的名医齐聚,大家看来了一个 20 出头的年轻人,不免觉得:我们都不会,你怎么会?

仲景看看知府的孩子,然后就叫仆人打两桶井水,地上铺了一个草席,将井水洒下,把那小孩子放在冰冷潮湿的草席上。大家大惊失色,尤其是知府夫人,觉得这不是要孩子的命吗? 这是刚生下来的病婴,怎么可以放在冰冷的地方!

张仲景用一根很细的毛去刺激小孩的鼻子。结果不到半个时辰,就哇一声哭出来。孩子一哭醒过来,也活过来了。在场的医生很不好意思,一个个地溜走了。

知府大人问张仲景说:犬子到底得什么病? 仲景说:"母亲在怀孕的时候,喝太多酒,这孩子酒醉未醒啊!"

知府请他多留几天。他说:"不行! 我要回家,我已经很久没有回家了。"知府大人要重赏他,他也不要。他说只要一匹骏马,可以让他赶回南阳去就好了。知府大人说:"那简单!"就送他一匹马,一匹又老、又瘦、又病、又瘸的马,张仲景不以为然。不忍累死老马,就一路看病回南阳老家。

到了家后,他愣住了! 他的家变成了富丽堂皇的大宅院,刚好他的夫人出来,告诉张仲景说,襄阳城的知府,差人拉了一堆木材建起大屋。现在大家知道为什么知府要给他这样的老马了吧! 不让他太快回到家,否则他什么馈赠都不接受,由此可见他的医德高尚了。

◆白头翁治痢

有一年,洛阳一带常年干旱,疾病流行,人们缺医少药,不少人死于病魔。这事传到了张仲景的耳朵里,他不顾年迈多病,从南阳来到洛阳行医。

一天早晨,有个衣衫褴褛、骨瘦如柴男子,见了张仲景后说:听说你是神医,可怜可怜我这个孤儿,给我看看病吧! 张仲景让他坐下,切起脉来,然后又看过舌苔、气色,最后肯定地说:"你只是身体虚弱,但没有什么大病。"男子悲伤地说:"我是穷病,请你开个药方吧。"

原来他叫王六,父母双亡,欠下很多债,现在地主又逼他还账,因此恳求为他医治"穷病"。张仲景听了王六的哭诉,很久没说话。他行医多年,治好的病人不计其数,但治穷病还是头一回。他让弟子给王六取了两个馍,又沉思良久,写下了一个药方:白头翁,洗净晒干,多采备用。

王六看到药方十分纳闷,张仲景便解释说,这种药山野荒坡遍地都是,因其全草和近根处有白茸毛而得名,药用其根茎,并教给他辨认方法。王六回到住的破庙后,就召集穷苦人家的孩子,到地里挖起草药来。不几天,就把村子附近的草药都挖完了。他住的那个破庙,里里外外被草药塞得满当当的。

夏秋之际,天气炎热,疫病蔓延,大人小孩都拉痢疾。张仲景来到王六住的村子,为穷苦百姓看起病来。针对这次疫病特征,他开的方子都少不了白头翁,少则五钱,多则一两。其他医生见张仲景如此用药,也都暗中仿效。这样没过多久,白头翁便成了奇缺的药材。药铺里卖断了货,张仲景就介绍去王六那里购买。王六见穷人来买,就少收或不收钱;见富人来买,就高价出售。这场疫病过去后,王六大赚了一笔钱。他便用这笔钱买回粮食,分发给穷苦百姓。因他为乡亲们办了好事,乡亲们纷纷过来合力帮他修建了一间茅草屋。从此,王六有了自己的住处,过上了安稳的生活。

王六感念张仲景的恩德,更惊叹他的先见之明,便问是如何判断出疫情的。张仲景便说出了其中的道理。原来他根据气候干燥、百病杂生的现象,推测来年夏秋季痢疾定会流行。而那荒郊野外的白头翁有清热解毒、凉血止痢功能,正是治疗痢疾的良药。

后来还把这个经验写进《伤寒论》:"热利,下重者,白头翁汤(白头翁二两,黄檗三两,黄连三两,秦皮三两)主之。上四味,以水七升,煮取二升,去滓,温服一升,不愈,更服一升。"

◆巧用羊肉汤

张仲景有一天出诊看病,遇到一个男子,手按腹部,满头大汗,疼痛难忍,在炕上打滚。他详细的问明情况,查看疼痛部位,辨证为"寒疝腹痛",接着开了处方,并嘱托此药要和羊肉一起熬汤服用。病家不解地问:"为什么要用羊肉呢?"张仲景说:"此病受寒而得,羊肉甘温,乃滋补佳品,温养肝脉,加上当归活血行滞,生姜散寒暖胃,又味道不错,是一张既治病又温补的良方。"果然患者连服3剂,便告痊愈。于是,他在书中写道:寒疝腹中痛,及胁痛里急者,当归生姜羊肉汤(当归三两,生姜五两,羊肉一斤)主之。并说明煎法和加减:如寒多者加成生姜一斤,痛多而呕者加陈皮二两、白术一两。

由于此方有温中散寒、补血调经的功效，历代一直相传，《备急千金要方》称"小羊肉汤"，《圣济总录》称"当归汤"，《景岳全书》称"羊肉汤"。其治疗范围不仅局限于"寒疝腹痛"，而且逐步扩大，亦适于妇女血虚寒凝之月经不调，血虚经少、经闭、痛经，经期头痛，胎动不安，产后腹痛、血虚乳少、恶露不止等，以及形体消瘦，面色不华，头晕目眩，心悸失眠，肢体麻木，畏寒怕冷者。后来还演变成一道传统药膳，方法是用当归 20 克，生姜 30 克，羊肉 500 克，黄酒、调料适量；将羊肉洗净、切块，再加入当归、生姜、黄酒及调料，炖煮 1~2 小时，分次吃肉喝汤。尤其在秋冬季服用，有补气养血，温中暖胃作用。特别适宜于男女老幼体弱者食用，但阴虚有热、咽喉疼痛、温盛中满者忌用。

◆ 确定百合病

东汉末年，伤寒病流行，张仲景每天奔波在山村，不辞劳苦为老百姓看病，因为大疫过后，仍然有许多病人尚未康复。有一天，见到一位病人，他详细询问病情，有口干舌燥，神志恍惚，全身疼痛，食欲减退等证。经过四诊辨证，认为是病后余热未解，加之平素情志不遂，以致出现阴虚内热证候，他想起"百合"根如大蒜，众瓣合成，甘寒多汁，有清心安神、养阴润肺之功。就以"百合"为主药治疗，不料竟然效果满意，于是将这种病也就叫百合病。

后来他将此病写入书中：百合病者，百脉一宗，悉致其病也。意欲食，复不能食，常默然，欲卧不能卧，欲行不能行；饮食或有美时，或有不用闻食臭时；如寒无寒，如热无热；口苦，小便赤；诸药不能治，得药则剧吐利。如有神灵者，而身形如和，其脉微微。百合病可视证选用百合知母汤、百合地黄汤、百合鸡子汤、百合滑石散等方。究其百合病真正病因,《黄帝内经》有"诸气膹郁,皆属于肺"之说,怫郁不舒,心系不宁,郁火上熏于肺,肺郁则阴虚,这才会出现精神、饮食、行动异于常人的证候。预防调护应从避免精神刺激,及早积极治疗。

◆详辨黄疸病

有年春天,南阳地区发生黄疸病,由于病人很多,张仲景和他的徒弟看病,还要上山采药,每天从早忙到晚,经过一个多月治疗,终于使病情得到控制,得到病人的一致称赞。于是他把这些经验传授给徒弟,后来一并写入书中。

他认为黄疸病除了皮肤眼睛发黄外,还伴有腹痛发热等症状,其病因是由热和湿相互交感所致:病黄疸,发热烦喘,胸满口燥者,以病发时火劫其汗,两热所得。然黄家所得,从湿得之。一身尽发热而黄,肚热,热在里,当下之。脉沉,渴欲饮水,小便不利者,皆发黄。腹满,舌萎黄,燥不得睡,属黄家。

按病因可分为3种:风寒相搏,食谷即眩,谷气不消,胃中苦浊。浊气下流,小便不通,阴被其寒,热结膀胱,身体尽黄。名曰谷疸。额上黑,微汗出,手足中热,薄暮即发,膀胱急,小便自利,名曰女劳疸;腹如水状不治。心中懊憹而热,不能食,时欲吐,名曰酒疸。其中谷疸是为饮食所伤,脾胃湿热内蕴,以食谷即眩为主证;女劳疸是由房劳伤肾所致,以额上黑,小便自利为主正;酒疸是由嗜酒伤中,湿热内蕴所致,以心中郁闷,烦热不安为主证。

根据辨证采用不同方药治疗:谷疸之为病,寒热不食,食即头眩,心胸不安,久久发黄为谷疸,茵陈汤(茵陈蒿六两,栀子十四枚,大黄二两)主之。上(原为右,以下同)三味,以水一斗,先煮茵陈,减六升,内二味,煮取三升,去滓,分温三服。小便当利,尿如皂角汁状，色正赤。一宿腹减，黄从小便去也。

　　黄家日晡所发热，而反恶寒，此为女劳得之。膀胱急，少腹满，身尽黄，额上黑，足下热，因作黑疸。其腹胀如水状，大便必黑，时溏，此女劳之病，非水也，腹满者难治，用硝矾散（硝石、矾石烧等分）主之。上二味，为散，以大麦粥汁和服方寸匕，日三服。病随大小便去，小便正黄，大便正黑，是候也。酒黄疸，心中懊憹或热痛，栀子大黄汤（栀子十四枚，大黄一两，枳实五枚，豉一升）主之。上四味，以水六升，煮取二升，分温三服。并指出：黄疸之病，当以十八日为期，治之十日以上瘥，反极为难治。疸而渴者，其疸难治，疸而不渴者，其疸可治。发于阴部，其人必呕；阳部，其人振寒而发热也。以上这些论点，为后世辨证论治黄疸病奠定了基础，至今依然对临床有指导意义。

第十一章

东汉名医董奉，杏林春暖传佳话

生平小传

董奉（公元 220—280 年，字君异，今福建长乐人。《中医大辞典》说是三国时期吴国人。东汉末年及三国时代著名医师。

少年时，刻苦钻研医学。年轻时，曾任侯官县小吏，不久归隐，在其家村后山中，一面练功，一面行医。由于医术高明，人们把董奉同当时谯郡的华佗、南阳的张仲景并称为"建安三神医"。董奉晚年到豫章（今江西）庐山下隐居，继续行医。吴天纪四年（公元280 年），董奉逝世，享年百余岁。

董奉医术高明，治病不取钱物，只要重病愈者在山中栽杏 5株，轻病愈者栽杏 1 株。数年之后，有杏万株，郁然成林。春天杏子熟时，董奉便在树下建一草仓储杏。需要杏子的人，可用谷子自行交换。再将所得之谷赈济贫民,供给行旅。后世以"杏林春暖""誉满杏林"赞美医师高尚的医家,称中医为"杏林"。

董奉祠堂据载今江西九江董氏原行医处仍有杏林。董奉死后,人们在庐山上建有董奉馆;在长乐有一座山被称为董奉山;在福州的茶亭街河上村有一座明代的救生堂,均为纪念董奉。

主要成就

董奉医术高明,与华佗、张仲景齐名,并称"建安三神医"。

在董奉的一生中,对中国传统医学领域也做出了重大贡献,特别是在针灸和草药方面。他的贡献有助于为后代的中国医生和研究人员奠定基础,他的影响至今仍在中医领域发挥作用。东汉时期是中国政治和社会大动荡的时期。这个王朝的特点是战争频繁、政治阴谋和社会动荡。尽管有这些挑战,这个朝代也是一个文化和科学大发展的时代。东汉时期,许多新的科学领域得到了发展,包括医学。董奉就出生在这一时期,他很快就作为医学学者和实践者脱颖而出。他的贡献主要表现在以下几个方面。

除了在传统中医方面的工作外,董奉还对解剖学和生理学有浓厚的兴趣。在他担任医生期间,他对人体的结构和功能进行了广泛的研究,同时借鉴了传统的中国医学知识和新兴的西医领域。

董奉感兴趣的关键领域之一是研究人体的能量通道,或经络。在传统中医中,人们认为人体的气通过能量通道网络流动,这些通道的健康对保持整体健康和福祉至关重要。董奉进行了详细的解剖学研究,以更好地了解这些通道的结构,他还开发了治疗能量通道不平衡的新技术。董奉对解剖学和生理学的兴趣也使他对人体的器官和系统进行了详细的研究。他对循环系统、神经系统和呼吸系统等课题进行了广泛的研究,并对了解这些系统的运作方式做出了重大贡献。他在这一领域的工作为中医理论的发展奠定了基础,中医理论强调人体各个系统之间的相互联系以及保持它们之间平衡的重要性。

董奉对解剖学和生理学领域最重要的贡献之一是他利用解剖来更好地了解人体的结构。在东汉时期,解剖的做法并不被广泛接受,但董奉认识到它对医学研究的潜在价值。他进行了大量的解剖,仔细记录了他的发现,并利用它们来发展新的理论和治疗技术。

董奉对解剖学和生理学的兴趣对中国医学的发展产生了深远的影响。他对人体能量通道和器官系统的详细研究有助于扩大对中国医学理论的理解,而他对解剖的使用则有助于推动中国医学研究的发展。他在这些领域的工作为后世的中国医生和研究人员奠定了基础,并继续成为全世界医学工作者的灵感来源。

董奉在东汉时期对中医学的影响是巨大的,这既体现在他对医学理论的贡献,也体现在他对医学教育和实践的影响。通过他的工作,董奉帮助建立了中医学作为一个独特的研究领域,并为今天仍在中医学中使用的许多关键概念和做法的发展奠定了基础。

董奉对中医的主要贡献之一,是他在医疗实践中使用了传统的中医药。通过使用针灸、脉诊和草药等技术,董奉能够对人体的能量系统和它们可能失衡的各种方式有深刻的了解。这种理解使他能够开发出一种全面的诊断和治疗方法,不仅考虑到疾病的身体症状,还考虑到病人的情绪和精神状态。

除了在实践中使用传统中医外,董奉还在传统中医框架内对医学理论做出了重要贡献。他在针灸、脉诊和草药等方面写了大量的文章,他的著作成为中医学领域的基础性文献。董奉的著作强调了使用整体方法进行诊断和治疗的重要性，不仅考虑到疾病的身体症状，还考虑到病人的情绪和精神状态。

董奉对西医的兴趣也对东汉时期中国医学的发展产生了重大影响。他研究解剖学和生理学，并将西医的做法融入他的工作中，帮助弥合传统中医和西医之间的差距。这种将西医实践融入传统中医的做法对中国医学理论和实践产生了持久的影响，并为中医的许多关键概念和实践的发展铺平了道路。

传奇故事

"吾亦知医术，平生慕董君；药非同市价，杏以代耕耘；山下虎收谷，溪边龙出云；芳林伐已久，到此仰余芬。"这首诗是清初诗人方文所作的《杏林》，抒发了诗人对名医董奉的敬仰之情。

◆养生有道

据说，董奉高寿有术，能百岁不老。三国时期，东吴孙权在位时，有一位年轻人，中年得志当了县令，他见到董奉时，董奉也就40多岁。后来这位年轻县令调任他地，两人一别50多年，再重逢时，县令已满头白发，而董奉已近百岁，容颜却丝毫未变。据《神仙传》载："奉在人间百年，其颜色常如三十许人。"可见董奉精于养生之术。

少年时期，董奉除了发奋学习岐黄之术外，尤为信奉道家。道家崇尚自然，主张清静无为，提倡道法自然，无所不容。也许正是由于受到道家遗世独立、无为而治的哲学思想熏陶，在那战火纷飞、群雄割据、民不聊生的战乱年代，董奉毅然选择了归隐山林、修道行医。

◆妙手回春

董奉医术高明，仙术有方，特别是对一些垂危患者的抢救和治疗,经常获得惊人的疗效。据《神仙传》记载,有一个人得了严重的疠风病,皮肤溃烂,危在旦夕,被人用车拉着来见董奉,叩头哀求救命。董奉安排患者坐在一间房子里,用五层的布巾盖住他,告诉他不要随意活动。之后放置小动物伸出舌头舔吸患者的身体,过了一会儿,董奉揭下患者身上的布巾后,让他入池中用水冲洗,洗完之后,就让他回家。临走时,董奉告诉患者:"你很快就会康复,注意不要吹风。"果然二十日后,患者身上长出了新皮,皮肤光滑如凝脂。患者后来回忆道,起初觉得一个什么东西来舔他的身体,痛得让他难以忍受。那个东西的舌头好像有一尺多宽,气息像牛一样,不知是什么动物,舔了很久才离去。当时他身上疼痛不堪,但一经董奉的池水洗过后,疼痛马上停止了。董奉的"换皮术"使用的是何种动物? 其玄妙何在? 至今我们不得而知,但不容置疑的是,董奉的医术是非常精湛的。

◆行医惹祸

董奉立志要医病救贫。他的医术很高明,能用杏树与其他的药物配制成药丸和药水给人治病,多有奇效。因此找他治病的人愈来愈多,被他治愈的病人也愈来愈多。医名遍及半个中国的南方。人们把他同当时的华佗、张仲景并称为"建安三神医"。有一次董奉巡医到交州,恰逢交州太守杜燮病危,垂死已经有三日。杜燮的家人求董奉说:"董先生,求求你,能把杜大人的病治好,你要什么都给。"董奉把了一下脉说:"给什么倒不必,按规矩治愈之后替我种五株杏树就是。"果然董奉用一粒药丸放在杜燮的口中,用水灌。可是杜燮病入膏肓,就是不能将药丸吞下去。董奉说:"无妨!"便叫人捧举杜燮的头摆动着,使药丸吞入腹中。奇怪,没有多久时间,杜燮的手足已经微微能动,而且肤色也逐渐有好转,过半天后便能坐起身子,第四天能说话了。杜燮高兴得不得了,无论如何要留董奉在府中居住,且夕优待,把他当作是自己的再生父母。但过了几个月,时过境迁,杜燮渐渐把董奉的恩德忘记了,反而觉得董奉碍手碍脚。当时杜燮正阴谋反叛朝廷,免不了有许多机密大事,怕被董奉知道,泄露到社会上去,因此密谋杀人灭口,害死董奉。

董奉知道这个消息,感慨很深,他想:救人之病,还不如救人之贫?他救了杜燮的性命,可是杜燮却恩将仇报,要加害自己,这是非常非常不值得的事。现在要紧的是先离开杜燮的控制。董奉从小学道,会气功。他便用气功假装死了。杜府家丁报与杜燮知道。杜燮说:"快抬到后山去埋了!"董奉被抬到后山,便"返魂"过来,吓得几个家丁四散奔逃。董奉趁机逃出交州,到江西的庐山结庐行医。

◆杏林佳话

董奉与张仲景、华佗齐名,号称"建安三神医"。在诸多与他有关的传奇事迹中,最有影响力的,莫过于他在庐山行医济世的故事。董奉曾长期在江西庐山隐居,热心为百姓诊疗疾病。他医术高明,对于求治的患者,不论病情轻重,不分身份贵贱,一视同仁,从不拒绝。在治病施药时他不计报酬,只要求治愈的患者在其住宅周围种植杏树,其中病重者种五棵,病轻者种一棵,以示报答。积年累月,治愈者不计其数,而董奉的房前屋后已有杏树万棵,郁郁葱葱,蔚然成林。董奉在此品茗读书,修身养性,修道行医。

每到杏熟的季节,董奉就在杏林中搭建一个草仓储杏谷,并贴出告示,凡有买杏之人都不必通报,只要将带来的稻谷倒入粮仓,自己取走相同容量的杏子就可以了,通过这样公正的方式,每年都能换来粮食。所换得的粮食,董奉会全部用于赈济贫困孤寡和无依无靠的人,以及旅途上盘缠告缺的路人,一年之中救助的百姓数以千计。从此,"杏林"美名四传,誉满天下,"杏林"之词也逐渐演绎成医家的标志,后世称颂医家医德高尚的"杏林春暖"之语,亦盖源于此。

过去董奉在长乐行医,每医好病人皆不收报酬,只请病人愈后在山上种五杏,以后杏熟成果,取杏果以为药。现在到了庐山,仍按前例,只数年种杏树十万余棵,蔚然成林。每当杏熟,储在仓库里,常常是缸满仓流,吃不完,也用不完(指药用),便出示榜文,遍贴乡村说:若有人要杏子,即用谷子来换;一担谷子换一担杏子。自己把谷子挑来,也自己把杏子挑回去,自觉遵守。董奉每年都用杏子换了几十担的谷子,然后赈济给附近村庄的贫民。如此不求名利,乐善好施,所以,后来就用杏林医生称呼他,后世也是用杏林春暖来形容医术高明,医德优良的医生。老百姓都说:董奉既为人医病,又广为救贫,真是天下第一大好人。因为董奉种杏行医救贫的缘故,后代便把医生的职业称为"杏林",董奉是"杏林"的始祖。

我们赞扬一个医生医术高超有很多个形容词,例如杏林春暖、妙手回春、枯骨生肉、起死回生等。其中杏林春暖就是源自于董奉的传说。

董奉仙逝后,庐山一带的百姓便在杏林中设坛祭祀这位仁慈的道医。时至今日,在江西九江庐山莲花峰下、双剑峰麓一处林木非常茂盛、风景十分优美的地方,人们将董奉当时的居处设为纪念馆,周围依然有着一片茂盛的杏林,这里不仅成了人们慕名前来感受"杏林春暖"千古佳话的意韵之处,也成了医师从业者激励自己要努力提高医技、德艺双馨的神圣殿堂。

　　"敷浴治疬""妙手活燮""杏林春暖",董奉留下的这些脍炙人口的医学典故,被后人世代传颂。在中国历史的长河中,董奉不仅是一位崇尚返璞归真的道者,更是一位拥有高尚医风的苍生大医。

第十二章

三国西晋皇甫谧,针灸鼻祖著典籍

生平小传

　　皇甫谧(mì)(公元215—282年),幼名静,字士安,自号玄晏先生。安定郡朝那县(今甘肃省灵台县或今宁夏彭阳县,有争议)人,后徙居新安(今河南义马市)。三国西晋时期学者、医学家、史学家,东汉名将皇甫嵩曾孙。他一生以著述为业,后得风痹疾,犹手不释卷。晋武帝时累征不就,自表借书,武帝赐书一车。其著作《针灸甲乙经》是中国第一部针灸学的专著。其实,除此之外,他还编撰了《历代帝王世纪》《高士传》《逸士传》《列女传》《元晏先生集》等书。在医学史和文学史上都负有盛名。在针灸学史上,占有很高的学术地位,并被誉为"针灸鼻祖"。挚虞、张轨等都为其门生。

　　皇甫谧出身于东汉名门世族，六世祖皇甫棱为度辽将军，五世祖皇甫旗为扶风都尉，四世祖皇甫节为雁门太守。节之弟皇甫规是个文武全才，时为安羌名将，官至度辽将军、尚书，封寿成亭侯，为凉州三明之一。曾祖皇甫嵩因镇压黄巾起义有功，官拜征西将军，太尉。后来，皇甫氏族渐趋没落，但朝中仍不乏做官之人，皇甫谧的祖父皇甫叔献，当过霸陵令，父亲皇甫叔侯仅举孝廉。

　　皇甫谧生后遂丧生母，家道更加衰落，过继给叔父，15 岁时随叔父迁居新安（今河南义马市），在战乱中度过了他的童年和少年。自幼贪玩不习上进，跟村童编荆为盾，执杖为矛，分阵相刺，嬉游习兵。年二十（公元 234 年）。仍游荡无度，犹不好学，人以为痴。一次，谧将所得瓜果进献叔母任氏，任氏说："《孝经》云'三牲之养，犹为不孝'。汝今年余二十，目不存教，心不入道，何以慰我？"因叹曰，"昔孟母三徙成仁，曾父烹豕从教。岂我居不卜邻，教有所阙，何尔鲁纯之甚也！修身笃学，自汝得之，与我何有。"（《晋书·皇甫谧传》）因对之流涕，谧甚感痛，遂拜乡人席坦受书。发奋著述，皇甫谧从此改弦易辙，矢志发奋读书；26 岁时（公元 241 年），以汉前纪年残缺，遂博案经传，旁采百家，著《帝王世纪》《年历》等；40 岁（公元 254 年），叔父有子既冠，丧所生后母，遂还故乡；42 岁（即公元 256 年）前后得风痹症，悉心攻读医学，开始撰集《针灸甲乙经》；46 岁（公元 260 年）时已为名声鹊起的著名学者，魏相司马昭下诏征聘做官，不仕，作《释劝论》，仍耽玩典籍，忘其寝食，时人谓之书淫；五十一岁时（公元 267 年）晋武帝续诏不仕，相传曾到陕西陇县龙门洞、平凉崆峒山避诏；53 岁时（公元 269 年），武帝频下诏敦逼，上疏自称草莽臣，乃不仕；五十四岁时（公元 270 年），又举贤良方正，不起，自表就帝借书，武帝送书一车；61 岁时（公元 277

年),帝又诏封为太子中庶、议郎、著作郎等,皆不应,著惊世骇俗的《笃终论》;68岁时(公元282年),《皇帝针灸甲乙经》刊发经世,皇甫谧在张鳌坡去世,其子童灵、方回,尊父笃终遗训,择不毛之地,将其俭礼薄葬于塬边,世人称之为"皇甫冢子"。

主要成就

他把古代著名的三部医学著作,即《素问》、《针经》(即《灵枢》)、《明堂孔穴针灸治要》,纂集起来,加以综合比较,"删其浮辞,除其重复,论其精要",并结合自己的临证经验,终于写出了一部为后世针灸学树立了规范的巨著——《黄帝三部针灸甲乙经》,也称《针灸甲乙经》,简称《甲乙经》。十二卷的《皇帝针灸甲乙经》在总结、吸收《素问》《针经》《明堂纪穴针灸治要》等许多古典医学著作精华的基础上,对针灸穴位进行了科学的归类整理,在医学领域矗起丰碑。该书共收录穴名349个,比《黄帝内经》多出了189个。明确了穴位的归经和部位,统一了穴位名称,区分了正名与别名。介绍了内科、外科、妇科、儿科、五官科等上百种病症及针灸治疗经验,并对五脏与五官关系、脏腑与体表器官关系、津液运行、病有标本、虚实补泻、天人相应、脏腑阴阳配合、望色察病,精神状态、音乐对内脏器官的影响等问题都作了探讨和理论上的阐述,奠定了针灸学科理论基础,对针灸学以至整个医学事业的发展作出了不可磨灭的贡献。现今的针灸医学不但在国内得到飞速发展,并且已经风靡世界,世界卫生组织已经正式批准,把针灸列为治疗专项,到处受到人们的欢迎。正因为如此,皇甫谧是我国古代历史上唯一与孔子齐名于世界文化史的历史名人。

《针灸甲乙经》,共十卷,一百二十八篇。内容包括脏腑、经络、腧穴、病机、诊断、治疗等。书中校正了当时的腧穴总数的穴位六百五十四个(包括单穴四十八个),记述了各部穴位的适应证和禁忌,说明了各种操作方法。这是我国现存最早的一部理论联系实际,有重大价值的针灸学专著,被人们称作"中医针灸学之祖",一向被列为学医必读的古典医书之一。唐代医家王焘评它"是医人之秘宝,后之学者,宜遵用之"。此书问世后,唐代医署就开始设立针灸科,并把它作为医生必修的教材。晋以后的许多针灸学专著,大都是在参考此书的基础上加以发挥而写出来的,也都没有超出它的范围。直到如今,我国的针灸疗法,虽然在穴名上略有变动,而在原则上均本于它。1600 多年来,它为针灸医生提供了临床治疗的具体指导和理论根据。此书也传到国外,受到各国,特别是日本和朝鲜的重视。足见,皇甫谧的《针灸甲乙经》影响之深远。

皇甫谧与流俗异趣,不趋炎附势,累官不仕,专一著述为务,仅是一名平民学者,而著书之丰,确是魏晋首富。《帝王世纪》《年历》《高士传》《逸士传》《列女传》《郡国志》《国都城记》等文史著作广采百纳,博据考稽,建树史学,对三皇五帝到曹魏数千年间的帝王世系及重要事件,作了较为详尽的整理,在史前史研究领域进行了大胆的探索和尝试,把史前史的开端推到了"三皇"时代,并对"三皇五帝"提出了自己的观点,认为"三皇"有两种说法:一是天皇氏、地皇氏、人皇氏;另一种说法是伏羲、神农、黄帝。"五帝"是少昊、高阳、高辛、唐尧、虞舜,把中国历史起源的时间提前到上古时代;对前人以及《史记》中语焉不详的历史事实尤其是"三皇五帝"的世系纪年及重大活动进行了补充和考证;对历史上地方名称的前后变更及一个民族或王朝迁徙地名的变化作了较详尽的考证;第一次对历代土地、人口情况进行了较为详尽的统计和分析,整理保存了许多宝贵的资料;将历史人物放到一定的社会历史条件下进行考察,肯定了历史人物在历史前进中的作用。因此,清代历史学家钱熙祚曾评价"皇甫谧博采经传杂书以补史迁缺,所引《世本》诸子,今皆亡逸,断璧残圭,弥堪宝重"(清钱熙祚·《帝王世纪序》)。

《皇甫谧集》《玄晏春秋》《鬼谷之注》,玄守、释劝、笃终三论,高士、列女等传,《三都赋序》,并诗诔赋颂,藏珍纳萃,字字珠玑,在文学领域独树一帜。提出了文章的思想性及社会教育作用,要比"美"和"丽"更重要,反对言过其实,浮夸竞兴,博言空类。且许多文章中还保存了珍贵的历史资料,历史价值远远大于文学价值。文章风格犀利,对仗工整,音语铿锵,结构严谨,故事性强,人物形象生动,思想性和艺术性俱佳,对后世文学的发展起到很大的积极作用。哲学观点他继承了先秦以来一元论的哲学观点,认为气是构成万物生命的根源。他在《针灸甲乙经》中指出:"天之在我者德也,地之在我者气也,德流气薄而生也。"这段话的意思是:天之德,地之气,阴阳交合,生成万物,也就是说,天所赋予的是生生之机,气所赋予的是物质基础,两相结合,万物才有生化之机。自然界万物万象正是由于所受气不同而致。从四时气候来说,有春、夏、秋、冬四气,从自然来说有风、雨、雷、电等气,气是天地万物最原始的物质基础。人作为自然界的一部分,也是禀气而成。他在《针灸甲乙经·精神五脏论》中说"两精相搏谓之神",两性之精气结合,产生新的生命,而新生命随着形体的完备,也相应地具备了精神。"人有五脏化五气,所生喜、怒、悲、忧、恐"。可见人的精神状态完全是随着物质器官的形成而出现。人死后,形体消亡,精神就不存在了,"精歇形散"(《晋书·皇甫谧传·笃终论》)正是这个道理。皇甫谧还特别阐述了梦幻的出现,并不是因为精神能脱离形体而独立活动,只是或因为某些因素的刺激,或是有些情绪变化没有消除,或出于生理器官有病等才"使人卧不得安而喜梦。"(《针灸甲乙经》卷六),至于梦有所不同,则是由于刺激的原因不同,或者有病的器官不同,如肝脏有病者,就常梦到愤怒,睡前吃得过饱,就会梦到给别人食物等。准确地表达了物质第一、精神第二,存在决定意识等唯物主义观点。皇甫谧不仅认识到自然界是物质的,而且看到了一切事物都在阴阳两气的矛盾中发展变化,促进了万事万物的盛衰荣枯和社会历史的演化和进步。他在《甲乙经五脏变腧》中说:"故阴阳者,万物之始终,顺之则生,逆之则死",因此,世界上的事物都是矛盾的统一体,"一明一昧,得道之概;一弛一张,合礼之方;一浮一沉,兼得其真"(《皇甫谧·释劝论》)。还认为事物矛盾双方不停地转变,促成事物的发展和进步。在《释劝论》中,他进一步阐述阴阳转化的观点"是以寒暑相推,四宿代中,阴阳不治,运化无穷,自然分定,两克厥中"。阴阳不断转化,同时又互相制约。表达了朴素的辩证法思想。因此,皇甫谧累诏不仕的原因,主要是他树立了正确的世界观、人生观,用辩证法的观点认识问题、分析问题、解决问题。看到了社会动荡和政治旋涡的险恶,正如《晋书·阮籍传》中所说:"属魏晋之际,天下多故,名士少有全者"。因此,不愿意跻身权贵,踏入仕途,与统治阶级同流合污。他认为王朝的更迭和代替,表明社会的进步,而这些历史发展的必然规律是不可逆转的,腐朽和黑暗只是社会进步中逆转的浪花,终究会被冲刷的一干二净。人的活动必须顺时而动,尊重历史发展的必然规律。

传奇故事

皇甫谧累征不就,醉心著作,医学、史学和文学成就都甚高。作为医学家,他位列"中国古代十大名医"之一,与扁鹊、华佗、张仲景等名医齐名。他久病成医，以身试针，编写的《针灸甲乙经》惠及华夏，名扬四海，皇甫谧因此被尊为"针灸鼻祖"。文史方面他著作丰富，其著作的文学价值和史学价值都颇高，其成就也是声名远播。为什么皇甫谧面对血雨腥风的社会现状、"久婴笃疾"的身体，却能够不为高官厚禄所动，以超常的毅力，浸淫书香，著书立说，成就千古学者？也许我们从关于他的传说故事中便能找到答案。

◆以身试针

皇甫谧身出名门，祖上也曾是陇上望族，但他出生的时候是家道中落。公元248年，时年34岁的皇甫谧早已经盛名远播，由于繁重的劳动和常年通宵达旦的读书，使他劳累过度，导致正气不足，再加上风、寒、湿、热外邪入侵，最终使他患上了"风痹疾"（风湿性关节炎），饱受疾病折磨的痛苦。多方求医问药，均没有取得太好的疗效。面对突如其来的打击，皇甫谧并没有因此而消沉。他开始攻读医学书籍，并着重研究针灸，给自己治病，与疾病作斗争。在他钻研医学的过程中，渐渐明白了医学的重要性。通过皇甫谧矢志不渝的学习针灸理论，博览医书，以身试针，自己的病情渐渐得到了控制，并积累了丰富的临床经验。皇甫谧通过对《黄帝内经·素问》、《灵枢经》和《明堂孔穴针灸治要》等书籍深入的学习和研究，并结合自己的实践经验，他一共厘定了349个穴位，比《黄帝内经》多出189个，多出的这些穴位其他书籍也都没有记载，全部是他在自己身上试验而发现的。最终编写出了奠定中医针灸理论的巨著《针灸甲乙经》，他也因此被后世尊为"针灸鼻祖"。

◆洛阳纸贵

由于发愤苦读不辍，皇甫谧非常博学多才，对于经史各家及文学历史等，均有很深的研究，达到很高的造诣。他尤其擅长撰文，写出许多脍炙人口的诗赋。当时有一位著名文学家左思，构思十年写成了《三都赋》，仰慕皇甫谧之名，于是就带着《三都赋》的文稿去拜访他，并希望皇甫谧可给他举荐。皇甫谧看了《三都赋》的文稿，连声称赞，并答应亲自给《三都赋》写篇序文，又请了当时有名的诗人张载给《魏都》作注，刘逵给《吴都》《蜀都》作注。《三都赋》及其序文一问世，洛阳城里的文人和富豪贵族，都争着买纸来抄写阅读，一时把洛阳城里的纸都买光了，洛阳城里的纸价因此突然大涨。

第十三章

魏晋名医王叔和,创作《脉经》著经典

生平小传

王叔和(公元 201—280 年),名熙,字叔和。汉族,魏晋高平(今山西省高平市),魏晋之际的著名医学家、医书编纂家(因为史书《三国志》《晋书》都无其传记,故其生平、籍贯都是后世专家合理推测得来的)。

王叔和幼年时代是在缺衣少食的贫寒中度过的。严酷的生活现实,使他从小就养成了勤奋好学,谦虚沉静的性格。他特别喜爱医学,读了不少古代医学典籍,并渐渐学会了诊脉治病的医术。他在开始行医的时候,因为家境贫穷,衣衫破旧,人们瞧不起他。他只好背着药箱四处流浪,常常食宿无着。由于他对脉学很有些研究,慢慢也治好了许多疑难病人,请他看病的人也就越来越多了，他的名声也就越来越大，逐渐传遍了整个洛阳城。

王叔和年轻时，为避战乱，便千里迢迢投奔荆州的远房亲戚王粲。当时，荆州依长江之险，在州牧刘表的治理下，堪称乱世中的一块净土。在这里，王叔和意外地碰到了多年前的朋友卫汛。卫汛本是河东(今山西省内)人，早年拜张仲景为师，得到真传。王叔和目睹大师行医和著书的风采，深受感染；经卫汛推荐，拜张仲景为师。从此，王、卫二人白天行医，晚上或受恩师指点，或相互切磋医术，进步很快。渐渐地，王叔和的医名传遍荆州。

乱世之中，世外桃源也难得宁静。208 年，曹操南下攻荆州，王叔和随主公刘琮(刘表之子)投降朝廷。求贤若渴的曹操聘请王叔和为随军医生。王叔和到北方后，一面受命治病救人，一面潜心研究关于切脉的理论，声名渐渐传遍许昌城和洛阳城。由于成绩显著，王叔和先后任魏王府侍医、皇室御医等职。

王叔和 32 岁那年他被选为魏国少府的太医令。魏国少府中藏有大量历代著名医典和医书，存有许多历代的经验良方。王叔和利用当太医令这个有利条件，阅读了大量的药学著作，为他攀登医学高峰奠定了坚实的基础。

王叔和其实对太医令这个职务并不感兴趣，他在乎的是太医令可以任意出入王府，也可以借阅历代的著名医典和医书。他夜以继日地阅读医学书籍，长年整理前辈医师的竹简，并以此为乐。当太医令一年多来，他除了救死扶伤外，大多数时间就是整理恩师张仲景的《伤寒杂病论》。

经过连年的战争，许多书简都散落佚失或残缺不全了，即使是几十年前才完成的被称为"方书之祖"的《伤寒杂病论》同样面临这种命运。作为太医令的王叔和深知这部医学巨著的伟大价值，心中十分不忍,便下定决心使这部旷世的奇书恢复其真正的面貌。于是,他四处收集老师的旧证,到各地寻找该书的原本,又通过亲朋好友寻求旧医书,终于成功地得到了全本的《伤寒杂病论》。资料到位后,他进行细心地整理和修复,历时三年才完成了原书中的《伤寒论》部分。让他伤心的是,原书中的《杂病论》部分分散在各种竹简和帛书中,要完全编纂将是一个很烦琐的工作,这就是他临竹嗟叹的主要原因。

直到唐朝,人们发现了一本已经被虫蛀了的小册子,里面的一部分内容正与《伤寒论》相同;另外还有一些内容,是论述杂病的文句,当时尚未面世,但其文风和辞藻却与《伤寒论》极为相似。从形式上来看,这本小册子是一种摘抄本,并非完整的内容。虽然有些遗憾不能得到原本,但终究是一大收获,于是太医令花了几年时间整理,将伤寒部分的内容删去,将杂病部分整理出来,并按老师的原意把此书取名为《金匮玉函要略方》。"金匮"意思是重要且珍贵,"要略"意思是简明扼要。从取名中可以知道这本书内容精要,价值珍贵,绝非一般的市井医书。的确,此书所述病证以内科杂病为主,兼有部分外科、妇产科等病证,为世之罕见。虽然只是不完整的内容,但这部分关于杂病的论述,为后世医家处理许多棘手的医学问题提供了极大的帮助,而王叔和对《伤寒论》的整理使得《伤寒论》能够流传至今,功莫大焉。后来,《金匮玉函要略方》经北宋医家进一步整理后,命名为《金匮要略》,并流传至今。

王叔和在出任太医令期间,还花了大量时间对脉学进行了研究。脉学在我国起源很早,春秋时代的扁鹊所提出"望、闻、问、切"四大诊断手法中,切的就是脉。由于当时科技落后,人们比较迷信,医生不重视脉学从而导致误诊。这种事情医圣张仲景就在《伤寒杂病论》中屡有记载。基于此，王叔和经过几十年的潜心研究，在吸取扁鹊、华佗等名医所著医学脉诊理论的基础上，结合自己多年的临床经验，终于在250年前后完成了我国第一部完整而系统的脉学专著——《脉经》。

《脉经》共10卷98篇，10多万字，记录了诊脉的部位和方法，对24种脉象及其主病作了详尽的描绘阐述，同时根据五脏六腑、阴阳五行阐述了各种病理的变化。此书集魏晋以前医学之大成，对后世脉学有重要指导意义，也对世界医学的发展有推动作用。王叔和也因此被公认为中华脉祖，并名列鄂东五大名医榜首（另外四人为李时珍、庞安时、万密斋、杨济泰）。

值得一提的是，王叔和在养生方面也有一些精辟的见解，这些理论是我国早期对饮食制度养生的最早的较系统的论述。他提出，如要想长寿，在日常生活中要注意四个问题：饮食不能过杂，切忌贪食多饮；饮食有所禁忌，一年四季饮食要区分开；饮食要因人而异，进食前要有所选择；饮食要去劣节优，即使美食也不能吃得过量。

晚年王叔和辞官回到襄阳（今湖北省内），在一个美丽如画的小山村结庐而居，济世救人。由于他医德高尚，医术高明，被当地人称为"神医"，找他治病的人络绎不绝。

约270年，这位编纂"方书之祖"的大功臣，在偏僻的山村溘然长逝，享年80余岁。王叔和的后人把他葬在药王冲（今湖北省麻城市白果镇老爷山上），另一些受其恩惠的村民则在崛山之麓（今湖北省襄阳市城南）建了衣冠冢以作为纪念。

一代名医虽去，但被人们称为"药王坟"的墓茔历经1800年风雨洗礼，至今巍然长存！

　　三晋大地,表里山河,历史悠久,文化厚重,名人辈出。其东南部的上党地区居太行之巅,号称天下之脊,女娲补天,神农尝百草,大禹治水,愚公移山,精卫填海,羿射九日,这些神奇的远古文明传说都诞生于此。处在古上党腹地的高平是神农炎帝故里、长平之战的发生地。高平中部有一座历史文化名山——韩王山,因长平之战而广为人知。此山是高平之主山,或曰屏山,巍峨挺拔,松柏茂密,上有千年古寺法云寺,山之两侧,丹河和小东仓河左萦右绕,真乃一方风水宝地。在韩王山南麓有两个小自然村,两村都不足百户,两村中间原来隔着一条河沟,东面的叫东王寺,西面的叫西王寺,两村之间在20世纪70年代修了一条堤坝,才将两个小村连了起来,合称王寺,现属同一个村委会。王寺村背山临川,得韩王山之龙脉,系藏风聚气之风水宝地。我国古代名医王叔和就出生在东王寺,从少年时代起,他就传承祖业,在韩王山和羊头山采草药,积累了丰富的药理知识,成年后靠行医和熬制膏药谋生。千百年来,王寺村及周边的百姓口口相传名医王叔和治病救人,并能起死回生等传奇故事,村中王姓一族世世代代都为出了一位名医而感到骄傲和自豪,王寺村的村名就是为纪念王叔和而改称的。

　　相传,远在春秋战国时期,王姓一族有兄弟俩因避难来到高平韩王山下,他们被韩王山的自然风光和得天独厚的隐居养生环境所吸引,便决定在此定居下来。为了扼守此地通向韩王山的一条南北走向的河谷,王姓兄弟分别居住在河谷东西两岸,原先并没有村名,只是按方位叫东头、西头。后来,王氏兄弟在此娶妻生子,开荒种田,闲暇之时,便会到山上采药。因为高平是神农故里,懂得草药知识的人很多,他们就虚心请教,跟着当地的老中医学到许多药理知识，再加上兄弟俩悟性很高，成了韩王山下的中医世家。王姓一族在此繁衍生息，过着亦耕亦医的生活。

大约在东汉建安六年（公元 201 年），王家又添加了一个男孩，他便是后来享誉华夏的名医王叔和。王叔和从小聪明好学，受家庭熏陶，耳闻目睹，很快就熟习了各种中草药，并常和祖父、父亲讨论草药的功效及炮制方法。

两晋时期，王姓一族在全国出现了许多名人，西晋有王祥、王览、王浑、王湛、王承、王坦之、王愉、王浚、王戎等；东晋有王导、王敦、王羲之、王献之等名人。王姓一族后来便有了"两晋家声"的美誉。在高平境内的韩王山下，西晋时期东头村的王熙（王叔和，名熙，字叔和）成为一代名医，后成为太医令；西头在北魏时期出了个名宦王琚（并州高平人，《魏书》有传）。高平韩王山下的东头、西头两个小自然村王氏家族空前兴旺，后来村中的耆老便根据"两晋家声"这句赞美王姓一族的名句，将东头起名"东晋村"西头起名"西晋村"。至今西王寺村南还保留着一座明代创修的关帝阁，门洞上篏有一块石匾，题额为"古西晋"，东王寺村南的古阁上原来也有一块"古东晋"的青石匾，可惜此阁在"文革"时期村上搞建设时被拆除，石匾也同时被毁。

岁月匆匆，朝代更替。到了隋朝，国家统一，社会前期相对稳定，人民生活有了很大提高。因西晋和东晋两个朝代已经灭亡，村名还叫"西晋""东晋"不妥，便决定改村名。从西晋到隋，三百多年又过去了，为了让村中王姓子孙后代记住祖辈的功名，便依据东晋村王叔和做过曹魏的侍医（官职），西晋村王琚做过北魏侍中（古代官名），便将东晋村改名为"东王侍"村，西晋村改名为"西王侍"村，古代"寺"与"侍"通用，后来逐渐确定为容易书写的"东王寺"

与"西王寺"。清顺治《高平县志·艺文》收录有明代贤良李向春所作的《察鞠主人自志实迹文》一文,文中提到其祖籍沁源,唐朝时迁到长平王寺,可见王寺村历史悠久。

北宋初期魏国公王彻文才武略,风流倜傥,天下百姓期望他当宰相。然因其刚正不阿,难容于时,终不能遂志。他于是在家庭院中植下三棵槐树,并立下誓言:日后吾子孙必有三公者。后来王彻的儿子王懿敏、孙子王巩果然以贤能而身居高位。王彻植槐树立志,以才德教育后代的家风为当时大文学家苏轼推崇。苏轼为王家作《三槐堂铭》。从此槐树就成为王姓家族的标志。东王寺和西王寺后来效仿宋代王彻种槐明志,便在村中栽了几棵槐树。所植槐树历经几百年风雨,见证了王寺村的历史变迁,成为王寺村王姓的标志。现存的一棵古槐树至今仍枝繁叶茂,民国32年,村民们捐资修了花墙将其保护起来,并立《王寺村建修槐荫围墙壁记》碑作为纪念,还在古槐树旁边建庙供奉槐树神,古槐俨然成了村民心中的保护神。

山西高平地方志中皆记载东王寺村是王叔和故里,绝非空穴来风,而是实实在在的事实。

《泽州府志》卷四十"技术"一节记载:"王叔和,高平人,为太医令。博通经史,洞识修养之道。精诊切,纂岐伯、华佗等书,撰《脉经》,辨析最祥。张仲景作《伤寒论》,文字错简,未易序次,求得叔和汇撰,始成全书。见唐甘伯宗《名医传》。考占籍邑之王寺村,今药碾犹存。"

清顺治《高平县志》卷九"丛谭志"记载:"王叔和为太医令,性度沉静,博通经史,穷研方脉,精意诊切,尤好著述,洞识修养之道,撰《脉经》十卷、《脉诀》四卷、《脉赋》三卷,仲景作《伤寒论》错简，迨叔和撰次成序，得成全书。见唐甘伯《名医传考》。叔和住籍，邑之王寺村。今土窑、药碾俱存。"

《高平地名志》记载："东王寺地处山区，位于县城北 4.5 公里处。为王寺村民委员会驻地。这里古时曾叫东晋村。相传我国古代十大名医之一的王叔和便出生于此。1952 年中央文化部考古学家曾到东王寺村，将王叔和居住的窑洞，用过的石碾、石臼等拍过照片。过去在西关村北的官道旁，曾立有一通大石碑，上面刻着'王叔和先生之故里'八个大字，王叔和是个有真才实学的人，医德高尚，医术精湛，救活了无数危重病人，名声很大。"

1981 年山西人民出版社出版的王怀中、魏填平合著的《上党史话》中有《晋代名医王叔和》一文，文中写道："现在的高平王寺村，有当时王叔和使用过的药碾、碌磻和舂药的石臼。石臼上有泰始三年（267）题记，是文物古迹。"

1992 年出版的《高平县志》在第二十四编"人物"中记载："本县王寺村存有王叔和使用的药碾、碌磻、舂药的石臼，石臼上有晋泰始三年（267）题记。"

《高平市志》卷八人物传一章记载："王叔和，原名王熙，魏晋间高平东晋村（今东王寺村）人。我国历史上著名的医学家。"这些地方志的记载完全可以说明王叔和故里在山西高平。然而现在却流传另一种说法，王叔和故里在山东济宁邹县而不在山西高平，这是怎么回事呢？山东省济宁邹县好像真的成了王叔和故里，而山西高平却成了讹传的名医故里。为澄清事实真相，我们有必要好好捋一捋此争议的来龙去脉。

名人故里本是一件很严肃的事情，然而，因经济利益的驱使和古代传统文化的复兴，名人故里之争变得如火如荼，只要能沾上一点边,能从典籍中找出相关的只言片语,就开始网罗专家学者,开研讨会,发博文,出版专著,将有些著名学者专家用"推测、可能、疑似、也许"等词得出的结论,说成是言之凿凿的事实,结果让普通百姓面面相觑,一头雾水,不知如何应对。

王叔和故里即是如此。王叔和是我国魏晋时期著名医学家和医书编纂家,距今约有1700多年的历史,因年代太久远,再加上《三国志》和《晋书》两部正史中均无传记,事迹仅散见于后世医书典籍中,最早提到王叔和里籍并指出其为高平人的是唐代的甘伯宗。甘伯宗是唐代的医史学家,著有《名医传》,此书收录了从伏羲到唐代的医家一百二十人,并为之作传,其中就提到王叔和。文曰:"晋王叔和,高平人,为太医令。"正是基于唐代的《名医传》,山西好些的地方志中对王叔和均有记录。

《太平御览》引高湛(应为著有《列子注》的张湛)《养生论》说:"王叔和,高平人,博好经方,穷研方脉,精意诊切,洞识养生之道。"张湛是东晋高平人,字处度。官至中书侍郎、光禄勋。他所著的《养生论》其实在宋代早已失传,只是留下部分章节,东晋距北宋已有600多年的历史,《太平御览》应是转述张湛的记载,所用地名应为当时正在使用的"高平"地名,即山西高平,而不是早已消失的山阳高平。朱越利教授在他的《<养性延命录>考》中则认为《养生要集》为张湛(东晋张处度)、道林、黄山、瞿平四家养生理论的合集,编辑者为北魏张湛(张子然)。东晋张处度所著为《养生集》,为《养生要集》所收集。朱越利认为北魏张湛与其时宰相崔浩关系密切,可能受崔浩鼓动信仰道教。因为他从《养生要集》的有关内容分析认为此书的编辑者应为能医的道教徒。也就是说张湛有可能是北魏人,当时上党已有"高平"地名。

宋代医家林亿在校订《脉经》序中言"叔和,西晋高平人也"也是一个道理。他所表达的应是"王叔和是山西高平西晋时期的人"而不是"西晋山阳高平人"。

唐代,孙思邈著《千金要方·卷二十六·食治篇·录河东卫讯记》云:"高平王熙,称食不欲杂,杂则或有所犯。"卫汛尽管是西晋人,但孙思邈是唐代人,也是用正在使用的地名"高平",而非早已消失的"山阳高平"。

最早对王叔和里籍提出疑问的人其实是高平本土学者,清乾隆年间的乡贡生司昌龄。司老先生著有《泫志拾遗》等书,其中有一篇《辨乡贤》。在此篇文章中,他对因地名相同而误写入高平志书的几个名人进行了考辨,可以说多数观点是正确的,如把西晋山阳高平的"王粲"写入旧志中,正是因为"王粲"这个错误,才使司老先生把同为西晋人的王叔和也拉到了山阳高平。这也让后世一些学者,误以为王粲和王叔和都是山阳高平人,都是山东西晋时王姓贵族。司老先生质疑,西晋时山西尚无高平之名,王叔和应为当时山阳高平人。其实这个质疑也很好解释。唐代甘伯宗为王叔和作传时,山西高平地名已经存在了三个朝代,即北魏、隋、唐,并且正在使用,用当时正在使用的名字说他是高平人是很自然的事,而山东高平到隋代大业年间已经不复存在。山东古高平行政名始于王莽新政,其前身是西汉橐县山阳郡,东汉至三国曹魏时期置高平县,属山阳郡,西晋时期仍实行郡国并行制,置高平县属兖州,至隋大业年间并入邹县,至此,山东高平便不再存在。如果唐代人使用一个当时已消失的地名记述事情,应加上"古""旧"之类的字眼,或加上"山东"之类的字眼,否则很易引起误解。因为司昌龄老先生学识渊博对此提出疑问,也是很正常的事。事实上,明清朝以前,山东古代高平县范围内并没有流传王叔和是当地人的说法,尽管有司老先生的质疑,但并不存在故里之争的事情,山西高平还一直被认为是王叔和故里,并且能具体到王寺村,这种情况一直延续到 20 世纪 60-70 年代。当时我国著名的《中医杂志》1960 年第三期刊登陈维养的文章,其中有"王叔和是我国西晋时代的一位伟大的医学家,他是山西高平县人,约生活于公元 215—282 年间,曾作过西晋的太医令,他编撰过'脉经',并且整理了张仲景的著作,在总结及发展祖国医学中的脉学与辨证论治的理论方面作出了卓越的贡献。"

山东济宁市开始关注王叔和是近代的事情,对王叔和"山西说"提出疑问也是在近代以来的事,起因和我国近现代历史上著名的文献学与目录学家余嘉锡有关,他历时五十余年创作了八十万字的《四库全书辨证》,被誉为一部从微观角度研究中国古籍的著作。余嘉锡先生(1884—1955 年)在《四库提要辨证》考证汉晋之间高平王氏见于史传者论述如下:"考后汉太尉王龚,山阳高平人。子畅,官至司空。畅子谦,大将军何进长史。谦子粲,即仲宣也。粲与族兄凯,避地荆州,刘表以女妻凯,生业,业生宏及弼。宏字正宗,见《晋书·良吏传》。弼即辅嗣。粲二子被诛,后绝……汉晋之间高平王氏见于史传具是矣。叔和既籍高平,又与仲宣为同时人,疑是其群从子弟。"

余嘉锡在《四库提要辨证》又云:"案刘表为山阳高平人,受学于王畅,仲宣之于表,为通家子弟,故举族依之,表初欲以女妻仲宣,既嫌形陋,及以妻凯。盖所以报师门之恩也。疑叔和亦尝至荆州依表,因得受学于仲景,故撰次其书,其后刘琮以荆州降,乃与仲宣同归曹操,遂仕于魏,为其太医令。此虽无明文可考,然可以意想而得之者。"

有些专家学者以此为据，认为王叔和与王粲是同时代、同姓、同族人的一伙人，当为山阳高平人，但都忽视了余嘉锡先生在提到王叔和时前面都加了"疑"字。虽然王叔和与王粲是同时代人，但两人家庭背景截然不同，王粲是山阳高平王姓贵族出身，王叔和是山西高平王姓平民出身。如果说其有交集的话则可能是王粲随刘琮归顺曹操后，在曹氏父子手下任职，魏国建立后，王粲任侍中，别称王侍中，而王叔和从故乡一路南下太行山行医，名气渐大，被爱惜人才的曹操所笼络，魏国建立后被封侍医，人称王侍医，后擢升为太医令。只有这样，他们两人同朝为官才有可能认识。

王叔和晚年致力于整理张仲景散失的《伤寒杂病论》和他的同乡好友河东卫汛有很大关系。卫汛是张仲景的弟子，也可能因为这层关系，王叔和与卫汛交游甚广，促成了他接触张仲景的书籍，但王叔和并非张仲景的弟子。余嘉锡先生提到王叔和是张仲景的弟子时，只是谨慎地说"此虽无明文可考，然可以意想而得之者"。

王叔和大约生于东汉建安六年，卒于西晋太康元年（公元201—280年），享年79岁。由于史书并无确切记载，只是通过前人医籍中一些资料得出的推论，生卒年份虽有些出入，但还能达成共识。王叔和对我国医学事业的贡献也无可非议，一是整理《伤寒论》，一是著述《脉经》。史传王叔和墓有两处，一是湖北襄阳，一是湖北麻城。大清《襄阳县志·地理志》曰："晋太医令王叔和墓，在岘山。墓碑及碑明（铭）隆庆元年（1572年），良医正江西浮梁凤冈金尧谟立，范于野题，今于路旁树碑识之。"《襄阳县志·卷六》又载："王叔和高平人，晋乱寓居襄阳，本《黄帝素问》《越人八十一难经》暨仲景、元化之书。撰《脉经》九十七篇，又纂张仲景《伤寒论》三十六卷行世，卒葬岘山，有碑表其处。"大清康熙《麻城县志》曰："晋名医王叔和墓，位于县南三十余里的青龙区。"民国二十四年《麻城县志》记载："晋名医王叔和墓，在县南三十余里青龙尾，相传王系本邑人，为一代名医，著有《脉经》行世，后人钦慕，名其地为药王冲。"据药王冲至王姓道光二年《王氏族谱·序言》称："远祖叔和公……晋神医，敕赐'药王'。王公字叔和。"

关于王叔和的里籍，因山东说的异军突起，现在好多行文中都写为两说（一说在山西高平，一说在山东济宁），但有趣的是山东本省也有"邹县说、金乡县说、微山县说、兖州市说和巨野县说"五种版本，这从另一个角度反证了山东说的民间证据不足，都在乱争，缺乏可信度，曾有学者到山东邹县郭里镇王氏宗族实地考察，无论是家谱还是遗迹，没有留下任何历史痕迹，而山西高平老百姓千百年来口口相传王叔和的传奇故事，王叔和在王寺村家喻户晓，以及"古西晋""古东晋"演变成"西王寺""东王寺"，"晋泰始三年"的捣药石臼，韩王山上王叔和熬药的石屋，王叔和曾住过的土窑洞遗址，王叔和用来碾药的石碾，还有历经几百年沧桑的王姓古槐树等，足以说明高平北城王寺村就是西晋名医王叔和之故里，我们要守住这张名片，为神农故里增光添彩。

主要成就

王叔和在中医学发展史上，做出了两大重要贡献，一是整理千古奇书《伤寒论》，一是著述传世佳作《脉经》。二书曾被作为唐代太医署和宋代太医局医学生的教科书。

王叔和的《脉经》为我国脉学奠定了基础，在中国医学史上产生了深远的影响，同时对世界医学也产生了一定的影响。公元8

世纪初,日本颁布大宝律令,规定《脉经》为医学生必修的教科书,日本医家编撰的《大同类聚方》100卷,其脉学内容也源于王叔和的理论。公元10世纪,《脉经》传入阿拉伯,阿拉伯医学之父阿维森纳所著之《医典》,内里有关脉学的记载大多取自《脉经》。与此同时,《脉经》传入西藏地区,并被译成藏文,对藏医产生了深远影响。

《金匮玉函要略方》是中国现存最早的一部诊治杂病的专著,为后世医家处理棘手的医学问题提供了相当大的帮助。

王叔和在养生学上属于医家养生流派,主张从起居饮食方面进行调摄,以求得长寿,祛病延年。他提出饮食不可过于杂乱,要适量,是我国早期对饮食制度养生的最早的较系统的论述。正如宋代林亿所说:"仲景之书及今八百余年,不坠于地者,皆王叔和之力也。"

著作《脉经》(清代余嘉锡《四库提要辨证》推测王叔和也为张仲景之亲授弟子)他寻求古训,博通经方。他不但精通中医经典方书,而且于脉学颇有研究。唐·甘伯宗《名医传》称:王叔和性度沉静,尤好著述,研究方脉,静意诊切,调识修养之道。宋代张杲亦称其:博好经方,尤精诊处……深晓疗病之源。他一生最突出的贡献是编著了我国现存最早的脉学专著——《脉经》。脉学在我国起源很早,扁鹊就常用切脉方法诊断疾病了。切脉是祖国医学诊断学之"望、闻、问、切"四诊中,重要的组成部分,但是当时仍不为一般医家所重视,如张仲景《伤寒论》自序中指出,有一些医生缺乏脉学知识,或者对于脉学不大讲求,这样临床诊断不明,对于病患者说来是很危险的。因此,为了解决医生在治疗过程中正确应用脉诊诊断的问题,迫切需要一部脉学专著。王叔和搜集了扁鹊、仓公、张仲景、华佗等古代医家有关脉学的论述,并加上自己的临床体会和见解,终于写出了这部著名脉学专书。《伤寒论》《金匮要略》经过连年的战争,许多书简(当时造纸术尚不成熟,书都是写在竹简上的)都散落佚失或残缺不全了,即使是几十年前才完成的《伤寒杂病论》也是同样的命运。作为太医令的王叔和(太医令相当于今天的最高级医院的院长)深知这部医学论著的伟大价值,心中十分不忍,便下定决心使这部旷世奇书恢复其真正的面貌。于是他搜集仲景旧论,到各地寻找该书的原本,终于成功地得到了全本的《伤寒杂病论》,并加以整理和修复,将其保留了下来,就是我们今天见到的《伤寒论》。但书中只有伤寒部分的内容,没有找到杂病的那一部分。直到唐朝,人们发现了一本已经被虫蛀了的小册子,里面的一部分内容正与《伤寒论》相同;另外还有一些内容,是论述杂病的文句,当时尚未见之于世,但其文风和辞藻却与《伤寒论》极为相似。从形式上来看,这本小册子是一种摘抄本,并非完整的内容。虽然有些遗憾不能得到原本,但终究是一大收获,于是将伤寒部分的内容删去,将杂病部分整理出版,取名《金匮要略》。虽然只是不完整的内容,但这部分关于杂病的论述,为后世医家处理许多棘手的医学问题提供了极大的帮助,而王叔和对《伤寒杂病论》的整理使得《伤寒论》能够流传至今,功莫大焉。除以上有关脉学和整理《伤寒杂病论》之外,王叔和在养生方面还有一些精辟的论述。王氏在养生学上属于医家养生流派,主张从起居饮食方面进行调摄,以求得长寿,却病延年。他提出饮食不可过于杂乱,要适量,是我国早期对饮食养生的进行较系统论述者。《王叔和脉诀》脉学著作。一卷。旧题晋代王叔和撰。但一般认为是六朝高阳生托名王叔和的作品。本书特点在于以较通俗的歌诀形式阐述脉理,紧密联系临床实际。书中不少内容是根据王叔和《脉经》重新编撰的。详细论述二十四脉,并立七表(浮、芤、滑、实、弦、紧、洪)、八里(微、沉、缓、涩、迟、伏、濡、弱)、九道(长、短、虚、促、结、代、牢、动、细)之名目。由于易于讲习,流传甚广,影响较大。并由此而派生出不少的脉学著作。如本书后经明代熊宗立加注,改名《勿听子俗解脉诀》,张世贤在本书基础上撰成《图注脉诀》(又名《图注脉诀辨真》);还有不少医家对此《脉诀》做过订正,其中较有代表性的为元代戴起宗的《脉诀刊误》(又名《脉诀刊误集解》);清代李延昰的《脉诀汇辨》等。但书中的观点,对脉义的理解以及文字的鄙浅等方面,后世颇有微词。明代吕复在《群经古方论》中批评高氏"谬立七表八里九道之目"。又《文献通考》认为,本书不见于隋、唐《经籍志》,恐为宋熙宁以前人所托。现存明、清刻本、抄本。学术内容《脉经》描述和区分了各种脉象。书中把脉象分为浮、芤、洪、滑、数、促、弦、紧、沉、伏、革、实、微、涩、细、软、弱、虚、散、缓、迟、结、代、动等 24 种,这基本上包括了人体寸口动脉所反映的各种征象,初步肯定了"寸口诊法"的定位诊断。王叔和还进一步引申区分和掌握各种脉象是切脉的关键,而正确的诊断又是治疗的基础。为此,王叔和在《脉经》中把脉、症、治三者有机地结合起来,纠正了过去把脉学脱离医疗实践,孤立地以脉断症,或者将脉学神秘化等倾向。从此,脉学便成为诊断疾病的内在变化的科学依据。特别应值得后人重视的是《脉经》出现于玄学泛滥的魏晋时代,就显得格外可贵了。为了让人们更好地运用《脉经》,王叔和还编写了《脉诀》《脉赋》《脉诀机要》及《小儿脉诀》等书。王叔和不仅善于从实践中总结医疗的经验,并上升为理论,而且还特别强调对疾病的预防。《御览》载:"王叔和尝谓人曰:'食不欲杂,杂则或有所犯,当时虽无灾患,积久为人作疾。'寻常所食,每令得所,多食令人彭亨短气,或至暴疾。至夏、秋分,少食肥腻饼臛之属,此物与酒食瓜果之类相仿。必时不必即病,入秋变节,阳消阳息,寒气总至,多至暴卒。"

王叔和著成的《脉经》,是继《难经》之后的一部脉学专著。诊脉是中医学的独特诊断方法,脉象也在诊断中占有非常重要的参考意义。在此书中,王叔和对脉学的描述和阐释深刻而细致,可见他脉学的造诣之深。他将脉象分为 24 种,其中对于每种脉在医生指下的特点,代表病证等,都描述得十分贴切,语言生动准确,非常实用。并与"平脉"(正常人的脉象)做了比较和区别。古时诊脉是诊三部九候的,就是人迎(气管双侧的颈动脉)、寸口(手臂外桡侧动脉)、趺阳(足背动脉)三部,每部三候脉共九候,诊疗时过程烦琐,患者还要解衣脱裤,不太方便。王叔和将诊脉法归纳整理,又大胆创新,将这种方法改作了"独取寸口"的寸口脉诊断法,只需察看双侧的寸口脉,便可以准确地知晓人身的整体状况。这一重大的改革,从表面上看是将诊法简单化了,但实际上,这是在对于医理深刻地推衍之后才有可能做到的一种创新,丰厚的医学知识和大量的临证经验才是革新的根本,而且此法至今仍在沿用,几千年来屡试不爽,实实在在的是经得起时间的考验,这一重大成功是大胆识与大学问的结晶。另外,他还强调诊脉时要注重患者的年龄、性别、身高、体型、性格等不同因素,不可一成不变,不能脱离实际情况。他在《脉经》序言中提到,诊脉是很难掌握的,"在心易了,指下难明",也就是将背会的脉学知识灵活准确地应用到实践中,是需要一个艰难的过程的。这句话也成了千百代医家教授和学习脉学时的"警世"之言,对于业医者来说,几乎不可不知。在脉诊的艰苦学习中,习医者也能充分体会重在临床实践,不可纸上谈兵的重要性。王叔和整理千古奇书《伤寒论》,著述传世佳作《脉经》,在中医学的发展史上,是重大的成就。这位太医令,也堪称难得的人才,为学医者作出了榜样。在对于中医学的学习和实践过程中,先要遵古、博古、习古之书以继承前学,才能知新、用新、创新理论以发扬医理,这才是学习中医学,弘扬中医事业的正道。重要观点条文摘录脉理精微,其体难辨。弦紧浮芤,展转相类。在心易了,指下难明。谓沉为伏,则方治永乖;以缓为迟,则危殆立至。况有数候俱见,异病同脉者乎! 夫医药为用,性命所系。和鹊至妙,犹或加思;仲景明审,亦候形证,一毫有疑,则考校以求验。故伤寒有承气之戒,呕哕发下焦之间。而遗文远旨,代寡能用,旧经秘述,奥而不售,遂令末学,昧于原本,斥兹偏见,各逞己能。致微成膏肓之变,滞固绝振起之望,良有以也。今撰集岐伯以来,逮于华佗,经论要决,合为十卷。百病根原,各以类例相从,声色证候,靡不该备。其王、阮、傅、戴、吴、葛、吕、张,所传异同,咸悉载录。诚能留心研究,究其微赜,则可以比踪古贤,代无夭横矣(《脉经·序》)。

传奇故事

三国时期,襄阳来了一个医术高明的郎中,名叫王叔和,师承张仲景,把《伤寒论》学得炉火纯青,医治了不少疑难杂症。王叔和心地善良,为了减轻病人的负担,治病用的中草药大部分是亲手采集而来,遇到穷苦人家,他还分文不取,被襄阳百姓尊称为"药王爷。"

王叔和虽然医术高明,但毕竟不是神仙,不能"起死回生",而且人的寿命也有定数,遇到那些不治之症的病人,哪怕王叔和用上龙肝凤胆,竭尽全力医治,依然无法挽救。

生老病死本是常事，但那些坏心眼的小人咬定王叔和是庸医，病人活蹦乱跳吃了他的药，回家就没了。全因为王叔和医术不精，误诊所致。老百姓哪知道其中的玄机，毕竟人确实是死了，所以大家渐渐地都不敢找王叔和看病，除非到处求医看不好，这才壮着胆子找他碰碰运气。结果，可想而知，经他治疗过的人，死得更多了。

这一天，他外出采药，遇到一户人家正在房顶上翻瓦。这家男主人认识王叔和，就从屋顶上跳下来，开着玩笑说："王郎中，大家都说你是庸医，但凡你看过的病人，最后都会死。我不相信。今天就给我看看吧！"

这家男主人根本没有病，就是想戏弄一下王叔和，可谁知王叔和认真给他摸脉，顿时脸色大变，对他说："糊涂呀，你是不是刚吃过饭，怎么能从房顶上跳下来呢？你的肠子已经震断了，赶紧安排后事吧！"这家男主人不相信，因为王叔和开玩笑，对着自己肚皮"砰砰"拍了几下，想证明自己没病。可谁知刚拍完，脑门上就冒出黄豆般大小的汗珠，倒在地上遍地打滚地说肚子疼得厉害，没过多久就蹬腿断气了。

这件事传出去后，大家更加咬定王叔和邪门，只要经他看的病人准死。一时间，王叔和的名声跌入低谷，大家对他唯恐躲避不及，没有一个病人敢找他看病。

王叔和坦然面对，也不去解释，还是该干嘛干嘛。王叔和家境一般，一家老小全靠他给人治病那点收入维持。没有人看病，就断了生路，揭不开锅。无奈之下，他只好离开襄阳城，到偏远乡下给人看病谋生。

都说树挪死，人挪活。王叔和这一走，就发生了一件离奇的怪事，让他东山再起，名声大噪，成为老百姓的"保护神"。

话说王叔和挑着扁担，带着盖铺卷及药箱来到乡下，历经风吹雨打，吃尽苦头，这一天，刚走到半路，突然下起暴雨，把他淋成了"落汤鸡。"万般无奈之下，他之后慌慌张张跑到附近一处破庙避雨，没过多久，一支送葬队伍也进来避雨，家属披麻戴孝，神情悲痛。一名中年男子双眼红肿，扑在棺材上嚎啕大哭，喊："媳妇呀，你太狠心了，自己走了不说，还把我那没出世的儿子也带走了，这让我怎么活呀"！中年男人泣不成声，周围的人无不掩面流泪。

王叔和看到眼前情景，心里也十分难过。然而当他靠近人群，往棺材下一看，发现棺材里滴出了鲜红的血水，心头顿时一惊，连忙问其他人："请问，这位妇人是怎么死的？"

一个老汉流着泪说："哎，可怜呀，难产死的！"

老汉说罢，王叔和思忖片刻，拍着棺材板决然说："大家都别哭了，人还没死，把棺材揭开，我能把这个妇女的病看好。"

这句话如同滴入油锅的水，大家惊得嘴巴都合不拢，中年男人也不哭了，用怀疑的眼光看着王叔和，红着眼睛说道："先生休要胡言乱语，死者为大，这可不是闹着玩儿的事。"

"你放心，我若没有十分把握，也不会多问此事了，"王叔和认真地说。中年男人上下打量了一番王叔和，见他一副郎中打扮，气定神怡，心中顿时多了几分信任，和他人商量了一番，拍板同意开棺，但也提出一个条件，如果王叔和不能"起死回生"，就罚他披麻戴孝，在坟头磕头谢罪。

王叔和不慌不忙，先是清理了一遍卫生，这才把手伸入棺材，从头到尾认真检查了一遍。

检查完毕之后，王叔和点点头，告诉众人，妇人确实没死，只是难产疼痛昏厥而已，然而时间不等人，大家务必马上准备热水及棉被褓褓，他要替妇人接生孩子。

众人一听，喜出望外，立刻开始忙乎起来，王叔和也从行李里取出几枚银针，手法娴熟而又准确，扎进妇人的三十六处穴位上。

说来也奇怪，王叔和落下最后一根针，妇人居然真的缓缓出了一口长气，幽幽睁开了眼睛，脸上也渐渐恢复了血色。

"神了，神了……"中年男人忍不住惊呼。

王叔和让众人噤声，而后让所有男子退出，只留下几个妇人帮忙打下手。然后气沉丹田，朝着妇人肚脐之处落下两针，只听"哇"的一声，一个男婴生下来了。

人们又惊又喜，中年人当即跪在地上给王叔和磕头，感谢他救命之恩。产妇死而复生，婴儿又能平安无事，这真是让人无法想象。大家把王叔和当成了神仙，四处传播他的美名，谁要是不服气，就会提及这件开棺接生的事。"谁要说王郎中没本事，那就也开棺试试，只要能把死人救活，我们也认他是药王爷。"一句话噎得对方哑口无言，只能灰溜溜离去。

第十四章

东晋名医葛洪，道医炼丹创奇迹

生平小传

　　葛洪（公元284—364年），字稚川，自号抱朴子，汉族，东晋丹阳郡句容（今江苏句容县）人。世称小仙翁。东晋著名的思想家、道学家、炼丹家、化学家和医药学家，被列入中国历史上100个最有影响的人。他曾受封为关内侯，后隐居罗浮山炼丹。著有《神仙传》《抱朴子》《肘后备急方》《西京杂记》等。

　　葛洪出身江南士族和道学世家。其祖父葛奚，三国仕吴，历任御史中丞、吏部尚书等职；从祖葛玄，是三国著名方士。其父葛悌，吴亡仕晋，历迁邵陵太守。葛洪出生于洛阳，幼年随父肥乡（河北邯郸）和邵陵（湖南邵阳）任上；13岁其父病死邵陵，家道中落，辗转返回到家乡句容。其后，历任将兵都尉、伏波将军、广州刺史参军,赐爵关内侯,召补州主簿,转司徒掾,迁咨议参军。后被荐散骑常侍,领大著作,葛洪皆固辞不就。

祖父葛奚,也曾做过东吴的大官,以炼丹著名,人称葛仙公。葛仙公的弟子是郑隐,葛洪就是从郑隐处学习了炼丹术。

葛洪治学严谨,几十年如一日,自经史百家到短杂文章,共读了近万卷。就以他编写《玉函方》(后缩短摘要写成《肘后方》)来说,就阅读了张仲景、华佗等医书和百家杂方近千卷,"收拾奇异,掇拾遗逸选而集之"(《肘后备急方》自序)。他对苦读常常流露出得意之情。他说:"孜孜而勤之,夙夜以勉之,命尽日中而不释,饥寒危困而不废,岂以有求于世哉,诚乐之自然也。"(《抱朴子外篇·勖学》)

葛洪在中年时,晋元帝及晋成帝都曾赐召他高官厚爵,都被他拒绝了。后来,他厌于在家中总被人催请做官,又听说了交趾(今越南北部)一带有炼丹的原料,就主动要求到那里去做县令。皇帝以为这很辱没他的才能,但他并非为了高官厚禄,而是为了方便取得炼丹的原料。上任时,在他经过广州的时候,刺史邓岳留住了他,提供给他炼丹的原料,于是他就隐居在罗浮山,从事炼丹术。

葛洪不但重视学习书本知识,而且重视学习群众的实践经验。他乐于拜有知识的人做老师。他的从祖葛玄,在吴之时,炼丹学道,有一套本事,曾授给弟子郑隐。葛洪知道后,就去拜郑隐为师,把那套本事学了过来。后来,到了广东,他又拜南海太守鲍靓为师。鲍靓精于医药和炼丹的技术,见葛洪虚心好学,年轻有为,不但把技术毫无保留地传授给他,并且把精于灸术的女儿也嫁给了他。

葛洪在对炼丹术的研究上继承和发展了前人的成果,把炼丹术具体化、系统化了。他在罗浮山日夜厮守丹炉,进行了汞与丹砂还原变化的许多实验。他在《抱朴子·内篇》中说:"丹砂烧之成水银,积变又还成丹砂。"丹砂,又称朱砂,就是红色的硫化汞,将它加热后,分解出汞(水银);汞再与硫化合,又生成红色硫化汞。这可能是人类最早用化学合成法制成的产品之一,是炼丹术在化学上的一大成就。

葛洪还在实验中发现了多种有医疗价值的化合物或矿物药。至今,中医外样普遍使用的"升丹""降丹",正是葛洪在化学实验中得来的药物。

晚年,他隐居在广东罗浮山中,既炼丹、采药,又从事著述,直至去世,享年 81 岁。

明代陈嘉谟在《本草蒙筌》中引用了《历代名医像赞》的一首诗来概括:"陷居罗浮,优游养导,世号仙翁,方传肘后。"但这只说出了他炼丹采药,隐逸求仙的一面。其实,他是古代一位鼎鼎有名的科学家,在医学和制药化学上有许多重要的发现和创造,在文学上也有许多卓越的见解。他的著作,约有 530 卷。尚有《金匮药方》100 卷、《神仙服食方》10 卷、《服食方》4 卷、《玉函煎方》5 卷存世。不过,大多已经散佚,流传至今的,主要有《抱朴子》和《肘后备急方》。

主要成就

葛洪世俗职务主要是军职,由将兵都尉、伏波将军、广州参军、关内侯到咨议参军。其主要著作之一的《抱朴子外篇》,是其尊道贵儒的儒家巨著。葛洪的其他成就涉及军事、哲学、文学、音乐、美学诸多方面。

葛洪一生著述颇丰,《抱朴子》是其代表作。该书分内、外两篇。内篇 20 卷,论述神仙方药、养生延年、禳邪却祸之事,总结晋代前的神仙方术,包含守一、行气、导引等,为医药学积累了宝贵的资料;外篇 50 卷,论述人间得失,世事臧否,阐明其社会政治观点。全书将神仙道教理论与儒家纲常名教相联系,开融合儒、道两家哲学思想体系之先河。《抱朴子》的问世,对道教的发展产生了深远的影响。另有《碑颂诗赋》百卷,《军书檄移章表笺记》30 卷,《神仙传》十卷,《隐逸传》十卷;又抄五经七史百家之言、兵事方技短杂奇要 310 卷。另有《金匮药方》100 卷,《肘后备急方》4 卷。惟多亡佚,《正统道藏》和《万历续道藏》共收其著作 13 种。

葛洪记载的"天花"病、沙虱毒、狂犬病,比西方最早的记载,分别早 500 年、1500 年和 1000 年。葛洪还是最早记载结核病和脚气病防治的医学家。葛洪使用青蒿鲜汁治愈疟疾,为后世抗疟疾药物的开发奠定了最可靠的基石。屠呦呦由此获得 2015 年诺贝尔生理学或医学奖。葛洪的"黄连解毒汤",对 2003 年严重急性呼吸综合征发挥了不可忽视的临床治疗作用。葛洪的养生学成就,包括按摩、导引、辟谷、存思等健身术和服饵、食疗和驻颜等服食术以及房中养生术。

对于近代化学,尤其是药物化学的贡献,为世界科学界所公认。葛洪记载的硫化汞合成、消解水银方法、水银软膏治疗皮肤病和"水银丸"治疗"大腹水肿"、从砷化合物中分离出单质砷六项技术,比较欧洲最早记载,分别早了 900 年、800 年、1400 年和 900 年。葛洪还记载铜砷合金和银砷合金的制法。葛洪利用水银(汞)溶解多种金属的特性所发明的鎏金技术,一直运用到现代电镀法发明之前。

这是中国道教史上划时代的著作,奠定了中国神仙道教的神学体系和理论基础。由葛洪奠基开创，葛巢甫构造《灵宝经》和陆静修、陶弘景的继承发展，江南士族道教团队，完成以神仙道教改造旧天师道团，创立了官方化的正统道教。道教三清神灵体系的创立，归功于葛洪及其从孙葛巢甫。

葛洪继承并改造了早期道教的神仙理论，在《抱朴子内篇》中，他不仅全面总结了晋以前的神仙理论，并系统地总结了晋以前的神仙方术，包括守一、行气、导引和房中术等；同时又将神仙方术与儒家的纲常名教相结合，强调"欲求仙者，要当以忠孝和顺仁信为本。若德行不修，而但务方术，皆不得长生也"。并把这种纲常名教与道教的戒律融为一体，要求信徒严格遵守。他说："览诸道戒，无不云欲求长生者，必欲积善立功，慈心于物，恕己及人，仁逮昆虫，乐人之吉，愍人之苦，赒人之急，救人之穷，手不伤生，口不劝祸，见人之得如己之得，见人之失如己之失，不自贵，不自誉，不嫉妒胜己，不佞谄阴贼，如此乃为有德，受福于天，所作必成，求仙可冀也。"葛洪主张神仙养生为内，儒术应世为外。葛洪在《抱朴子外篇》中专论人间得失，世事臧否。他主张治乱世应用重刑，提倡严刑峻法，匡时佐世；对儒、墨、名、法诸家兼收并蓄，尊君为天；不满于魏、晋清谈，主张文章、德行并重，立言当有助于教化。医药学葛洪精晓医学和药物学，主张道士兼修医术。"古之初为道者，莫不兼修医术，以救近祸焉"，他认为修道者如不兼习医术，一旦"病痛及己"，便"无以攻疗"，不仅不能长生成仙，甚至连自己的性命也难保住。葛洪在《抱朴子内篇·仙药》中对许多药用植物的形态特征、生长习性、主要产地、入药部分及治病作用等，均作了详细的记载和说明，对我国后世医药学的发展产生了很大的影响。葛洪的医学著作《肘后备急方》，书名的意思是可以常常备在肘后（带在身边）的应急书，是应当随身常备的实用书籍。书中收集了大量救急用的方子，都是他在行医、游历的过程中收集和筛选出来的。葛洪特地挑选了一些比较容易弄到的药物，即使必须花钱买也便宜，改变了之前的救急药方不易懂、药物难找、价钱昂贵的弊病。我国药学家屠呦呦获得 2015 年诺贝尔医学奖的青蒿素发明，就受到《肘后备急方》的启发。葛洪尤其强调灸法的使用，他用浅显易懂的语言，清晰明确的注明了各种灸的使用方法，只要弄清灸的分寸，不懂得针灸的人也能使用。化学葛洪在坚信炼制和服食金丹可得长生成仙的思想指导下，长期从事炼丹实验，在其炼丹实践中，积累了丰富的经验，认识了物质的某些特征及其化学反应。这也是现代化学的先声。他在《抱朴子内篇》中的《金丹》和《黄白》篇中，系统地总结了晋以前的炼丹成就，具体地介绍了一些炼丹方法，记载了大量的古代丹经和丹法，勾画了中国古代炼丹的历史梗概，也为我们提供了原始实验化学的珍贵资料，对隋唐炼丹术的发展具有重大影响，为炼丹史上一位承前启后的著名炼丹家。葛洪在炼制水银的过程中，发现了化学反应的可逆性。他指出，对丹砂（硫化汞）加热，可以炼出水银，而水银和硫黄化合，又能变成丹砂。他还指出，用四氧化三铅可以炼得铅，铅也能炼成四氧化三铅。在葛洪的著作中，还记载了雌黄（三硫化二砷）和雄黄（五硫化二砷）加热后升华，直接成为结晶的现象。

免疫学的先驱：在葛洪的《肘后备急方》中，关于治疗狂犬咬伤，有这样一段话："杀所咬犬，取脑敷之，后不复发。"当然，他的这一疗法，是在中医"以毒攻毒"思想指导下提出的，此法施后，若再被狂犬咬伤，是不会再发病的，这种非常朴素的免疫学思想，不仅在当时的历史条件下是非常可贵的，而且，对以后免疫学的创立和发展,具有重要的作用。

流行病学、寄生虫病学的先驱:《肘后备急方》记载有肺痨病的传染情况,书上说,害了肺痨病要经年累月才死亡,死了也能传染旁人,甚至传染家族中任何人,所以有人称这病为尸注病。葛氏还在《月寸后备急方》中,提到了六种疟:即疟疾、老疟、温疟、瘴疟、劳疟、疟兼痢,并且提出治疗方法,其中常用者有常山、豆豉、蒜、皂荚、鳖甲等。而更为可贵的是,他提出了应用青蒿抗疟的方法。远在 1600 年前对传染病便有这样明确的认识,是很难得的。

炼丹术的先驱:葛洪的炼丹术,后来传到了西欧,也成了制药化学发展的基石。葛洪在实验中发现了多种有医疗价值的化合物或矿物药。至今,中医外科普遍使用的"升丹""降丹",正是葛洪在化学实验中得到的药物。

葛洪的炼丹术,对于近代化学,尤其是药物化学的贡献,为世界科学界所公认。他的画像曾经挂在美国麻省理工学院的全球著名科学家画廊中,受到后人的尊敬。以葛洪为代表的中国炼丹术,首先传入阿拉伯国家,12 世纪传入欧洲,与西方炼金术一起成为西方近代化学的起源。英文 chemistry"化学"的本义就是"炼丹术"。

传奇故事

◆执着炼丹

南明山是浙南的名山。在南明山云阁崖的石壁上,保存着许多珍贵的摩崖石刻,其中"灵崇"两个隶书大字,相传为东晋葛洪在南明山炼丹时的遗迹。

葛洪是东晋著名的炼丹家,他在大江南北游学多年,熟谙了大量药物知识。他想找个可供炼丹的好地方,就沿着括苍山脉到了山清水秀的处州，又在南明山上找到了可供炼丹的灵泉水，于是就挖井制炉，结庐而居。

丹炉开炼后，南明山仁寿寺的老方丈见葛洪日夜不眠，颇为怜惜，就吩咐一个机灵的小沙弥去相助葛洪。葛洪也很喜爱这个聪明能干的小沙弥，就认真地向他传授炼丹的法子。不多久，这个小沙弥就初步掌握了炼丹的技能，可为葛洪分担一些操作了。

自此，每到深夜，小沙弥就代葛洪守护丹炉，让葛洪休息。

谁知，意外的事发生了。在丹药即将炼好的那个深夜，小沙弥正在全神贯注地守护着丹炉时，突然从墙上跃下一只似狐非狐、似猴非猴的尖嘴小兽，对着小沙弥直叫。小沙弥恼火了，站起身来就去追，谁知那尖嘴小兽非常机灵，又跳又逃，把小沙弥引出仁寿寺，一眨眼不见了。小沙弥气喘喘地返回炼丹炉旁，一瞧，愣住啦！原来那丹炉不知被谁浇灭了，炼丹井清澈的泉水，也被撒上泥沙，搅得混浊不堪。小沙弥见此，心里又恨又急，不觉跺脚，呜呜大哭起来。

哭声惊醒了睡在内室的葛洪，他披衣起床，见此情景，也异常惊骇。他向小沙弥问清了根由，说道："小师弟，别难受，炼丹本是艰难事，哪能次次顺利。来，我们重新开炉吧！"

小沙弥点点头，抹去泪水，又帮着葛洪配方合药重新点红炉火，炼起丹来。接连十多天，都相安无事，眼看一炉新丹又要炼成了。葛洪心里高兴，小沙弥也感到快活。

这一夜，葛洪实在太疲乏了，在小沙弥劝说下，回卧室去打个盹。葛洪离去前，叮咛小沙弥，一定要添旺炉火，待炉火烧得白色无烟无光时，即叫醒他，他要对丹药"飞伏"。这样，此炉丹药就炼成啦！小沙弥连连点头。

葛洪进卧室后,小沙弥就坐到炉前,全神贯注地烧着炉火,烧着烧着,到了夜半子时,眼看炉火由红转紫,由紫转青,由青转白,渐渐没了烟和光亮。小沙弥心里欢喜,正待进卧室去叫葛洪,忽然"扑"的一声,从围墙上跌下一物,一瞧,又是那似狐似猴的怪物。那怪物一落地,就对着小沙弥戏逗,又向丹炉撒泥沙,惹得小沙弥勃然大怒,呼叫着去追赶。怪物逃出仁寿寺,跃上石梁,随后又腾身进入林丛中隐没了。

沉睡中的葛洪听到小沙弥的吆喝,忙翻身下床走出卧室,只见丹炉前一只似狐非狐、似猴非猴的怪物在灭火开炉掏丹。他厉声大喝道:"吠,何方怪物,敢来动我丹药!"

怪物听到喝叫,急忙转身就逃,葛洪紧步追赶。怪物从仁寿寺后门跃出,逃过高阳洞,登至云阁崖,攀住蔓藤,几个急荡,就上了陡峭的云阁崖,一声尖啸,不见了影踪。

葛洪对着云阁崖骂道:"孽障!"随即转身而下。他返回炼丹房,见小沙弥已回来,两人急忙重理丹炉。丹药因没适时"飞伏",已凝结变性,一炉即将炼好的丹药,又成了废物。

小沙弥嘤嘤地哭了,葛洪劝慰着说:"小师弟,莫伤心,这炉丹没炼成,我们可以从头再来!"

小沙弥抹了泪水,又帮着葛洪操作起来。不久,外出云游的老方丈回来了,葛洪和他谈起炼丹中两度遇见似狐似猴的怪物事,老方丈听了笑道:"唔,山鬼也想长生不老!"

葛洪问道:"老禅师此话是什么意思?"老方丈告诉葛洪:此似狐似猴的怪物叫"山魈",山魈比狐还刁,比猴还灵,人称"山鬼"。说它坏,它从不伤害人畜,说它好,它又常戏逗作闹。此怪物很罕见,往昔在云阁崖曾有一对,已多年不见,近日大概闻得仙翁在此炼丹,它们亦想长生,所以又出现了。

葛洪听了老方丈的讲述,拈须笑道:"呵哈,连孽兽也想长生不老,难怪人间帝王都想万寿无疆。可谁又知,最好的丹药,也只能治病,不能长生呀!"

老方丈稽首说:"可见贵人跟孽兽一样无知,人说有钱可使鬼推磨,无奈有位不能保长生,唉,无知者多可怜,阿弥陀佛!"

葛洪频频点头,然后说道:"孽兽无知,但却刁顽,两度坏我丹药,葛洪欲除之,老禅师意下如何?"

老方丈忙摇头道:"不,不,孽兽虽顽,但如前说,它从不伤人害畜,更何况十分珍稀,佛门慈悲,老衲素忌杀生,仙翁千万不能伤害它们呀!"

葛洪听老方丈说得有理有情,即接言道:"老禅师所言极是,葛洪定遵意行事!"

葛洪和老方丈话别后,即和小沙弥去抬来一块青石,又点又画抹上了朱砂,把它放在石梁上,随后又走上云阁崖,挥动朱砂丹笔,在云阁崖的石壁上书写了"灵祟"两个苍劲飘逸的隶书大字,写毕,大声念道:"灵祟灵祟,灵在峻峰,丹笔一挥,吓煞山鬼大虫!"

念完,即下云阁崖,走回丹房,招呼小沙弥,又点燃炉火,配制药物,炼起丹来。

丹炉烧了七七四十九天,炉火终于由红转紫、转青、转白,眼见丹药要炼成啦,葛洪又向小沙弥作了交代,然后装着呵欠连声,走进卧室去了。

葛洪进卧室不一会儿,那似狐似猴的山魅又来了。山魅对着小沙弥戏逗,小沙弥站起身来就去追赶,追出仁寿寺,山魅几纵跳上了石梁。突然,从云阁崖上闪出两团红光,直照得石梁明晃晃的。红光下，但见石梁上蹲伏着一只青毛狮子，那青毛狮子正眼射凶光，口似血盆，仿佛要搏击下来。山魅一见，吓得"吱吱"地连声怪叫，夹尾缩颈，跌下石梁，哀叫着逃进了丛林。

这时，另一只山魅已从围墙上跃了下来，潜到丹炉前，正待去掏丹药时，忽听炉旁传来一声大喝："孽兽，休得胡闹！"

山魅一瞅，只见葛洪端端正正地坐在炉旁看守炉火。随着一声大喝，葛洪对着山魅把手一扬，丢出一颗小药弹，"轰隆！"一响，小药弹炸裂开来，吓得那山魅魂飞魄散，没命地从仁寿寺后门逃了出去。山魅逃过高阳洞，跳上云阁崖，正待攀藤上去，突然见崖壁上的"灵崇"两个大字闪起红光，红光霎时间化成两团灼灼的火球，照灼得山魅毛焦肉烫。山魅厉声哀号，跳下云阁崖，钻进草丛，不知去向了。

自此，南明山一带就再没出现过山魅的影迹。这对山魅呢？已被葛洪手书的"灵崇"两字吓得屁滚尿流，逃进括苍山峦的深山老林中，再也不敢出来了！

没了山魅的戏闹，葛洪就在南明山定居下来，相继炼制了好多炉"金丹"和"银丹"，并经常为民治病，深受处州百姓的赞颂和爱戴。

如今，在南明山石梁下蹲伏着一只青石巨狮，据说就是葛洪点化成的。而葛洪手书的"灵崇"两字，现在仍清晰地留在南明山的云阁崖上。

◆背母逃难

很久很久以前，在东海的一个海岛上，连年战争，兵荒马乱，弄得人心不正，世风日下。结果，惊动天庭，玉帝降旨，派八仙中的吕洞宾下凡查访。

　　吕洞宾下凡后化身成银须白发,弯腰驼背的老翁,来到岛上开了一家油店。店前高高挂一块招牌,上写四个大字:"如海油店"。大门上还贴了对联一副:进门买油随君灌,解囊付钱任尔愿。

　　不久,整个岛上都传开了,远近人家,提瓶拿罐,背壶担桶,纷至沓来。一进油店,都争先恐后地把油罐装得满满的,只三两个人拿出些零星铜钱,其余人都分文不给。老翁看后,心里感叹不已,果然,世上贪心之人多如毛,清白的人有几个?但也不声张,静观其变。

　　一天,油店来了个十二三岁的男孩,衣服破旧,右手拿着一只缺口的碗,左手拿着五个铜钱。他先把铜钱一个一个地放在柜上,然后盛了值五个铜钱的油就走出店堂。老翁看到这孩子的举动,急忙拉住他和气地问道:

　　"小哥,你怎么只盛这点油啊?"

　　"我只拿出五个铜钱,所以只能盛这些。"小孩回答说。

　　老翁见他人小气正,说话有理,试探道:"哟,这油店的油随你盛,随你灌,付不付钱随你便,你为什么不多盛点去?"

　　"我娘说过,穷要穷得清白,人要做得正派,一个钱只能换一个钱的货,不能有非分之想。"小孩很认真地说。

　　老翁微微一笑,暗暗钦佩。他又问道:"小哥,你姓甚名谁,家住何方?府上还有何人?"

　　"小的姓葛名洪,俺娘给人家帮佣,家里只有我娘俩两个。"

　　老翁听了,连连叹息。走近小孩身旁低声道:"小哥啊,你可知道,不久这里就要发生大劫难。以后你若看到街后大石坟前两只石狮子的眼睛出血,就立即背上你娘向西逃奔,切记切记。"

　　葛洪听了,将信将疑,但看到老翁的神态诚恳,也就记在心上，回家去了。

第二天，油店就歇业了，老翁也不知去向。葛洪回到家里，把老翁说的话，告诉了娘。他娘也感到奇怪，于是就天天叫葛洪去看那两只石狮子。正巧，有个屠夫，看到葛洪每天在坟前察看石狮子，觉得奇怪，于是就问他为啥如此。葛洪把事情的始末说了一遍。

屠夫听了，哈哈大笑说："天下哪有这样奇事？"边说边走了。就在第二天一早，屠夫故意将猪血抹在石狮子的眼睛上，想取笑和捉弄葛洪。不多久，葛洪果然来了，当他走到坟前，不禁"啊"的一声惊叫，不好了，石狮子眼睛果真出血了！边说边急忙掉转头，直奔回家里背起老母，拔脚朝西飞奔。这时，天空忽然阴云密布，罩得大地一片昏暗。霎时间，电光闪闪，雷声隆隆，狂风骤起，暴雨如注。阵阵巨响，山倾屋倒。回首张望，所过之处，顿成汪洋，汹涌的波浪，由东而西滚滚而来。

葛洪惊得脚不点地地背着娘急步而逃，顾不得山高路险，接连奔了三天三夜，直累得气喘如牛，汗流如注，头晕眼花，简直快要垮了。可背后的大水滚滚而来。他娘见此状，凄声叫道："儿啊，你背着娘，跑不快，连累你，娘已这般年纪了，你还是独自逃生去吧，不要管娘了！"

"娘，快别说这样的话，不管是死是活，娘儿俩总得在一起啊，我决不会把娘丢下不管！"葛洪说完仍背着娘向西疾走。

不知道走了多少路程，也不知道到了什么地方，迎面见一座峻岭，母子俩疲惫不堪，倒在岭下。说也奇怪，这时乌云四散，雷声转弱，背后的汪洋波涛也渐趋平静。等到母子俩走上山顶，已是天空明净，阳光普照，风平浪静了。

　　葛洪娘俩再往南行,走到灵峰山麓,看到这里山清水秀,林木苍郁,山花遍野,是一个幽深的好去处。于是,就在山腰搭间茅屋,定居下来。但异乡客地,举目无亲,家里又空无一物,做娘的难免伤心犯愁。葛洪忙宽慰道:"娘,你不要着急难过,孩儿已是十多岁的人了,即日上山打柴卖钱,侍奉母亲,也就是了。"自此,葛洪母子就以打柴为生。

　　这年冬天,北风呼啸,大雪纷飞,分外寒冷。满山的柴草都被冻得枯萎。为着生计,葛洪还得上山打柴。谁知跑遍了大山小沟,却找不到一束可砍的柴草。没奈何,葛洪只得懒洋洋地走下山来。走着,走着,不意看到下面溪坑旁长着一丛芦草,郁郁葱葱,十分茂盛,心里不禁一热,立刻奔过去,把它砍下来。不多不少,刚够一担,于是就喜滋滋地挑回家来。第二天,葛洪上山路过那里,不觉呆了一下:只见这丛昨天曾被砍得精光的芦草,今天又长得如昨天一样郁郁葱葱。于是葛洪又把它砍了下来,挑回家去。就这样,他天天到那里,天天砍一担复生的芦草挑回家来。

　　几天以后,葛洪就把这一奇事告诉了娘。他娘听了也感到新奇,给儿子出了个主意:"儿啊,我看索性把它连根掘来,种到我家屋前,砍卖起来,岂不方便多了?"葛洪一听,觉得有理,遂点头应允。高高兴兴地上山来到这丛芦草前轮起板锄就掘呀,掏呀,掘呀,掘呀。一会儿,"砰"的一声响,被掘的土坑里冲出白光一道。葛洪定睛一看,土坑正中有一颗晶莹透亮、滚圆溜顺、银光熠熠的明珠,足有鸡蛋那么大。葛洪惊喜不已,小心翼翼地拿起这颗明珠,藏进怀里,跑回家来告诉娘亲。

　　说起这颗大明珠,来历委实匪浅。其实是吕洞宾见葛洪至诚至孝,决心度他成仙,便向龙王那里要来龙珠一颗,埋于芦苇根下。

葛洪娘见儿得奇宝，欢喜非常，嘱其藏放在破柜里。没想到第二天拉开柜门一看，竟都是黄澄澄的金，白花花的银。把它放到空衣箱里，过一天，衣衫满箱。把它放在谷仓里，谷满仓，把它放到米缸里，米满缸……葛洪家里骤然富了起来。但母子俩仍是和过去一样勤勤俭俭过生活，家里的金银财宝，衣衫粮米，全部救济给贫苦的人们。就这样，冬施被，春舍布，病捐药，荒年赈米粥，平日修桥、铺路造凉亭，方圆百里，人人传诵，个个敬仰。

谁知祸从天降。当地有个姓傅的老财，闻听葛洪家里有颗稀世明珠，能要啥有啥，不禁眼红手痒，就与官府相勾结，企图抢夺明珠，占为己有。

那天，傅老财率领打手、差役，各拿刀枪棍棒，如狼如虎，直扑葛洪门前。葛洪走出门外，拱手说道："各位驾到，不知有何见教？"

"嘿，装什么蒜？你施用妖法，笼络百姓，煽动民变，图谋不轨。如今奉了县太爷之命到此，你快把那妖珠交上来！"傅老财气势汹汹地威吓着。

"我那珠子，一不是抢的，二不是偷的，乃上天所赐，与王法有什么相干呢？"葛洪据理力争。

傅老财一听他家里果然有明珠藏着，心中大喜，吩咐手下道："快给我进去搜！"众打手差役一拥而入，上上下下，里里外外，翻箱倒柜，掀缸揭锅，闹得个鸡飞狗跳，却不见那珠子的一点踪影。傅老财贼眉一皱，贼眼一溜，心想屋里搜遍不见，莫非那明珠在他娘儿俩身上？于是又喝令打手往葛洪身上搜查。这一下可把葛洪急坏了，因为前一天，葛洪风闻傅老财串通官府，要来搜抄明珠，所以把它紧紧藏在贴胸的袋里。现在众打手真要搜身，不由得情急生智，猛地朝山上奔去，边奔边把袋里的那颗明珠拿出来含在嘴里，以防被夺走。

葛洪心急火燎，拼命奔跑，刚想喘口大气，谁知"咕噜"一声把明珠咽进了肚里。顿时，身体猛地长高，脚下就像生了风一样，把那伙追来的人甩得远远的。但他马上感到浑身燥热，口中渴得似要喷出火来，就径自奔到溪边，伏下身大口大口地喝起水来，没几口竟把那条溪水喝得精光。整个身体又宛如堕在云中，摇摇晃晃，飘飘荡荡。葛洪就地一滚，忽地变成了一条五彩金龙，浑身鳞光灿灿，两目闪闪如电，昂首摆尾，掉头往回飞。那伙人还闹不清是怎么回事，金龙已飞到他们的头上，张开大口，"呼——"地喷出一道水柱来。其白如练，其急如瀑，劈头盖脸地喷得这班恶棍们头破血流，折腿断臂。那个贪心的傅老财，被喷得跌下深谷，撞在岩石上，一命呜呼。

葛洪娘也颤巍巍地赶了上来。一见儿子化成金龙，斗倒了老财，心中惊、喜、悲、急交集一起。那条五彩金龙从云端里飞舞而下，来到娘的跟前，摇了三次头，摆了三次尾，复又扭转龙头，腾空飞去。葛洪娘连声招手高喊："葛洪我儿，你莫走呀，你莫走呀！"金龙听了娘的话，频频回首，大有依依不舍之情。不久便一声长吟，径直朝东海飞腾而去。

从此，葛洪娘日夜想念儿子，常常来到山岗上眺望呼喊："我儿啊，你在哪里？葛洪啊，你在哪里？"说也奇怪，每次娘一喊叫，海上就云雾升腾，白浪排空，一条五色金龙跃出水面，矫健如飞地越过金塘江，游至下三山，来与娘遥遥相会。其间，娘叫几声儿，金龙就点几次头，然后回首入海。

以后，人们就把葛洪娘眺望金龙的那个山岗，取名为"望洋岗"，别称"茅洋岗"。

很多年过去了，葛洪娘也早已过世。然而，他娘儿俩的故事，却被世代传诵。后人为表示崇敬和纪念，在灵峰山建起禅寺，敬奉葛洪为仙，尊称葛仙翁；又在望洋岗上建起了望洋庙，敬奉葛洪之母，香火历千百年而不衰……

◆罗浮山结缘

葛洪是东晋时期著名的道士、炼丹家、医学家，他的传奇人生与一座山有着千丝万缕的关系，下面就来谈谈葛洪与罗浮山的结缘故事。

话说针灸鼻祖皇甫谧去世后的两年，葛洪出生在丹阳郡句容县的一个没落的士族家庭里。当时的士人贵族大多喜欢玄学，追求长生不老，于是有关炼丹、长生不老方面的书籍成为当时的畅销书，也催生了一种叫炼丹师的职业。恰好葛洪的家里也收藏了一些畅销书。

读书是能影响人的价值观的，读了好书，那是幸事；但如果读了不靠谱的书，还交了不靠谱的朋友，那就"悲剧"了，葛洪就属于后者。

葛洪小的时候就开始翻看家里收藏的有关炼丹、长生不老的书，从此长生不老的思想就开始在葛洪脑里生根发芽，他的理想要要成为最牛的炼丹师！

葛洪十多岁就开始按书上的记载的配方开始尝试炼丹。要知道那时炼丹是非常"作死"的，中国古代四大发明"火药"，就是炼丹术士在炼丹过程中发生意外爆炸发现的。但是葛洪痴迷爱上这项"作死"的活，并玩出了"作死"新高度。

当时的炼丹技术很落后，现场估计是浓烟滚滚，污水四流，这样的炼法肯定是不能在居民区搞的，要是在今天，环保部门绝对要对其进行严厉查处。当时四处打仗,为了不被打扰,葛洪干脆搬起炉子,去深山老林专门炼他的仙丹。

那个时候,葛洪身边最值钱的东西,估计就炼丹的炉子了。或许是有关神仙的书看多了,葛洪的眼光也有了灵性,他选的炼丹地方,风景都很不错。

他先是在杭州、宁波一带活动了一段时间。有一天,他背着炉子,来到一个叫杭州富阳的地方,也就是现在杭州富春桃源景区,就被这里的山水吸引住了,他决定在这里好好支炉炼丹。后来,当地人还把一条溪流叫"葛溪"。

葛洪在这里估计掌握了炼丹的核心技术,丹药进入稳定的量产期。因为他炼出的仙丹,已被越来越多的官员食用,于是纷纷有人推荐葛洪去做官。奈何葛洪对做官完全没有兴趣,炼丹才是他的最爱。

其中有一个叫干宝的人和葛洪关系很好,干宝推荐他去朝廷做国史的编修工作(相当于今天的社科院工作人员),葛洪对他表示鄙视,认为干宝太不尊重他的职业了,于是干脆搬走。干宝这个人还是对葛洪产生过很深的影响,葛洪写的那部《神仙传》,估计就受了干宝的影响。干宝是谁?就是中国志怪小说的鼻祖《搜神记》的作者。

搬到哪里去呢?

葛洪听说交趾(今天的越南)北部盛产炼丹的材料,于是决意南下,连当时皇帝都留不住他。走到今天佛山南海一带,他听说这里有一位精通谶纬之学,能预见未来的奇人叫鲍靓,于是前往拜访,两人一交谈,相见恨晚呀。

鲍靓对葛洪说,"小葛,我看你骨骼惊奇,是万中无一的炼丹奇才，我这里有一套祖传的炼丹奇法决意传授予你!"不仅如此，还把自己唯一的女儿鲍姑许配给了葛洪。要知道，此时葛洪已经是50多岁了，而鲍姑才10多岁。

葛洪想都没有想到，自己光棍大半生居然能遇到这等好事，既继承了鲍玄的学业和技术，又抱着美人归，葛洪这次真是赚大发了。

葛洪以为自己会一直南下，未曾想到了广州境内，却被时任刺史邓岳留住了。邓岳用了什么方法呢?

第一招依然是老招数，邓岳推荐葛洪去做东官太守（大约相当于今天的市长），葛洪当然没有兴致;但第二招，葛洪却没法拒绝了。因为邓岳跟他说："您老不远万里携家带炉南下交趾，不就是为了寻求炼丹的原料嘛，我这里就有一座宝山，有充足的炼丹材料，足够你炼丹了。"葛洪一听，有这等好事? 于是追问这个宝山在哪里，邓岳就告诉他，宝山就是境内的罗浮山。

于是葛洪欣然前往，并在这里设炉炼丹。

自从葛洪把炉搬到罗浮山之后，便再也没有搬走。他隐居冲虚观，潜心炼丹、著书。葛洪著书丰富，其中最重要有《肘后备急方》、《抱朴子》内外篇、《金匮药方》、《神仙传》。

有一天，他写书给邓岳，说："当远走寻仙师，即刻起程"。邓岳收到书后，急忙赶来道别。葛洪端坐中午，溢然长逝，卒年81岁。他就像睡着了一样，邓岳赶来已来不及见最后一面了。据传，葛洪身死，面色如生，身体柔而不硬，入殓后，棺材很轻，就像只装了衣服一样。人们都说，葛洪尸解升仙而去。现在，罗浮山脚下，依然还有葛洪的衣冠冢。

◆洗药池

罗浮山冲虚观上面不远，有个八角形的小池，池中生满了荷花,池旁有一块巨石,台湾丘逢甲在石上题有"仙人洗药池"五个大字。据说葛洪(晋代炼丹术士,医学家)在冲虚观修炼时,为给黎民百姓治病,上山采药,就在这个小池中洗药。所以池中水也沾满了"仙气",能够治病。

传说离罗浮山百里之遥有个村子,村中有一家姓丁的,母子二人过日子,儿子名叫阿寿是个孝子,侍奉老母十分尽心。有一天,阿妈说眼睛疼,到晚上就什么也看不见了,阿寿急得茶饭不思,到处求神问卜,找了好几个医生,都说无法医治了。可是,阿寿不死心,仍然四处打听哪里有名医。后来,他听人说罗浮山有位"活神仙"葛洪,医术高明,药到病除,而且心地善良,给穷人治病分文不取。阿寿十分高兴,背起阿妈连夜向罗浮山走去,走了两天一夜,到了罗浮山。可是,葛洪已在两天之前"仙逝"了,一听这话,阿寿的身子一下子软了,他将阿妈放在洗药池旁,蹲下身,捂着脸,放声哭起来。

阿妈劝他说:"阿寿呀,别哭了,你拼死拼活将阿妈背到这里,尽了心意是阿妈命该如此,眼睛治不好啦! 阿妈好渴,你给阿妈舀点水喝吧。"

阿寿只好擦干眼泪,从背裕里拿出个椰壳碗来,他看洗药池的水碧绿洁净,便舀了一碗捧给阿妈。阿妈喝完了水,觉得眼睛发干,就用手指蘸了点水擦眼睛,这时,奇迹出现了,她双目复明了!她又惊又喜,四处张望,对阿寿大喊起来:"阿寿呀! 我看见你了!阿妈这不是做梦吧?"

阿寿看着阿妈那双发亮的眼睛,也高兴地说:"阿妈呀,这是真的,这不是做梦! 葛仙把你眼睛治好了。"

母子俩跪在地下,对着洗药池,对着罗浮山连连叩头,感谢葛仙救了他们。

这消息像长了翅膀一样传向四面八方，惊动了四府八县，来罗浮山讨"仙水"治病的人络绎不绝，一伙又一伙，小路都被踩平了，踩宽了。这消息也惊动了山下一个大土豪黑老虎，他想这可是发财的好机会呀，他立即派打手上山，霸占了药池，又派人在洗药池周围建了围墙，只留一个小门出入，讨一盅"洗水"收纹银5两。

可是自从黑老虎占领药池之后，就把"仙气"冲了，池里的水也不能治病了。

第十五章

南北朝名医陶弘景,药物分类第一人

生平小传

陶弘景(公元456—536年),字通明,丹阳秣陵(今江苏南京)人,出身江南士族家庭。据说他母亲郝氏梦见两位仙人手执香炉来到居室,因而怀孕。陶弘景长成后,相貌伟岸,与众不同。他额头高隆,眉清目秀,耳朵长有两寸长的毛,右膝盖上几十粒黑痣排列成北斗七星的图案。

陶弘景4~5岁就能认字,9岁读遍儒家经典,10岁时得葛洪《神仙传》,昼夜研读,萌发养生之志,曾对友人感叹说:"仰青云,睹日月,不觉为远矣。"16岁时,陶弘景不仅读书万余卷,而且善琴棋、工草隶,精通阴阳五行、风角星算、山川地理、方图产物、医术本草,是江东有名的才子。20岁时齐高帝引为诸王侍读,后拜左卫殿中将军。30 岁左右,拜道士孙游岳为师,受符图、经法、诰诀,遂遍游名山,寻访仙药真经。南齐永明六年(公元 488 年),在茅山得到杨羲、许谧手书真迹。永明八年东行,拜谒各地居士和法师。永明十年(公元 492 年),辞去朝廷食禄,隐居句容句曲山(今江苏茅山),传上清大洞经箓,开道教茅山宗。梁武帝即位后,多次派使者礼聘,坚不出山。朝廷每有大事,常往咨询,平时书信往来频繁,当时人称为"山中宰相"。陶弘景继承老庄哲理和葛洪的仙学思想,糅合道、佛二教观念,主张道、儒、释三教合流,认为"百法纷凑,无越三教之境"。继陆修静之后,进一步整理道教经书,颇有贡献。撰成《真灵位业图》,排列了包括天神、地祇、人鬼以及群仙众真在内的等级森严的神仙世界。他还整理《神农本草经》,增收魏晋间名医所用的新药,编成《本草经集注》七卷,共记载有药物七百余种(原书已佚,现在仅存敦煌残卷)。其著作很多,除上面提到的以外,还有《真诰》《登真隐诀》《养性延命录》《集金丹黄白方》《药总诀》《华阳陶隐居集》等。能书善画,通琴棋医术。书法工于草隶,其画清真。书画有《二牛图》《山居图》《瘗鹤铭》等。

由于陶弘景的青少年时代都处在刘宋统治集团争权夺利的不断纷争之中,所以尽管才高八斗,仕途却并不顺利。他 20 岁步入仕途,却屡屡受挫,于是 30 岁左右拜陆修静的弟子孙游岳为师,正式步入道士行列。按陶弘景的想法,凭着自己的实力,到 40 岁时,应该能做到尚书郎。实际上,到了 36 岁才升到"奉朝请"这样的六品文官。这使陶弘景感到灰心泄气,于是辞了官职,回到句曲山(今江苏茅山),开始了后半生 40 余年的隐居修道生涯。由于他学识渊博,著述甚多,又是从官场隐退下来,所以齐梁两朝公卿大夫都尊敬他,纷纷从之学道。

　　陶弘景虽说归隐山林，不再出仕，实际上并不甘于寂寞，"身在山林，心存魏阙"，暗中仍注视着山外政局的发展。永元三年（公元501年），萧衍起兵，于次年代齐称帝，建立了梁朝，史称梁武帝（公元502—550年在位）。说起萧衍的称帝，陶弘景起了不可忽视的作用。

　　陶弘景早年曾与萧衍有过交往。当他得知萧衍起兵，立即派弟子戴猛奉表前往表示拥戴。后来又假托神旨，令弟子将标有"梁"字和图画的"符命之书"（图谶）进献给萧衍，帮助萧衍选定国号，为萧衍夺取政权大造舆论。因此，萧衍登基后，对陶弘景格外恩宠，多次请他出山做官，都被婉言谢绝。

主要成就

　　陶弘景自幼喜欢读书，留下许多著作，涵盖了天文、地理、历算、兵学、医药学、文学、书法、养生等不同领域，是个博学多才之人。他的贡献主要在道教与医药两个方面。

　　在道教方面，东晋之后出现了一组重要的道教经典——《上清经》，上清派就是由此形成的。陶弘景辞官隐居后，在茅山正式称为上清派道士，主要传授上清法。陶弘景作为山中宰相，在当时的名气很大，闻名前来拜访之人甚多，信仰者也甚多，这对于上清法的弘扬起到了很大的作用。因此，从陶弘景开始，茅山渐渐成为上清派的中心，之后的上清派也被称为以陶弘景为创始人的茅山宗。茅山宗直至两宋时期，一直代有传人，在道教诸派别中占据重要位置，对道教的发展有着很大影响。

　　除了宣扬上清派道法，陶弘景对于道教的另一大贡献是确立了道教神仙谱系，他编订的《真灵位业图》为道教神仙进行了排名。他还编著了以记载上清派发展历史为主，兼涉其他教派的道教历史书《真诰》,具有极高的文学造诣与史学价值。

在医学方面,陶弘景最突出的贡献是整理、注解了《神农本草经》。《神农本草经》是已知最早的中药学著作,成书于两汉时期,是汉代之前劳动人民积累的药物知识。该书分为上、中、下 3 卷,共收录了 365 种药物,详细记录了每一味药的产地、采集方法、疗效、主治病症等信息。但随着时间的推移,人们要药物知识更加丰富,这本汉代《神农本草经》的内容已经远远不能满足实践的需求。

于是陶弘景对本草学进行了整理,他将当时所有的本草著作整理成了《神农本草经》与《名医别录》,并对二者做了一次较全面的总结。他在《神农本草经》365 种药物的基础上,又加入了 365 种药物,共计 730 种,并予以订正、调整、注解与分类,著成《本草经集注》一书。在此书中,他开创了一种新的药物分类法,将药物分为玉石、草木、虫、兽、果、采、米食、有名未用这 7 类,这种分类法后来成了我国古代药物分类的标准方法,一直沿用至今。

陶弘景的一生随心而行,不被名利仕途所诱惑,有着许多古代文人无法达到的宽广胸怀。在道教与医学方面,为后世提供了大量的学术著作支持,做出了杰出贡献,值得后人敬仰。

陶弘景是我国本草学发展史上早期贡献最大的人物之一。在他生活的年代,本草著作有 10 余家之多,但无统一标准,特别古本草书由于失效年代久远,内容散乱,草石不分,虫兽无辨,临床运用颇为不便。陶弘景担负起"苞综诸经,研括烦省"的重任,将当时所有的本草著作分别整理成《神农本草经》及《名医别录》,并进而把两者合而为一,加上个人在这方面的心得体会,著成《本草经集注》,共收药物 730 种,并首创沿用至今的药物分类方法,以玉石、草木、虫、兽、果、菜、米食分类（原书已佚，现在敦煌发现残卷），成为我国本草学发展史上的一块里程碑。

陶弘景在医药、炼丹、天文历算、地理、兵学、铸剑、经学、文学艺术、道教仪典等方面都有深入的研究，而以对于药物学的贡献为最大，这道家又与炼丹有关。

陶弘景对化学的贡献之一是记载了硝酸钾的火焰分析法："先时有人得一种物，其色理与朴硝大同小异，朏朏如握雪不冰。强烧之，紫青烟起，仍成灰，不停沸，如朴硝，云是真消石也。"所谓"紫青烟起"是钾盐所特有的性质。陶弘景这一记载，是世界化学史上钾盐鉴定的最早记录。

陶弘景曾长期从事炼丹实验，梁武帝送其黄金、朱砂、曾青、雄黄等原料，让其炼丹。他在炼丹过程中掌握了许多化学知识，例如：汞可与某些金属形成汞齐，汞齐可以镀物。陶弘景对化学的贡献之一是记载了硝酸钾的火焰分析法："先时有人得一种物，其色理与朴硝大同小异，朏朏如握雪不冰。强烧之，紫青烟起，仍成灰，不停沸，如朴硝，云是真消石也。"所谓"紫青烟起"是钾盐所特有的性质。陶弘景这一记载，是世界化学史上钾盐鉴定的最早记录。

陶弘景曾长期从事炼丹实验。梁武帝送给他黄金、朱砂、曾青、雄黄等原料，让他炼丹。他在炼丹过程中掌握了许多化学知识，例如：汞可与某些金属形成汞齐，汞齐可以镀物。指出水银"能消化金、银成泥，人以镀物是也"。胡粉（碱式碳酸铅）和黄丹（四氧化三铅）不是天然产物，而是由铅制得。指出：胡粉是"化铅所作"；黄丹是"熬铅所作"。

传奇故事

◆山中宰相

南北朝齐末梁初时期，有个著名的道士叫陶弘景，字通明，自号华阳居士，精通道家医学，集思想家、文学家、炼丹家于一身。

北齐时期，陶弘景入朝任征左卫殿中将军，这只是个闲职，实际工作是负责给诸王做侍读。

永明十年（公元 493 年），陶弘景辞官，隐居在句曲山（今属江苏句容境内的茅山），后从学于科仪大师孙游岳。陶弘景在游学时期，游历名山大岳，寻访仙药。

南梁武帝本与陶弘景是好友，称帝后曾以礼相聘，陶弘景固辞不受。

梁武帝无奈之下，就和陶弘景书信往来，请教治国理政之道。因经常议论朝政，俨然梁朝的内阁人物，被时人谓之"山中宰相"。

陶弘景学术思想源于老子、庄子，后受葛洪影响，主张儒、释、道三教合一，杂而有之。

陶弘景还擅长书法，尤精于隶书，对天文、地理、医药等学科均有所涉猎。

陶弘景整理古版《神农本草经》，其中增加了魏晋时期名医研制的一些新药，著有《本草经集注》，收录药物多达七百余种。

陶弘景治学严谨，不死读书本，重视实际观察和动手实验，是孟子"尽信书，则不如无书"观点的践行者。陶弘景少年时期就喜欢较真，不达目的绝不罢休。

《诗经》中有一句"螟蛉有子，蜾蠃［guǒluǒ］负之"。意思是蜾蠃收养螟蛉的幼虫。李善为《昭明文选》作注，他解释说："蜾蠃，蜂虫也……蜂虫无子，取桑虫蔽而殪［yì］之，幽而养之，祝曰：'类我！'久则化而成蜂虫矣。"蜾蠃是胡蜂、马蜂等蜂虫的统称，因为没有后代，就收养蜾蠃为义子，常常祈祷说：长得像我！长得像我！久而久之，蜾蠃就变成了胡蜂。事实上，这是古人的误解，以讹传讹，"螟蛉"逐渐成为义子的代称，如《三国演义》中：关羽反对刘备把刘封立为后嗣，"汉中王遂遣人至荆州问关公，关公以将军乃螟蛉之子，不可僭立。"

陶弘景通过长期观察，他发现这一比喻是存在谬误的，蜾蠃是可以生育后代的，把螟蛉带回自己的巢穴，为的是在螟蛉体内产卵，孵化后蜾蠃幼虫以螟蛉为食。

陶弘景不盲目相信先贤、圣人固有的观点，而是通过自己的调查研究得出结论，这种科学严谨、求真务实的态度，值得我们后人学习。

◆辞官归隐

弘景博学多识，读书逾万卷，于六经诸子史传无所不通。17岁时便与江学文、褚炫、刘俊等为宋朝外明四友。齐高祖作相时，引为诸王侍读，除奉朝请，朝仪大事多取决于他。然他虽身在朱门，却独居一室，闭影不交外物，唯以披阅（读书）为务，昼夜研读缮写符图经集，于养生服食诸道，渐至通幽探微。如此积年累月，渐觉彻悟，遂萌隐居修行之志。于齐永明十年壬申决意出行归隐。起初他并未上表齐武帝辞行，不告而别，挂朝服于神武门鹿市，径出东亭而行。而后告诉随行左右"勿令人知"，乃去和好友王晏话别。王晏深知其志，对他说："皇上治事甚严，不准许臣属作离奇之事，你这样不辞而别，恐有忤旨，若皇上怪罪下来，反而达不到你的目的。"

弘景默思良久，答曰："我本意欲遂夙愿而已，非为名利，你所说的确有道理，应向皇上直言为是。"于是弘景上表陈诚，以表自己解官归隐之意。表中大意是，我听说无论尧帝之时，还是汉朝都有养生的风气。我为官已久，哪能留恋荣华富贵，所学也不是为了利禄。因此常想回归大自然，过田园生活，领略自然之美。我这就要离开宫廷了，临行之际，不胜眷恋，只好上表以明我心。齐武帝看了弘景的解官表，深为感动，不但下诏批准了弘景的要求，而且给予赏赐，赐帛十疋，烛二十梃。又别敕：朕月给上茯苓五斤，白蜜二斗以供服饵。对他的养生修道之事给予大力支持。

于是弘景出行入山，临行公卿相送于征虏亭，供帐甚盛，车马克道，人们都说是宋齐以来所未有之盛事，朝野均荣。弘景一行来到勾容的勾曲山停了下来，便于山中建馆。弘景说此山是金坛洞容，周围百五十里，名华阳之天，汉时三茅司命之府，故名茅山。弘景于此山建馆隐居，自号华阳隐居。故人称他为陶隐居。自此，弘景开始了他的长达四十余年的隐居修行生活。弘景归隐之后，有沈约为当时的东阳郡守，因为敬佩他的志向与节操，多次写信请他出来做官，他都婉言谢绝。

梁武帝萧衍早年与弘景交往甚密。及武帝即位，其初国号未定，弘景引诸谶记，皆成"梁"字，上书武帝，告之"梁"是运符。武帝遂立国号为梁。后来武帝欲聘弘景入朝为官，亲手写诏召之，并赐以鹿皮巾，后屡加礼聘，弘景终是不应，并画双牛图与武帝，其图上一牛散放水草之间，一牛著金络头，有人执绳以杖驱之。武帝见图笑曰："此人无所求，欲效曳尾龟，岂有可致之理耶！"遂不复提聘官之事。然国家遇有大事，无不前往咨询，帝与弘景之间，书信不绝，月常数信。帝每得其书，烧香虔受，恭敬之状，无以复加。故时人谓之"山中宰相"。

◆佛道双修

中国的宗教与很多国家不同,佛教和道教在大多数情况下还是一种温和的竞争关系。即便就算冲突比较激烈的时期,相比西方的血流成河还是不过如此。然而,在这其中,还是有许许多多的人放弃了尊严,选择了妥协,南北朝时期的陶弘景就是如此。

陶弘景出生在南朝宋,他四五岁时便开始读书,后来九岁时便读遍儒家经典,十岁时得到了葛洪《神仙传》,这也让他成了道教中人,树立了一生的志向。在当时,他的名气非常大,二十多岁就出任过巴陵王、安成王、宜都王等诸王侍读,这也可见他的学问之大。

可是,在那种乱世之中,学问并不适合生存,陶弘景的官职一直不高,36岁了也只是六品文官。这样意兴阑珊的生活,让陶弘景索性扔掉了一切,退隐到江苏茅山之中,专心研究道学,这反倒是成就了陶弘景的后半生。

在隐居时,他不仅创立了道教茅山宗,而且还引来了梁武帝萧衍的敬重。梁武帝多次邀请他出山为官,都被他婉言谢绝。越是这样,梁武帝越是发自内心地佩服,专门为他修建道观、道坛,送去黄金、朱砂、曾青、雄黄等以作炼丹之用。甚至连军国大事,梁武帝都常常向陶弘景咨询,征求他的意见。梁朝的国号,都是他们共同商议的结果。因此,陶弘景在当时就有"山中宰相"的称号。

可是,随着时间的推移,梁武帝的信仰开始转变,开始沉溺于佛教。我们知道,晚年的梁武帝曾经4次舍身出家,就是让群臣捐出巨资将其赎回。而且,中原佛教徒吃素,就是他的研究成果。昔日意气风发的开国皇帝,逐渐变成了一个刚愎自用、自我沉迷的佛教信徒。

不光如此,萧衍和陶弘景的关系也发生了明显的变化。由于双方的宗教信仰完全不同,陶弘景逐渐被疏远。当年的"山中宰相",也变得无足轻重,在萧衍的心中完全没有分量。如果只是这样,即便没有梁武帝的恩遇,陶弘景也无所畏惧。因为他本来就并不热衷功名利禄,否则也不会躲在深山数十年。但是,由于南梁上下疯狂的崇信佛教,道教受到了严重的威胁。这在当时是有先例的,北魏时寇谦之曾经建立了新天师道,并且得到太武帝的拥护,使得道教成为国教。然而,后来佛教的疯狂反扑,最终让新天师道一世而亡。

要知道,北魏时道教占据绝对优势,"太武灭佛"之后,佛教陷入最低谷,此时尚且如此,更不用说佛教蔚然成风的南梁。陶弘景也曾外出游历,遍访道友寻求破局之道,却始终无能为力。在这种情况下,陶弘景断然决定,以道教上清派宗师的身份,前往鄮县礼阿育王塔,并且当场受戒,立誓佛、道双修。

这在当时引起了轰动,道教宗师级的人物向佛教低头,当然是津津乐道的话题。同时,这也意味着佛、道两教找到了共同生存之路,道教的危机暂时得到了缓解。陶弘景的忍让,让道家躲过了一次劫难。

当时就有人非常赞赏他的行为,后世则认为这是佛道融合的标志。其实,对于陶弘景来说,内心是十分痛苦的。为了心中的信仰传承,却不得不传承其他的信仰,这是何等的矛盾。他不敢对别人说,只是在好友沈约的悼念诗中,吐露了心声:我有数行泪,不落十余年,今日为君尽,并洒秋风前。

绝大多数史学家认为,这首诗就是陶弘景借悼念沈约为名,吐露自己无奈而痛苦的感受。

第十六章

南北朝名医姚僧垣,名垂青史《集验方》

生平小传

　　姚僧垣(公元498—583年),字法卫。吴兴武康(今浙江省德清县西)人。是南北朝时期的一位名医,南北朝至隋初时期声誉卓著的宫廷御医。他一生游历了齐、梁、北周、隋4个朝代,9位皇帝。在梁、北周、隋三朝先后担任过22个官职。姚僧垣是我国历史上唯一出身贵族,又以医术获得贵族头衔的人,他除了两度封伯爵、公爵外,还有许多显赫的头衔,这些头衔都是靠其精湛的医术获得的。但他名垂青史的还是那部《集验方》。江陵之战后,被北周朝廷招募。一生治验不可胜记,声誉远闻,达诸蕃外域。583年(开皇三年),姚僧垣去世,终年85岁。著有《集验方》12卷、《行记》3卷行于世。有关学者通过对姚僧垣生卒、籍贯、世家及其经历的考证，证明了历史上"太医"被称为"大夫"就是从姚僧垣开始的。

姚僧垣为吴国太常卿姚信的第八世孙。其曾祖姚郢，为宋国员外散骑常侍，五城侯。其父亲姚菩提，为梁国高平令。曾经医治儿童老人疾病多年，平时非常留心药物治疗的效果以及医术经验的积累。梁武帝喜爱医道，故常常诏见姚菩提，与其谈论有关医学病理的问题，也很敬重这位老医者。

姚僧垣年少聪明，学识渊博，敬礼重义，于24岁时接手其医家之业。梁武帝召其进宫，面试医学之道，姚僧垣见多识广，对答如流，令梁武帝很惊奇，十分欣赏这位年轻人。

大通六年（公元534年），姚僧垣为临川嗣王国左常侍，大同五年（公元540年），任骠骑庐凌王府田曹参军。大同九年（公元544年），姚僧垣返京城任政中主医。当时，武陵王葛修华患病已久，经多位名医数次治疗都不见效果。梁武帝亲令姚僧垣医治。姚僧垣切脉诊断，详细了解病情，并做记录病症的日记，向梁武帝说明了此症状及病因。梁武帝赞道："卿用意绵密，乃至此，以此候疾，何疾可逃？朕常以前代名人，多好此术。是以每恒留情，颇识治体。今闻卿说，益开人意。"大同十一年（公元546年），姚僧垣转任正太医，加任文德主帅，直阁将军。

简文帝在东宫做太子的时候，就对姚僧垣很是礼重，一年四季常常给其赏赐。太清元年（公元547年），姚僧垣转任西湘东王府中记室参军。侯景叛乱时，叛军围攻建业，姚僧垣毅然舍妻弃子前往参战，其英勇的表现受到梁武帝的嘉奖，

并授戒昭将军，东湘王府记室参军。后来宫城陷落敌手，百官逃散，姚僧垣由小路归退。回到吴兴，遇郡守张蝉，与其彻夜会谈，僧垣泪流满面对张峡说："吾过荷朝思，今报之以死。君是此邦

大族,又是朝廷旧臣。今日得君,吾事辩矣。"不久,侯景叛乱大军攻至,经过数日抗战,郡城失守。姚僧垣逃避经久,仍被拘捕。侯景将军侯子鉴早闻姚僧垣的大名,对其非常敬重,所以释放了姚僧垣。

侯景之乱中,梁武帝被囚饿死。简文帝即位,姚僧垣又回到建业,复任中书舍人。后来侯子鉴到广陵任职,姚僧垣也随之到了江北。后来,简文帝最终仍然死于侯景之手。

梁元帝萧绎平定侯景之乱后,召姚僧垣至荆州,改任晋安王咨议。当时虽然局势平定,但朝政混乱,任用人才不当,也没有恢复纪刚。姚僧垣常深怀忧虑,对曾共事的同僚说:"吾观此形势,祸败不久。今时上策,莫若近关。"但同事听到了都是掩口偷偷取笑他。

梁元帝曾经患有心腹病,召集全国名医讨论治疗之法。众医生都认为皇上至尊至贵,不可轻脱,宜用平药,将可渐渐复原。姚僧垣则认为皇上脉洪而实,此有宿食。非用大黄,必无差理。梁元帝听从姚僧垣的建议,果然药到病除,梁元帝大喜,一次就赏赐百万钱币给姚僧垣。

到魏军攻克荆州,姚僧垣一直待在梁元帝身边,日夜不离左右,直到侍卫军人来到梁元帝身旁,姚僧垣才哭泣而去。

不久,周文帝派遣使者请姚僧垣到军营,被燕公于瑾召见,以大礼接待。周文帝派人去接姚僧垣,但燕公于瑾不让,让使者转告周文帝说:"吾年老衰暮,疹疾婴沉,今得此人,望与之偕老。"周文念在燕公于瑾功高望重,也就不了了之。第二年,姚僧垣随于瑾到长安。

北周武成元年(公元559年),姚僧垣任小畿伯下大夫。天和元年(公元566年),北周武帝即位,姚僧垣被加授车骑大将军及仪同三司之职。天和六年，姚僧垣升任伯中大夫。建德三年，姚僧垣任骠骑大将军，开府仪同三司。建德四年，周武帝任姚僧垣为华州刺史。周武帝驾崩后，周宣帝即位。宣帝当初在东宫的时候，经常有苦心的痛病发作。就召令僧垣为其诊治，结果是药到病除。宣帝为此很高兴，对僧垣甚为喜爱。其登帝即位之后，对僧垣更是器重，优厚礼待。宣帝问僧垣：“常闻先帝呼公为姚公，有之乎？”僧垣回答说：“臣曲荷殊私，实如圣旨。”宣帝又说：“此是尚齿之辞，非为贵爵之号。朕当为公建国开家，为子孙永业。”即封姚僧垣为长寿县公，邑食一千户。册书封命当日，又厚赐金带和衣物等奖赏。

北周大象二年（公元 580 年），姚僧垣任太医下大夫。宣帝患病，并且越来越严重。姚僧垣日夜待在宣帝的身旁。宣帝对群臣说：“今日性命，唯委此人。”僧垣明白宣帝病重垂危，已无回春之药，就回答说：“臣荷恩既重，思在效力，但恐庸短不逮，敢不尽心。”宣帝也理解僧垣的意思。宣帝驾崩后，周静帝宇文阐即位，任姚僧垣上开府仪同大将军职。隋朝开皇元年（公元 581 年），姚僧垣进而封爵为北绛郡公。

姚僧垣于开皇三年（公元 583 年）去世，终年 85 岁。他遗嘱子孙后人不要将官服入殓，简朴的白衣即可，灵前只置香，出殡前每日设清水祭祀便可。朝廷追赠姚僧垣本官，加荆州、湖州二州刺史。

姚僧垣医术高明精妙，为当时人所推崇，一生治验不可胜记，前后治好的，记也记不完。声誉极盛，远传到边疆诸国，外域诸蕃都信服，竞相邀请姚僧垣为其治病。姚僧垣行医数载，都留心搜集民间异方，记录和对比治愈的患者。姚僧垣就参校治好病的处方编辑《集验方》12 卷，又撰写《行记》3 卷，在世上流行。今佚，部分佚文尚存《外台秘要》《医心方》等书。姚僧垣有二子,长子姚察(公元533—606年),字伯审,历史学家。次子姚最(公元537—603年),字士会,隋代学者。

主要成就

姚僧垣一生经历了齐、梁、北周、隋4个朝代,9位皇帝,在梁、北周、隋三朝先后担任22个官职,但使他名垂青史的还是那部《集验方》。

《集验方》系北周名医姚僧垣积累多年临证经验,搜采奇异,参校征效,编撰而成。其内容囊括临床各科诸多病证,是一部在历史上有一定学术地位的六朝方书,曾与仲景齐名。《集验方》中最早提出子宫下垂与举重物有关。

由于姚僧垣医术高妙,活人无数,声望所及,甚至连藩属国、异域都有闻名求诊者。姚僧垣晚年曾采掇诸家,结合自己的临床诊疗经验,编纂了《集验方》12卷,多为简要易得、疗效可靠的经验方,流传非常广,产生了很大的影响,是古代最重要的方书之一。

姚僧垣在当时医名极盛,史书记载其"诊候精审,名冠于一代","医术高妙,为当时所推",从其传记中记录的一些医疗事例来看,确实称得上其效如神。

姚僧垣本人精医术,为当时人所推崇,因此在金州追慕者盈门,而佛教得以在安康一地扩大影响,其功最著。

据《北史》《周书》姚僧垣传俱为12卷或云10卷。北周姚僧垣(法卫)撰。本书久佚,原卷目已无从考详。据《外台秘要》,各卷方治大略如下:卷1,治卒心腹痛、中恶、蛊注等病;卷2,治伤寒、天行、温病、黄疸;卷3,治疯癫、鬼魅、疟疾;卷4,治肺痿、肺痈、肺气不足、咳喘、奔豚等病;卷5,治虚劳、梦泄、骨热、不眠、小便数多、遗尿、诸淋、小便不利、痰饮等病；卷6，治症瘕、宿食、哕、疝、胸腹胀满、水肿等病；卷7，治白驳、日月未至欲产等。

古代对医生的称谓有很多，其中以大夫与郎中最为普遍，即便现在也还在沿袭使用。二者主要是地域性差异，北方习称大夫，而南方多以郎中为名。其实不管是郎中，还是大夫，都本来是官职名，特别是大夫，还是医官系列的最高职位，所以用以称呼医生，其实有表敬重之意。

一般认为自北宋时开始将医生称之为"大夫"，但其实在南北朝时，就已经出现了一个大夫—名医姚僧垣，他曾被授予"太医下大夫"之职，故此后人亦称其为"姚大夫"，其著作《集验方》也被称为《姚大夫集验方》。

姚僧垣一生历经南齐、梁、北魏、北周、隋五个朝代，主要生活于北周，故此在《周书》《北史》中均有其传记。虽然名字中有"僧"，但并非僧侣，而是出身于仕宦之家。其父姚菩提曾在梁为官，从二人名字来看，其家族或笃信佛教。姚僧垣医术系家传，因为其父曾患病多年，于是姚僧垣究心医药，颇有医名。梁武帝也喜欢医药，因此常常召见姚菩提切磋讨论，颇为相得。

姚僧垣自幼学习医术，20多岁开始正式继承父业。梁武帝曾召其入宫当面加以考核，姚僧垣应答如流，令梁武帝大为惊奇。而且姚僧垣做事认真，心思非常缜密，他曾经奉梁武帝之命探视某患者。回来后，姚僧垣详细陈述了患者的各种症状，并记录下了病情轻重变化的时刻。梁武帝不由赞叹："你的用心详细周密，竟到了这种地步。如果拿这种态度来治病，还有什么病治不好呢？"

医学之外，姚僧垣爱好文史，知识广博，但并不耽于章句之学，对于时事也很有自己的见解，颇有才干与政治眼光。因此，虽然遭遇乱世,历经多个政权的更迭,但姚僧垣在仕途上总体上都较为顺利,官位越来越高,地位也日益显贵,被加爵至长寿县公、北绛郡公,所以又被称为"姚公"。

传奇故事

北周武成元年,姚僧垣任小畿伯下大夫。金州刺史伊娄穆因病回到京城,请姚僧垣看病,告诉他自己的病情:"从腰到肚脐好像有三道绳索缠绕一样,两只脚抖个不停,根本不能控制。"

姚僧垣仔细诊脉后,开了三剂药。伊娄穆服下第一剂,感觉最上面的绳子解开了;服了第二剂,感觉中间的一道绳也解开了;又服一剂,则感到三道绳全部解开。但是两脚依然孱弱疼痛,不能屈伸。姚僧垣又为其合一剂散,服用之后,两脚稍能屈伸。姚僧垣说:"要等到霜降,此病方能痊愈。"果然,到了九月霜降前后,伊娄穆果真能够起身行走,逐渐恢复如常。

周高祖宇文邕某次行军途中,在河阴(今河南孟津)染上了怪病:口不能言,眼睑下垂连眼睛都被遮住无法视物,一只脚蜷缩无法行走。姚僧垣诊断后判断,此系诸藏俱病引起,没有办法一下子全治好,只能分别治疗。由于行军之中,没有比能说话更急迫的事,于是开方进药,高祖服用后便能开口说话。然后针对眼疾开方,目疾即刻痊愈。最后治脚,足疾也迅速痊愈。周高祖痊愈时,大军正好到达华州,于是立刻加封姚僧垣为华州刺史。

如果说上述事例足可见出姚僧垣的医术之高,那么下面姚僧垣使用大黄的事例则可看出其胆大心细的一面。众所周知,大黄是一味苦寒攻下的要药,具有攻积滞、清湿热、泻火解毒等功效,由于泻下力强,医家往往以"将军"之称来形容其猛。由于其药力较猛,因此医生通常在使用时也都很慎重,因为如果不顾患者的病情和体质，贸然使用，会适得其反而使病情加重。

梁武帝萧衍曾因发热，准备服用大黄。姚僧垣劝阻说："大黄确实见效快，但陛下年事已高，不宜轻易服用。"梁武帝自己略知医药，觉得大黄清火，针对自己的发热而言很对症，而且当时姚僧垣年纪尚轻，因此并未听从姚僧垣的劝告，坚持服用。结果导致大泻，病情加重，差点一命呜呼。

后来，梁武帝之子梁元帝萧绎在位时，患有胸腹胀满的宿疾，于是召集众太医商讨治疗方案。众太医对于当年萧衍差点因大黄丢性命之事记忆犹新，因此纷纷主张皇帝龙体至尊至贵，不可轻率用猛药，应当用一些药力平和之药，让其逐渐疏通。而姚僧垣又一次力排众议，认为元帝的脉象洪而实，疾病是积食导致，大黄最为对症。如果不用大黄无法痊愈。梁元帝对于姚僧垣素来信任，于是听信其言。元帝服完大黄汤之后，果然积食排出，疾病痊愈。梁元帝大喜，重赏姚僧垣十万钱，当时的新铸钱以一当十，因此相当于百万巨资。

同样是药材大黄，患者同样是尊贵的天子，姚僧垣却均能力排众议，作出合适的判断，主要是其对于病情的准确把握。梁武帝虽然表现的症状是热证，然而当时年纪已高，体质虚弱，确实不宜使用大黄。而梁元帝则年富力强，体内又是宿食郁积，也只有用大黄这样的"将军"方能攻克。其实，这个道理并不复杂，其他太医都是通医理者，难道想不到吗？恐怕并非如此，主要还是怕忤逆君主之意，更怕承担医疗风险吧。

大将军窦集忽然得了风疾，精神错乱，先前给他看病的医生都说不能治了。姚僧垣诊断之后说："要治疗确实很困难，但也不至于死。如果专门让我给他治的话，我能治好。"他的家人就请姚僧垣治病。姚僧垣为窦集调制汤药,吃下去就好了。永世公叱伏列椿患痢疾很长时间了,但还是坚持上朝。于瑾问姚僧垣:"窦集和叱伏列椿两个人都得了难以治愈的病,依我看来,叱伏列椿的病要轻些。"

姚僧垣回答说:"疾病有深浅,但并不代表深的一定会死,而浅的一定会痊愈。窦集病虽然重,但最后还是能治愈。叱伏列椿病虽然轻些,但肯定免不了一死。"

于瑾问道:"您预见他会死,那是什么时候的事呢?"姚僧垣回答:"不会超过四个月了"。结果果然如他所说。

太后卧床不起,太医说法都不一致。皇帝召见姚僧垣,对他说:"太后的病不轻,所有太医都说不用担心,他们的意思我能体会得到,但君臣之间,不应该相互隐瞒。卿认为到底如何?"姚僧垣说:"我为太后感到害怕。"皇帝流着泪说:"卿既然都这样说了,我还能说什么呢?"太后没过多久就死了。

次年,梁武帝讨伐北齐,在河阴患病,说不了话,眼睛也睁不开,一只脚变短,路也没法走。姚僧垣认为皇帝五脏都有病,不能同时治疗。治理军队最重要的事莫过于语言,于是用药,很快梁武帝就能开口说话了;然后又治眼睛,也能看见东西了;最后治脚,也好了。到了华州,皇帝的病全好了。后来周武帝去云阳宫的时候得了病,让姚僧垣医治,有人私下问医治结果如何,姚僧垣说:"唉,没办法了,没有人是不死的。"不久,梁武帝就死了。

第十七章

隋代名医巢元方，《诸病源候论》传后世

生平小传

巢元方约生活于隋唐年间，籍贯、生卒年均不详，一说为西华人。巢元方在隋大业年间（公元605—615年）医事活动频繁，任太医博士，业绩卓著。然而《隋书》无巢氏传记，仅宋代传奇小说《开河记》有一段关于巢氏的记载。说隋大业五年八月，开凿运河总管患风逆症，隋炀帝命太医令巢元方往视得疗。虽然巢元方的生平事迹缺乏史料记载而混没于历史的尘封中，但巢元方对于中华民族五千多年文明的伟大贡献，却以他殚精竭虑主持编纂整理的中医病因学巨著《诸病源候论》为载，而永垂史册。

隋朝建立了中国历史上最早的医学教育"太医署"，这也是世界文明史上最早见于记载的规模宏大的官办医学教育。隋王朝还

组织海内学者广泛搜集中医药资料,主要是历代及民间方剂、验方单方,卷帙浩大的大型方剂学著作《四海类聚方》2 600 卷编撰成书。由朝廷下诏,命巢元方主持编纂的中国第一部病因征候学专著《诸病源候论》,就是在这社会时代背景下成书问世的。

主要成就

巢氏曾奉诏于大业六年(公元 610 年)编撰《诸病源候论》50卷,分门,载列证候 1 739 论,分别列述了内、外、妇、儿、五官、口齿、骨伤等各科疾病的病因与证候,并讨论了一部分疾病的诊断、预后及预防、摄生、导引按摩、外科手术等一些治疗方法。此书为我国第一部中医病因证候学专著,也是第一部由朝廷组织集体撰作的医学理论著作,在我国医学史上占有重要地位,对后世影响十分深远。

《诸病源候论》的医学成就和贡献主要有以下特点。

1. 本书主论病因证候,不载方药。书中以病为纲,每类疾病之下,分述病症概念、病因、病机、和证候。收罗病证之全前所未见,对病因病理的阐系和对证候的描述具有较高水平。

2. 发展了中医病因学理论,提出"乖戾之气"是传染性疾病的致病因素,并提出预先服药可以预防疫病感染。书中记载了多种人体寄生虫病,详述其形态及感染途径;并提出疥疮与疥虫侵染有关;炭疽病为传染所致;漆疮系"禀性畏漆"引起的过敏;山区瘿病是饮用了"沙水"致病。书中的许多新观点和记载有较大进步。

3. 在病理方面,书中对多种疾病的病变、转归有详细记载和系统描述,突出了各病的特殊证候,在临床鉴别诊断上有重要意义。

4. 在证候分类学上,对病症分门别类,使之系统化。如妇产科分杂病、妊娠病、将产病、难产病、产后病 5 类。这种分类更加细致、明确,有利于临床应用。

《诸病源候论》是我国历史上第一部专述病源和证候的书,书中虽没有记载治法和方药,却有很强的资料价值,为医者的案头常备用书。书中记载了"疥虫"是疥疮的病源,它藏在湿疥的脓疱中,可用针头挑得,形似水中的蜗牛,其观察十分细腻,也是病因学说在形态学上的一大进步。书中对"绦虫"也进行了比较详尽的解说。其中讲道:寸白虫会一段段的增生,逐渐长大达四五尺长,这与现代医学对绦虫的描述十分接近,并且指出了这种病的发生与食用未熟的鱼和牛肉有关。书中描写了"漆疮",这是一种发生在对漆敏感的体质的人身上的米粒样的丘疹。当接触到漆以后,只有这类人身上会出现,而其他人没有,这也是最早的免疫学研究,可以说这时的病因学说,对于过敏的认识已经十分全面了。书中还对传染病,如肺结核、天花、脚气病等都有较详细的记载,甚至提到了妇女人工流产。在养生方面,也很有真知灼见:文中提出刷牙是保证牙齿健康的关键。甚至还描写了肠吻合手术的步骤、方法、缝合以及护理等。可见当时的外科手术也是比较发达的。

病源与证候是中医辨证处方的重要依据之一,该书内容丰富,描述详尽,分析准确,明确易懂,是一部不可多得的书。除此之外,《诸病源候论》还是一部记载了当时医学发展水平的重要著作,从该书所载的对于病因的认识方面的内容看,当时的医学对于疾病的认识已经达到了全面周到、分析透彻的程度。也许是受到了文化导向的影响,医学史上,多数医家更加重视对于理、法、方、药等方面的研究和著述,这方面的专著非常少。而《诸病源候论》内容的全面和周到恰恰弥补了这一空缺,直到今天的医学发展水平,它仍称得上是一部完备的好书。

传奇故事

◆洞悉病机愈风逆

巢元方是隋朝时期一位医术很高明的医生。他主持编成了名著《诸病源候论》,这无疑与他多年从医积累的丰富经验分不开。他任太医博士期间,宫廷大总管麻叔谋患了风逆病,就是我们所说的眩晕症。别以为头痛脑热不是什么大病,难受起来就要命了,折腾得麻大总管起坐不得,头晕、恶心,一点东西也吃不下。当时的皇帝隋炀帝最喜欢外出旅游,中国的大运河就是他下令征集数百万民夫开凿的,目的就是为了方便他乘船出游。隋炀帝每次出行的安排、布置都是麻大总管负责。麻大总管病了,这位贪玩的皇帝就只能待在京城了。他想,别人病得再厉害我可不管,麻大总管病我必须关照,要不然等到春暖花开之时游江南,谁也没有他安排得周到。于是,隋炀帝就亲自召见巢元方,要他尽快治好麻大总管的病。

巢元方哪敢怠慢,立即去给麻叔谋切脉诊病。切完脉,是对他说:"麻大总管啊,您贵体染恙,患的是风逆病,这是因为风邪从您的皮肤表面进入到贵体内部造成的危害,现在病邪已经到了胸臆之间,所以就引起头晕,您是不是一站起来就感觉到您自己或者是周围的东西在旋转呢?"

麻叔谋说:"正是这样,叫我难受死了,您尽快替我治好啊。"

"您别着急,这种病好治,您先叫人弄一些嫩羊肉烝熟,我这就去加工一些祛风邪的药末,您掺进羊肉里吃了,就能够愈。"巢元方说罢,就去加工药末了。

叔谋吃了几顿嫩羊肉拌药末之后,他的风逆病果然痊愈了。过了几天,巢元方又对麻叔谋说:"麻大总管,您以后蒸羊羔肉吃的时候,加入一些杏仁、五味同蒸,每天吃它几枚,保证能根治您的疾病。"麻叔谋照办了,果然从那以后再也没有犯风逆病了。

治好了宫廷大总管的病,隋炀帝当然很高兴,更觉得巢元方替人治病还真行,就要以他为首组织撰写一部治病的书,书名就叫《诸病源候论》。

皇帝发话了,谁敢说个"不"字。再者,巢元方也早有写书的打算,说干就干吧。巢元方不负重托,组织了一个撰写班子,并亲自带头执笔,花了10多年时间,终于完成了这部总结隋朝以前医学成就,并提出许多内容的巨著。这部巨著的完成,是继《黄帝内经》《难经》之后的一个新创举,也是中医学的第一部病因病理学专著,在世界医学史上也是最早的一部病因病理学著作。深受赞誉,实为中医学的一份宝贵遗产。

◆弃官行医

据《开河记》记载,隋朝炀帝大业五年,大批将士平民因开辟都城护城河患得风逆症,使全城堪忧,炀帝命太医博士巢元方前往医治,巢元方仅用三日便将病患平复并将全民治愈;炀帝为表其功,将其升迁太医令。随即奉诏编撰《诸病源候论》(中国第一部专论疾病病因和证候的专书)共五十卷,简练地用八个字"病因证候,不载方药"烙印其行医心得。后隋朝亡,巢元方亦积赚更多当代医粹,弃官归隐山林,并因地制宜发掘更多的民间药理,结合当时贫瘠的条件下调理方法,结合宫廷医术创出"补养宣导"法以代药品廉实行医,服务百姓,获"民间神医"之称。

唐贞观元年间,太宗闻传神医事迹,召其为官;巢元方断然拒绝,提出平民行医之道。太宗大怒,将其流放于岭南火炉山一带。

巢元方仍乐此不疲地深耕中医文化,针对火炉山的岭南湿热气候和火炉山的植被取材,结合岭南的汤道文化,将当时仅适用外治的艾蒿进行反复配方,成就第一款艾蒿汤品,起到祛寒温养的作用,流出坊间即盛传,更有"健民汤"之美誉。随后经期女性也得到了暖宫疗效,进一步将巢元方推向医界的新高度。基于立足于火炉山,所以有"炉医"之尊称。

炉医总结巢元方80年行医之道:病不载方药,补养宣导以代药品。病是身心多脏腑的功能失调,而没有针对多脏腑通用的药材,真正的药品,是因地制宜地通过日常对体内多脏腑的调理,是指平衡稳定其功能的养生之道。

第十八章

唐代药王孙思邈,《千金要方》著典籍

生平小传

孙思邈(公元541—682年)(年龄存在争议),京兆华原(今陕西省铜川市耀州区)人,相传为楚大夫屈原的后人,唐代医药学家、道士,被后人尊称为"药王"。西魏大统七年(公元541年),孙思邈出生于一个贫穷农民的家庭。他从小就聪明过人,长大后开始爱好道家老庄学说。隋开皇元年(公元581年),见国事多端,孙思邈隐居陕西终南山中,并渐渐获得了很高的声名。孙思邈十分重视民间的医疗经验,不断积累走访,及时记录下来,终于完成了他的著作《千金要方》。唐朝建立后,孙思邈接受朝廷的邀请,与政府合作开展医学活动。唐高宗显庆四年(公元659年),完成了世界上第一部国家药典《唐新本草》。唐高宗上元元年(公元674年),孙思邈年高有病，恳请返回故里。永淳元年（公元 682 年），与世长辞。

孙思邈自谓"幼遭风冷，屡造医门，汤药之资，罄尽家产"，孙思邈幼年嗜学如渴，知识广博，只是后来身患疾病，经常请医生治疗，花费了很多家财，于是，他便立志从医。

孙思邈少年好读，天资聪明，7 岁的时候，就认识一千多字，每天能背诵上千字的文章，据《旧唐书》载，西魏大臣独孤信对孙思邈十分器重，称其为"圣童"。18 岁时立志究医，"颇觉有悟，是以亲邻中外有疾厄者，多所济益"。到了 20 岁，就能侃侃而谈老子、庄子的学说，精通道家典籍，被人称为"圣童"，开始为乡邻治病。

隋开皇元年（公元 581 年），见国事多端，孙思邈隐居太白山中。他一方面下功夫钻研医学著作，一方面亲自采集草药，研究药物学。他认真研读《黄帝内经》《伤寒杂病论》《神农本草经》等古代医书，同时广泛收集民间流传的药方，热心为人治病，积累了许多宝贵的临床经验。他从理论到实践，再由实践经验中提炼出新的医药学研究成果，以毕生精力撰成了医学著作《千金要方》和《千金翼方》。

北周静帝时，杨坚执掌朝政，召孙思邈任国子博士，孙思邈无意仕途功名，认为做高官太过世故，不能随意，固辞不受，一心致力于医学。

唐太宗即位后，召孙思邈入京师长安，见到他 70 多岁的人竟能容貌气色、身形步态皆如同少年一般，十分感叹，便道："所以说，有道之人真是值得人尊敬呀！像羡门、广成子这样的人物原来世上竟是有的，怎么会是虚言呢？"太宗想授予孙思邈爵位，但被他拒绝了，仍回到乡间为民医病。

唐高宗显庆四年(公元 659 年),孙思邈又被接到帝都,拜谏议大夫,这次他虽留住在长安,但仍不愿当官。碍于情面就推荐了自己的徒弟刘神威,说徒弟好学,年轻有为,高宗就应允后立即安排刘神威进了太医院。

上元元年(公元 674 年),孙思邈年高有病,恳请返回故里。高宗特赐他良驹等物,还有已故的鄱阳公主的宅邸居住。当时的名士宋令文、孟诜、卢照邻等文学大家都十分尊敬孙思邈,以待师长的礼数来侍奉他。

孙思邈一生勤于著书,晚年隐居于故里京兆华原(今陕西省铜川市耀州区年)五台山(药王山年)专心立著,直至白首之年,未尝释卷。

唐永淳元年(公元 682 年),孙思邈与世长辞,享年 142 岁。留下遗嘱:要薄葬,不要焚烧那些纸扎的阴间器物,祭祀时不宰杀牲畜。他死后一个多月,颜色还和活着的时候一样,当抬他的尸体放入棺中时,给人的感觉就像抬的是空衣服一样。

孙思邈的卒年,《旧唐书·孙思邈传》谓"永淳元年卒"。《新唐书·孙思邈传孙思邈》则称"永淳初,卒"。按唐高宗永淳年号仅为二年,永淳元年为公元 682 年,亦即永淳初年,两《唐书》对此并无抵牾,古今学者基本上均从此说。

有人提到唐人刘肃[元和,(公元 806—820 年)]所撰《大唐新语》中所谓孙氏"永徽初卒"之说,南唐沈汾《续仙传》更谓孙氏卒于永徽二年(公元 651 年)二月十五日之语,因而有所质疑。

我们认为,尽管孙思邈在其《备急千金要方》和《千金翼方》著作中明确提到其自身活动的年代记载,最晚只见永徽二年(公元 650 年)为一功臣治疗箭矢不出痼疾;尽管两《唐书》孙传所述孙氏生平有不少疑误,显庆(公元656—661年)见高宗召见孙氏,两《唐书》及《唐会要》均有类同记载,孙氏从高宗去九成宫,卢照邻与其同居于光德坊府第等均可证明(《大唐新语》)之说为谬。尤其是涉及唐朝早期帝王的活动。据《廿二史札记》作者研究,多为搜集参考了该时期诸帝《实录》所撰,故显庆时高宗召见思邈,孙氏从卒九成宫以至于永淳初是可信的。

对于孙思邈的生年,虽然截至目前,国内外学者多从公元581年之说,但仍存在有不同观点,主要有:生于公元581年,清代纪晓岚《四库全书总目提要》谓:"《唐书·隐逸传》称其'少时,周洛州刺史孙思邈画像,独孤信称为圣童;及长,隐居太白山。隋文帝辅政,以国子博士徵,不起。'则思邈生于周朝,入隋已长;然卢照邻《病梨树赋序》称'癸酉岁于长安见思邈,自云开皇辛酉岁生,今年92岁',则思邈生于隋朝。照邻乃思邈之弟子,记其师言,必不妄。惟以《隋书》考之,开皇纪号凡二十年,止于庚申,次年辛酉。已改元仁寿,与史殊不相符。又由唐高宗咸亨四年癸酉上推九十二年,为开皇二年壬寅,实非辛酉,干支亦不相应。然自癸酉上推九十三年,正得开皇元年辛丑,盖照邻集传伪异,以辛丑为辛酉,以九十三为九十二也。史又称思邈卒于永淳元年,年百余岁,自是年上推至开皇辛丑,正一百二年,数岁相合,则生于周后,隐居不仕之说,为史误审矣。"

依照纪晓岚上述观点,则孙思邈当生于隋文帝开皇元年辛丑(公元581年),卒于唐高宗永淳元年壬午(公元682年),享年101岁。

生于公元560年以前,费得道《中国医学史略》认为两唐书孙传所谓孙氏在周宣帝时因王室多故而隐居太白山以及杨坚辅政时徵孙氏为国子博士，孙氏称病不起等史料，推论孙思邈在公元578—579年间至少年逾弱冠，如此，孙氏应在公元560年以前诞生，其享年应为120岁以上。史仲序、张志远氏主张类似此说。

生于公元557年，一说孙思邈的生年在北周孝闵帝元年（公元541年）左右，卒年仍为永淳元年，享年141岁。其主要根据是：第一，依《旧唐书·孙思邈传》，北周宣帝时孙思邈以王室多故，隐居太白山。隋文帝杨坚辅政，征为国子博士，但孙思邈称疾不出仕。按周宣帝即位于建德七年（公元578年），次年禅位于静帝，而杨坚辅政是在大象二年（公元580年），故孙思邈生于开皇元年的说法令人怀疑。第二，魏徵等于唐太宗贞观时奉诏修齐、梁、陈、周、隋五代史，曾屡次询访孙思邈，而他"口以传授，有如目睹"。按修史人员如姚思廉生于公元557年，李百药生于公元565年，他们熟知前代史事，难道还会一再询访比自己小一二十岁的孙思邈？第三，《旧唐书·孙思邈传》说："询之乡里，咸云数百人，话周、齐间事，历历如眼见，以此参之，不百岁人矣。"据史推之，孙思邈当生于公元557年左右，则列传中的有关史事大多可以讲通。若其的确卒于永淳元年，那么孙思邈的享年应为120余岁。他精通医术，善于保养，长寿是有可能的。

生于公元541年，马伯英等均持此说。他们的主要观点是：过去史家认为辛酉实为辛丑之误，以及将照邻《病梨树赋序》中"今年孙思邈像92岁"改为"今年93岁"等论据不足且不够可靠，并指出以《北史》《周书》中无独孤信任洛州总管记载，而否定隐居太白山，被赞为神童，杨坚征召等三条史料是难以信服的。马伯英等氏等则认为孙氏自云"开皇辛酉岁生"是其闪烁之词，隋文帝系梁·大同七年（公元541年）生，恰为辛酉，以开皇年号谯代帝讳，其全句可理解为"我是与开皇皇帝同年即辛酉年（公元 541 年）出生的。"他们认为以此推论，则独孤信赞"圣童"（可能在公元 550—556 年间回长安期间），杨坚征召、魏徵修史请教于孙氏等史料均可得到解释。郭霭春亦主公元 541 年之说。依此而论，孙氏当享年 141 岁。

生于公元 515 年或公元 518 年，黄竹斋《医仙妙应孙真人传》，认为独孤信赞称孙思邈为"神童"，应为独孤信受命入关抚岳（贺拔岳）余众的梁中大通六年（公元 534 年），此时孙思邈年已弱冠，向上推十九年，故孙氏生年则当在梁天监十四年（公元 515 年），永淳元年卒，则享年 168 岁。与此观点相近者为清代刘毓松所著《通义堂文集·千金方考》，据其推算，独孤信评品孙氏的时间为梁·大同三年（公元 537 年）至大同四年（公元 538 年）之间，当时孙适满 20 岁，自此上溯 20 年，当生于北魏神龟元年至二年之内（公元 518—519 年），如此，孙氏享年 164 岁或 165 岁。

主要成就

孙思邈把医为仁术的精神具体化。他在其所著的《大医精诚》一书中写道："凡大医治病，必当安神定志，无欲无求，先发大慈恻隐之心，誓愿普救含灵之苦。若有疾厄来求救者，不得问其贵贱贫富，长幼妍媸，怨亲善友，华夷愚智，普同一等，皆如至亲之想。亦不得瞻前顾后，自虑吉凶，护惜身命。见彼苦恼，若己有之，深心凄怆。勿避险巇、昼夜寒暑、饥渴疲劳，一心赴救，无作工夫形迹之心。如此可为苍生大医，反此则是含灵巨贼。""夫大医之体，欲得澄神内视，望之俨然。宽裕汪汪，不皎不昧。省病诊疾，至意深心。详察形候，纤毫勿失。处判针药，无得参差。虽曰病宜速救，要须临事不惑。唯当审谛覃思，不得于性命之上，率尔自逞俊快，邀射名誉,甚不仁矣。又到病家,纵绮罗满目,勿左右顾盼;丝竹凑耳,无得似有所娱;珍馐迭荐,食如无味;醽醁兼陈,看有若无。所以尔者,夫一人向隅,满堂不乐,而况病人苦楚,不离斯须,而医者安然欢娱,傲然自得,兹乃人神之所共耻,至人之所不为,斯盖医之本意也。""夫为医之法,不得多语调笑,谈谑喧哗,道说是非,议论人物,炫耀声名,訾毁诸医。自矜己德。偶然治瘥一病,则昂头戴面,而有自许之貌,谓天下无双,此医人之膏肓也。"上述的寥寥片语,已将孙思邈的高尚医德情操,展示在人们面前。

孙思邈终身不仕,隐于山林。亲自采制药物,为人治病。他搜集民间验方、秘方,总结临床经验及前代医学理论,为医学和药物学作出重要贡献。后世尊其为"药王"。他汲取《黄帝内经》关于脏腑的学说,在《千金要方》中第一次完整地提出了以脏腑寒热虚实为中心的杂病分类辨治法;在整理和研究张仲景《伤寒论》后,将伤寒归为十二论,提出伤寒禁忌十五条,颇为后世伤寒学家所重视。他搜集了东汉至唐以前许多医论、医方以及用药、针灸等经验,兼及服饵、食疗、导引。

孙思邈的按摩等养生方法,著《千金要方》30 卷,分二百三十二门,已接近现代临床医学的分类方法。全书合方、论共五千三百首,集方广泛,内容丰富,是我国唐代医学发展中具有代表性的巨著,对后世医学特别是方剂学的发展,有着明显的影响和贡献;并对日本、朝鲜医学之发展也有积极的作用。《千金翼方》30 卷,属其晚年作品,系对《千金要方》的全面补充。全书分一百八十九门,合方、论、法二千九百余首,记载药物八百多种,尤以治疗伤寒、中风、杂病和疮痈最见疗效。

他坚持辨证施治的方法,认为人若善摄生,当可免于病。只要

"良医导之以药石,救之以针剂","体形有可愈之疾,天地有可消之灾"。他重视医德,不分"贵贱贫富,长幼妍蚩,怨亲善友,华夷愚智",皆一视同仁。声言"人命至重,有贵千金"。他极为重视妇幼保健,著《妇人方》三卷,《少小婴孺方》二卷,置于《千金要方》之首。

孙氏认为"人命至重,有贵千金,一方济之,德逾于此",故将他自己的两部著作均冠以"千金"二字,名《千金要方》和《千金翼方》。这两部书的成就在于:首先对张仲景的《伤寒杂病论》有很深的研究,为后世研究《伤寒杂病论》提供了门径,尤其对广义伤寒增加了更具体的内容。他创立了从方、证、治三方面研究《伤寒杂病论》的方法,开后世以方类证的先河。《千金要方》是我国最早的医学百科全书,从基础理论到临床各科,理、法、方、药齐备。一类是典籍资料,一类是民间单方验方。广泛吸收各方面之长,雅俗共赏,缓急相宜,时至今日。很多内容仍起着指导作用,有极高的学术价值,确实是价值千金的中医瑰宝。《千金要方》是对方剂学发展的巨大贡献。书中收集了从张仲景时代直至孙思邈的临床经验,历数百年的方剂成就,在阅读仲景书方后,再读《千金方》,真能大开眼界,拓宽思路,特别是源流各异的方剂用药,显示出孙思邈的博极医源和精湛医技。后人称《千金方》为方书之祖。

《千金要方》在食疗、养生、养老方面做出了巨大贡献。孙氏能寿逾百岁高龄,就是他在积极倡导这些方面的理论与其自身实践相结合的效果。孙思邈的辉煌成就,生前就受到了人们的崇敬。人称"药王""药圣",隋、唐两代都很器重他,知名人士亦多对他以礼待之。他去世后,人们在其故居的鉴山畔,虔诚奉祀。乔世宁序中云:"鉴山香火,于关中为盛,虽华岳吴镇弗逮焉。"孙思邈在日本也享有盛誉,尤其是日本名医丹波康赖和小岛尚质等对他十分崇拜。

在药物学研究方面,孙思邈倾注了大量的心血。从药物的采集、炮制到性能认识,从方药的组合配伍到临床治疗,孙思邈参考前人的医药文献,并结合自己数十年的临症心得,写成了我国医学发展史上具有重要学术价值的两部医学巨著——《千金要方》和《千金翼方》。其中《千金要方》载方5 000多首,书中内容既有诊法、证候等医学理论,又有内、外、妇、儿等临床各科;既涉及解毒、急救、养生、食疗,又涉及针灸、按摩、导引、吐纳,可谓是对唐代以前中医学发展的一次很好的总结。而《千金翼方》载方近3 000首,书中内容涉及本草、妇人、伤寒、小儿、养性、补益、中风、杂病、疮痈、色脉以及针灸等各个方面,对《千金要方》作了必要而有益的补充。书中收载的800余种药物当中,有200余种详细介绍了有关药物的采集和炮制等相关知识。尤其值得一提的是,书中将晋唐时期已经散失到民间的《伤寒论》条文收录其中,单独构成九、十两卷,竟成为唐代仅有的《伤寒论》研究性著作,对于《伤寒论》条文的保存和流传起到了积极的推动作用。

在临床实践中,孙思邈总结出了许多宝贵的经验,如"阿是穴"和"以痛为腧"的取穴法,用动物的肝脏治疗夜盲症,用羊的甲状腺治疗地方性甲状腺肿,用牛乳、豆类、谷皮等防治脚气病;对于孕妇,提出住处要清洁安静,心情要保持舒畅,临产时不要紧张;对于婴儿,提出喂奶要定时定量,平时要多见风日,衣服不可穿得过多……这些主张,在今天看来,仍然有其一定的现实意义。

孙思邈崇尚养生,并身体力行,正由于他通晓养生之术,才能年过百岁而视听不衰。他将儒家、道家以及外来古印度佛家的养生思想与中医学的养生理论相结合,提出的许多切实可行的养生方法,时至今日,还在指导着人们的日常生活,如心态要保持平衡,不要一味追求名利;饮食应有所节制,不要过于暴饮暴食;气血应注意流通,不要懒惰呆滞不动;生活要起居有常,不要违反自然规律……

由于《千金要方》及《千金翼方》的影响极大,因此这两部著作被誉为我国古代的医学百科全书,起到了上承汉魏,下接宋元的历史作用。两书问世后,倍受世人瞩目,甚至漂洋过海,广为流传。日本在天宝、万治、天明、嘉永及宽政年间,都曾经出版过《千金要方》,其影响可见一斑。孙思邈死后,人们将他隐居过的"五台山"改名为"药王山",并在山上为他建庙塑像,树碑立传。每年农历二月初三,当地群众都要举行庙会,以纪念孙思邈为我国医学所做出的巨大贡献。庙会时间长达半月之久,前来游览、凭吊的八方来客络绎不绝。

史载其著作计 30 余种,唯多亡佚。现存之《千金要方》和《千金翼方》各 30 卷,系我国著名医学著作。

药王孙思邈对我国医药学贡献有"二十四个第一"。

1. 医学巨著《千金方》是我国历史上第一部临床医学百科全书,被国外学者推崇为"人类之至宝"。

2. 第一个完整论述医德的人。

3. 第一个倡导建立妇科、儿科的人。

4. 第一个麻风病专家。

5. 第一个发明手指比量取穴法。

6. 第一个创绘彩色《明堂三人图》。

7. 第一个将美容药推向民间。

8. 第一个创立"阿是穴"。

9. 第一个扩大奇穴,选编针灸验方。

10. 第一个提出复方治病。

11. 第一个提出多样化用药外治牙病。

12. 第一个提出用草药喂牛,并使用其牛奶治病的人。

13. 第一个提出"针灸会用,针药兼用"和预防"保健灸法"。

14. 系统、全面、具体论述药物种植、采集、收藏的第一人。

15. 第一个提出并试验成功野生药物变家种。

16. 首创地黄炮制和巴豆去毒炮制方法。

17. 首用胎盘粉治病。

18. 最早使用动物肝治眼病,动物肝富含维生素 A。

19. 第一个治疗脚气病并最早用榖树皮煎汤煮粥食用预防脚气病和脚气病的复发,比欧洲人早 1 000 年,榖树皮富含维生素 B_1。

20. 首创以砷剂(雄黄等)治疗疟疾病,比英国人用砒霜制成的孚勒氏早 1000 年。

21. 第一个提出"防重于治"的医疗思想。

22. 首用羊靥(羊甲状腺)治疗甲状腺肿。

23. 是我国历史上第一位深入民间,向群众和同行虚心学习、收集校验秘方的医生。

24. 第一个发明导尿术。

传奇故事

◆答弟子问

一次,刘神威问了老师一个问题:中草药为何能医病,是什么原理?

孙思邈答道:"中草药之所以能治病,原理是以偏就偏。由于各种药物不同的性：寒、热、温、凉；不同的味：酸苦甘辛咸；不同的升降浮沉的趋势；不同的归经，对于患病的机体，起到调节平衡的作用"。

又一次，卢照邻问了老师一个问题："名医能治愈疑难的疾病，是什么原因呢？"

孙思邈答道："对天道变化了如指掌的人，必然可以参政于人事；对人体疾病了解透彻的人也必须根源于天道变化的规律。天候有四季，有五行，相互更替，犹似轮转。那么又是如何运转呢？天道之气和顺而为雨；愤怒起来便化为风；凝结而成霜雾；张扬发散就是彩虹。这是天道规律，人也相对应于四肢五脏，昼行夜寝，呼吸精气，吐故纳新。人身之气流注周身而成营气、卫气；彰显于志则显现于气色精神；发于外则为音声，这就是人身的自然规律。阴阳之道，天人相应，人身的阴阳与自然界并没什么差别。人身的阴阳失去常度时，人体气血上冲则发热；气血不通则生寒；气血蓄结生成瘤及赘物；气血下陷成痈疽；气血狂越奔腾就是气喘乏力；气血枯竭就会精神衰竭。各种征候都显现在外，气血的变化也表现在形貌上，天地不也是如此吗？"

孙思邈的回答十分精彩，足见其医学上的造诣颇深。

◆槐荫苦读

孙思邈从小体弱多病。他先后两次患热病，一次患冷痢。每当他面黄肌瘦，饱尝病痛之苦的时候，母亲总是日夜守护在他的身边，给他熬药喂药。父亲也背着他翻沟过岭去找医生。次数多了，支付不起医药费用，就只好变卖家产。孙思邈看到，由于自己的病，给父母造成这么大的困难，心里难过。他从自己幼年的痛苦经历认识到疾病对人的危害，体会到医生能够解除病人的痛苦，于是从很早就萌发了学医的想法。

孙思邈天资聪明,"七岁就学,日诵千余言"。他在离家较远的私塾土窑洞里上学,不仅在课堂上用心学习,还经常在家乡的鱼儿岭一棵槐树下读书。通过刻苦用功,使他打下了良好的知识基础。从孙思邈的时代至今已有 1 400 多年了,虽然沧桑变幻,他当年读书的窑洞早已湮没,但这棵"千年古槐"现在依然旺盛地生长在他的家乡孙家原,成为历史的见证,供游览观赏,留给世人不尽的缅怀和无限的遐思,激励学子敬业奋斗。

◆冲破世俗

少年时的孙思邈踌躇满志,意气风发。他排除封建等级观念,敢于冲破当时盛行的儒士书生通过读书而进身于仕途的世俗,敢于批评鄙视行医救人的极不合理的社会偏见。他不随波逐流,不屑混迹官场、沽名钓誉,而从解除人民痛苦的角度出发,以"大慈恻隐之心,普救含灵之苦"为念,胸怀济世之志,准备把毕生精力贡献于医学事业,他的思想境界和眼光就远远地高于当时的世俗之辈。

◆一心为民

孙思邈把贫苦农民和病患者的疾苦看成自己的疾苦,一心一意地为他们服务。他主张:若有疾厄者来求救时,医生不能先顾虑自己的得失而瞻前顾后,宁肯自己跋山涉水,饥渴疲劳也要去救等待医诊的病人。

孙家原村南边有一条涧沟,水流湍急。为给沟那边的群众治病,他不顾激流险阻,不顾深秋河水的冰冷,时常蹚水过河。有一个"火烧涧沟水"的故事,指的就是这方面的事迹。说的是天神为了让孙思邈给对岸的病人治病,在他过河时,用火把水烧干,待他过去了再复原。孙思邈长期为劳动人民"济疾解危,一心赴救"多少年如一日,赢得了广大人民群众的尊敬和爱戴。

◆药材种植

对于中草药的研究,是孙思邈坚持终生的重要实践活动之一。他很早就开始在家乡上山采药。为了采药,他攀悬崖、穿峡谷,跑遍了家乡的山岭沟壑。他还在家乡开辟了药材园,种植药材,从下种、施肥、收采到炮制、贮藏等,不仅精心操作,而且有详细的记录。他把药材分为玉、石、草、木、人、兽、虫、鱼、果、菜、米、谷等几大类,记载了800余种药名。他按药物功用,将药物分为65类,以"总摄众病","临事处方,可得依之取决"。很有实用价值。直到千年之后的现在,孙思邈的这些记载,仍有十分重要的参考价值和指导作用。

◆衡山采松脂

唐贞观年间,孙思邈从江州到南岳衡山。衡山流泉飞瀑,峰峦苍翠,有"五岳独秀"之称,是历代帝王祭祀之地。衡山盛产银杏、金银杉等珍贵草木,为孙思邈考察医药提供了丰富的资源。孙思邈在衡山,为了采集松脂,于立夏那一曰,从山岭向东跋涉"四百八十里,又南行入谷五十里",到"有大石四十余丈之处,见南面有大松三十余株",终于采到了"不见日月之松脂"。又将其带回炼制成"衡山松脂膏",服之使人可以"耐寒暑""五脏补益"。这些生动的事实足以可见孙思邈当年采药时用心的专注和经历的艰难。

◆友人论学

令狐德棻,初唐著名的史学家,主编《周书》《晋书》等,历任礼部侍郎、弘文馆学士等职。他与孙思邈是同乡人(今陕西耀州区),在京城期间两个人交往甚为亲切,时常相聚谈古论今。令狐德棻了解孙思邈的渊博学识,深知其思想早已超出医学范畴。在他们的谈论中,孙思邈把哲学思维和医学相结合,由哲理会通医理,阐发了"妙解阴阳""慎以畏为本"等一系列真知灼见,让令狐德棻非常折服。孙思邈在同令狐德棻的谈论中,也吸收许多文史方面的知识。

◆魏征问史

孙思邈见多识广,有极其渊博的历史知识,特别是对南北朝后期和隋朝的历史,更是通晓备至。唐贞观三年(公元 629 年),唐太宗下诏书,令名臣魏征、令狐德棻、姚思廉、孙处约等人编纂南北朝以来齐、梁、陈、周、隋等五代历史。在撰修这些历史的过程中,魏征、令狐德棻恐有遗漏,多次访问和请教孙思邈,请他对前代史实提供咨询。当时孙思邈年岁已高,但他"视听不衰,神采甚茂"。在解答魏征等人的疑难时,口以传授,把南北朝各国的情况从总体到细节,说得清清楚楚,如同他亲眼看见过一样,使朝野上下深表钦佩。

◆屠苏药酒

唐朝初年,中国南方时有瘟疫发生。孙思邈在常州一带,日夜奔忙,抢救瘟疫病人。经过半月的努力,瘟疫得到有效的控制。然而过了不久,瘟疫又从小孩到大人流行起来。为了长期地预防和治疗此病,孙思邈经过潜心研制,拟出了一个以大黄、肉桂等配伍的药酒配方,取名为"屠苏药酒"。人们喝了这种药酒之后,瘟疫再也没有复发。孙思邈为了普及防疫知识,防止此配方神秘化,他找来一大张黄绢,把屠苏酒的处方及炮制方法都清楚地书写在上边,张榜公布在屠苏庵的山门柱子上,让人们广泛传抄。人们十分赞叹孙思邈的重普及、不保守的可贵精神。后来,岁末饮屠苏酒,深化为习俗,在江南各地很流行,同时此习俗也传到日本。

◆悬丝诊脉

唐贞观年间,太宗李世民的长孙皇后怀孕已十多个月不能分娩,反而患了重病,卧床不起。虽经不少太医医治,但病情一直不见好转。太宗每日愁锁眉头,坐卧不宁。

有一日,唐太宗理完朝政以后,留大臣徐茂功问道:"皇后身患重病,经太医不断诊治,百药全无效果。卿可知哪里有名医?请来为她继续治疗才是!"徐茂功闻言,便将孙思邈推荐给太宗说道:"臣早听说华原县(今耀州区)有位民间医生孙思邈,常到各地采药为群众治病,对妇儿科尤其擅长。疑难之症一经他手,都能够妙手回春,药到病除。以臣之见,还是将他召进宫来,为皇后治疗才好!"

唐太宗听过徐茂功的一番话后,表示同意。便派遣使臣马不停蹄,星夜奔赴华原县,将孙思邈召进了皇宫。

唐太宗见孙思邈已经来到,便立即召见了他,说道:"孙先生医术超群,有起死回生之功,皇后身患重病,昏迷不醒,特请先生前来治疗,若能好转,寡人定有重赏。"

但是,在封建社会,由于有"男女授受不亲"的礼教束缚,医生给宫内妇女看病,大都不能够接近身边,只能根据旁人的口述,诊治处方。孙思邈是一位民间医生,穿着粗布衣衫,皇后的"凤体"他更是不能接近的。于是他一面叫来了皇后身边的宫娥采女细问病情,一面要来了太医的病历处方认真审阅。他根据这些情况,作了详细的分析研究,已基本掌握了皇后的病情。然后,他取出一根红线,叫采女把线系在皇后右手腕上,一端从竹帘拉出来,孙思邈捏着线的一端,在皇后房外开始"引线诊脉"了。

没有多大工夫,孙思邈便诊完了皇后的脉。原来,孙思邈医术神奇,靠着一根细线的传动,竟能诊断清人体脉搏的跳动。这就是他被群众称为神医的原因。

"万岁! 民医已对病症经过了查问诊脉,诊断其为胎位不顺,民间叫做小儿扳心,故而难产十多个月不生,致使皇后身患重病。"孙思邈诊断完毕,向太宗禀告了病因。唐太宗听完以后,问道:"孙先生言之有理,但不知你打算怎样治疗?"孙思邈答道:"只需吩咐采女,将皇后的手扶近竹帘,民医在其中指扎上一针即见效果。"于是采女将皇后左手扶近竹帘,孙思邈看准穴位猛扎了一针,皇后疼痛,浑身一颤抖。不一会儿,只听得婴儿呱呱啼哭之声,紧接着采女急急忙忙跑出来说道:"启禀万岁,皇后被孙医师扎过一针后,产下了皇子,皇后也苏醒了!"

唐太宗闻言大喜,对孙思邈说道:"孙先生果真医理精深,妙手回春,确实是当代名医! 今日医好中宫疾病,生了皇子,要算奇功一件,寡人有心留你在朝执掌太医院,不知你意下如何?"

孙思邈不愿在朝为官,立志漂泊四方为广大人民群众舍药治病,并撰写《千金方》济世活人。于是他向太宗陈述了自己的志愿,婉言谢绝了太宗赐给的官位。太宗听了,也就不好强求挽留。赐给他"冲天冠"一顶、"赫黄袍"一件、金牌一面、良马一匹和千两黄金、绸缎百尺。并大摆宴席,一来欢送孙思邈,二来庆贺皇后病愈生下皇子。但孙思邈又拒绝了太宗赐给的黄金绸缎。唐太宗深为孙思邈的高尚品德和为人处事的精神风貌所感动,同文武百官将他送出皇城,任他去名山大川采集药材,为黎民百姓救死扶伤,任何人不得阻拦。

唐太宗十分欣赏孙思邈,后来还曾亲临华原县五台山去拜访孙思邈,并赐他颂词一首。直到现在,药王山南庵内还留有唐太宗御道、拜真台、唐太宗赐真人颂古碑一通等。

◆封官不仕

贞观元年(公元 627 年),唐太宗召见了孙思邈。孙思邈奉诏上殿,气质俨然,神姿焕发,容颜甚少。太宗感到惊异,便走下宝座,发自心底地赞叹道:"故知有道者,诚可尊重,羡门、广成岂虚言哉",欲授孙思邈以爵位,请留朝廷效力。但孙思邈"固辞不受",说:"臣谢恩。只是臣立志博集方药,为民解疾救苦。不敢领此赐封。"太宗又厚赐黄金万两,孙思邈更是婉言谢绝。他这种不慕名利的高尚品德深得唐太宗敬佩和喜爱,便依他的夙愿,让他在京城住几年后,任其到天下各地,畅通无阻地去采药行医。

◆葱叶导尿

在太白山区,有人得了个怪病,已经几天了,一直尿不出来,疼痛难忍。其家人请来孙思邈给他治病'孙思邈观察了病人的症状,用手摸病人鼓胀的腹部,诊断此人肯定是尿道闭塞了,服药扎针,无济于事,这时恰有两个孩子,手里拿着一根葱叶子,扑啦扑啦地吹着玩。他受到启发,联想起古人有"葱叶导尿"的记载。于是,他取来一根青葱,掐下细长的葱叶,擦洗干净后剪去葱叶尖,把葱叶缓缓地插进病人的尿道。他对着葱叶用力一吹气,果然病人的尿道冲开了,积尿排泄了,病治好了。

◆太白三神

相传孙思邈初到太白山,满山遍野的丰富草药,吸引他整天起早贪黑地忙于采药。这样惊动了守护太白山的太白神三兄弟。他们早先立有规矩,不准任何人动太白山的一草一木。孙思邈来拜会太白三神,向他们申述了采药的理由,太白三神仍不应允。无奈孙思邈说只需要一草之地,他们便答应了。然而后来他们发现孙思邈还是满山遍野去采药,问其缘故,孙思邈说:我所说的一草,名叫冰冻草,这种草在太白山到处皆是,故我在太白山到处去采。太白三神恍然大悟。孙思邈再次阐明了为普救众生而采药的动机,太白三神深为他的机智和高尚精神而感动,终于同意了他的请求,让他进山到处采药。

◆太白手掌参

相传孙思邈在太白山采了许多名贵药材,其中包括太白山的特产——人参。不料人参成了精,趁人不在偷偷逃离太白山。孙思邈回来一看,不见人参,就四处寻找,后闻知其向东北方向逃走了,便紧紧尾追,一直追到东北长白山,才追上它。孙思邈要它回去,人参怎么也不肯。孙思邈一气之下,取出一根红绳,捆住人参的双手拉回太白山。途中,回头一看,只剩下人参精的两只手,便把它种在太白山上。从此太白山生长的人参就成了手掌参。

◆坐虎针龙

孙思邈当初是骑毛驴出门行医的。相传有一天,他把毛驴拴在树上,同徒弟进山采药去了。这时有一只猛虎从树林中蹿出,吃掉了毛驴。当孙思邈和徒弟闻声赶来时,老虎已跑得无影无踪,只剩下遍地血迹和驴的骨骸了。孙思邈对此非常生气。说也奇怪,吃驴的老虎又回来了,口角还流着血,低垂着头,眼中流露出哀求的神色,求孙思邈为他治疗被驴骨刺扎伤的喉咙。徒弟对老虎说:“你若愿为我师父当坐骑,就点三下头。”于是老虎就点了三下头。孙思邈叫徒弟将医铃放入虎口把虎嘴撑开,手伸进去把那根骨刺拔了出来。孙思邈治好了老虎的病,老虎驯服地让孙思邈骑在它的背上。从此,孙思邈骑着老虎又开始行医和采药去了。

相传泾河龙君奉玉皇大帝之旨，为普救百姓而行云降雨，不料龙君却因喉中生恶疮，降成恶风暴雨。这时孙思邈正在出诊，遇雨难以行路，自语道："这是病龙降雨。"龙君在空中听了此话，感到神奇，于是变化为一个白发老翁，前来向孙思邈求医。孙思邈就在路旁一块大石头上给他诊脉。诊脉后问道："你非人类，像是龙脉，需显出真形方能给你治疗。"白头老翁顿时变成一条白龙。孙思邈镇静自若，面无惧色。他左手掰开龙口，右手紧握银针，瞅准恶疮，一针扎下去，霎时脓血流淌，针到病除。过了一天后，龙君果然病愈身爽，又为黎民行云降雨去了。

◆巧医唐王

贞观初年，唐太宗李世民在一次抵御外寇入侵的征战中，被敌军困于一座山头上。他在山上的水潭饮水时，由于体困头晕，把他头上戴的龙纹玉饰映在水中的倒影误看成是一条小蛇，总疑心自己饮水时吞下了这条小蛇。待班师回朝后，他越想越觉得恶心，进而呕吐，竟成疾病。宫中太医用药几剂，均不能愈。魏征又请来孙思邈为他诊治。孙思邈见唐太宗面无病容，腹中并无异物。弄清病因后，他苦苦思索：蛇若吞进肚子，症状应更严重，但现在是幻觉疑惑，实为心理疾病。孙思邈先给唐太宗开了安神之药，然后拿来唐太宗出征时戴的帽子，让人打来一盆水，再叫唐太宗观看。唐太宗在盆水中一看龙纹倒影，恍然大悟，消除了他的疑虑，病也就治好了。

◆导引调气

孙思邈在终南山曾集中研究道林养性，导引调气。他主张养性要动静结合，按摩导引是动，调气补泻是静。练静功时，他常在空气清新的早晨，在山间清泉旁边的巨石上，屈腿打坐，"口吐浊气,鼻引清气,闭目存思,至腹中有声汩汩然"。通过调气、养气排除一切杂念,完成一套动作,达到强健祛病的目的。他还对练气的时间作了具体规定。他要求人们善于掌握和运用几种简单的调气方法,以简驭繁,治疗许多不同的疾病。

◆药王栈道

告别了家眷和乡亲的孙思邈,来到秦岭的主峰。太白山。太白山以终年积雪而驰名,这里叠峰峦嶂,气象万千,植物中药材十分丰富。他在太白山平时为山区群众行医治病,待到七八月"开山"时节,他同山民、道士一起,背着背篓,带着弓箭,进深山到顶峰,攀悬崖,爬绝壁,采集许多名贵的药材而归。孙思邈对太白山药物研究做出了伟大的贡献。现在,游人在进山的路边,可以看到孙思邈当年开凿的石条石板栈道和石壁上的"药王栈道"字样,可以想象当年孙思邈进山采药的艰难险阻。

◆采集五灵脂

孙思邈在太白山采药期间,从山民口中得知有一种叫五灵脂的名贵药材,是活血的良药。五灵脂原是寒号鸟的带血粪便。寒号鸟栖身在悬崖石缝里,其粪便也散落在悬崖上,天长日久形成许多暗红色的结块,这就是五灵脂。要采这种药,需要用绳索把人吊到悬崖上才能采到。那绳索除易被山石磨断外,最危险的是被崖石缝里出来的名叫"飙"的大甲虫咬断,绳一断,人就坠崖丧生。对此,孙思邈苦苦思索了很长时间,终于想出了好办法。他给绳索套上一节节粗竹筒,然后让人们一起登上石崖顶,把绳索一头系在树上,另一头系在人的腰里,把人吊到悬崖半空采五灵脂,这样就安全多了,再也不用担心绳索被"飙"咬断了。

◆妙解阴阳

孙思邈毕生精研医学和百家学说,到百岁时,已是经验丰富,炉火纯青,形成了一套精辟的医学理论。他认为:大自然有四时五行,寒暑交替,有其变化的规律。人体和自然界同是一理。人体生理有五脏六腑,呼吸吐纳,也有其自身的规律。如果阴阳失调,就会导致疾病。医生的职责就是调节和把握人体的阴阳平衡,以达到治病的目的。他说:"良医导之以药石,救之以针剂,圣人和之以至德,辅之以人事。故形体有可愈之疾,天地有可消之灾"。他不相信鬼、神、天,反对宿命论,相信人只要善于"妙解"和调理,就会防止疾病的发生。他的这些理论是中国古代医学史上全新的科学理论。

◆命名"阿是穴"

巴蜀一带有个老猎人患腿疼病,发病时疼痛难忍。他多方求医均无效果。几经周折,终于找到孙思邈。孙思邈决心要把老猎人的病治好。但治了十余天,针药俱用,亦疗效不佳。

他想:针灸的穴位均未出十四经内,是否此外还有可疗疾的穴位? 他在老猎人的腿上按压,当压到腿部的一个痛点上的时候,老猎人突然大声叫道:"啊,是",孙思邈掐住这个痛点,便在此处试行针灸。不一会儿,老猎人便腿疼减轻多了,慢慢入睡了……最后直到老猎人病愈,方高兴而归。事后,孙思邈把这类有痛点的穴位,取名为"阿是穴"。从此,"阿是穴"以针灸学中的重要"俞穴"一直沿用至今。

◆博览群书

孙思邈在京城长安居住期间,有机会接触到大量的宫廷古籍珍藏,饱览了大量的医学经典著作。由于各朝代在长安长期建都,故保存了丰富的经典古籍。孙思邈有幸走进这些书库,在这里大开眼界,他"忘寝与食,讨幽探微",尽情地吸取文、哲、史、医等各方面的丰富知识。孙思邈曾说：凡欲为大医，不仅要熟读医学著作，还要涉猎群书，精通《庄子》、《老子》、《周易》、天文、地理、五经、三史等。孙思邈以自己孜孜不倦的治学精神实践了上述论述。这一时期的读书生活，对孙思邈以后取得辉煌成就带来了极大的裨益。

◆一视同仁

孙思邈救治的各个阶层的病患者何止千万。在长期的实践中，他形成了一整套高标准的医德规范。其中很重要的一条就是："皆如至亲之想"，就是说，对待病人要像对待亲人一样。他说："若有疾厄来求救者，不得问其贵贱贫富，长幼妍蚩，怨亲善友，华夷愚智，普同一等，皆如至亲之想"。孙思邈声望很高，每到一处，患者就蜂拥而至，不论在农村，还是闹市，都是如此。他以高度的同情心和责任感，对病人一视同仁，不顾饥渴疲劳，莫不一一救治。那些被他治好的病人，对他总是恋恋不舍，许多人临别时感动得洒下热泪。他这种高尚的医德，得到人民的赞颂。

◆炼制丹药

早在隋大业年间，孙思邈就开始炼丹实验。唐武德年间，他在四川买到优质的雄黄和曾青，在蜀县魏家炼丹成功，合成一釜"太一神精丹"。他炼制的"丹药"，是世界上最早从砒剂中提炼成治疗疟疾的有效方剂。比英国人孚勒氏以砒剂所制的药物要早一千多年。现在的湖南浏阳城东有个孙隐岩，相传是孙思邈当年炼丹的地方。传说他在这里垒灶架炉，用硝石、硫黄、皂荚等性质相反的原料，巧用"伏火法"合在一起，避其爆炸，炼成丹药。于唐永徽六年（公元 655 年），孙思邈著作《丹经》写成。在其中的"内伏硫黄法"中详细记载了火药的配方，为后来火药的成功提供了宝贵的依据。

◆敬德追袍

开国元勋尉迟敬德听到唐太宗封孙思邈为药王的消息后,大为不悦,心想自己为唐朝打天下,屡立战功,也没有封王,孙思邈进京才几天,竟得到如此殊荣。他要追赶孙思邈,夺回王袍王冠。孙思邈预知有人要来夺王袍,就把冲天翅扳成顺天翅,把黄袍反穿成红袍。敬德领兵追到灞桥时,见孙思邈却是身穿红袍,头戴顺天翅,在柳荫之下恭候。敬德感到不好意思,便改口说:"我专程赶来,想讨些灵丹妙药。"孙思邈送给他灵丹18丸,保他东征胜利。经过同孙思邈接触,感受到他的高尚品德,敬德后悔自己不该妒忌,便击掌发誓,愿在孙思邈成圣后站班助威,听凭他用。

◆离家隐居

孙思邈辞去北周朝廷的征召,官府大为不悦,有抗旨之嫌。孙思邈"恐征书之复至"毅然决定去太白山隐居。乡亲们知道他要离家出行,有人前来劝阻。孙思邈向乡亲们做了耐心的解释。面对妻子依依不舍的伤感神色,他说:"读万卷书,行万里路,精研方药,远游行医,普救含灵之苦,乃吾之所志也。"北周大象元年(公元579年)深秋,孙思邈告别家乡,告别亲人,去太白山隐居。临别时,妻子儿女和乡亲们送他到村外很远的地方,依依不舍,相互再三嘱咐之后,才挥泪离去。

◆养生理论

唐朝邓王李元裕,是唐高祖的第18位儿子,喜欢学习,擅长谈论辨名析理之学,典签卢照邻是他的布衣朋友,他经常声称:"我的命相就这样了。"卢照邻是范阳人,任新都尉,因为患有难医治的疾病,他住在阳翟的具茨山,编著并注释《疾文》和《五悲》。卢照邻性情高雅颇具诗人风度，不料后来竟投颍水自杀身亡。卢照邻曾居住在景城鄱阳公主废弃的府第中。显庆三年时，唐高宗召见太白山隐士孙思邈，当时孙思邈也住在这里。孙思邈是华原人，当年已经九十多岁了，但是他的视力和听力都一点没有减弱。卢照邻见到孙思邈后伤感自己正在壮年，却疾病缠身，久治不愈，终日里困顿疲备，于是作《蒺藜树赋》，用来伤悼他与孙思邈二人之间承受自然的体质的差异。卢照邻作的赋，词句极其美丽。孙思邈会算天象历法和摄生养性之术。卢照邻和当时的名士宋令文、孟诜都用对老师的礼节待孙思邈。他们曾问孙思邈："名医能治好病，是根据什么道理呢？"孙思邈说："我听说通晓天的人，一定能在人的身上找到它的本体，熟悉人的人一定是以天为本体，所以天有春、夏、秋、冬和金、木、水、火、土。黑天、白日轮流更替，寒冬暑夏交换更迭，这是大自然在运动。自然界中的大气，合起来就成为雨，流动的时候就成为风，散发开去的时候就成为露，紊乱无序时就成为雾，凝聚时就成为霜雪，伸展扩大成为虹霓，这是大自然的正常规律。人体有四肢和五脏，醒着、睡时，呼出吸进，吐故纳新，精脉和气血循环。流动就是血气循环，显现出来就是人的气色，放出来的就成为声音，这是人体的正常运动。阳用它的精华，阴用它的形体，这是天与人相同的，及至它违背了这正常规律就要生病了。蒸就发热，不然就生寒，淤结就成为瘤赘，阻隔就成为痈疽，奔走过疾，就气喘吁吁用尽了精力，就会焦枯，根据表面的诊断，可以检查出身体内部的变化。从人体类比自然界也是这样。因此金、木、水、火、土的伸屈变化，星辰运行中出现的差错，日食、月食现象，彗星的陨落，这是自然界的危险的征兆！寒暑颠倒，这就是外界的冷热失常啊。石头竖起。泥土跳跃，这是自然界的瘤赘啊。山崩地陷,这是自然界的痈疽。急风暴雨,这是自然界的喘乏。不降雨露,河流、湖泽干涸,这是大自然的焦枯啊! 良医用药物进行疏导,用针灸治病救人;圣明的人用高尚的道德和善于用贤任能来治理天下。所以身体有可以消除的疾病,天有可以去掉的灾害,这全都是气数啊!"卢照邻说:"人世间的事情怎么样呢?"孙思邈说:"胆要大,心要小;智虑要圆通,行为要方正不苟。"照邻说:"怎么讲呢?"思邈说:"心是五脏的元首,它应该遵循规律办事,所以要谨慎。胆是五脏的将领,它必须坚决果断,所以胆要大。有智慧的人行动如同天,所以要圆通,仁义的人沉静如同地,所以要方正不苟。《诗经》说:'好像走到了深渊的边缘,仿佛踩在薄薄的冰层之上,是小心。威武雄壮的武士,保卫着三公九卿,是大胆。'《传》说'不因为有利可图就返回去;不因为行仁施义就悔疚,就是仁义的人的方正不苟。'《易经》说'遇到机会就要立刻去做,不能整天地等待,这就是明智人的圆通。'"卢照邻又问:"养性的道理,最重要的是什么呢?"孙思邈说:"天有满有亏,人世间的事情有许多艰难和困苦。如果不谨慎行事而能从危难中解脱出来的人,从来也没有过。所以讲求养性的人,自己首先要懂得谨慎。自己谨慎的人,长期以忧畏为根本。'人不畏惧灾祸,天就要降灾难给你。'忧畏,是生死的通路,存亡的因由,祸福的根本,吉凶的源头。所以读书人无忧畏,仁义就不存在;种田的人无忧畏,粮食就不能增产;做工的人无忧畏,就没有可以遵循的标准和法则;做买卖的人无忧畏,经营就不能盈利;当儿子的无忧畏,孝敬父母亲就不至诚;做父亲的无忧畏,慈爱就不执着;为人臣子的无忧畏,就不能建功立勋;身为君王的无忧畏,国家就不会安定,因此养性的人,失掉了忧畏就心思紊乱没有条理,行为焦躁,难以自持,神散气越,意迷志摇。应该活着的却死了,应该存在的却消亡了,应该成功的却失败了,应该吉利的却遇凶险。啊忧畏就像水与火一样,一会儿也不能忘掉它呀!人无忧畏,子弟就会成为你的强敌;妻妾变成你的仇寇。因此,最重要的是畏道,然后是畏天,其次是畏物,再次是畏人,最后是畏你自身。你不忘忧畏,就不被别人限制,自己永记忧畏就不受别人管束。在小的事情上谨慎,就不怕大的挫折;戒惧眼前忧虑,就不害怕以后的磨难。能懂得这些道理的人。在水中航船,蛟龙不能害你,在路上行走,老虎、犀牛这些凶猛的动物都不会伤着你;各种兵器也碰不到你;各种疾病、瘟疫也传染不上你;爱说别人坏话的人也毁谤不了你;有毒的蜂、蝎也螫不到你。了解这个道理的人,人世间的一切事情就全明白了。"不久,孙思邈被授予承务郎,执掌药局事务。孙思邈在唐高宋永淳初年去世,留下遗嘱:要薄葬,不要焚烧那些纸扎的阴间器物,祭祀时不宰杀牲畜。他死后一个多月,尸体颜色还和活着的时候一样,当抬着他的尸体放入棺中时,给人的感觉就像抬的是空衣服一样。

第十九章

唐代名医王冰，注释《素问》传经典

生平小传

　　王冰，唐代医学家，号启玄子，又作启元子。约生于唐景云元年（公元 710 年），卒于贞元二十年（公元 805 年），里居籍贯不详，唐宝应中（公元 762—763 年）为太仆令，故称为王太仆。

　　王冰少时笃好易老之学，讲求摄生，究心于医学，尤嗜《黄帝内经》，曾"于先生郭于斋堂，受得先师张公秘本"。自天宝九年（公元 750 年）至宝应元年（公元 762 年），历时十二年之久，注成《素问》24 卷，合 81 篇，王冰对运气学说很有研究，其理论见解记述于补入的七篇大论的注释中，为后世运气学说之本。他对辨证论治理论也有所发挥，如治疗元阳之虚，主张"益火之源，以消阴翳。"而治疗真阴之竭，则提出"壮水之主，以制阳光"，这是迄今临床治则的名言。

王冰平素钻研医学，积十二年时间，注释《黄帝内经素问》九卷。因原书第七卷早佚，乃以旧藏之卷补入（即现行本十九卷至二十二卷中七篇大论），并改编成二十四卷，对保存及传播古代医学文献作出了贡献。王冰另有《玄珠》一书，宋代已佚。世传还有《昭明隐旨》三卷、《天元玉册》30卷，《元和纪用经》一卷等，据考为后人托名之作。

王冰自幼为人宁静淡泊，清心寡欲，爱好养生之道喜欢搜集各种养生之术，对道家思想也颇有研究，为学习养生之术曾跟从当时名医孟诜学习。孟诜是位方外道家精通医术和炼丹之术是一代医圣孙思邈的高徒，得孙思邈的阴阳、推步、医药之术的真传医道高超，颇有声誉，撰有《补养方》三卷、《必效方》三卷。王冰跟从孟诜学医数年深得中医之精妙，并受到其道学思想的影响。

玄珠还特别强调王冰必须在学习医术的同时学习道家思想。王冰对这要求并不为难，因为他一向清淡寡欲，与道家的"无为""无欲""恬淡为止""内在养生、外在避世"的一贯主张相契合。学医以后他发现道家思想中的宇宙观、养生观和方法论与中医学关系至为密切，因此更加崇尚道家，笃好方术甚至决定将之作为其一生的主要追求，他自号启玄子也与此有关。后来王冰的医学著作中体现了很多道家思想，也与他的两位恩师有关。

主要成就

著成《补注黄帝内经素问》二十四卷，八十一篇。王氏另有《玄珠》一书，宋代已佚。世传还有《玄珠密语》0卷、《昭明隐旨》3卷、《天元玉册》30卷、《元和纪用经》1卷等，皆后人托名之作。

王冰结合自己丰富的医学知识使《素问》奥义得以晓畅，他补入的《天元纪大论》《五运行大论》《五常政大论》《六微旨大论》《六元正纪大论》《气交变大论》《至真要大论》等篇章,比较客观地反映了运气学说。对于阴阳互根的问题,王冰亦进行了深入的阐发。他所提出的"冲为血海,任主胞胎,二者相资,故能有子"理论,为历代医家所遵奉。他把各种疾病的病因病机概括为 4 类,"一者始因气动而内有所成;二者不因气动而外有所成;三者始因气动而病生于内;四者不因气动而病生于外"。

王冰,年轻时笃好养生之术,留心医学。潜心研究《素问》达 12 年之久,经过分门别类、迁移补缺、阐明奥义、删繁存要以及前后调整篇卷等整理研究工作,著成《补注黄帝内经素问》24 卷,81 篇,为整理保存古医籍做出了突出的贡献。后世影响《黄帝内经》一书系战国至西汉成书的中医理论典籍之一,是中医学理论的渊薮。王冰整理注释《黄帝内经素问》,在祖国医学史上功不可没。他所整理的《素问》传本成为后世医家研究该书的蓝本。王冰对中医学理论的某些认识和创见,至今仍有非常重要的研究和参考价值。

王冰对中医学理论的某些问题,具有自己独到的见解。他说:"夫病之微小者,犹人火也,遇草而芮,得木而燔,可以湿伏,可以水灭,故逆其性气以折之攻之。病之大者,犹龙火也,得湿而焰,遇水而燔,不识其性,以水湿折之,适足以光焰诣天,物穷方止矣。识其性者,反常之理,以火逐之,则燔灼自削,焰光扑灭。"王氏认为人火与龙火是两种性质完全不同的火。前者属一般的火热,其性质属阳热而伤阴液,可以用寒凉药物治疗。在论述水液的输布代谢时,他谈到了肺、脾二脏的重要作用,其注释尤其强调肺、脾、肾三脏在水液代谢方面的功能。他所提出的"冲为血海,任主胞胎,二者相资,故能有子"理论,为历代医家所遵奉。他把各种疾病的病因病机概括为 4 类:"一者始因气动而内有所成;二者不因气动而外有所成;三者始因气动而病生于内;四者不因气动而病生于外。"所谓"气动",是指脏气的变乱,即把病变分作因气动和不因气动两类,而每类中又辨其为外感或内伤。这种分类方法将病因病机结合在一起,有别于三因学说,备受后世宣扬。王冰在"治病求本,本于阴阳"的原则指导下,临证强调应明辨阴阳水火。对于真阴虚损者,主张"壮水之主,以制阳光";对于阳气不足者,主张"益火之源,以消阴翳"。认为"寒之不寒,责其无水",就是说用寒药治疗热证无效,就要考虑是否属于阴虚水亏所致的虚热;"热之不热,责其无火",就是说用热药治疗寒证无效,就要考虑是否属于阳虚火衰的虚寒。此外,他还就有关"正治、反治"问题加以探讨。如说:"逆者正治也,从者反治也。逆病气而正治,则以寒攻热,以热攻寒。虽从顺病气,乃反治法也。"对于五郁之病的治疗,王氏分别采用吐、汗、下、渗、泄等方法,使《素问》五郁治法更加明确具体。

　　王冰结合自己丰富的医学知识使《素问》奥义得以晓畅,比较客观地反映了运气学说。对于阴阳互根的问题,王冰亦进行了深入的阐发。在论述水液的输布代谢时,他谈到了肺、脾二脏的重要作用,其注释尤其强调肺、脾、肾三脏在水液代谢方面的功能。他所提出的"冲为血海,任主胞胎,二者相资,故能有子"理论,为历代医家所遵奉。他把各种疾病的病因病机概括为 4 类,"一者始因气动而内有所成;二者不因气动而外有所成;三者始因气动而病生于内;四者不因气动而病生于外"。所谓"气动",是指脏气的变乱,即把病变分作因气动和不因气动两类,而每类中又辨其为外感或内伤。这种分类方法将病因病机结合在一起,有别于三因学说,备受后世宣扬。

王冰根据《素问·四气调神大论》"春夏养阳,秋冬养阴,以从其根"的论说,对阴阳互根问题作了精辟论述。他说:"阳气根于阴,阴气根于阳;无阴则阳无以生,无阳则阴无以化;全阴则阳气不极,全阳则阴气不穷。滋苗者必固其根,伐下者必枯其上。"其论简明扼要,颇得《黄帝内经》旨趣,并对临床实践也有实际指导意义。

五脏在于人体,王冰认为其性质各有不同,即五脏各有本气,即"肝气温和,心气暑热,肺气清凉,肾气寒冽,脾气兼并之",认识五脏本气,对于探讨病机甚为重要。在脏腑生理方面,王氏亦有不少阐发,如《素问·经脉别论》在论述水液输布时,谈到了肺、脾二脏的重要作用,但未及于肾,王冰的注释则强调肺、脾、肾三脏的功能,他说:"水土合化,上滋肺金,金气通肾,故调水道,转注下焦,膀胱禀化,乃为溲矣"。补充并突出了肾脏的作用。对于奇经八脉的功能,王氏明确指出了冲、任二脉与生育的关系:"冲为血海,任主胞胎,一者相资,故能有子",其论述十分精辟,历代医宗论述妇科胎产,无不奉为圭臬。

王冰认为各种疾病的病因病机可概括为 4 类,"一者始因气动而内有所成;二者不因气动而外有所成;三者始因气动而病生于内;四者不因气动而病生于外"。所谓"气动",是指脏气的变乱,即把病变分作因气动和不因于气动两类,而每类中又辨其为外感或内伤。这种分类法将病因病机结合在一起,不同于三因学说,但备受后世张元素、张从正的宣扬。其次,对伤寒发热、虚损、"鬲消"病等病机,王冰也有独特之见。对《素问·至真要大论》"谨守病机,各司其属,有者求之,无者求之,盛者责之,虚者责之,必先五胜,疏其血气,令其调达,而致和平"一段经文。王氏不仅非常赞赏,而且还撰写了 300 余字的注文,反复强调要认真透过现象看本质,透过错综复杂的症状,精心探求疾病机制,对分析病机的方法作了进一步阐发。

传奇故事

王冰自幼为人宁静淡泊,清心寡欲,爱好养生之道喜欢搜集各种养生之术,对道家思想也颇有研究,为学习养生之术曾跟从当时名医孟诜学习。孟诜是位方外道家精通医术和炼丹之术是一代医圣孙思邈的高徒,得孙思邈的阴阳、推步、医药之术的真传,医道高超,颇有声誉,撰有《补养方》3 卷、《必效方》3 卷。王冰跟从孟诜学医数年深得中医之精妙,并受到其道学思想的影响。

在王冰 20 岁的时候听说有位叫玄珠的医界奇人得到了《黄帝内经·素问》一书,但在道观内隐居修行,身怀医学绝技,便诀心寻师求艺。王冰经人指点来到玄珠先生修行的道观拜师。玄珠先生早年云游四海行医,晚年隐居研修、撰写医书。但这位杏林高手遴选传人非常严格,他要求王冰做到"大医习业第一""大医精诚第二",而且必须熟悉所有的像《黄帝内经》《难经》《甲乙经》《本草》《经方》等知识,还得要学习基本的阴阳、五行等学术,更得要做一个有道德观念、有操守的医生。

王冰从先师张公处得到《素问》秘本,又与齐梁间全元起《内经训解》本相参校,刻苦钻研,结合自己的学术思想和经验,采用合篇、别目、移章、增补等方法对《素问》进行了重新编次,又通过补夺、正误、删衍、润色等具体方法进行了全面校勘、训诂、注释和发挥,历时 12 年,于公元 762 年编辑成《次注素问》,共计 24 卷,八十一篇,使原来残缺不全、脱简讹误重复甚多的医学经典得以定本而广为流传。

《黄帝内经·素问》能比较完整地保存下来,与王冰严谨的治学态度、刻苦求实的学风是分不开的。他在校勘、注释《素问》时，凡是他自己所加的字，都用红笔书写，使今古分明。当时因雕版印刷术尚未发明，所以书主要是抄写，这样就可以红黑夹书，经过次注的《素问》，与陶弘景注《神农本草经》和增加《名医别录》一样，是赤墨分明，使人一目了然。等到雕版印刷风行，最初在技术方面，还不能达到红黑套印，但当时刻书之人，也动脑发明了用"阴文"和"阳文"来作区别，阴文是黑底白字，阳文是白底黑字，这样原来的黑字就变成了阳文，而红字则变成了阴文。不过像《次注素问》中零碎个别夹杂的赤字，雕刻起来是相当困难的，所以后来难免有些混淆，但就当时王冰实事求是的治学态度是令人称道。

王冰较完整地保存了中医学的第一部经典，并为其做了全面的注释，补充了七篇大论，使运气学说得以流传，同时在病机治则、五味归经、脏腑形态诸方面都有所发挥和突破，从而为中医学的不断发展和完善打下了坚实的基础。

第二十章

宋代名医钱乙，开创儿科病学科

生平小传

　　钱乙（约1032年—1113年），字仲阳，东平郓州（今山东郓城县）人，祖籍钱塘（今浙江杭州）。宋代著名儿科医学家。钱氏治学，当初先以《颅囟方》而成名，行医儿科，曾治愈皇亲国戚的小儿疾病，声誉卓著，被授予翰林医学士。曾任太医院丞，在多年的行医过程中，钱乙积累了丰富的临床经验，成为当时著名医家。《四库全书总目提要》称"钱乙幼科冠绝一代"，言不为过。其一生著作颇多，有《伤寒论发微》五卷，《婴孺论》百篇，《钱氏小儿方》8卷，《小儿药证直诀》3卷。现仅存《小儿药证直诀》，其他书均已遗失。该书比欧洲最早出版的儿科著作早三百年，是世界上现存第一部原本形式保存下来的儿科著作。钱乙对儿科医学贡献卓著，后人称其为"儿科之圣"。

钱乙本来和吴越王钱俶有宗属关系,祖籍浙江钱塘,后祖父北迁,遂为山东郓城人。钱乙是中国医学史上第一个著名儿科专家,他撰写的《小儿药证直诀》,是中国现存的第一部儿科专著。它第一次系统地总结了对小儿的辨证施治法,使儿科自此发展成为独立的一门学科。后人视《小儿药证直诀》为儿科的经典著作,把钱乙尊称为"儿科之圣""幼科之鼻祖"。钱氏专业儿科40年,积有丰富的临床经验。在1114年,他的学生阎季忠将他的理论、医案和验方加以整理,编成了《小儿药证直诀》,这是中国现存最早的一部儿科专著。钱乙是北宋一位杰出的医学家。六味地黄丸为补阴代表方,原名地黄圆(丸),最早见于北宋钱乙之《小儿药证直诀》。

钱乙3岁时,他的父亲东游,竟一去不复返,母亲又早亡,他便成了孤儿。

钱乙的姑妈出嫁到姓吕的医生家里,因为可怜他是孤儿,就把他收为义子,并且长期教他学习医术。

钱乙的姑父病危时,告诉了他身世。钱乙听后大哭一场,请求外出寻父,后历尽波折打听到父亲的下落,遂迎父以归,侍奉至终。不仅如此,钱乙对收养他的姑父、姑母也非常孝敬。吕氏去世后因无儿女,钱乙为其收行葬服,每年祭祀,似亲生儿子一般。

钱乙在学医方面勤奋刻苦,博览诸家典籍,尤其对最早的一部儿科专著《颅囟经》推崇备至,以此精专儿科。

宋神宗元丰年间(1078—1085年),钱乙前往京城汴梁(今开封)行医,声名鹊起。长公主患病,召钱乙看诊。钱乙诊断非常准确,治好了长公主的病,被宋神宗授予"翰林医士"称号。

后来,太子仪国公突然生病,请了不少名医诊治,但都毫无起色,病情越来越重,最后发展到抽搐。宋神宗见状十分着急。这时,长公主向宋神宗推荐了钱乙。于是,钱乙被召进宫给太子看病。太子服用钱乙开的"黄土汤"后痊愈。宋神宗这才真正信服钱乙的医术。由于钱乙医术精湛,待人谦和,宋神宗提升他为太医丞。钱乙从不诋毁他医,故受到众医及患者爱戴,上至皇戚贵族,下至庶民百姓,都愿找他看病。钱乙不分长幼、男女、贫富、贵贱,均一视同仁,认真诊治,授之以药。

钱乙专攻儿科 50 余年,积累了丰富的经验。1114 年,钱乙的弟子阎孝忠将钱乙的理论、临床经验、医案和验方与历代经典医著及诸家学说融会贯通,编写成儿科专著《小儿药证直诀》。《小儿药证直诀》分为上、中、下 3 卷,上卷专论脉证治法,中卷列医案病历 23 则,下卷列载方剂 124 首,论述了儿科方剂的特点、配伍及禁忌。《小儿药证直诀》于 1119 年前后编著而成,是我国现存最早而且最有实用价值的儿科专著。

由于"小儿脉微难见",且又"多未能言,言亦未足取信",因此在诊断上,钱乙将小儿望诊放在首位,包括望体形、神态、面色、苗窍、舌象、分泌物、排泄物等。在临床上,儿科望诊内容在其著作中几乎均有论述。

钱乙对中医学特别是儿科医学的发展做出了卓越贡献。《小儿药证直诀》中阐明了小儿生理、病理等特点,提出了适合小儿的治疗法则,创立了诸多儿科行之有效的方剂,第一次系统地总结了儿科疾病预防及辨证施治等经验。所以,他被尊称为"儿科鼻祖"。

主要成就

钱乙一生著作颇多,有《伤寒论发微》5 卷,《婴孺论》百篇,《钱氏小儿方》8 卷,《小儿药证直诀》3 卷。现仅存《小儿药证直诀》，其他书均已遗失。

"五脏辨证"法。钱乙自幼就"从吕君问医"，精勤好学，认真钻研《黄帝内经》《伤寒论》《神农本草经》等。特别是《神农本草经》，他"辨正阙误"，所下功夫很深。有人拿了不同的药请教他，他总是从"出生本末"到"物色名貌"的差别，详详细细地解答。事后一查本草书，果然"皆合"。此外，他把古今有关儿科资料一一采辑，加以研究。在钱乙之前，有关治小儿病的资料不多。据《史记》所载，扁鹊曾为小儿医，东汉卫汛著有《颅囟经》，惜已失传。巢元方的《诸病源候论》，孙思邈的《千金方》，也有关于儿科病的记载。到宋初，有人托名古代巫师撰《颅囟经》2卷，谈到了小儿脉法，病证诊断和惊痫、疳痢、火丹（即丹毒）、杂证等的治疗方法。钱乙对这部书反复研究，深有启发，并用于临床，收到疗效。钱乙还借助于《颅囟经》的"小儿纯阳"之说的启示，结合自己的临床实践在张仲景总结的辨证施治的基础上，摸索出一套适应小儿用的"五脏辨证"法。因此，阎季忠对他"治小儿该括古今，又多自得"。

钱乙的"保养养生"法，被后代证实是科学而有实效的养生方法。钱乙曾说过："欲得小儿安，常要三分饥与寒。"就是说，小儿脏腑娇嫩，消化吸收功能还不健全，保持七分饱，脏腑就不容易受损，孩子不愿意吃饭，不必追着喂饭，孩子饿了，自然有吃的意愿。小儿元阳充足天性好动，如果衣服过暖，容易出汗受凉，导致伤风感冒。因此，让小儿处于"七分暖"的环境中，不容易患咳嗽、哮喘等病。以上方法也同样适用于成人，钱乙主张饮食、穿衣不可太过，即不可食之过饱，穿得过暖。精美之物或喜食之品不宜食之过多，因为偏食使人体对各种营养成分摄入不足，使人瘦弱。同时，食之太过会造成病患或过胖。

　　古代医家称小儿科为哑科,认为治小儿病最难。因幼小儿童还不能语言,即使能语言的儿童,亦往往词不达意。钱乙通过40余年的医疗实践,总结出了小儿的生理特点,并逐步摸索出一整套诊治方法。钱乙在实践中认识到,小儿的生理特点:"脏腑柔弱""五脏六腑,成而未全,全而未壮"。其病理特征:"易虚易产,易寒易热"。所以,要攻克小儿病这道难关,必须对小儿的生理、病理有个正确而全面的认识。在诊断上,他主张从面部和眼部诊察小儿的五脏疾病,增加了"面上证"与"目内证"两种特殊的观察方法。比如,他认为面部"左腮为肝,右腮为肺,额上为心,鼻为脾,颏为肾",可以从这几部分的颜色变化上判断孩子的病症。而观察眼内"赤者,心热。淡红者,心虚热。青者,肝热。黄者,脾热。无精光者,肾虚。"在处方用药方面,力戒妄攻、误下与峻补,主张"柔润"的原则。

　　钱乙学习时,"不名一师",善于化裁古方,创制新方。如他的六味地黄丸。由熟地黄、山药、山茱萸、茯苓、泽泻、牡丹皮组成,原是张仲景《金匮要略》所载的崔氏八味丸,即八味肾气丸(干地黄、山茱萸、薯蓣、泽泻、牡丹皮、茯苓、桂枝、附子)的加减化裁,作六味地黄丸,用来当作幼科补剂。这对后世倡导养阴者起了一定的启发作用。如金元四大家之一李东垣的益阴肾气丸,朱丹溪的大补阴丸(《丹溪心法》方),由黄柏、知母、熟地黄、龟板、猪脊髓组成,都是由此方脱化而来。因此,有人认为钱乙是开辟滋阴派的先驱。此外,钱乙还创制了许多有效的方剂,如痘疹初起的升麻葛根汤,治小儿心热的导赤散,由生地黄、甘草、木通组成,治小儿肺盛气急喘嗽的泻白散,即泻肺散,由桑白皮、地骨皮、生甘草组成,治肝肾阴虚、目鸣、囟门不合的地黄丸,治脾胃虚寒、消化不良的异功散,治肺寒咳嗽的百部丸,直到治疗寄生虫病的安虫散,使君子丸等,迄今还是临床常用的名方。

　　钱乙在儿科学方面的成就不仅为后人赞许,而且对中医辨证学、方剂学均有较大影响。他奠定了中医在儿科专业地位。妙手仁心,一生旨在使"幼者无横夭之苦,老者无哭子之悲"。阐释了中医医道的博大与慈爱。他精通中医的至高境界,望诊,在中医历史有里程碑式的地位。钱乙行医注重实践,非常同情民间百姓的疾苦,而且他还非常善于总结在行医实践中得到的经验和感受,形成规律性、理论性的东西。他提出小儿"五脏六腑成而未全,全而未壮,脏腑柔弱,易虚易实,易寒易热"的理论,并在临床应用四诊(望、闻、问、切)时,十分重视"望"诊。他对患者全身状况均作详细论述和描绘。对儿科常见的惊搐、疮疹、水痘、天花、猩红热等病的鉴别诊断作了描述,提出多种有效疗法。且能区分出几种不同类型的黄疸,其中包括现代医学所说的传染性肝炎、肠寄生虫病的发生和新生儿溶血性黄疸等疾病。根据"小儿为稚阳之体,阴气未盛,阳气柔弱"的特点,善用"柔润方药"。他拟订的补泻五脏的药方,至今仍为医家喜用。特别将《金匮要略》中的"肾气丸"化裁制成"六味地黄丸",更见其斟酌通变,动契精微的功力,给后世养阴学派以启发。钱乙博览群书,深通古代五运天气。青年时常夜宿东平王墓,观察气象,至"逾月不寐"。老年后更是手不释卷。不因医高才广而有丝毫懈怠。他这种高尚的医德和孜孜以求的治学精神,是值得后人学习和发扬的。后世影响钱乙由于对小儿科作了40年的深入钻研,终于摸清了小儿疾病的诊治规律,积累了丰富的临证经验,著有《伤寒论指微》五卷、《婴孺论》百篇等书,但皆散失不传。现存《小儿药证直诀》,或者叫《小儿药证真诀》是钱乙逝世后六年,由他的学生阎季忠(一作考忠)将他的医学理论,医案和经验方,加以搜集、整理,于公元1119年编成的。此书共3卷,上卷言证,中卷为所治病例,下卷为方剂。该书最早记载辨认麻疹法和记百日咳的证治;也是最早从皮疹的特征来鉴别天花、麻疹和水痘;记述多种初生疾病和小儿发育营养障碍疾患,以及多种著名有效的方剂;还创立了我国最早的儿科病历。此书一直为历代中医所重视,列为研究儿科必读之书。它不仅是我国现存最早的第一部系统完整的儿科专著,而且也是世界上最早的儿科专著。《四库全书目录提要》称钱乙的书为"幼科之鼻祖,后人得其绪论,往往有回生之功"。

钱乙在儿科学方面的成就为后人称许,而且对中医辨证学、方剂学均有较大影响。他奠定了中医史上儿科的专业地位。妙手仁心,一生旨在使"幼者无横夭之苦,老者无哭子之悲"。阐释了中医医道的博大与慈爱。他精通中医的至高境界,在中医历史中有里程碑式的地位。

钱乙是我国医学史上第一个著名的儿科专家,他撰写的《小儿药证直诀》,是我国现存最早的系统完整的儿科专著,而且也是世界上最早的儿科专著,在世界医学史上与中国医学史上的地位十分重要。该书最早记载辨认麻疹法和记百日咳的证治;也是最早从皮疹的特征来鉴别天花、麻疹和水痘;记述多种初生疾病和小儿发育营养障碍性疾病,以及多种著名有效的方剂;还创立了我国最早的儿科病历,使儿科自此发展成为一门独立的学科。此书一直为历代中医所重视,列为研究儿科必读之书。后人视之为儿科的经典著作,把钱乙尊称为"儿科之圣""幼科之鼻祖"。

《四库全书总目提要》称:"钱乙幼科冠绝一代。"还称钱乙的书为"幼科之鼻祖,后人得其绪论,往往有回生之功"。

传奇故事

钱乙的父亲钱颖精于医道,但特别爱喝酒,又喜欢外出旅游。有一天他东游海上,便没有再回来。那时钱乙才三岁,他的母亲在那以前已经去世了。

钱乙的姑妈出嫁到姓吕的医生家里,因为可怜他是孤儿,就把他收为义子,并且长期教他学习医术,又将他父母亲的事情告诉了他。他哭了一场,请求出门去寻找他的父亲,前后一共往返了八九次,总共花了几年的时间,终于把父亲接回家来,但那离父亲出走已经30年了。乡亲们对此感慨万千,写诗赞颂此事。他对待吕医生就像对待亲父亲一样。吕医生没有儿子,死后钱乙为他装殓埋葬,并穿孝服为他守丧。钱乙原来就有羸弱的老毛病,他经常按自己的意念来治疗。后来病情加剧,他叹息着说:"这种病就是'周痹'啊,如果侵入内脏,就会死人的。我大概是要死了吧"。不久他又说:"我可以把病转移到手、脚上去。"于是自己制作药剂,日夜饮用。他的左手和左脚便突然间卷曲不能伸展了。他高兴地说:"可以了!"他的亲朋好友到东山去采到了比斗还大的茯苓,他就按医方上的方法服用,直到把它吃完。这样他虽然半边手足偏废不能用,但却骨节坚强和健康人一样。后来他以有病为理由,辞官回家,再也没有出过门。

◆救治伤寒儿童

一个姓朱的人,有个5岁的儿子,夜里发热,白天无事,有的医生作伤寒治,有的医生作热病治,用凉药解表,始终治不好。病儿的症状是:多涎而喜睡。别的医生用铁粉丸下涎,病情反而更重,至第五天,出现大渴引饮。钱乙说:"不能用下法治"。他于是拿白术散末一两煎水三升,使病儿昼饮服。姓朱的问道:"饮多了不会泻吗?"钱乙答道:"不渗进生水在里面,是不会泻的。纵使泻也不足怪,只是不能用下法治。"姓朱的人又问:"先治什么病?"钱乙说:"止渴治痰、退热清里,都靠这味药。"到晚上,药估计服完,钱乙看看病儿,说:"可再服三升。"又煎白术散水三升,病儿服完,稍觉好些。第三日,又服白术散水三升,那个病儿再不作渴,也没有流涎了。接着钱乙给其服两剂阿胶散(又名补肺散、补肺阿胶汤),由阿胶、牛蒡子、甘草、马兜铃、杏仁、糯米组成,病就完全好了。

◆创制六味地黄丸

六味地黄丸是中医临床常用的一种中成药,具有滋补肝肾的功能。本方始见于宋朝《小儿药证直诀》一书,是当时著名儿科医生钱乙首先创制的。

1079 年,钱乙被召到汴京,治好了太子的病,受到了皇帝的重用和赏赐,使他誉满京城。那时候宋朝的太医一般是名医的后代。这些人的祖上也许真有点本事,但传到他们这一代,许多人已经成了靠门第资格吃饭,靠"家学渊源"吓人的庸医了。

钱乙是个"土郎中"的儿子,年龄才 40 多岁,一下子进入太医的行列,不能不令这些官僚味很足的庸医们瞠目结舌。有些人固然佩服他,但更多的人却有点嫉妒,不服气。他们私下议论:"钱乙治好太子的病,不过是偶然的巧合罢了!"有的人说:"钱乙只会用土方,真正的医经怕懂得的不多。"于是,经常有太医署的人来拜访钱乙,向他"讨教"。其实,这种"讨教"带有"摸底"的性质。有一天,有位大夫带了几味《本草》中没有记载的药材,问钱乙药的出处、名字和用法,钱乙看了看,马上指出这是东海来的,那是西域特产，这是从波斯输入，问的人回去翻资料核对，果然一点也不差。

又一天，钱乙和弟子阎孝忠正在为患者治病，有位大夫带了个钱乙开的儿科方子来"讨教"。他略带嘲讽地问："钱太医，按张仲景《金匮要略》中的八味丸，有地黄、山药、山茱萸、茯苓、泽泻、丹皮、附子、肉桂。你这方子好像少开了两味药，大概是遗忘了吧？"

钱乙笑了笑说："没有忘。张仲景这个方子，是给大人用的。小孩子阳气足，我认为可以减去肉桂、附子这两味益火的药，制成六味地黄丸，免得孩子吃了过于暴热而流鼻血，你看对吗？"

这位大夫听了，连声道："钱太医用药灵活，酌情变通，佩服佩服！"弟子阎孝忠赶紧把老师的话记载下来，后来又编入《小儿药证直诀》一书。

就这样，钱乙所创制的"六味地黄丸"流传下来，古代医家对其推崇备至，它能滋阴补肾，对肾阴不足所致诸般虚症均有良效，有补阴方药之祖之誉。现代医学研究证实它有多种疗效，直到今天，仍广泛应用于临床。

◆做医生以救人为市

钱乙的父亲叫钱颖，是个针灸医生，因为家里穷，在钱乙出生后不久失踪，母亲也不久去世。孤苦伶仃的钱乙，从此一直生活在姑母家中。

钱乙的姑夫姓吕，是个民间医生。他心地善良，很疼爱钱乙。有人看病时，他常常让钱乙站在自己身边，看他切脉、诊断病情。没有病人时，姑父就教钱乙认识黄连、当归、白术、甘草等药名和药性。

钱乙10岁时上了学。每天放学回来，钱乙仍保持儿童时的习惯，坐在姑父身边，看他开药方治病。

　　时间长了，钱乙发现来找姑父看病的多数都是穷苦人。他们看完病后往往露出为难的神色说："吕大夫，我只有这点钱，怕不够付药费吧？"

　　姑父总是笑着说："没关系，没关系！"

　　有些来看病的人实在身无分文，就只好留下几个鸡蛋或一把青菜抵药费，姑父也从不计较。他告诉钱乙说："做医生的要以救人为本，不能像商人一样唯利是图。只要看好病就是医生的最大快乐。"

　　姑父纯洁的心灵、高尚的医德和对穷苦人的深厚感情，使钱乙受到了良好的教育。14岁时，念过5年书的钱乙已成了姑父的得力助手。他主动帮姑父抄药方、配药，给病人热敷、针刺等，既帮了姑父的忙，又学到了医疗知识。到了十七八岁时，钱乙就可以单独处理一些小病了。

　　一天，钱乙送走一位智力障碍小儿病人后告诉姑父说："我看，有许多病都是儿时得病的后遗症，可见治愈小儿病非常重要。"

　　"你说得对，可惜姑父在这方面医道太浅，以后，你就在这方面下功夫吧。有志者事竟成，以后家里看病我承担，你抽时间多看看书，常到外面走走，对提高医道是有好处的。"姑父诚恳地说。

　　在姑父的鼓励和支持下，钱乙决心摸索治疗儿科疾病的技艺，让孩童少遭夭折，让老人少受丧子之悲。他把古医经中所有儿科病的资料集中到一起，加以对比研究，并跑遍各地，边行医，边广泛采集民间治疗小儿病的土方。

　　经过几年努力，他终于在汉代名医张仲景总结的辨证施治的基础上，摸索出一套适合小儿用的"五脏辨证施治法"，还逐步研究出了几十种专治小儿病的药方，而且还治好了很多小儿的疾病。

后来,钱乙做过一段时间的翰林医官。一天,宋神宗的皇太子突然生了病,请了不少名医诊治,都毫无起色,病情越治越重,最后开始抽筋,皇帝见状十分着急。

这时,有一个人向皇帝推荐钱乙,于是钱乙被召进宫来,皇帝见他身材瘦小,其貌不扬,有些看不起他,只见钱乙从容不迫地诊视一番,要过纸笔,写了一贴"黄土汤"的药方。

心存疑虑的宋神宗接过药方一看,见上面有味药竟是黄土,不禁勃然大怒道:"你真是太放肆! 太子乃千金之躯,岂可儿戏,黄土能入药吗?"

钱乙胸有成竹地回答说:"据我判断,太子的病在胃,肾为五行之中的水脏,按中医原理土能克水,所以此症当用黄土。"

宋神宗见他说的似乎有理,心中疑虑已除几分,正好这时太子又开始抽筋,于是命人从灶中取出烧过很久的黄土入药。太子服下一剂后,抽筋便止,两剂后病痊愈如初。

这时,宋神宗才真正信服钱乙的技术,把他从翰林医官提升为很高荣誉的太医丞。

就这样,钱乙在姑父的鼓励和支持下,加之自己刻苦钻研,终于成为当时的中医儿科学杰出的一代宗师,被后代医学界称为"儿科之圣",博得了后人的赞扬。他所著的《小儿药证直诀》是我国现存理法方药完善的第一部儿科专著,全书共分上、中、下三卷,上卷论脉证治法,中卷载医案 23 例,下卷载诸方药。钱乙学术造诣精湛,善将前人理论与儿科临床实际相结合,并在前人的基础上发明创造儿科五脏辨证理论,提出心主惊、肝主风、脾主困、肾主虚的辨证纲领。论治上,从五脏补虚泻实出发,注意柔润清养,运补兼施、攻不伤正、注重调理脾胃的学术思想贯穿始终。该书集中体现了钱乙在中医儿科学上的突出成就和卓越贡献。

◆醉眼识病婴

有一年,宋神宗的姐姐长公主的孩子病了。这可把长公主全家上下都急坏了,大家都惶惶不安,担心厄运降临。

这时有人提到了钱乙,说民间可是传开了,这位钱乙治疗小儿病那可是有真功夫。

长公主急了:"真的啊,还等什么呐,那就赶快把他给请来吧!反正太医们都没办法了。"

于是,钱乙就被糊里糊涂地带到了驸马府。

说钱乙糊里糊涂被带来是有根据的,文献记载钱乙进府时还醉着呢,这绝对是还不清楚怎么回事儿就来了,否则借他三个胆子也不至于敢到驸马家看病前喝酒呢。

白天一天诊病累了,晚上老婆给烫了壶小酒,刚喝两杯,就被拎走了。

可见长公主女儿的病很重,什么病呢? 泻痢。这个病对小儿来说是非常危险的,经常是可以夺走性命的。现在长公主的女儿就快要不行了(泻痢将殆),所以,连夜把钱乙召来了。

钱乙嘴里冒着微微的酒气,进了驸马府,看到气氛森严的层层楼阁,酒稍微醒了点。但是,应该客观地说:他当时还是醉着的。

等到进入了重重帷幕之内,看到了病危中的小孩,钱乙的神情才开始凝重起来,酒也醒了大半。他认真地对患儿进行了诊断,然后长长地出了口气,起身,退了出来。

驸马很着急,忙问:"怎么样?"

钱乙回答:"没问题。"

驸马一闻:咦? 怎么一股酒气? 胆子太大了,给我家孩子看病居然还敢喝了酒来？活腻了不成！因为宋朝公主嫁的基本都是武将,这位驸马就是后来的宁远军节度使,人粗鲁了点儿是很正常的。

钱乙还不识趣呢,还在那儿讲:"不用担心,她的身上很快就会发疹子,疹子发出来就好了。"

驸马更恼火了:"你！给我闭嘴！我闺女患的是泻痢,和出疹子有什么关系！你实在是个庸医,谁把你找来的,把那个出主意的人给我拉出去打！"

然后一巴掌把桌子角给拍掉了一个:"来人,把这个乡下土郎中给我轰出去！"

钱乙听了,一言不发,转身就走。

钱乙走了以后驸马还不依不饶:怎么这么大的酒气,快把能够去味的东西给我拿来！

仆人赶快端两筐菠萝皮跑了进来。

但钱乙走了,别人也没有办法啊,大家都不知道怎么治疗,挺着吧,估计接下来就该是办丧事了,然后呈报皇上,您又走了位外甥女,节哀顺变吧。

等到第二天,女仆突然来报:"长公主、驸马爷,我们发现您女儿身上出疹子了！"

啊？大家都不信,忙跑来看。

果然,女儿出了一身的疹子,精神状态却好多了。

有这种事儿？这不和昨天那位医生说的一样吗？敢情那位医生是个高人啊！

长公主开始责怪驸马:瞧你昨天那个态度,做事儿怎么总压不住火儿呢？你就不能改改你那种粗暴的脾气？

驸马:得,我错了还不成? 我再去把人家给请来不就得了吗。

结果,又派人来到钱乙家里,钱乙正坐在那儿等着呢。

钱乙说:"我就知道你们会来,我把药已经准备好了,走吧。"

脸上还是不喜不忧的,在他的心里,别人对他怎么样并不重要,重要的是这个孩子的病要医好。

钱乙开了药以后,孩子很快就好了。

看着女儿又恢复了往日的健康,长公主非常高兴,但还是很纳闷地问钱乙:"您怎么知道出疹子就会好呢?"

钱乙回答:"我昨天已经看到有微微的疹点,疹子外发,毒邪有外透之机,不至于内闭,当然就有让正气得以恢复的机会了,所以断定人死不了。我再用药辅助正气,让毒邪全部泄出,病就好了啊。"

原来是这么回事啊!

驸马虽然没有听懂,但也很高兴,为了表示自己并不是个粗人,还写了几首歪诗送给钱乙。

第二十一章

宋代名医庞安时,《伤寒病总论》传后世

生平小传

　　庞安时(约 1042—1099 年),字安常,自号蕲水道人,蕲水(今湖北浠水县)人,被誉为"北宋医王"。庞安时出身于世医家庭,自幼聪明好学,读书过目不忘。取黄帝、扁鹊脉书研读,不久即通晓其说,并能阐发新义,时年不满 20 岁,后安时病耳聋,进一步钻研《灵枢》《太素》《甲乙经》等医籍,经传百家与医药有关者,亦无不涉猎,融会贯通。庞安时医术精湛,能急病人之急,行医不谋私利,常让来诊者在自己家里住下亲自照料,直至治愈送走,他晚年参考诸家学说,结合亲身经验。撰成《伤寒总病论》6 卷,对仲景思想做了补充和发挥。其突出特点是着意阐发温热病,主张把温病和伤寒区分开来,这对外感病学是一大发展。

庞安时少时即喜医方，潜心研究《黄帝内经》《难经》《伤寒论》等医学专著。旁涉经史百家，融会贯通，排除理学思想的干扰，因而在医学理论和实践上有许多真知灼见，尤其是在伤寒病上有卓越的贡献。他因其苦钻古典医学和大胆实践探索，在临床无论医药针摩，都"挥洒自如"，疗效显著。但他也是一个典型的不受前人的理论束缚，坚持苦学多思，大胆探索，因而在中医事业有许多建树、许多创新。像开设病坊，留诊病人，这是北宋时期中医的一个创举。他还根据医药事业的需要，减少病人负担，为病人生产药材，实施药物产、供、用一条龙。坚持为医"不致于利"，其高尚的医德医风，在今天仍有极其重要的借鉴作用。在学术思想方面，他既精于伤寒，也熟谙温病，内、妇、儿科，皆有研究；是一位拥有广泛实践经验的医家，其于伤寒与温病尤有发挥。

庞安时受扁鹊影响颇深。他曾说过："世间上凡是可称为医书的，我都读过，其中扁鹊讲的道理最深刻。"他将治疗的方法融于《难经》一书，但写得并不详细，大概是希望后世的医者在给病患治病的过程中，慢慢领悟吧。他坦言，"我的医术，就来源于扁鹊的《难经》。在治病过程中，判断病人疾病的深浅，能治还是不能治，与书上所谈都非常吻合。"庞安时认为，观察脉相，以"人迎""寸口"两处最为要紧。人迎，位于颈部喉结旁，是指颈动脉搏动处；寸口，就在手腕外侧，是指桡动脉搏动处。这两处脉一阴一阳，如同两条引绳。当人体阴阳均衡的时候，人迎和寸口脉搏也是大小一致的。用这种判断方法来治病，"病不得逃矣"。庞安时写了万字著作《难经辨》，希望把自己根据《难经》钻研的医术传给后世之人；他也发现，有些草药出现得比较晚，古人不知道，当时的人也不能分辨这些草木的药性；但经过实际施用后，发现这些草药确实有效,为了让这些药物流传下去,他又编写了《本草补遗》一书。可惜的是,如今这两本书都已失传。晚年时,庞安时写了《伤寒总病论》,对张仲景的《伤寒论》作了补充和发挥。

庞安时医德高尚。他给人治病的时候,十有八九都能治愈。对于登门求医的人,他就把家中房舍腾出来让病人居住,并亲自查看为病人熬的药物,确保没有问题。治疗之后,一定要等到病人的病好了,庞安时才让他们离开。对于实在治不好的病人,庞安时必定据实相告,毫不隐瞒。庞安时救活了无数的重病人。那些病人家属带着钱财礼物来感谢他,他也不尽取。

庞安时在五十八岁时得了病,他的徒弟请他给自己诊治,他笑着说:"我已经诊得很清楚了。再说,呼吸也是脉象的一种体现,我现在胃气已绝,就要死了"。几天以后,庞安时就在和客人座谈时,平静地离开人世。

主要成就

庞安时对《难经》非常推崇,著有《难经辨》《主对集》《本草补遗》,因年代久远,这些医学著作现在大多遗失,仅存一部《伤寒总病论》。

《伤寒总病论》,共6卷,约成书于宋咸平三年(公元1100年)。庞安时多年潜心研究《伤寒论》,学术思想上承《黄帝内经》《难经》,旁涉诸家,阐发伤寒,推论温病,每多真知灼见,遂著成《伤寒总病论》。书中前三卷论述伤寒六经证,后三卷论述暑病等热病。作者于书中正式提出寒温分治的观点,认为伤寒与温病是性质不同的两类外感热病,对后世温病学说的创立和发展具有重要启示作用。

《伤寒总病论》初刊于宋元符间。之后,金、元、明都未见其他刊本,至清朝道光年间黄丕烈才据宋本复刻印行。《伤寒总病论》有元符三年黄庭坚序:庞安常自少时喜医方,为人治病,处其死生,多验,名倾淮南诸医。然为气任侠,斗鸡走狗,蹴鞠击毬,少年豪纵事,无所不为。博弈音技,一工所难而兼能之。家富多后房,不出户而所欲得。人之以医聘之也,皆多陈其所好,以顺适其意。其来也,病家如市;其疾已也,君脱然不受谢而去。中年乃屏绝戏弄,闭门读书。自神农黄帝经方,扁鹊《八十一难经》,皇甫谧《甲乙》,无不贯穿。其简册纷错,黄素朽蠹,先师或失其意;学术浅薄,私智穿凿,曲士或审其文,安常悉能辩论发挥。每用以治病,几乎十全矣。然人疾诣门,不问贫富,为便房曲斋,调护寒暑所宜,珍膳美蔬,时节其饥饱之度。爱老而慈幼,不以人之疾尝试其方,如疾痛在己也。盖其轻财如粪土,耐事如慈母而有常,似秦汉间任侠而不害人,似战国四公子而不争利,所以能动而得意,起人之疾,不可为数。他日过之,未尝有德色也。其所总辑《伤寒论》,皆其日用书也。欲掇其大要,论其精妙,使士大夫稍知之。然未尝游其庭者,虽得吾说而不解;若有意于斯者,读其书自足以揽其精微,故不著。著其行事,以为后序云。前序海上人诺为之,故虚其右以待。

《伤寒总病论》卷一叙论重点对外感病的病因、病机、分类、传变、治疗、预后等进行了阐述,提出"寒毒"概念,并统论六经分证;卷二论述汗、吐、下、温、灸等治法,将《伤寒论》有关条文及汤方按治法归类加以论述,并补充了后世许多效验方剂;卷三论述与伤寒有关的临床病证如结胸、痞气、阴阳毒、狐惑、百合、劳复等;卷四论暑病、时行、寒疫、斑痘等;卷五论述天行温病、黄病、小儿伤寒等;卷六载伤寒杂方、妊娠杂方、伤寒暑病通用针刺法、伤寒温热病死生候、差后禁忌、仲景脉说等。每证之下,有论有方。其处方用药,在《伤寒论》的基础上,参考诸家学说并结合个人实践经验,有所补充和发挥。

作者从临床实际出发,对《伤寒论》方证作了进一步的补充和发挥,书中所引述的《伤寒论》方证,均属临床应用确切有效者。如论述桂枝汤适应证时说:"凡桂枝汤证,病者常自汗出,小便不数,手足温和,或手足指稍露之则微冷,覆之则温,浑身热,微烦而又憎寒,始可行之。"可见,作者对桂枝汤证自汗出恶风的症状描述可谓既细致入微,又准确明了。手足露之则冷,覆之又嫌热,病人自觉烦热却又怕冷,诚为实践之所得。同时,书中不仅强调临床应用桂枝汤时要辨证准确,亦要考虑到时令、地域等因素,灵活加减。书中还指出,治疗伤寒病要顾及患者的体质因素及既往病史,此外,对众多伤寒杂证的辨治也进行了必要的补充说明,如治伤寒头痛者,用荆芥散;若头痛壮热,心中烦者,则用黄芩栀子汤等,均系补仲景未备之全新内容,至今仍具有重要的临床指导意义。《伤寒总病论》的理论和治法方药对后世温病学派的形成发展有着重要影响。

在学术思想方面,庞安时既精于伤寒,也熟谙温病,内、妇、儿科皆有研究,是一位拥有广泛实践经验的医家,其于伤寒与温病尤有发挥。

庞安时治伤寒主要是从病因、发病入手,并结合体质、地理、气候等进行探讨,他承前人之说,认为伤寒的病因是"寒毒",只不过是由于感受邪气的时间、地域、体质不同,而表现出伤寒(指狭义伤寒)、中风、风温、温病、湿病、暑病等不同的证候。庞安时在《伤寒例》有关论述的基础上予以发挥,强调一切外感热病的共同病因是"毒",虽然"毒"有阴阳寒热的不同属性,临床表现也有中风、温热、暑湿与急缓轻重等多种多样,但只要抓住了"毒",就抓住了一切外感热病的共性,说明治疗外感热病应重视"解毒"法。另外,他又指出"凡人禀气各有盛衰""寒毒与营互相浑""当是之时,勇者气行则已,怯者则著而成病矣"。认为寒毒虽已侵袭人体,但其能否发病,则取决于素体强弱与正气盛衰,而且在毒气"从化"的倾向上,庞安时也强调了素体的决定意义,认为"假令素有寒者,多变阳虚阴盛之疾,或变阴毒也;素有热者,多变阳盛阴虚之疾,或变阴毒也"。他对疾病的发生发展都以内因为根据的认识,颇有辩证法思想。同时,他还认识到外感发病与四时气候、地域居处密切相关,同是感受寒毒,冬时即发为伤寒,因春温气诱发而为温病,因夏暑气诱发而为热病,因暑湿诱发而为湿病等,都因四时气候变迁而发生不同的病证。不仅如此,居住在山较多地区的患者多患中风中寒之疾,平居者多患中湿中暑之疾,说明发病与地域居处也有关系。庞安时对伤寒治疗,虽宗仲景法则,而善于灵活变化,往往因时因地因人制宜,在治疗上也有不少宝贵经验,丰富了伤寒病的治疗方法。

对于温热病,庞安时基本上分为伏气和天行两类。前者是冬时中寒,随时而变病,如春之"温病"、夏之"热病",以及"中风""湿病""风温"等,"其病本因冬时中寒,随时有变病之形态耳,故大医通谓之伤寒焉"。伏气又可有伏寒与伏热之分,但均不同于天行温病。因此他指出:"天行之病,大则流毒天下,次则一方,次则一乡,次则偏着一家。"认为天行温病是感受毒性很强的异气引起,颇具有流行性、传染性的病证,是外感热病中另一类性质不同的病证,其治疗与伤寒不同,伤寒"有可汗可下之理""温病若作伤寒行汗下必死",提出了温病与伤寒分治,这对后世温病学说的形成有一定的影响。

庞安时从其丰富的临证实践中观察到,温病一类以温毒最为重险,他将温毒五大证与四时、五行、经络脏腑联系起来辨证论治,有一定见解,指出"自受乖气而成脏腑阴阳温毒者,则春有青筋牵,夏有赤脉,秋有自气狸,各有黑骨温,四季有黄肉随,治疗各有各法"。对温毒五大证的治疗,他着眼一个"毒"字,使用大剂量清热解毒,辛温散毒之品,处方多以大量石膏为主,实为后来余师愚治温疫开了门径。另外,他还专立《辟温疫论》列举"疗疫气令人不染"方,有辟温粉,雄黄嚏法,千敷散等,体现出他治温病重预防的思想。

综上所述,庞安时治伤寒是从病因、发病着手,强调体质因素在发病中的重要作用。并认为广义伤寒的病因是"寒毒",而天行温病则由"异气"引起,提出温病与伤寒分治,指出温病中以温毒最为重险,对温毒五大证的治法遣方颇具特色,其重视预防的思想,也实为可贵。不仅如此,其高尚的医德也是可取的,为医药界树立了典范。

传奇故事

◆庞安时与苏轼

庞安时是我国北宋时期著名的伤寒学家之一,被誉为"北宋医王"。他在十七岁时,一次外出游泳,结果耳朵不慎进水,造成了耳聋,但这并没有影响到他对医术的钻研,反而使他更加地专注于医学,最终成为一代医学圣手。

在刚患病期间,为了缓解内心的痛苦,庞安时常常从一些文学典籍中寻找抚慰。渐渐地,文学成了他钻研医术之外最重要的爱好。也正如此,他和当时著名文人苏轼、黄庭坚、张耒等成了挚友,尤其是和苏轼的友谊,被世人传为了一段佳话。

苏轼与庞安时相识于黄州。有一次,苏轼患上了左手臂肿的疾病,听说庞安时善医,便慕名而去。苏轼发现庞安时虽耳聋,但聪慧过人,两人以手画字,不尽数字,庞已全懂其意。苏轼戏语说:"余以手为口,君以眼为耳,皆一时异人也。"庞安时用针灸疗法为苏轼治疗,一针而疾愈。

苏轼痊愈之后,与庞安时二人同游清泉寺,吟诗豪饮,尽兴而归。苏轼作《浣溪沙·游蕲水清泉寺》一词来记录他和庞安时的友谊。"山下兰芽短浸溪,松间沙路净无泥,萧萧暮雨子规啼。谁道人生无再少? 门前流水尚能西! 休将白发唱黄鸡。"

庞安时不仅"志在活人施妙药,心为济世挽沉疴",而且爱好文学。苏轼虽为一代文豪,却也十分爱好医学。二人自此以后,或见面,或书信往来。

有一次庞安时来见苏轼,看见其书房门旁新挂了两只灯笼,不由诗兴大发,随口吟出一上联:灯笼笼灯,纸(枳)壳原来只防风。这时苏轼正好迎出门来,听了略一沉思,立刻心领神会,随即续出下联:架鼓鼓架,陈皮不能敲半下(夏)。

后院有一小花园,庞安时看见园中生长的翠竹葱绿茁壮,他灵机一动,赞叹道:中暑最宜淡竹叶。苏轼随口对道:伤寒尤妙小柴胡。两人在花园边坐下,二人品茶谈天,从名诗谈到名医,又从对联谈到医学。忽然一阵微风拂过,送来阵阵花香,庞安时抬头一看,只见园中玫瑰正盛开,妩媚妖娆。他触景生情,有出一联:玫瑰花开,香闻七八九里。苏轼听他又吟一联,未加思索也脱口而出:梧桐子大,日服五六十丸。庞安时坐了一会儿,告辞出来,随口又出一联:神州到处有亲人,不论生地熟地。苏轼含笑答道:春风来时尽著花,但闻藿香木香。

两人所对联中的枳壳、防风、陈皮、半夏、竹叶、柴胡、玫瑰花、梧桐子、生地(黄)、熟地(黄)、藿香、木香都是中药名。对联工整和谐,妙趣横生。

还有一次,庞安时治愈了一个人的重病之后,那人把家里祖传的名墨送给了他。庞安时知道苏轼爱墨,就把墨拿给他,跟他要了几幅字作为交换。苏轼觉得自己得了大便宜,还主动替庞安时做广告,说他医术高明,善于治疗怪病,治疗伤寒手到病除。在苏轼的《东坡杂记》《仇池笔记》都有关于他和庞安时交往时的事件记录,可见苏轼和庞安时的友谊非同一般。

庞安时 58 岁时,与家人坐语而卒。人们为纪念这位医学家,在他住处修建了"药王庙",庙内塑有苏庞二人对话之涂金像。二位先人至今还在不知疲倦地探讨救人之方,救国之道。

◆庞安时与"杨井"

北宋名医庞安时对祖国医药事业所做出的贡献,历史已有记载,他的传闻逸事在浠水民间代代流传。

相传,有一年大旱,浠水城郭乡杨家铺一带瘟疫流行,可庞安时发现他开的方子在别处灵验,而在这里就不灵了。他来到这里一看,才发现这里的村民吃水、用水不分开,都取自污秽不堪的塘堰,要解决问题,必须立即打井。于是,他找到在当地行医、一个叫杨可的弟子,师徒二人一起上山寻找水源。他们两人走到一个山坡下,庞安时在一棵小树边停下来,见树旁的密密草丛,高兴地说:"你看,这么干燥的天气,此处却不断涌出清水,这不是找到了水源吗?"杨可大喜,送走老师之后,按老师的策划设计,开始在此打井,同时请来石匠。将白石打成石井圆圈,一直从井底码砌到井口，共用了 72 个圆圈，砌成一眼深层泉水井，此井水质清冽。他再用此水煎药给病人服用，果然，药到病除。当地村民取水食用后，男女老幼个个红光满面，疾病全无，齐赞庞安时师徒为他们做了件大好事。于是大家计议，请来一个石匠，在石碑上刻上"庞公井"三个大字，准备立在井边，当庞安时听说这事时，立即赶来劝阻说："井是你们杨家人开，供大家用，怎么把功劳记到我的账上呢？要是给它取个名，就叫它'杨井'。"

如今，"杨井"已成为国家重点保护文物。

◆一针救产妇

相传，舒州桐城地方，有个孕妇，临盆七日不出，州县名医都被请来，各自使出绝招，但都未将婴儿接生下来。

庞安时的学生李百全当时恰好是他家邻居，于是邀请庞安时前往治疗。病者家属伤心痛哭，泣不成声，祈求医生救母子性命。

庞安时来到产妇床前，唤家人备好温水和面巾，再将面巾浸湿，敷在产妇腰腹上。产妇感到松快，腹肌微微抽动。庞安时再用手上下抚摸产妇的肚腹，然后取出针来朝着一处扎了一针，说也灵验，针一扎，产妇腹肌抽搐了一阵，生出了一个胖胖的婴儿。乡亲们见了，无不惊喜诧异，都称赞庞先生医术高明，是扁鹊再世、华佗重生，产妇家人更是欣喜若狂。

庞医生捋着髯髯银须，微微笑着对人们说："我刚才抚摸产妇的腰腹，就知道胎儿已出胞了，只是一只手抓住母亲的肠子，致使其不能出母体。我对准了婴儿的虎口处扎了一针，婴儿疼痛，松开了手，因此就降生了"。人们都抢着看婴儿的虎口处，果有针痕。

第二十二章

元代名医滑寿,校注《难经》传经典

生平小传

　　滑寿,字伯仁,先世本襄城人(今河南襄城县),后迁居仪真,后又迁到浙江余姚。寿自幼机智好学,能写诗。京口王居中是位名医,寿从他学习,讲授《素问》《难经》。学成后又请教师傅:"《素问》讲得倒是详细,可惜有颠倒错乱的地方,我准备将此书分为藏象、经度等十类,分类抄写阅读。《难经》又本于《素问》《灵枢》,其间荣卫藏府与经络腧穴,分辨得很细,但遗漏错误也多。我想根据原书的义旨加以注释,可否?"居中非常高兴,连声说好。从此以后,寿之医学日有长进。他又将张仲景、刘守真、李明之三家医学融会贯通,治病没有不愈的。

　　滑寿又向东平人高洞阳学习了针灸,曾说:"人身六脉虽皆相连,但督任二脉则包于腹背,有专穴。其他诸经络满而溢者,则此二脉可以调剂,应与十二经并论。"于是取《内经骨空》诸论及《灵枢篇》中所述的经络,著《十四经发挥》三卷,通考穴位六百四十七。其他著作有《读伤寒论抄》《诊家枢要》《痔瘘篇》等。又摘取《本草》著为《医韵》。这些医著都有功于世。

晚年自号"撄宁生",江、浙一带无人不知"撄宁生"。七十余岁,容色如幼童,行步骄捷,饮酒无数。天台朱右将滑寿治病神效者数十事例编写成传,所以滑寿的著述更为世人所称赞。

滑寿自幼聪明好学,善诗文,通经史诸家。先从京口(今江苏镇江市)名医王居中学医。研读《素问》《难经》,颇有心得,遂著成《读素问钞》和《难经本义》二书。继之精心研究张仲景、刘守真、李东垣诸家之说,融会贯通,深有造诣。后来又随东平(今山东东平县)高洞阳学习针法,遂对经络悉心研究,取《黄帝内经》等书中有关经络的理论,于针灸,对经络理论很有研究,著《十四经发挥》三卷,提出奇经八脉的任督二脉与其他奇经不同,应与十二经脉相提并论而成十四经,并在《素问》《灵枢》的基础上,通考腧穴657个,考证其阴阳之往来,推其骨孔之所驻会,详加训释。重兴针灸滑氏在针灸之道湮而不彰,经络之学已被忽视之世,力挽狂澜,使针灸又得盛于元代,并为后世针灸医家的规范,这都是滑氏的功劳。不仅如此,《十四经发挥》流传到了日本之后,日本的针灸医学也开始盛兴起来。自元代以后,直至现今,《十四经发挥》一直传诵不绝。后世尚有《明堂图》四幅,题为滑寿撰。

主要成就

著述据考,滑氏著述甚丰,计有:《读素问钞》三卷,《难经本义》二卷,《十四经发挥》三卷,《本草韵合》《伤寒例钞》三卷,《诊家枢要》一卷,《滑氏脉诀》《脉理存真》《撄宁生要方》《医学引彀》《撄宁生补泻心要》各一卷,《医学蠹事书》五卷,《滑氏方脉》《滑氏医韵》《麻疹全书》四卷,《痔瘘篇》《滑伯仁正人明堂图》等十七种之多。

《难经本义》、《难经》注本二卷。元代滑寿(伯仁)撰。成书于至正二十一年(1361年)。系将《难经》原书中的缺误衍文、编次错乱等加以厘订。参考元以前《难经》注本及有关医籍予以诠注,析其精微,探其隐赜,钩其玄要,疑者辨之,误者正之,诸家之善者取之。列举错简、脱漏、衍文19条,编入卷首,予以考订辩论。首列图,后释义,能融会诸家之说,结合己见予以发挥,辞达理明,条分缕析。在《难经》注本中影响较大。

书前首列"汇考"一篇,详论《难经》之名义源流;次列"图说"一篇,载图十三幅;卷上载一至三十难,卷下载三十一至八十一难。书末附"阙误总类"一篇,校勘脱文错简十九条。其注文,考《黄帝内经》以探其源,从张机、王叔和等以绎其绪;凡诸说之善者,旁搜博致而以己意折衷之。书中引录吕广、杨玄操、丁德用、虞庶、周与权、王诚叔、冯玠、袁坤厚、谢缙孙、陈瑞孙等二十余家注,其中不少医书已佚,赖本书稍见梗概。滑氏阐述治学心得颇为精辟:如辨脉之太过不及、阴阳相乘、关格覆溢之轻重缓急,寒热病内伤外感等,均有新意。滑氏还主张读书须要融活,不可滞泥。影响评价本书撮要钩玄,辨疑正误,极为精审,颇得秦越人旨趣,堪称《难经》校注之范本。张山雷评判诸本"大都望文敷衍,少精警。就以彼善于此,当以滑氏之《本义》、徐氏之《经释》,较为条整,而余子碌碌,殊不足观"(《难经汇注笺正·自序》)。因此历来为后世医家所推崇,是研习《难经》的重要参考书之一。

骨滑寿不仅医术卓绝,而且还有文人风骨。他与当时文人名士朱右、戴良、丁鹤年、宋濂、宋禧等交往甚密。元末农民起义军领袖方国珍的秘书刘仁本驻兵余姚,对滑寿很敬重,在他的《羽庭诗集》中有:正月望前一夕,与滑伯仁炼药,诗云:"委羽山中鹤堕翎,老仙为我制颓龄;人无金石千年寿,药有丹砂九转灵;候熟鼎墟分水火,所吞朋友走风霜;轻身已得刀圭秘,莫问昌阳与茯苓。"《明史》称滑寿:"年七十余,容色如童孺,行步矫捷,饮酒无算。"戴良题滑寿像赞曰:"貌不加丰,体不加长,英英奕奕,其学也昌。"在马渚的走访得知,滑寿原姓刘,因从医而改名易姓,在淮南叫滑寿,在吴中(今江苏)叫伯仁氏,在鄞城(今宁波鄞州区)叫撄宁生。据《绍兴府志》记载,叶逢春云:"寿盖刘文成基之兄;易姓名为医。文成既胄,当劝之仕,不应而去。"这是说滑寿可能是刘基(刘伯温)的哥哥,刘基是明朝开国功臣,曾到余姚看望滑寿,劝其弃医从官,滑寿重视气节,以元朝遗老自居,刘基劝说无效,只好回京。洪武八年四月,刘基病逝,滑寿赋《望卷悲》十章,采办祭祀所需的蒿草赴京奔丧。传说滑寿为刘基之同母异父的兄弟,大概是有实据的。《孟子·离娄》记载:"舜生诸冯,迁于负夏,卒于鸣条,东夷人也。"史家认为"诸冯"即为马渚。马渚一地,以容纳滑寿而有荣;名医滑寿,以栖居马渚而有幸。最后,在晴朗的天空下,以滑寿友人的两首古诗作为马渚之行及本文的结尾,向600年前的一代名医致以深深的怀念。一首是诗人宋僖的《重过倪氏深秀楼怀滑伯仁》:"滑公江海客,频到贺家溪。采药行云际,吟诗过水西。"另一首是戴良的《九灵山房集·怀书撄宁诗》:"海日苍凉两发丝,异乡漂泊已多时。欲为散水留官道,故托长桑说上池。蜀客著书人岂识,韩公卖药世偏知。道途同是伤心者,只合相关赋黍离。"

传奇故事

◆行医救人

滑寿一生从医,留下了许多有价值的精彩医案。

下面讲一个他仅用两剂药就治愈了一位被误诊而痛苦不堪的暑病病人的故事。

进入炎热的夏天之后,气温升高,在野外劳作的人最易因中暑而病倒。一天,一位不断呻吟、身体十分瘦弱的中年男子,在一位小青年的搀扶下,来到滑伯仁医师的诊室求诊。滑医师起身走上前,热情地问道:"看您病成这痛苦不堪的样子,是哪儿不舒服呢?""先生,"小青年主动回答道,"他是我哥,为了一家人的生计,天天顶着烈日收麦子、种苞谷,在六七天前倒在地边之后,就病成这个样子了"。

"已经病了这么久,请医师治过吗?"

"请过,咱镇上的医生说我哥瘦成这个样子,是患了虚劳病,要多吃补药,可照他的处方抓了几剂药煎服之后却没有一点好转,我才丢下手中的活儿送他到您这儿来诊病,先生您可得想办法治好我哥啊,他3个孩子还小,嫂嫂身体又不好,一家人全都靠他养活呢!呜……"那小青年说着就急哭了。

"别急,别急,告诉我,你哥还有哪些不舒服的地方?"

谁知哪小青年急得说不下去了,只顾在旁边掉眼泪,滑医师亲自问了病人好大一会儿,才从病人哪有气无力的回答中得知,其症状是腹泻、小便赤、四肢疲惫,连举手之力也没有,汗多、口渴,摸摸他的额头,还有点发热。滑医师又给他诊脉,得知双手六部的脉象都虚微,一下子就明白了。原来这个病人是被人误诊了,他患的不是虚劳病,而是由饮食不周和在高温下劳累过度引起的夏月中暑。

于是,对病人的弟弟说:"小兄弟,你哥哥的病不难治,快别哭了,按我的处方服两剂药就会好的,只是要劝说他今后不要在烈日下劳累过度便是。"

说罢,那小青年一下子就破涕为笑了。只见滑医师提笔开了两剂由黄芪、人参、炒白术、苍术、炒神曲、麦炒青皮、陈皮、炙甘草、麦冬、五味子、酒洗当归、酒炒黄柏、泽泻、升麻、葛根、生姜、大枣等十七味药料组成的清暑益气汤,递到柜台上交给药剂师抓药去了。

一会儿药抓好了,小青年付了账,病人说:"我病了这些天,两剂药就能治好吗?"滑医师说:"你放一百个心,医生我从来不对病人说假话,要不然,你服完这两剂药,也就是大后天,再到我这儿来看看,那时你就用不着搀扶着来了;如果没治好,你就带个口信来,我亲自去为你免费复诊。"

"谢谢滑先生!"听完滑医师一席话,兄弟俩非常感激,那年轻人便提着药,搀扶着他哥哥告辞而去。

两天过后,那中年人的病果然痊愈了。他也没失信,当真一个人走着,还提了两只鸡到滑医师那儿去致谢了呢。

某村张先生的妻子在某年的夏天患了疟疾,也就是俗话所说的打摆子。打摆子嘛,应当一会儿发热,一会儿又冷得发抖。可她却是发热的时候少些,冷得发抖的时候多些,镇上的医生认定她患的是脾寒胃弱病,给她开方抓来煎服的药,剂剂都离不开附子、肉桂等热性药。后来疟疾退下去了,但是由于大热之药吃得太多,体内积火太重,以至于营养消耗太快,使她时刻感到饥饿,每天吃十来餐还觉得不够。可她这样能吃却不能做一点儿事情,因为一站立就觉得累。过了一些时日,她连视力也变得模糊了,腿脚也不能走路了,因为她越来越肥胖,从腰胯到脚尖整个下半身都变软了,根本无法站立。她就这样成了一个吃得多又不能做事,连站也站不起来的肥胖病妇,这对一个家庭来说也实在是一个累赘。因此,家里人都有点嫌弃她,让她在家成天躺着或者坐着,连说话也没人搭理,使她觉得度日如年,生不如死。

这年的秋末冬初时节,滑伯仁医师出诊到了与张家住地相邻的那个村子,一位与张家有点沾亲的老人对他说:"滑先生医术高超,张家那个连路也不能走的胖媳妇真可怜,病了几个月了,现在连路也走不成了,她患的那种病还能不能治呀?"滑医师说:"能不能治要看看病人,弄清楚情况再说吧。"于是,那位老人就等滑医师忙完出诊的事情之后带他到了张家,病妇的丈夫张先生热情地迎接了他们。

滑医师一坐下就开始给病妇张妻瞧病,首先问她曾经吃什么药。张妻一一作答,张先生还将她服过药的一叠处方拿给滑医师看了。滑医师替张妻诊脉后对张先生说:"她的脉象洪大而虚濡,刚才听了她的回答,又看了她已经服的一些处方,可以肯定地说,她现在患的是痿证,也就是身体某一部分萎缩或者失去功能的病。明显,她的萎缩部分就是下身,特别是双腿,已经失去了支撑身体和行走的功能。只能躺着或者坐着,起病的原因就是在夏天吃多了热性药物。夏天湿热天气很重,要她吃那么重的热性药,湿上加火,就像体内在不停烧开水一样,把肺气都几乎烧光、烧焦了,哪儿还有正气供养全身呢?故而两只脚就不能走路了,双眼也就视物不清了,所以她现在看任何东西都是模糊的,如果不抓紧治疗,最终还会失明变成瞎子。"

听了滑医师的诊断介绍,张妻激动地说:"先生您说得完全对,就是在夏天我打摆子时,镇上那挨千刀的医师给我开的药,害死我了,让我成了这个样子,求生不得,求死不能! 先生若能救我,定当终生报答。"

"你快别这样说了,治病救人是当医师的本分,我现在就给你开个处方,多抓几剂来煎服之后,一定能有所好转,最后有可能完全治愈。这个处方也不是我的发明,而是前辈李东垣先生的长夏湿热痿法,也叫清燥汤,许多人都用过,而且有效,我看治你的病很合适,相信你照方抓药煎服之后也一定能恢复健康。"

"那就太谢谢您了!"张妻一听自己的病有了治愈的希望,高兴极了。

于是,滑医师在处方中写道:黄芪钱半,炒苍术一钱,炒白术、陈皮、泽泻各五分、人参、茯苓、升麻、柴胡各三分,酒洗当归、生地黄、麦冬、炙甘草、炒神曲、酒炒黄柏各二分,黄连一分,五味子九粒。写毕,又对张先生说:"照方去抓药吧,要多准备几剂,直到能下地走路。"

滑医师走后,张先生当天就拿着处方为妻子抓回了十多剂药,每天煎服一剂,服完了又去抓。过了些时日,张妻的食量明显减少,眼睛也明亮了许多。她想,滑医师开的处方还真灵,这下看到希望了。于是,她每天坚持吃药。病情一天天的好转起来,身体也逐渐变苗条了,也可以拄着棍子慢慢走路了。

转眼间,冬天即将过去,春天即将来临之时,张妻就基本上恢复了健康,不用拄棍子也能和常人一样走路了。她逢人就说,"多亏了滑医师给我诊病,要不然,我也活不到今天!"

后来,滑医师知道张妻的病已治愈,心里也很高兴。可也对那些随意给病人下药致人重病的医师十分不满。他说:"当医生就要尽到责任,有些医生最喜欢用辛燥热药,给许多像张妻这样的病人带来巨大痛苦,他们应当引以为戒啊!"

第二十三章

元代名医朱丹溪,滋阴创始著述多

生平小传

朱丹溪,名震亨,字彦修(1281—1358 年),婺州义乌(今浙江义乌市)人。金元四大家中,朱丹溪所出最晚。他先习儒学,后改习医道,在研习《素问》《难经》等经典著作的基础上,访求名医,授业于刘完素的再传第子罗知悌,成为融诸家之长为一体的一代名医。朱丹溪以为三家所论,于泻火、攻邪、补中益气诸法之外,尚嫌未备滋阴大法。力倡"阳常有余,阴常不足"之说,申明人体阴气、元精之重要,故被后世称为"滋阴派"的创始人。临证治疗,效如桴鼓,多有服药即愈不必复诊之例,故时人誉之为"朱一贴"。弟子众多,方书广传,是元代最著名的医学家。

因他出生的赤岸镇有一条溪流名叫丹溪,所以学者多尊称朱震亨为"丹溪翁"或"丹溪先生"。朱震亨自幼聪明，年长者对他都很器重，但他年稍长后却弃而不学，变得崇尚侠气，争强好胜，若乡中望族仗势欺侮，"必风怒电激求直于有司，上下摇手相戒，莫或轻犯"。他36岁时，闻有朱熹四传弟子许谦居于东阳八华山中，"学者翕然从之，寻开门讲学，远而幽、冀、齐、鲁，近而荆、扬、吴、越，皆不惮百舍来受业。及门之士，著录者千余人"。不禁叹道："丈夫所学，不务闻道，而唯侠是尚，不亦惑乎？"于是抠衣往事，就学于许公门下。听其所讲"天命人心之秘，内圣外王之微"，方悔恨昔日之"沉冥颠沛"，不由汗如雨下。自此茅塞顿开，日有所悟。如此数年之后，学业渐成，一日地方官设宴招待应举之士，朱震亨应试书经，但偶遇算命先生，先后两卦均言不利。朱震亨竟以为天命，遂绝进仕之念，以为"苟推一家之政，以达于乡党州闾，宁非仕乎？"于是乃就祖宗所建"适意亭"遗址上，造祠堂若干间，于其中"考诸子家礼而损益其仪文"。又在祠堂之南复建"适意亭"，使同族子弟就学其中。

朱丹溪常为百姓挺身向前，凡遇"苛敛之至，先生即以身前，辞气恳款，上官多听，为之损裁"。此外，他还积极组织大家一起兴修水利，为民谋福。当地有个"蜀墅塘，周围凡三千六百步"，能灌溉农田六千多亩，但因堤坏水竭，屡致旱灾。在朱震亨的带领下，大家协力修筑堤防，并开凿了三条渠道，根据水量而舒泄之，使百姓均得受益。

导致朱丹溪从儒转医，有几方面的原因。一方面，他素怀惠民之心，"吾既穷而在下，泽不能致远。其可远者，非医将安务乎？"另一方面，在他30多岁时，母亲有疾，诸医束手，亦使其有志于医。遂取古代经典医籍细细观之，三年而有所得。又过了两载，竟然自己处方抓药,治愈了老母的旧疾。又因其师许谦本不以名利为务,教授学生"随其材分"而定,"咸有所得"。又说:"吾卧病久,非精于医者不能以起之。子聪明异常人,其肯游艺于医乎?"此言正中朱震亨下怀,于是尽焚以往所习举子业,一心致力于医。

当时盛行陈师文、裴宗元在宋大观年间制定的《太平惠民和剂局方》(共297方)。朱氏昼夜研习,知其不足所在,但乡间无良师可从,于是治装出游,访求名师,"但闻某处有某治医,便往拜而问之"。他渡过浙江,走吴中、出宛陵、抵南徐、达建业。后又到定城,始得刘完素的《原病式》和李东垣方稿。但始终未遇到理想的老师。直到泰定二年(1325年),才在武林听说有名罗知悌者,为"宋理宗朝寺人,业精于医,得尽刘完素之再传,而旁通张从正、李杲二家之说",但性格狭隘,自恃医技高明,很难接近。朱震亨几次往返登门拜谒,均未得亲见,趑趄三月之余。但他心诚意真,求之愈甚,每日拱手立于门前,置风雨于不顾。有人对罗先生详加介绍朱震亨的为人与名声后,始获相见。谁知却一见如故。罗知悌对朱震亨说:学医之要,必本于《素问》《难经》,而湿热相火为病最多,人罕有知其秘者。兼之长沙之书,祥于外感;东恒之书,重在内伤,必两尽之,治疾方无所憾。区区陈、裴之学,泥之必杀人。闻此,朱氏向日之疑尽皆冰释。罗先生时已年过古稀,卧于床上,并不亲自诊视,只是让弟子察脉观色,但听回禀便处方药。随其学习一年之余后,朱震亨医技大进,尽得诸家学说之妙旨。回到家乡,乡间诸医"始皆大惊",不知他在外边学了多大本事,但看其处方用药,又嘲笑不已,以为不伦不类。但朱震亨正是用这种被众医斥之为离经叛道的方法治愈了许谦的痼疾。四方求治者、求学者盈门不绝。朱震亨总是有求必应,不避风雨,致使贴身仆人均深受其苦,怨声不绝。

朱震亨晚年整理自己的行医经验与心得,写成许多著作。临终前没有其他嘱咐,只将随他学医的侄儿叫到面前诲之曰:"医学亦难矣,汝谨识之。"言讫,端坐而逝。

朱震亨通过多年临床实践,朱氏自创新说,自成一家之言,创立了有名的"阳常有余,阴常不足"及"相火论"学说,并于杂病提出了以气、血、痰、郁的辨证治疗方法,于医学理论的发挥及杂病的治疗做出了贡献,被誉为金元四大家之一。著有《格致余论》《局方发挥》《金匮钩玄》《本草衍义补遗》等。此外,流传有关丹溪之书亦很多,其中以《丹溪心法》《丹溪心法附余》最有代表性,但均非丹溪本人所著,系后人将朱氏临床经验整理而成。

朱震亨的坟墓在赤岸镇东行四公里的东朱村,面对八面青山。其坟曾几经修葺,至今香火不绝,表达了后人的深切怀念。

主要成就

朱丹溪一生著述甚多,如有《局方发挥》《症因脉治》《格致余论》《丹溪心法》等。

《格致余论》是朱震亨医学论文集,全书一卷,共收医论42篇,涉及内容相当广泛,篇次排列没有规律,颇有随笔杂记之韵味,若不拘原书篇序而按所论内容分类,则大致有:论苏生者,有"饮食色欲箴""养老论"等;论生理病理者,有"受胎论""阳有余阴不足论"等,论诊断者,有"涩脉论""治病先观形色然后察脉问证论"等;论治则者,有"治病必求其本论""大病不守禁忌论"等;论具体病证者,有"痛风论""疟论"等;论具体方药者,有"脾约丸论""石膏论"等。另外,还有其他杂论数篇。

在人体生理方面,朱震亨重视阴血,认为阴精难成而易亏,提出著名的"阳有余阴不足论";在病因病机方面,朱震亨重视湿热,相火,特撰"相火论",指出正常相火虽为人身动气,但若因物欲妄动,则可成为贼邪;在治疗上,朱震亨注重滋阴、养血、清热,互对滥用温补和盲目攻邪。

《格致余论》撰写于 1347 年,是中国最早的一部医话专著。

《格致余论》是朱震亨医学论文集,全书一卷,共收医论 42 篇,涉及内容相当广泛,篇次排列没有规律,颇有随笔杂记之韵味,若不拘原书篇序而按所论内容分类,则大致有:论苏生者,有"饮食色欲箴""养老论"等;论生理病理者,有"受胎论""阳有余阴不足论"等,论诊断者,有"涩脉论""治病先观形色然后察脉问证论"等;论治则者,有"治病必求其本论""大病不守禁忌论"等;论具体病证者,有"痛风论""疟论"等;论具体方药者,有"脾约丸论""石膏论"等。另外,还有其他杂论数篇。朱震亨在人体生理方面,朱震亨重视阴血,认为阴精难成而易亏,提出著名的"阳有余阴不足论";在病因病机方面,朱震亨重视湿热,相火,特撰"相火论",指出正常相火虽为人身动气,但若因物欲妄动,则可成为贼邪;在治疗上,朱震亨注重滋阴、养血、清热,互对滥用温补和盲目攻邪。《格致余论》撰写于 1347 年,是中国最早的一部医话专著。朱震亨是浙江金华(今金华义乌)人,因世居丹溪,故人称丹溪翁或朱震亨。朱震亨为著名的"金元四大家"之一。他自幼研读理学,因母病,三十岁时开始攻读医经。后从当时名医罗知梯学医,学术上受刘完素、李杲等影响。由于他刻苦研究,数年之间医名闻于四方。朱震亨一生著述甚多,如有《局方发挥》《症因脉治》《格致余论》《丹溪心法》等。

传奇故事

◆"半路出家"的医生

这位丹溪先生，原本也是位"儒生"，后来转而"投医"，完全是为了孝道。

原来，在朱震亨三十多岁的时候，他的母亲患了疾病，找了很多大夫看病，都没有治好，把大夫都为难住了。朱震亨孝顺母亲，不忍看她因病痛苦，便开始决定自己学医。

先从阅读古代众多经典的医术开始，就这样学了三年后，竟然有所感悟。后又寻访名家，请教医术医道，又过了两年后，他的本领竟然达到可以抓药看病的程度，还顺带把老母亲的病给治好了。

从此，这位"半路出家"的医生将生病好几年母亲的旧疾治好的故事，被相亲四邻所知晓，并广泛传开了。只是当时，朱震亨还未有当医生的念头，直到遇到了这个人。

◆从"儒生"到"医生"

在医术上，朱震亨虽然也算小有成就，可他从未放弃过"儒生"的身份，也想通过读书"出仕入相"。

一日，当地的地方官设宴招待应举的书生，想要从中选拔优秀者推荐为官。朱震亨虽然也在应邀之内，可他对此前途也颇觉迷茫。正在他踌躇中，偶然遇到一位算命先生，便决定摇上一挂，看看仕途之路到底顺不顺。

一番操作过后，眼见算命先生看着卦象，嘴中念念有词，问卜之后，竟然是凶卦，乃大不吉。朱震亨颇为生气，认为算命先生糊弄他，便到了另一个算命先生的摊位，又重新摇了卦。此卦一出，依旧是不利。对此，朱震亨以为是天命，因此决定放弃进仕的念想，幸而自己还有"医术"傍身，一样可以救百姓于水火，也算是安身立命的本事。

从此,世间少了一个不知是否能名垂后世的文人官吏,却多了一位传世名医。

◆妙招救人

朱震亨的医术集百家所长,却也在治病救人的过程中,容纳了自己的想法。他治病除了管用的泻火、攻邪、补中益气的方法外,还力倡"阳常有余,阴常不足"的观念,自创阴虚相火病机学说,被后世尊称为"滋阴派"的创始人。

作为医者,他治病方法有很多,也不完全拘泥于传统的医学方法,有时候甚至还会用一些"巧招"。

据说,一位书生身体不适,在很多医生那里治过病,都不见好转。经人推荐,来到朱震亨处,抱着试一试的想法,让传说中的"丹溪先生"来看一看他到底是得了什么病。

通过了解,朱震亨知道了这位书生是因为刚成亲不久,原本和妻子之间举案齐眉、夫妻恩爱,可不久,妻子就突然得了暴疾而身亡。书生受了打击,又难免思念妻子,身体也越发不如以前,渐渐虚弱下来。

听到这里,朱震亨也知道书生为什么得病了,这是遇到了打击,抑郁成疾。丹溪先生低头想了想,有了主意。他这边一本正经地切脉,那边却郑重其事地摸了摸书生的肚子,说道:"恭喜你呀,你怀孕了。"

书生听了,禁不住失声大笑起来。朱震亨不为所动,竟然郑重其事地给书生开了保胎方,一边告诉书生注意事项,一边叮嘱书生要按时吃药。书生见此状,更是笑得前仰后合,一边笑一边挖苦道:"男子怀孕,千古奇闻,朱先生不愧是神医也。"

书生回到家后，一路上想来便想笑。

逢人便说此事，每每大笑不止。可奇怪的是。半个月后，书生久治无效的病竟然就这样痊愈了。朱震亨的名声也越发响亮了。

◆梧桐叶治难产

朱震亨是金元时期的著名医家，他家乡义乌赤岸镇（今属浙江）有水名丹溪，所以被称为"丹溪翁"。他处方多奇效，常不需复诊，民间被称他为"朱一贴""朱半仙"。

某日，邻居一妇人难产，三天三夜生不下小孩，肚痛难忍，全家非常着急，请来了名医朱震亨。

朱震亨来到产房门外，只听见产妇的呻吟声，立即停下脚步，仔细听听，认真想想，心中早已明白几分。这时，吹来一阵风，院中梧桐树上的一片树叶正好落在他的脚旁。丹溪翁弯腰捡起树叶，用手擦了擦，将它交给产妇家里的人，说："病人我不再看了，你们先将此叶拿去煎汤，让产妇立即喝掉。"产妇服完梧桐叶汁，果然很快生下一胖小子，全家欢天喜地，好不高兴，逢人便说："丹溪翁真是神医啊！"

过了一些时候，隔壁院子里另一个妇女难产。他们想到朱丹溪用梧桐叶煎汁催生，也摘下一片梧桐叶煎汁，给产妇喝。可是等了很久，小孩还是生不下来，妇人腹痛难忍，家里人急得不知怎么办才好。

朱震亨赶到后，站在门口听了听产妇的呻吟声，生气地说："为啥不早叫医生看一看？"家里人将吃梧桐叶的事告诉了他。朱震亨笑笑，来到产妇床边，仔细诊脉，望色，问病，观舌。提笔开了张药方说："快去把药取回煎服，到了半夜小孩就会生下来。"产妇服了药，果然在半夜生下小孩。

大家很奇怪,朱丹溪说:"梧桐叶并不治难产,第一个产妇痛得狂喊乱叫,说明是马上要分娩了。我随手捡了一片梧桐叶煎水服,目的是安她的心,心安后不紧张,小孩就会平安生下。这个产妇就不同,她的呻吟声说明是真正难产,所以需马上服催生药。"

第二十四章

金代名医刘完素,寒凉学派创始人

生平小传

刘完素（约 1120—1200 年），字守真，河间人，世称刘河间，是金元时期的著名医家，为后世所称金元四大家中的第一位医家。他从 25 岁开始研究《黄帝内经·素问》，直到 60 岁从未中断，学识渊博。他据《素问》病机 19 条，阐明六气过甚皆能化火的理论。故治法上多用寒凉药，并创制了不少治疗伤寒病的方剂，对后世温病学说有所启发。为中医学各学派的创立奠定了良好的基础。刘完素自幼聪明好学、喜读医书。在他 25 岁的时候，母亲突然得了重病，曾经三次去请医生治疗，却都没有请到，致使母亲的病不能及时得到治疗，不久便病情恶化而死亡。这段不幸的经历，使刘完素悲痛欲绝，感慨万千，恨自己不懂医学而痛失母命，从此立下志向,专心学医。

因家居河间府(今河北省河间市),故后人称他刘河间。为金元四大家之首,寒凉派的代表人物。北宋宣和二年(1120年),出生在河北省肃宁县,3岁时因家乡暴雨成灾,全家迁至河间市居住。

刘完素早年的人生遭遇可谓凄惨坎坷,不仅家境贫寒且幼年丧父,母亲含辛茹苦把他拉扯大。更不幸的是,其母亲随后也得了重病,因三请医生而不至,很快病逝,留下了刘完素孤零零一个人。母亲的去世极大地刺激了刘完素,从此,学医并成为一名优秀的大夫成了他一生为之奋斗的目标。

他当初曾拜陈先生(陈师夷)为师,学成后独立行医,声誉渐隆。其为医,独好《素问》,朝夕研读,手不释卷,终得要旨,并根据其原理,结合北方气候环境特点,及民众饮食醇厚、体质强悍的特性,围绕《黄帝内经》病机十九条,倡伤寒火热病机理论,主寒凉攻邪,善用防风通圣散、双解散等方治疗,名盛于大定、明昌年间(1161—1195年)。金彦宗曾3次征聘,坚辞不就,章宗爱其淳素,特赐号为"高尚先生"。随着他的创新理论广泛流传,师从者甚多,先后有荆山浮屠、葛雍、穆子昭、马宗素、镏洪、常德、董系、刘荣甫等从之,私淑者也不少,如张从正、程辉、刘吉甫、潘田坡等,最终形成明显的寒凉攻邪医风。开创了金元医学发展的新局面,形成金元时期一个重要学术流派"河间学派"。

宣和七年(1125年),金兵南下灭辽,次年又灭北宋,刘完素遂为金朝之民。金章宗承安五年(1200年)逝世,享年八十岁。

主要成就

刘完素一生贡献显著,著作颇丰,主要有《黄帝素问宣明论方》(1172年)15卷,《素问玄机原病式》(1186年),《内经运气要旨论》

(即《素问要旨论》),《伤寒直格》(1186 年) 3 卷,《图解素问要旨论》8 卷,《素问原机气宜保命集》3 卷,《伤寒心镜》1 卷,《伤寒医鉴》1 卷,《伤寒标本心法类萃》(二卷),《三消论》(附《儒门事亲》),《素问药注》(遗失),《医方精要》(遗失),其他托名刘完素的著作还有《习医要用直格并药方》《河间刘先生十八剂》《保童秘要》《治病心印》《刘河间医案》等。后人多把完素的主要著作统编成"河间六书""河间十书"等,其中或加入金元其他医家的著作。

刘完素认为火热病机非常广泛,故而对于风、湿、燥、寒等一些病证,刘氏也从火热阐发,这样就形成了其以火热为中心的学术观点。其中,刘氏强调了风、湿、燥、寒诸气在病理变化过程中,皆能化生火热,而火热也往往是产生风、湿、燥、寒的原因,这就是著名的"六气皆能化火"学说。刘氏认为风气与火热的关系十分密切,风有助火势之力,若已有火热之证,再兼有风气,则又可使火热病症表现更为突出。另一方面,病理上的风,又往往因火热过甚而成。而且,风与火热之气,在病变过程中,又往往容易相兼为病,这样风与火热的关系就十分密切了。对湿与火热而言,刘氏认为人体感受热邪之后,由于火热怫郁于人体之中,造成气机不得宣行,则津液不布,水湿不运,停于人体成为水湿之邪。此外,若湿气闭郁,阳气不得宣通,亦可以内生火热。湿与热二者之间互相影响,形成了非常密切的关系。就燥与火热来讲,刘完素认为燥邪性属秋阴,属阴邪范围,并提出了治疗原则"宜开通道路,养阴退阳,凉药调之,慎毋服乌、附之剂"。他认为:"金燥虽属秋阴,而其性异于寒湿,反同于风火热也"。即指燥虽属阴邪,但又有与风、火、热等阳邪类似的特点。而火热邪气伤人往往表现出干燥之象。这样,燥与火热的关系就十分密切了。至于寒与火热,一为纯阴,一为纯阳,水火难容,二者不可相兼为病。刘氏指出,寒性收引,感寒之后,闭塞其外,阳气不得宣通而怫郁,也可以成为热证。而"心火热甚,亢极而战,反兼水化制之,故寒栗也。然寒栗者,由火甚似水,实非兼有寒气也。"说明寒郁可以生热,热郁可见寒证,寒与火热的关系也十分密切。这样,就形成了以火热病机为中心的六气病机学说。刘完素主要以《黄帝内经》为学术基础,他精研医理,把《黄帝内经》中的关于火热病致病原因的内容选摘出来,加以阐释,这就是著名的《病机十九条》。他还提出了"六气皆从火化"的观点,认为"风、寒、暑、湿、燥、火"六气都可以化生火热病邪,治病,尤其是治疗热性病的时候必须先明此理,才能处方用药。他所创方剂凉隔散、防风通圣散、天水散、双解散等,都是效验颇佳的著名方剂,至今仍被广泛应用着。对于《黄帝内经》中的"五运六气",他也有着精辟的研究和独到的见解,并十分善于运用五运六气的方法来看病。他认为没有一成不变的气运,也就没有一成不变的疾病,因此,医生在处方用药的时候必须灵活机变,具体分析。刘完素在治疗热性病方面的完整理论和对"五运六气"的独到见解,对后世中医学的发展有着深刻影响,甚至对于温病学派的形成也有着至关重要的铺垫作用。

刘完素认为火热病机非常广泛,故而对于风、湿、燥、寒等病证,刘氏也从火热阐发,这样就形成了其以火热为中心的学术观点。其中,刘氏强调了风、湿、燥、寒诸气在病理变化过程中,皆能化生火热,而火热也往往是产生风、湿、燥、寒的原因,这就是著名的"六气皆能化火"学说。刘氏认为风气与火热的关系十分密切,风有助火势之力,若已有火热之证,再兼有风气,则又可使火热病症表现更为突出。另一方面,病理上的风,又往往因火热过甚而成。而且，风与火热之气，在病变过程中，又往往容易相兼为病，这样风与火热的关系就十分密切了。对湿与火热而言，刘氏认为人体感受热邪之后，由于火热怫郁于人体之中，造成气机不得宣行，则津液不布，水湿不运，停于人体成为水湿之邪。此外，若湿气闭郁，阳气不得宣通，亦可以内生火热。湿与热二者之间互相影响，形成了非常密切的关系。

就燥与火热来讲，刘完素认为燥邪性属秋阴，属阴邪范围，并提出了治疗原则"宜开通道路，养阴退阳，凉药调之，慎毋服乌、附之剂"。他认为："金燥虽属秋阴，而其性异于寒湿，反同于风火热也。"即指燥虽属阴邪，但又有与风、火、热等阳邪类似的特点。而火热邪气伤人往往表现出干燥之象。这样，燥与火热的关系就十分密切了。至于寒与火热，一为纯阴，一为纯阳，水火难容，二者不可相兼为病。刘氏指出，寒性收引，感寒之后，闭塞其外，阳气不得宣通而怫郁，也可以成为热证。而"心火热甚，亢极而战，反兼水化制之，故寒栗也。然寒栗者，由火甚似水，实非兼有寒气也。"说明寒郁可以生热，热郁可见寒证，寒与火热的关系也十分密切。这样，就形成了以火热病机为中心的六气病机学说。

刘完素不仅重视外感热病的病机与治疗的探讨，同时对杂病的证治亦十分重视。如对消渴病认为，"若饮水多而小便多者，名曰消渴；若饮食多而不甚饥，小便数而消瘦者，名曰消中；若渴而饮水不绝，腿消瘦而小便有脂液者，名曰肾消。"已与后世分消渴为上、中、下消三种，上消多渴，中消多食，下消多尿基本一致。而且对此病的病机认识也很有见地。他说："如此三消者，其燥热一也，但有微甚耳。"因此，在治疗时，刘氏主张"补肾水阴寒之虚，而泻心火阳热之实，除肠胃燥热之甚，济一身津液之衰，使道路散而不结,津液生而不枯,气血利而不涩,则病日已矣。"强调了清除肠、胃、心诸脏腑之热而补肾水之衰,是主要治法。若津液得生,燥热得去,则消渴自除。

对于中风,在刘河间以前,多从外风论治。唯刘氏在"六气化火""五志过极皆为热甚"的理论指导下,在《黄帝内经》"诸暴强直,皆属于风"的病机启示下,提出中风一病乃由内而生,并非外中风邪,而是阳盛阴虚、心火暴盛、肾水虚衰的病机所产生的。其病因多是情志失和、五志化火所致。刘氏的这些论点,纠正了前人以外风论中风的谬误之说,是对中风病机学说的发展。在治疗方面,刘氏主张用寒凉之药除郁热、开结滞、散风壅、通气血。或用三一承气汤通腑泻热以泻心火之暴盛,或用灵宝丹(硫黄、自然铜、雄黄、光明砂、磁石、紫石英、阳起石、长理石、虎胫骨、腽肭齐、龙脑、麝香、牛黄、龙齿、钟乳、天麻、远志、淫羊藿、巴戟、乌蛇、苦参、肉桂、鹿茸、木香、肉豆蔻、延胡索、胡桐律、半夏、当归、生地黄汁、童便、无灰酒、皂荚仁、犀角)、至宝丹(生犀角、生玳瑁、珀琥、朱砂、雄黄、金箔、银箔、龙脑、麝香、牛黄、安息香)等以清心火、开心窍、安心神等,至今仍有临床实际意义。虽然,刘氏提出中风的内风论,治疗方法尚不十分完善,但对后世还是颇有启发的。

传奇故事

◆巧治怪病

相传公元1147年金皇统元年仲夏,金熙宗晋尚书右丞相韩企先为濮王,设宴庆贺。可是没过几天,他却得了一种怪病:发热、口渴、烦躁、小便不畅、大便泻痢。家人到处求医,用药百剂,但病势愈发恶化,无奈,便在城门张贴告示,张榜悬赏求医。

刘完素见到榜文后,认为自己对此病甚有把握,且早就听说韩企先博古通今,能仿宋律制定皇统新律,内心很想见见这位贤相,所以揭榜入府。

经过把脉察色,他若有所思,问道:"可有身热、口渴、心烦、多汗之症?"韩企先闭着眼睛轻轻地点了点头。刘完素继续安心把脉,稍许又问:"你应该还有小便不畅、大便泻痢、倦怠身重之症。""是、是。"韩企先禁不住勉强睁眼打量了一下刘完素。

刘完素继续说:"此乃暑湿也,治暑不治湿,医之过也!""暑湿?"一旁的太医忍不住说:"吾等岂不知暑湿之理?"刘完素说:"你们治暑祛湿,泻热不养阴,尤其小便不利、大便泄泻,定然不敢使用寒凉之剂,故治而无效。"

韩企先像抓到救命稻草一样,努力挺起身子问:"先生可有良方?"刘完素略一思索,举笔开方:滑石、甘草,共研细末。一旁的太医问:"此为何方?"刘完素指着方中的"滑石六两,甘草一两"说:"此乃六一散,滑石能解肌清热,滑窍行水而利湿,统治表里上下三焦。加入甘草泻火和中,便能清暑利湿。此药每日三钱,需加白蜜少许,灯芯汤调服,保证三日见效。"

韩企先依照此方连服三日,果然小便通而泄泻止,恢复到与常人无异,不禁对刘完素的医术感慨万千。欲赏赐刘完素高官厚禄、锦衣玉帛,却被刘完素一一婉拒。

自此,刘完素的医术医德更被当朝百姓广为传颂,他一心攻读医书,眼中无高官厚禄,只挂念水火中的百姓,拯救病患,悬壶济世,且医术高明,被世人称为"神医"。

◆驴肉火烧

刘完素治病救人的传说还有很多,他的故事也被后人赋予了生动的传奇色彩,使中医药文化瑰宝熠熠闪光,也让刘完素的"神医"形象更加生动丰满。

刘完素行医时,曾提及驴肉对人有滋补之效,劝及世人多食驴肉,长期食用必定身体健康、精神饱满,对身体可谓有百利而无一害!驴肉火烧产业协会会长张海涛先生深刻领会刘神医这一养生理念,创办了功夫驴肉火烧,被评为省级非物质文化遗产,树立起行业标杆,引导驴肉火烧行业整齐规范、高品优质的发展,让驴肉火烧进入千家万户,让更多的人享受到驴肉火烧的美味,也让驴肉的滋补之效惠及众人。

◆一针救两命

刘完素的高明医术很大程度上源于其勤学不倦的优秀品质和绝佳的悟性。关于刘完素的悟性,有一个颇具神话色彩的民间故事。相传一天,刘完素在家里挑灯夜读《黄帝内经》,不知不觉夜深了,人也乏了。这时,一位自称姓陈的白发老人走进屋子,看到屋里的情形,对着刘完素训斥道:"你这样苦读书,永远也成不了名医!"刘完素闻后,大惊失色,连忙跪拜在地上请求神人的指点。谁知这位神秘的白发老人却什么也没有传授给他,而是让刘完素一直陪他喝酒,直到睡去。第二日早晨,刘完素醒来发现,白发老人已经消失了。不过自那以后,刘完素像换了个人一般,看书如有神助,通达万分。

最被后人称道传颂的莫过于刘完素治病救人的故事。一次,刘完素在乡间游历行医,路上碰到一个正在出殡的队伍。上前打听方得知,原来死者是一名孕妇,因难产出血而亡,直到出殡还有鲜血不断从棺材缝里往外滴落。刘完素听后,觉得孕妇还有救,于是忙拦下出殡队伍,并极力说服众人开棺救人。经过一番仔细诊断后,刘完素取出银针,在孕妇的涌泉穴等穴位扎了几针。不久后,孕妇的气息和脉搏不仅渐渐恢复正常,而且苏醒了。紧接着,刘完素再施针孕妇的合谷、至阴等穴,胎儿神奇地顺利产下。一旁的家属们见状连忙跪地叩首,视之若神仙下凡。这便是历史上有名的"一针救两命"的故事。

◆高尚先生

刘完素的医术不仅闻名于江湖民间,在当时的朝廷中也声誉隆重。1191 年,金章宗完颜璟的女儿得了重症近乎生命垂危,御医们束手无策。皇帝无奈只能传旨让各州府的官员推荐地方上的名医。河间知府吴锐便将刘完素推荐给了皇帝。刘完素只用了三服中药便将病人治愈。章宗欲封其为太医,刘坚辞不受,并借故溜走,之后在保定一带行医授徒。由于刘完素拒不做官,视功名利禄如粪土,朝廷无奈,便赐给他一个"高尚先生"的名号。

刘完素辞世后,保州、河间十八里营、肃宁洋边村都建庙宇纪念,而且河间十八里营更名为刘守村,肃宁洋边村更名师素村。明正德二年(1507 年),朝廷更是敕封刘完素为"刘守真君"。明万历年间(1600 年前后),师素村刘守庙扩建为"刘守真君"庙以彰显其功德事迹。转眼间,几百年的岁月过去了,为纪念刘完素而设的正月十五、三月十五的师素庙会延续至今,依旧热闹非凡。

◆后世纪念

刘完素主要以《黄帝内经》为学术基础,他精研医理,把《黄帝内经》中的关于火热病致病原因的内容选摘出来,加以阐释,这就是著名的《病机十九条》。他还提出了"六气皆从火化"的观点,认为"风、寒、暑、湿、燥、火"六气都可以化生火热病邪,治病,尤其是治疗热性病的时候必须先明此理,才能处方用药。他所创方剂凉隔散、防风通圣散、天水散、双解散等,都是效验颇佳的著名方剂,至今仍被广泛应用着。对于《黄帝内经》中的"五运六气",他也有着精辟的研究和独到的见解,并十分善于运用五运六气的方法来看病。他认为没有一成不变的气运,也就没有一成不变的疾病,因此,医生在用处方药的时候必须灵活机变,具体分析。刘完素在治疗热性病方面的完整理论和对"五运六气"的独到见解,对后世中医学的发展有着深刻影响,甚至对于温病学派的形成也有着至关重要的铺垫作用。

▶刘爷庙

后人为了纪念刘完素对人民做出的突出贡献,在他死后的几百年中,不断地为他修建庙宇,镌刻石碑,歌功颂德。直到今天,河间市西九吉乡的中刘守村和后刘守村之间还有他的墓,"刘爷庙"曾被日本帝国主义摧毁,新中国成立后又重新整修,每年的正月十五都举行隆重的庙会来纪念他,足见他的影响是十分深远的。

《四库全书提要》说:"儒之门户分于宋,医之门户分于金元。"中国医学发展到金元,形成了医学流派"四大家",即刘完素(守真)、张从正(子和)、李杲(东垣)、朱震亨(丹溪)争鸣的局面。

▶刘守村

刘完素辞世后,保州、河间十八里营、肃宁洋边村都建庙宇纪念,而且河间十八里营更名刘守村,肃宁洋边村更名师素村(取纪念刘完素之意)。明正德二年(1507 年就就封刘完素为"刘守真君",圣名贯古。明万历年间(160 年前后)师素村刘守庙扩建为"刘守真君"庙。正月十五、三月十五师素庙会延续至今,成为县境一年两度的物资交流市场。

▶刘守庙

保定市、肃宁师素村,分别于 1984 年、1993 年重修刘守真纪念堂(刘守庙)和刘守真君庙。

第二十五章

金代名医张从正,攻下学派创始人

生平小传

张从正(公元1156—1228年),字子和,号戴人。金朝睢州考城县部城(今河南省商丘市民权县王庄寨乡吴屯或河南省兰考县小宋集北四里北沙岗)人。金朝四大名医之首。对于汗、吐、下三法的运用有独到的见解,积累了丰富的经验,扩充了三法的运用范围,形成了以攻邪治病的独特风格,为中医学的病机理论和治疗方法做出贡献,被后世称为金元四大家之一,又称为"攻下派"的代表。著有《儒门事亲》。

张从正幼年从父学医,博览医书,深究医理,勤奋自坊,弱冠成器;中年时代,即成一方名医。他用药也以寒、凉为多。他以为风寒等是在天之邪气,雨露等是地之邪气,最容易使人染病。饮食的酸、苦、甘、咸等是水的各种邪气,也是致病的原因,认为这些病因都不是人体内所应有的,一经致病;就应当祛除体外。祛除方法采用汗、下、吐三法为要,凡风寒痼冷等所致,疾病在下,可用下法;凡是风痰宿食所致,可用吐法。他行医奔波于陈州介徐州、开封、归德数十府、州、县,医疾救亡,功绩卓著,深得人民敬仰。

金宣宗兴定年间,谕诏从正,补太医,因非其所愿,不久辞职归里,后与麻知几、常仲明等讲研医理,著书传世。约于公元1220年前后著成《儒门事亲》,取名的用意是:儒者能明事理,事亲的人就应当知医道。当时因有人对汗下吐三法持有异议、故书中有说、有辨、有诚、有笺、有论、有疏、有十形三疗,还有六门三法等目。旨在于攻,故号攻下派。

金正五年(公元1228年)冬,张从正卒,享年72岁。

主要成就

张子和一生著述颇多,最著名的就是他弃官之后与学生麻知几、常仲明等共同写成的《儒门事亲》一书,书中记述了他的主要学术观点。而该书收载的文章中,有许多是辩论性的文章,像《高技常孤》《群言难证——谤吐》《谤三法》《谤峻药》《同类谤才——群口诬戴人》等。由此可以看出,当时他在学术上的处境是十分艰难的,因为他敢于直言当时医界妄用温补的弊端,触动了许多不学无术者的利益,因此他们嫉妒他,怨恨、围攻、嘲笑,甚至诽谤他。但他从不妥协,刚正耿直,并以精深的学识力辩群医。当时,来到张子和的家中有识之士络绎不绝,高人才子日不离门,这也是对那些庸才的最有力的抨击。

在学术上,他精于《黄帝内经》《难经》《伤寒》,同时也提出了"古方不能尽愈今病"的著名论点。张从正对于疾病的认识很有独到见解。他认为治病应着重祛邪，祛邪就是补正，不能因害怕使用攻下药的而一味用补，因而创立了独特的"汗、吐、下"攻下法，并能运用自如，治好病人无数。所谓的"汗、吐、下"三法，并非单纯的发汗、呕吐、泄下三种具体治法，而是分别代表着三类驱邪外出的途径。汗法，是指用药发汗，以及用针灸、洗熏、熨络、推拿、体操、气功等方法达到祛除表邪目的的方法；吐法，不单是指催吐，凡豁痰、引涎、催泪、喷嚏等上行的治疗方法都属此类；下法，不单指泄下，其他像行气、通经、消积、利水等能够驱除里邪的方法亦尽属此类。因此，张子和归纳的"汗、吐、下"祛邪法，实际上是中医理论中"扶正祛邪"法中以祛邪为主的这部分内容。而他认为先"祛邪"，才能扶正，邪去则正自安，对于实证阳证，这种方法也是非常奏效的。

　　他还主张治疗以食补为主，并反对乱用温热药物峻补的方法。可以说，张子和的理论是建立在刘河间的"火热论"基础上发展演化而来的。人体诸邪皆易化火，一味地温通峻补只能使人体的痰热实邪壅滞，引发更多的疾病。这种论点，实际上是针对当时社会上的不良医学风气而言的。而张子和本人也十分重视辨证论治，并非见病即攻，在治疗过程中也一定要视病人的具体情况，选择适当的治疗方法。尤其是年岁较高的老人，身体羸弱的儿童，都是他强调不可乱攻的对象。

　　张子和创立了"攻下派"，疗效颇佳，从另一个角度来讲，也是他医术精湛，辨证准确的见证。历来，医家对于"下品"药物的使用都十分谨慎，而他能够对于这类药物娴熟使用、准确把握和对各种病证应对自如，足见他深通医理，熟识药性，临床经验也非常丰富。反观今天，对于中医学尚未达到一定熟练程度的初学者和年轻医生,切不可一味地模仿和追求新奇,简单而无辨证的照搬张子和的治法和方药。一旦辨证失误或者用药不慎,很容易造成医疗事故,十分危险。所谓"艺高人胆大",这也是后世医家虽不敢尽取其方,却十分肯定张子和本人在医学上的造诣,并敬佩他的胆识和学问的原因。

张氏强调攻邪,将其归纳为汗、吐、下三法。张氏对此三法的运用十分纯熟。他认为,只要邪气存于肌表,尚未深入,便可应用汗法。他所指汗法,包括灸、蒸、熏、渫、洗、熨、烙、针刺、砭射、导引、按摩等,"凡解表者皆汗法也"。在具体应用方面,张氏认为首先要明辨阴阳表里寒热虚实,在实际应用时,不仅表证可用,诸如有里证者,若兼有表证之象者亦可应用。其中,张子和尤其注重辛凉与辛温发汗之间的分辨,注重从地区、季节、体质、感受邪气、禀性、脉象等方面之不同,以鉴别辛凉与辛温的不同适应证。在使用汗法时,强调汗出之时要周身出遍,要渐渐汗出,且不宜过多,这是十分重要的原则。

对于吐法,他认为凡风痰、宿食、酒积等在胸膈以上的大实大满证均可应用。如伤寒或杂病中的头痛,痰饮所造成的胸胁刺痛、失语、牙关紧闭、神志不清、眩晕恶心等,由于病邪在上,均可用吐法。当然,他所称吐法,不仅仅指涌吐而言,"引涎漉涎,嚏气追泪,凡上行者皆吐法也"。具体应用上,一般情况下,凡吐至昏眩,可饮用冰水可解,没有冰水,服用凉水亦可。此外,有一些不适应使用吐法的患者,如性情刚暴、好怒喜淫、信心不坚、病势临危、老弱气衰、亡阳血虚、自吐不止,诸种血证等,均在禁用吐法之列。

对于下法,不仅局限于通泻大便,"催生、下乳、磨积、逐水、破经、泄气,凡下行者皆下法也"。即将通达气血,祛除邪气,使之从下而行的多种治疗方法统归于下法。由于张氏对下法的概念范围的扩大，因此张氏下法的适应范围亦是十分广泛的。诸如胃肠部有各种结滞；伤寒大汗之后而因劳而复发，热气不尽者，杂病腹中胀满疼痛不止而内有实邪者；目黄、九疸、食劳及落马、堕井、打扑、闪朒、损伤等外伤引起者，均可选用下法。此外，张氏还列举了三十味常用攻下之药，诸如大戟、牵牛、芫花、巴豆、甘遂等峻烈攻下之品均在其列，而且对一些毒性药物的应用，提出应当慎重，既强调其治疗作用，又注意其弊端与副作用，可见其应用是十分娴熟的。

张从正在前人理论与临床的启示下，为纠正时弊，提出一整套攻邪祛病的理论，并为中医的治疗学充实了很多丰富的内容，成为独具风格的一代名医，在祖国中医学发展史上占有重要地位，为祖国中医学的发展做出了贡献，至今仍值得我们认真学习与深入研究。

传奇故事

◆情志疗法

张从正治疗疾病，不仅善于使用"汗、吐、下"三法，而且还善于运用情志疗法，可谓是治疗情志病的高手。情志疗法不仅可以"无药而愈"，治疗过程更是具有故事性，今天就来聊聊情志疗法。

传统中医认为，人为万灵之长，是有着复杂精神和思想活动的高等生物。翻开中国古代医家的医著，中医先哲们从整体宏观的角度探讨了"形神"即心身间的生理病理关系，构筑起朴素的心身医学体系。形成了具有民族特色的"脏腑藏神""七情内伤"的理论和本土化的"情志相胜"的操作技术，留下了耐人寻味的经典医案。

张从正精于中医的心理治疗，他在发挥《黄帝内经》中"情志相胜"的理论时说:"悲可以治怒,以怆恻苦楚之言感之;喜可以治悲,以谑浪亵狎之言娱之;恐可以治喜,以恐惧死亡之言怖之;怒可以治思,以污辱欺罔之言触之;思可以治恐,以虑彼志此之言夺之。凡此五者,必诡诈谲怪,无所不至,然后可以动人耳目,易人听视。"

张从正在其所著《儒门事亲》中,极为重视心理治疗,对于《黄帝内经》的"以情胜情"疗法,进行了深刻的研究,还创造了"习以平之"等意疗方法。

◆情意疗法

在《儒门事亲》中,记载了一个通过"怒胜思"的方法来治疗失眠症的故事:这是一个富家的妇人,平时就多思,两年来都入睡困难,吃了很多的安神药都没有疗效。她丈夫听人说张从正治疗这类疾病很擅长,于是就请张从正前来给妻子诊治。张从正问了起病的原因,并把了脉,悄悄对患者的丈夫说,要治好你妻子的病,还需要你的配合。丈夫问,要我怎样配合呢? 张从正说,我要想办法使你妻子发怒,你只要照我说的办就行了。说完,他大声对妇人说,要五十两银子做诊金,还要好酒、好菜招待我吃上三天,我才能给你治病。说完向病人丈夫使了个眼色,丈夫连声说好。在接下来几天里,张从正只管喝酒吃肉、聊天取乐,丝毫不谈论妇人疾病的治疗,妇人的丈夫也和张从正一起喝酒聊天,似乎也忘了他妻子还在等着治疗。

如此吃喝了三天后,张从正也没给妇人看病,拿了五十两的诊金就不辞而别了。那妇人看张从正吃喝了三天,不但没给自己治病,还拿走了五十两银子,自己的丈夫好像还一点事都没有,根本不再提治病的事,不由得勃然大怒,大骂起张从正和自己的丈夫来。骂了一通后她感到疲乏了,竟然沉沉睡去。这一睡就睡了七八天。

妇人的丈夫还有些担心，但张从正给病人查看过后说，你放心，没事，病人脉象缓和，让她自然醒来病就好了。患者醒来后，困扰她两年之久的失眠症就好了。这时丈夫才告诉他妻子，是张从正要故意让她生气，通过"怒胜思"这种方法来治疗她因过思而导致的失眠症。

妇人这才连忙向张从正致谢，张从正也笑着说，以后还要注意不要过度思虑，否则病情还会反复，说完就奉还了先前拿的五十两银子，又嘱咐了一些日常注意事项就离去了。

◆以喜胜悲

张从正还运用以喜胜悲法，治愈了一例因悲伤过度而心下结块的病人：当时的息城司侯听说父亲死于强盗之手，过度悲伤，大哭了一场之后就觉得心下疼痛，疼痛一天比一天严重，并逐渐形成结块。一个月后，结块有一个杯子般大小，形状就像倒放在桌子上的杯子，疼痛难忍，多方用药，都没什么效果，最后请张从正来诊治。

张从正问清了起病的原因之后，想了个治疗的办法。他从巫师那里借来道具，扮起巫师来，一手持桃木剑，一手拿着朱砂画的符纸，并且口中念念有词："天灵灵，地灵灵，太上老君速速如律令……"病人看到他这个架势，忍不住开怀大笑，过了两天，心下的硬结就渐渐散开，疾病治愈。

后来，病人问他，为什么没吃药病就好了。张从正告诉患者，这就是《黄帝内经》上说的"喜胜悲"情志治疗方法。因为喜是心脏精气的变化活动，心在五行中属火，而悲是肺精气变化活动的结果，肺属金，火能克金。所以，喜悦的情绪能克制悲忧的情绪，从而达到治愈疾病的目的。

◆怡悦疗法

张从正还运用怡悦疗法治愈过一列怪病:一天,一个名叫项关令的人来求诊,说他夫人得了一种怪病,只知道腹中饥饿,却不思饮食,整天大喊大叫,怒骂无常,吃了许多药,都无济于事。

张子和听后,认为此病服药难以奏效,告诉病人家属,找来两名妇女,装扮成演戏的丑角,故作姿态,扭扭捏捏地做出许多滑稽动作,果然令病人心情愉悦。病人一高兴,病就减轻了。接着,张子和又叫病人家属请来两位食欲旺盛的妇女,在病人面前狼吞虎咽地吃东西,病人看着看着,也跟着不知不觉地吃起来。就这样,利用怡悦引导之法,使心情逐渐平和稳定,最后终于不药而愈。

◆三笑治疗癫狂症

张从正生活的时代,正是河南人口大增、社会繁荣的时期。他出生于平民之家,自幼聪慧,随父学医,二十余岁悬壶应诊,中年时期,就已经十分出名了。

曾被金代皇帝诏为太医院御医,后因不满官场的繁文缛节,辞职回故乡,授徒著书,治病救人。奔波于陈州及徐州、汴京、归德府数十府、州、县,功绩卓著,深得人民敬仰。民间都称他是"用情高手"。为什么叫他"用情高手"呢? 因为,张从正十分擅长情志疗法,是中医心理治疗学中最具特色的一部分,以七情学说、五行相生相克为理论基础。张从正很多理念,不仅与《黄帝内经》中的情志治疗思想一脉相承,而且放到现代都十分有意义。

有一位项家娘子,因独生子早亡,受到刺激,身体越来越瘦,脾气却越来越大,狂躁易怒,动辄打骂,搅扰四邻,丈夫四处求医无果后,只得来求助张从正。张从正听后,稍加思索,答应上门应诊。

第一天,张从正骑着小毛驴,携药囊来问诊。一进门,他就笑嘻嘻地说："项家娘子，老朽给你治病来了！"说罢，就伸手到药囊里去摸药，没摸到药，却弄了一手的胭脂，抓耳挠腮，弄成个大花脸，逗得她"咯咯"地笑个不停。张从正见项家娘子乐成这样子，尴尬地辞谢道："娘子见笑，老朽年老健忘，竟将药给忘了，改日一定再为娘子送来。"

　　第二天，张从正又来到项家，项家娘子见了他不由得想起他昨天那副花脸相儿，微微带笑地问："张医师，药带来了吗？""带来了！带来了！"张从正连声答道。一边说一边赶忙到身上摸药。可摸了半天，却摸不出来。张从正索性脱了外衣来找，张从正这一脱外衣不要紧，里边穿的全是女人的衣服，花花绿绿的煞是好看。项家娘子一看，不由得捧腹大笑。张从正见项家娘子乐成这样子，一脸扭捏地赶忙穿起外衣，起身告罪说："老朽实在糊涂，今天又忘记带药了。匆忙间竟将老妻的衣服给穿了来，惹得娘子见笑！明日无论如何一定将药送到府上。"

　　第三天，张从正又来了，项家娘子一见张从正露面，心里就笑了起来，老远就含笑招呼道："张医师，今天药一定带来了吧！"可这张医师今天进门，却一反常态，脸上毫无笑容，一双手按住肚子，一屁股坐在椅子上弯着腰，再也直不起来。项家娘子吃了一惊，连忙问道："张医师，您这是怎么啦？"张从正抬起头来望着项家娘子苦着脸说："不瞒娘子说，我肚子痛得厉害，十有八成是要临产哩。""什么！您要生孩子了？男人也要生孩子？"项家娘子"哈哈哈哈"地笑得前仰后合。

　　张从正却不笑，他艰难地站起身来告辞说："实在对不起，老朽要赶回家生孩子要紧，这十天半月不得来了，只有等生了孩子再来为娘子瞧病。"说罢，苦着脸，弯着腰，捧着肚子出门去了。

项家娘子将张从正为她看病的经历学给别人,每次都乐不可支,人们也都陪着她笑。慢慢地,她能吃能睡了,也不骂不哭了,身子也渐渐胖了起来,脸色也红润了,待人接物都正常了。

一句话,项家娘子的病彻底好了!人们觉得项家娘子的病好得很奇怪,就去问张从正,他笑道:"老朽去府三次,送去三剂笑药,抵得上百剂灵丹。娘子此病起于忧愁悲苦,故老朽以喜胜之。"人们听了,如梦初醒,连声赞叹!

◆酒酣治眼疾

张从正是宋金时期的著名医家,他医术高超,常能对一些疑难病施以奇妙的高招,很多医家都觉得他的治疗方法玄妙莫测,都称他为"神医"。

有一次,他与好友魏寿之一起到一家饭馆用餐。饮酒正酣时,他看到一男子眼睛内眼角处长了一个瘤子,颜色灰紫,向下垂着,把眼睛都遮住了。张从正对魏寿之说:"用不着等到饭煮熟,我就可以把那个男子眼角的瘤子去掉,你信不信?"见魏寿之有些疑惑,张从正说:"我取给你看。"

他走过去对那位男子说:"我帮你把这个瘤子取下来,怎么样?"那男子有些半信半疑:"其他医生都不敢割,怕伤到眼睛,请问你有什么特殊的办法吗?"张从正说:"我这个方法不用刀。"

张从正令他侧卧在里屋床上,用针在瘤体上刺了几下,然后,让那男子用手揉眼睛,瞬时便揉出了很多像雀粪一样的东西,再一看,那瘤子真的消失了。男子走出房间,魏寿之见状,对张从正说:"你这个本事怎么我一点也不知道呀?"张从正说:"我的本事怎么可以全让别人知道呢?"

◆脱敏治"惊"

据《儒门事亲》记述,其时有一乡绅姓卫名德新,他的夫人在旅途中住宿于一家客栈的楼上。当天晚上，一群强盗闯入客栈抢人夺财，还放火烧了客栈。在惊惧混乱之中，卫夫人被吓得从床上摔了下来。从那以后，这位夫人只要一听到稍微大一点的声响，就立刻昏倒在地，不省人事。卫家人都踮着脚尖轻轻走路，不敢发出声音，怕惊吓触冒到夫人。尽管卫家人四处寻医访药，但是一年多了，夫人的病还是不见好转。那些郎中都把夫人的症状看作心病，开出的药方大多是人参、珍珠以及定志丸之类，但是病人服用后却统统无效。卫家人便请来张从正医治，张从正见过病人后判断说："这是惊证。惊证与恐证不同，受惊吓的人自己事前不知道会发生什么，而遭恐吓的人在事前却是知道的。夫人这是突然受惊，肝胆俱伤啊！"

张从正的治法颇为奇特，他安排两个侍女按住夫人的手，把她架在高高的椅子上，面前放置一张小茶几。他指着面前的小茶几对夫人说："您往这边看。"忽然，张从正用一块木头猛地击在茶几上，瞬间迸发出巨大的声响。手被按在椅子上的夫人大吃一惊，像是又要发病。张从正安慰道："我不过是拿木头打了一下茶几，您有什么好惊慌的呢？"过了一会儿，张从正又以木击几，发出声响。这一次，夫人就没有那么惊怕了。张从正继而连击茶几三五下，又以木杖击门，还暗中叫人划夫人背后的窗户，突然发出各种不同的声响。夫人慢慢地从惊慌失措中安定下来，笑着问张从正："先生您这是个什么治病法啊？"张从正回答说："《黄帝内经》云'惊者平之'，让人受惊的东西必然是平常没有见到过的，平常经常见到的就不会使人受惊了。为什么要从下击几呢？因为受惊者神上越，下视则可以收神。"

这天晚上，张从正又吩咐人在夫人的卧室外敲打她的门窗，从半夜一直到天亮。两天以后,夫人即使听到打雷声也不会再被惊吓到。自此,这位夫人就这样不药而愈了。卫德新此前一向不喜欢张从正,从那以后便终生信服他。要是有人说张从正不懂医术,卫德新都要拿起戈矛把他赶出很远。

在这个医案中,张子和认为,喜、怒、忧、思、悲、恐、惊,这"七情"诱发的疾病各有不同,而"惊者平之"是惊证的治疗要点,必使病者对受惊之事以平常见之而后愈。但治疗过程中应逐步增大刺激强度,避免突然暴露于受惊环境。以木击木,其声柔和,对应于肝胆木脏的治法;若用金器相击发声,金克木,肝胆益伤,又不符合情志生克的治疗原理了。张从正的治疗方案可谓环环相扣,思虑缜密。现代医学家在研究这个案例之后,甚至认为这是我国古代"行为疗法"的典型资料记载,与现代心理治疗学的"实体脱敏法"相似,但却比最早总结出这一疗法的西方医学家早了 700 多年。

◆驱赶"梦鬼"

治"惊"的医案虽有些神奇,但符合中医"七情"致病的学说,其方法有迹可循,最后通过调理情志而愈。张从正治疗情志病也有用药的,《儒门事亲》中又有一个"梦鬼"的医案,其间更可见张氏医道的不同寻常之处。

一妇女,34 岁,每夜梦见自己与鬼神交媾,惊怕异常,而且经常梦见神堂地府、舟楫桥梁之类。像这样已经 15 年了,一直没有怀上孕。家里人都认为是鬼怪作祟,巫师神婆请了不少,但却丝毫不起作用。后来,她的病情变得越来越严重,疼痛好像在肌肉里钻孔和炙烤,又好像体内有万千空洞,体形焦黄瘦弱,发热口干,腹部胀满,腿足肿大,眼看活不成了。

这一天,家人苦苦请来张从正。张从正诊断说:"这个病是阳火盛于上且阴火盛于下，但这些都是阴邪引起的啊。为什么呢？梦见的鬼神，不就是阴之灵吗？神堂，不就是阴之所吗？舟楫桥梁，为水所用，水也属阴啊！"张从正又诊其脉，两手寸脉皆沉伏，已知病者胸中有痰食闭阻。于是三用涌吐之法祛胸中痰食，三用泄泻之法清下之阴火，又三用发汗之法散去上之阳火，这样不到10天，患者就不再做噩梦了，1个月后就已有身孕。张从正自己也非常感慨："用这样的方法来治疗妇科病，不久就有身孕，绝不可轻视啊！"

张从正治疗"梦鬼"的医案，治法上虽然还是汗、下、吐三法，但在病因查找上却通过分析梦境寻求根源。该案病妇15年无孕，急欲成孕，导致情志失调；神魂不宁，饮食居处无度，渐成痰食；痰食化火，火炽阴伤，黄瘦发热引饮，终成此疾。析梦之说，虽然《灵枢·淫邪发梦》中已有厥气"客于阴器，则梦接内"等各种析梦的记载，现代心理学中也有各种科学的解释，但像张从正这样通过分析"鬼神""神堂阴府""舟楫桥梁"而一下找准病根的，在古今医学案例中均不多见。

张从正不愧为一代名医，尊古法而不拘泥古法，常有独辟蹊径之举。因其主张祛病以汗、下、吐三法为要，力克时弊，推陈出新，影响较大，后世将其所创学派称为"攻邪派"或"攻下派"。张从正认为，若患者遭风寒之邪，病在皮肤经络之间，可用发汗之法排出体外；风痰宿食，集于膈或上脘，可用涌吐之法排出；寒湿固冷，在下之病，可用泄下之法排之。除此三法，别无他法。

但话又说回来，作为一代名医，张从正并非只会用汗、下、吐三法治病，他对于"七情"所致疾病也有回春之术。

第二十六章

金元名医李东垣,脾胃学说创始人

生平小传

　　李东垣也叫李杲,字明之,号称东垣老人,是中国医学史上著名的金元四大家之一。他生于金世宗大定二十年(公元 1180 年),卒于元宪宗元年(公元 1251 年),终年 71 岁。他家世居真定(今河北省正定,因真定汉初为东垣国,所以李杲晚年自号东垣老人),富甲一方。曾从张洁古学医。其医论以为饮食不节、劳役所伤及情绪失常,易致脾胃受伤、正气衰弱,从而引发多种病变。对于发热的疾病,应分辨"外感"或"内伤",对邪正的辨证施治应有明确的区别。治法上重视调理脾胃和培补元气,扶正以驱邪。于内伤脾胃的理论和治法均有贡献。所著有《脾胃论》《内外伤辨惑论》《兰室秘藏》等,流传较广。

　　他曾从师于当时的名儒翰林学士王若虚、冯叔献学习《论语》《孟子》《春秋》。此后不久,李杲的母亲王氏患重病,请了家乡好多医生,诊断治法众说不一,几乎吃遍各种方药,病情不但不见好转,反而日益加剧,最终还是去世。李杲因自己不懂医学只能眼睁睁看着亲人被疾病折磨而丧生,感到十分悲痛。他发誓说,如果遇到良医,我一定拜其为师,以补我的缺憾。

　　当时易水(今河北易县)张元素为燕赵名医,李杲求医心切,不惜远离家乡四百余里,挟千金拜其为师。经过数年的刻苦学习,李杲"尽得其法",基本掌握了张元素的学术思想和诊疗技术,遂辞别元素返回故里。凡经李杲诊治的病人,尽管皆为疑难杂症,但多获奇效。

　　东垣老人,被尊称为李君,他姓李,名杲;字,明之。祖辈家居在河北真定,是有钱财的大户。在金大定初年(世宗),核查真定、河间地区户籍时,李家的财富,是居这两个地区的首位。李君在年幼时,就与一般的小孩子不一样;等到他长大之后,为人忠诚守信,并且待人非常有礼貌,他对交友也很谨慎,在同人们的往来接触之中,他从不开玩笑去戏耍他人。对于被人们公认的娱乐场所,楼台戏院,他也都没有踏入过。也许他的天性就是这样。朋友们都很怪疑他这点,暗地里商量好了,准备一桌酒席,指使妓女对他调情而行诱惑。有个妓女拉他的衣服,他便生气大骂,并脱下衣服,把它给烧掉了。当时由乡里豪绅们,接待南宋派来的使臣。真定府府尹,听说他青春年少,而且又有操守,便暗中唆使妓女,硬劝他喝酒,他不便推辞。稍稍饮了一口之后,就立即大口吐出去了,才离去。可见自重自爱到了何种地步。他跟翰林王从之学习《论语》《孟子》,从翰林冯叔献处,受教过《春秋》。他在住宅中空地里,修建了一座书院,接待读书人。如果遇到生活困难用度不足的人,他总是尽力地去周济他们。金,章宗,泰和年间,遇到饥荒,老百姓大多流落逃亡他乡,李杲极力救济这些灾民,得到他保全活命的人很多。

不知出于何种原因,大约在 30 多岁时,李杲按照金朝的制度向官府交钱买了个官位,做了济源(今河南境内)的税务官。在此期间,流行一种俗称"大头天行"的疾病,即一种以头面红肿、咽喉不利为主症的传染病。当时的医生查遍医书也找不到古人对此病的论述,多用泻剂治疗但均不获效,而一泻再泻往往使病人一个接一个地死去。尽管这样,医生并不认为是误治之过,病人家属对此也无异议。唯有李杲觉得病人死得冤枉,于是他废寝忘食地研究本病,从症状到病因反复探讨,他废寝忘餐,像顺着河水,去找水源一样,探求病变的现象与根源,终于制定出方剂,给病人服食后,有所收效。就特意把它刻在了木板上,悬挂在人群聚集的地方,而采用了这种方药的人,没有不见效的。当时百姓以为此方为仙人所传,把它刻于石碑之上。

此后不久,李杲为躲避元军侵扰弃官迁居汴梁(今开封)。居汴梁期间,他常为公卿大夫诊治疾病,疗效非常显著,名声为之大振。从中原北返后,寄居鲁北东平、聊城一带,以医为业达 6 年。1244 年,64 岁的李杲回到家乡真定,临床之余,将多年经验体会著书立说,创立了以"内伤脾胃"学说为主体的理论体系。

李杲留给后人的医学著作有《内外伤辨惑论》《脾胃论》《兰室秘藏》《用药法象》等。

他精通医术,但并不行医。而每次为人治病,疗效甚佳,常给亲朋看病开方,对于治疗十分有心得,尤其对中焦脾土在治疗中的意义有独到的见解,他的老师,易水学派的张元素就很重视脾胃。他的学说就充分地继承了这一点。李杲是富家子弟,平时交往的多是一些上层社会的有钱有势的贵人,他们养尊处优,膏粱厚味,易伤脾胃,所患疾病多属此类。另外,当时适值元兵南下,战乱频繁,人民在饥饿、惊慌、忧愁中生活,大多起居饮食没有规律,也很易伤脾胃。鉴于此,他认为只读古方是不够的,必须面对新的社会现实,分析病人的特点来研究方药,这些也是他建立脾胃学说的社会条件。

李东垣死后葬于家乡今黄陵县。在今黄陵县阿党乡阿党村正西 500 米处,保存有李东垣的陵墓。墓前立有石碑,上刻曰:"精岐黄之业起死回生德泽被土庶名医,建之戒护国保民声名播东西南北"。

主要成就

李东垣主要著作有《脾胃论》《内外伤辩惑论》《用药法象》《医学发明》《兰室秘藏》《活发机要》等,创立了以"内伤脾胃"学说为主体的理论体系。李东垣脾胃论的核心是:"脾胃内伤,百病由生"十分强调脾胃在人身的重要作用,因为在五行当中,脾胃属于中央土,因此李东垣的学说也被称作"补土派"。

李东垣晚年将多年临床经验体会著书立说,其中最能反映他学术理论的代表著作的就是《脾胃论》。全书,分上、中、下三卷。上卷分别阐述了脾胃生理特性,病理变化,及在发病学上的认识意义,宗《黄帝内经》《难经》之旨而发挥之,并附升阳益胃汤等诸方论述各证治疗之法;中卷就气运衰旺、饮食劳倦热中证等专题作进一步阐发,并译述补中益气汤、调中益气汤等补脾胃诸方的主治应用、加减配伍;下卷着重论述脾胃虚损与其他脏腑、九窍的关系,以治疗饮食伤脾等证诸方、有关治验。

李东垣脾胃论的核心是:"脾胃内伤,百病由生。"这与《黄帝内经》中讲到的"有胃气则生,无胃气则死"的论点有异曲同工之妙,都十分强调胃气的作用。同时,他还将内科疾病系统地分为外感和内伤两大类,这对临床上的诊断和治疗有很强的指导意义。对于内伤疾病,他认为以脾胃内伤最为常见,其原因有三:一为饮食不节;二为劳逸过度;三为精神刺激。另外,脾胃属土居中,与其他四脏关系密切,不论哪脏受邪或劳损内伤,都会伤及脾胃。同时,各脏器的疾病也都可以通过脾胃来调和濡养、协调解决。但他绝对不主张使用温热峻补的药物,而是提倡按四时的规律,对实性的病邪采取汗、吐、下的不同治法。他还十分强调运用辨证论治的原则,强调虚者补之,实者泻之,不可犯虚虚实实的错误,这样就使得他的理论更加完善,并与张子和攻中求补,攻中兼补的方法不谋而合了。

他的理论学说诞生后,得到其弟子王好古、罗天益等人的继承发展。王好古一方面大量吸收东垣的药物学理论,重视其临床应用;另一方面受东垣深入阐发内伤脾胃病机理论的启发,创立了"阴证论"。罗天益则比较全面地吸收了东垣的脾胃学说,在脾胃内伤病纲目分类及其临床应用经验的认识上,进一步丰富了东垣的脾胃学说。他的学说对后世医家,尤其是温补学派影响很大。

《四库全书·总目提要》说:"医家之门户分于金元。"河间学派和易水学派为中国医学史上承前启后影响最大的两大学派,李杲为易水学派的中流砥柱,他学医于张元素但对后世的影响可谓在元素之上。朱丹溪虽为河间学派的三传弟子,但其学说在某些方面也受李杲学说某些启示。明代以后,薛立斋、张景岳、李中梓、叶天士等医家都曾对李杲的学说景仰、研习并在此基础上有所发展,自成一家。此外,龚廷贤、龚居中、张志聪等均受李杲学说很大影响。尽管李氏学说的继承者们已经明确,医学史上仍不失为划时代的一个里程碑,作为一名伟大的医学家,他将永远名垂史册。

传奇故事

李东垣出生在富有的家庭,世代以有钱称雄乡里。李东垣自幼聪敏,也接受了非常好的教育。少年开始先后拜其舅父王从之和冯叔献为师,学习《论语》《孟子》《春秋》等儒家经典著作。其后,又拜范仲淹之后范尊为师,至二十二岁,已成为知名儒生。以广交名士而闻名于乡里,“所居竹里,名士日造其门”。虽广为结交,却又多而不滥,谨慎选择,只以“名士”为友,不与纨绔子弟为伍,非常的恪守礼教,洁身自爱,也非常的孝顺。

关于他的家庭致富原因还有一个传说。传说李东垣祖上还是一介穷书生的时候,一天晚上读书的时候,从西边的地上走出来一位美女,李东垣祖上跟美女相聊甚欢,最后美女消失之前留下几行字:“许身愧比双南”。后来这位祖上读了杜甫写的诗,恍然大悟,就在美女消失的地方挖出了一篮子黄金,上压着一块石头,石头上刻着:“金一笥,畀李氏,孙以医,名后世”。当然这也只是传说而已。

出身富贵人家的李东垣非常自爱,平时和大家相处也是非常严肃,不轻易开玩笑的老干部状。据他的好朋友砚坚的《东垣老人传》记载,朋友们见李东垣这么严肃,就好奇这人到底是真的柳下惠还是只是装装样子,就想试探试探他。一天朋友们约李东垣一起吃饭,吃饭的时候悄悄叫了很多歌舞艺人来亲近李东垣,谁知李东垣二话不说直接把衣服脱下来,扔进火里烧掉。这件事在当时广为流传,后来乡绅接待出使金国的使者的时候,还专门把李东垣叫来,给李东垣灌了很多酒,李东垣推辞不得就勉强喝下了,但过后就全吐出来了。李东垣不仅非常自爱,还非常孝顺。母亲生病的时候,在床旁夜不解衣地照顾母亲。

◆捐千金拜师学医

李东垣立志学医,也是因为母亲病重。当时请了当地的很多名医,这些医生各执一词,有说是热证当用寒药的,有说是寒证当用热药的,喝了很多药也没把病治好,到最后竟然连是什么病都没搞清楚,就去世了。当时李东垣心里万分伤心,发愿:如果能遇到很好的医生,就努力学医以弥补自己"不知医而失亲"的过失。

当时,河北一带的名医有河间的刘完素和易水的张元素,刘完素已近晚年,而张元素因治好刘氏的伤寒病而名声大振。于是,李东垣就带着千金的厚礼拜张氏为师。而张元素的学术思想,主要来自《黄帝内经》,也受华氏《中藏经》、王冰《素问释文》、钱乙《小儿药证直诀》、刘完素《素问玄机原病式》的影响。因此,在教授的过程中,也是以上述这些书和本人编写的《医学启源》为主要教材。李东垣跟随张元素"学数年,尽得其方法",基本掌握了为医之道,而且,医术高于一般医生。

◆创普济消毒饮

李东垣就任监税官的当年四月,山东一带"大头天行"时疫流行,当时的医者遍阅方书,发现没有完全对证的方子,按照自己的主观判断去开方子,没有效果,继续吃,死亡率很高,但是当时的医者却不知道反思,病人家属由于缺乏医药知识也不认为医生是错的。目睹此状,李东垣非常痛心,开始废寝忘食的研究疾病的病因、病机,以找到问题的根本所在。最后终于自创了一个方子——

普济消毒饮,给病人用过之后效果非常好。后来由于病人太多而且症状也大同小异,因此李东垣就将此方印于木牌上,把木牌放在人来人往的交通要道上。

普济消毒饮流传非常广,也救活了很多人。李东垣这一举措,不仅为挽救济源一带人民生命做出了很大贡献,而且也为后世温病证治理论的出现,提供了具有创新意义的临床经验、治疗方法和有效方剂。应该指出,在本时期李东垣从师学习过程中,对《黄帝内经》等中医经典著作有了系统的掌握,并受张元素主气思想的影响,这些都为其中老年时期学术思想的建立奠定了理论基础。对李东垣本人及其学术思想都起着至关重要的作用。

◆著书立论

蒙古大军进犯山东时,李东垣为避蒙古兵烧杀,由济源逃往汴梁(今河南开封)。为生计所迫,开始悬壶为医,"遂以医游于公卿间",其临床治疗,"明效大验"。金哀宗开兴元年(公元1232年),蒙古军围困汴梁达三月之久,三月下旬解围之后,汴梁城的人大多生病,到了五月,患病率竟达到了80%~90%的程度,而当时的医者,用中医原有的治法来治疗,屡屡无效。李东垣目睹了整个过程,他认为这些疾病并非伤寒,主要是因为被围困的时候,人们饮食没有规律,吃不饱睡不好导致的,于是,他从内伤脾胃立论进行治疗。

此时,社会特定历史条件下出现的诸多病人,为李东垣提供了大量临床实践机会。其《内外伤辨惑论》的观点,正是在这种时世需要下萌发的。

同年李东垣由河南开封北返,先后寄居于山东聊城的至觉寺和东平的严实家。此时,李东垣仍以医为业,其临床效果为时人所称道。据《东垣试效方·砚坚序》所云："凡求治者,以脉证别之,以语言审之。以《黄帝内经》断之,对证设方,其应如响。间有不合者,略增损辄效。"在临床治疗的同时,又开始把在开封所萌发的内外伤辨惑的思想落实于文字,着手其第一部著作《内外伤辨惑论》的编写。这是一个将个人体会经验上升于理论的过程。不过本书此时并未彻底完成。李东垣精力的重点,还是在临床诊治疾病上。

◆收徒传医

李东垣一生很少收徒,据史料记载,只授罗天益一人,即使其子李执中,也未见有从父学医的记载。

罗天益在李东垣的朋友周氏的引见下拜李东垣为师。罗氏拜师的时候曾向李东垣上一陈请。文中表达了他对李杲的仰慕之情,以及期待能被收纳为弟子的迫切愿望,情真意挚,措辞恳切。而李东垣见到罗天益后,首先就问他:你是来学习赚钱的技术,还是想继承和延续医学之道?罗天益答道,为了学习医学之道。

于是李东垣收其为徒,并且供给他饮食。3年之后,李东垣被他对学医的执着感动了,知道他家里比较困难,也怕他因为经济的原因半途而废,就给他二十两金子,让他交给妻子补贴家用。正是由于李东垣一方面精心教授,另一方面在生活上给天益以帮助,使其能随李东垣学习十余年,尽得其传。

◆行医点滴

李杲拜名医张元素为师,学术上受其影响较大。当时正处在战乱环境,人们生活动荡不安,常遭受饥饿寒冷和精神刺激,这些因素引起的疾病很多,用医治伤寒的方法来治往往无效。李杲从自己长期的医疗实践中,提出了"内伤学说",认为内伤脾胃百病由生,并根据《黄帝内经》关于四时皆以养胃气为本的理论,治疗上强调调理脾胃,升提中气,自制补中益气汤等新方剂。由于他善于用温补的方法调理脾胃,后世称以他为代表的学术派为补土派。他的医学著作有《脾胃论》《内外伤辨惑论》《兰室秘藏》《医学发明》《药象论》等。

李东垣医师在金朝天亡时 55 岁,在元朝生活了 17 年。蒙古贵族势力,为攻灭金朝和南宋大举南下时,不断发动战争,致使瘟疫流行。此时,李东垣以他高超的医术挽救了不少疫病病人的生命。他治病疗疾的感人故事很多,下面就介绍一下他治愈大头瘟患者的故事。

公元十三世纪初,由于时局不稳,战争频繁,民不聊生,各种疾病也接踵而来,无论是老百姓,还是大小官员,瘟疫来了谁也逃不脱,其中最令人恐惧的是大头瘟。据说,染上这种病的人,起初体内时冷时热,随后就身子沉甸甸地站立不稳,过了几个时辰,头面部开始肿大,逐渐地连眼睛也睁不开了,嘴里上气不接下气地喘个不停,咽喉也不畅通,口干舌燥。这种病也叫大头伤寒,一旦患上了它,就很难治愈,人们害怕传染,亲戚之间也不敢往来了。当时,某县的张县丞也染上了这种病,他就赶快派人请医生。请来的医生给张县丞开的处方是承气汤加板蓝根,张县丞服了一剂之后,病情有所减轻。但是到了第二天,他的病又恢复了原状,叫人又照方抓药煎服,服下之后病情又有所缓解。可这样反反复复,就是治不好,渐渐地病情就很危急了。于是,张县丞派人远道前往真定,好不容易请到了李东垣医师。李医师一到,就给张县丞诊脉瞧病,还问他服过什么药,张县丞如实告知。李医师说:"每个人身上都由气来支撑,上半身的气来自天,下半身的气来自地,这样才维持了身体的平衡,您患的病是因为邪热寄居到了心肺之间而且直往上攻,破坏平衡,直到头部没有出处了,就使头面部肿大。这本来是发生于心肺间的疾病,可您前几天服的药却是泻胃的承气汤,胃部本来没有病却用药去攻,心肺部位有病却没有得到治疗,竟不知道服了药治不好病是什么原因,如此用药之误,这也叫医生吗? 我来给您开一个处方,吃上几剂,保证能够好转。"于是,李医师在处方笺上写道:黄芩、黄连各五钱,元参二钱,连翘、板蓝根、马勃、鼠粘子各一钱,僵蚕七分,甘草二钱,桔梗三分,升麻七分,柴胡五分。然后对张县丞说:"黄芩黄连味苦,性平,用它们泻去心肺之火;元参、连翘、板蓝根、马勃、鼠粘子味苦辛,性平,用它们清火散肿消毒;僵蚕是清痰利膈的。以上这些药合在一起向您体内的疾病进攻比较猛烈,恐怕您的身体难以承受,就加了甘草二钱来缓解药性。由于您的病主要体现在身体上部,所以加了桔梗三分来承载,不致使药性下沉而保持上浮,始终作用于头面部。升麻和柴胡在这里用于升气,它们一个升气于右,另一个升气于左,使纯正的清阳之气上升到头面部,驱赶病邪,使之不再危害您的身体。"一席话,说得张县丞连连称是,他立即叫人抓药煎药。他服下之后不久,病情果然缓解,再服两剂就痊愈了。

当时,那个地方有许多人被大头瘟夺去了生命,也有许多人还在忍受这种疾病的折磨。张县丞患的大头瘟却被李东垣医师治好了,人们奔走相告,患者纷纷向李医师求治。李医师一一接诊,根据每位病人的具体情况加减药方。如有的病人气虚,就加人参二钱以补元气;有的人气胀,就加陈皮二钱以通壅滞之气。虽然有所加减,但基本上还是张县丞服过的那些药,患大头瘟的人凡是服过这个处方,都获得治愈。李医师还说,如果病人大便秘结就必须每剂药另加一点大黄后共研为细末,一半用汤水调稀后慢慢服下,另一半加蜂蜜拌匀捏成蜜丸放在口里噙化咽下。

由于李东垣医师的处方当时救活了那个地方很多大头瘟病人,后人就给它取名为普济消毒饮,一直流传至今。

李东垣医师在长期的行医实践中,总结出了许多单方、验方,为后人留下了宝贵的财富,如有名的"枳中消气汤""积实消痞丸""普济消毒饮"等,就是他的杰作。有些经常要用的验方,他就照方制成药丸药粉,以方便病人服用,如当时患脚气病的人很多,他就将自己总结出的验方"当归拈痛汤"制成药丸或药粉,病人来就诊时,能够及时用开水服下,方便快捷。如果用药丸或药粉还不足以满足治病需要,那就另添几样煎后与药丸或药粉同服,也比煎一大罐子药要方便得多。

他那治脚气的"当归拈痛汤"由如下一些药材组成:酒炒茵陈,羌活、防风、升麻、葛根、苍术、白术、锬甘草、酒炒黄芩、酒炒苦参、当归、猪苓、泽泻、知母、人参。这些药在今天来说,也很平常。他用这些平常的药制成了药丸、药粉,治愈了不少人的脚气病,下面就讲一个他治脚气病的故事。

有一位在朝廷里做官的人,年纪还不到 40 岁,身体却很肥胖了。一天,他派人将李东垣医师请去给他治病,原来他患了脚气病,面部和四肢的关节微肿、色赤,而脚和小腿不仅赤肿,还痛得难以忍受,连别人的手接近他发肿部位的皮肤时,疼痛也会加重。他对李医师说:"患了这种病,什么事情也没法干,也无法入睡,躺着不舒服,起来之后也不舒服,日日夜夜都感到很痛苦,企望您良药早施,让我解除痛苦,当感激不尽!"李医师为他切脉并问诊后方知,原来他是南方人,来到京城所在地的北方后,水土不适,觉得十分寒冷,他听说喝酒可以御寒,所以每天都饮酒,久而久之,酒喝多了，就损伤了脾胃，消化功能就差了，使吃下去的食物得不到很好的消化，就直接往肠道里去了，这就增加了肠道、肾和膀胱的负担，进而引发水肿。摸清了他的病情，李医师就开给他当归拈痛汤药粉一两二钱。这药粉李医师当即从随身背着的药箱里取给他，叫他两天内服完。两天之后，李医师再次前往问诊，病人的疼痛已减轻了一半，便叫他接着再服两天。之后，病人身上所有肿痛已基本消失，只有右手指头的末端还稍微有一点赤肿，李医师就用三棱针将他几个指头靠近指甲的地方刺一下，挤出了一些黑血，赤肿就全部消去了，他的病就这样治愈了。

过了些日子，那位朝官的病又复发了，李医师又得前往诊治。原来他这种病治好了之后还不能吃湿面，而北方又以面食为主，那朝官吃了几天面食后又觉得肢体疼痛了。李医师此次给他开的处方是枳实大黄枳汤，枳实五分、大黄、（酒煨）三钱、当归一钱、羌活一钱五分。他只吃了一剂，就觉得连大小便也比以前畅通了许多，身上的疼痛也完全没有了，真正痊愈了。

事后，朝官向李医师请教治病的医理。李医师说："脚气病嘛，就是因为水湿所引起，面食滋长湿气，湿气阻塞了血液行走的通道，尤其是关节处最易发生阻塞，所以人们常说关节炎由湿气引起。我先给您服的药粉是清除您身上的湿气又消除肿胀的，后面您的病复发了，再服药粉功效就不大了，所以就另开一剂药煎服。这一剂药中的羌活味辛，性温，能够渗透关节除湿，我在处方里就将它作为主药；血液停留在哪个部位不行走的话，哪个部位就痛，当归也是一种味辛的温性药，却能够疏通血道，达到止痛的目的，所以也在处方里用了它；另外两种药，枳实味苦性寒，治痞消食，使食物能够在胃里得到很好的消化，大黄也是味苦性寒却能够疏导身体表面的湿热,畅通肠胃。这几样药各自发挥功能,果然治好了您的病。不过,饮酒过多的确伤害身体、引发疾病,所以您要控制饮酒才是防止疾病复发的根本。"朝官听了连连说道:"言之有理,本人今后定当控制饮酒。"

◆补中益气汤

瘟疫和灾荒过后,税务官李东垣也未能过上平静的生活。1210年蒙古兵开始侵扰金西北边境。1211年秋,成吉思汗挥师南征金国。李东垣和老百姓们开始了颠沛流离的生活。逃到汴梁的李东垣正式开始了行医的生涯。

汴梁是金国的首都,应该是最安全的地方,可是事实并非如此,等待李东垣和老百姓的将是空前的劫难。公元1232年,蒙古大军直取汴梁,开始了结束大金国的战争。汴梁城变成了一座饥饿之城,百姓饿死无数,疾病开始流行。李东垣亲眼看着每天有上万人死亡,十二个城门每天都要送出一两千具尸体,整整送了三个月,这期间死了大约一百万人。

艰苦摸索后,李东垣认为只读古方是不够的,必须面对新的社会现实,分析病人的特点来研究方药。他发现百姓身处战乱之世,寒冷与精神刺激,尤感疾病丛生,以治伤寒之法治之往往乏效。在其历久之医疗实践中,体察此等诸因最易耗人元气,伤人脾胃。李东垣于是将百姓大量死亡的病因归为内伤。他创立了几个方子,磨成粉给灾民吃了,所济活者,不可遍数。其中最著名的是千古名方——补中益气汤。今天都能看到这个药,叫补中益气丸。

在经历过战乱、灾荒、饥饿等种种灾难之后,李东垣从一个小官吏成长为中医史上一位著名的医生。而这段时间的治疗实践也为日后建立脾胃学说奠定了基础。

◆传承医术

进入晚年的李东垣结束了漂泊的生活,又回到家乡故里,开始招收弟子,把自己一生积累的医术传承下去。

回到家乡的八年时间里,李东垣做了大量的事情。他治疗了大量的患者,从有时间记载的医案编年来看,《东垣试效方》中几乎全部的医案都出自这个时期。其次他开始著书立说,整理了自己的理论和经验,将已经写过的《内外伤辨惑论》重新整理,其他如《脾胃论》《兰室秘藏》《活法机要》《医学发明》等书也都出自这个时期。最重要的一件事就是招收弟子传授医术。

经朋友推荐,李东垣幸得弟子——罗天益。罗天益出身穷苦人家、人品贵重、一心学医且天赋极高。罗天益顺利通过了老师的考核,成为其弟子。在李东垣的资助下,罗天益认真刻苦地跟随老师学习了八年,直到李东垣去世,尽得其传。时光荏苒,长年的奔波、饥饿与劳累过早地消耗了他的体力。写书、授徒、诊病这三样繁重的劳动最终使得这位老人的精力匮乏。

公元1251年2月25日,李东垣向弟子交代完所整理的资料后,慢慢地闭上了眼睛。

◆苦思出奇方

在金元四大家中,与张子和攻邪学说针锋相对的是李东垣,他主张使用温补脾胃之法治疗各种疾病,后人称他为"补土派"。

东垣的可贵之处,在于他能联系实际研读经典著作,常能提出一些与其他医生不同的治法,挽救行将垂绝的病人。

一次,汴京酒官王善浦患小便不利,症见眼珠突出,腹胀如鼓,膝以上坚硬欲裂,饮食几废,生命危在旦夕。请来的医生,都给他服甘淡渗泄的利尿药物,均无效益。眼看病情越来越重,病家慕名请李东垣诊治,李东垣仔细检查后说:这个病太复杂,按一般常法不能奏效,须得深思熟虑,让我回家想想吧。病家见他说得在理,也就同意了。

东垣回家后,联系病人的症状,默诵《黄帝内经》,苦苦冥思,未得其解。夜已很深,他干脆和衣而卧。半夜,他忽然掀被跃起,连声说道:有办法了!

《素问·灵兰秘典论》说:"膀胱者,州都之官,津液藏焉,气化则能出矣。"东垣想:病人小便出不来,是气化不利的缘故。前面的医生用淡渗的阳药本能促气化,为什么不奏效呢? 王冰在注释《黄帝内经》时说:"无阳者,阴无以生;无阴者,阳无以化。"气化过程靠阴精和阳气共同作用完成,甘淡渗泄药虽能化阳,但病人病久伤阴,有阳无阴,所以气化仍不能正常进行。第二天一早,他满怀信心地来到病人家,开出"群阴之剂"。病人服后,疾病果然慢慢康复了。

◆与元好问的生死之交

公元1233年的汴京城,一如靖康年间。城内皇帝战战兢兢,城外铁骑驰骋纵横,平民百姓流离失所。所不同的是,城内的皇帝,已经从北宋的徽、钦二帝,换成了当年驰骋纵横的金人的后代,而城外的蒙古铁骑,却比当年的金人更凶悍许多。

由于长期围城,且汴京地势低洼,城中早已满目疮痍。疫病流行,守军毫无斗志,百姓流离失所。当时的名医李东垣(李杲)虽全力救治疾病,但一人之力,能有几何? 看到此种情景,金哀宗为了避免徽、钦二帝故事重演,弃城而逃。随后,城中守将开门投降,金朝都城陷落。蒙古军入城后,将部分金朝旧臣遣往山东。

在遣送人员中,有两人结伴而行,建立了深厚的友谊,直至以生死相许。这两个人,就是金元四大家之一的"补土派"开山鼻祖李东垣和"一代文宗""北方文雄"元好问。从此,这两位大宗师开始了长达六年的生死之交。在《伤寒会要序》中,元好问记载了两人之间的这段友谊:"壬辰之兵,明之(李杲的字)与予同出汴梁,于聊城、于东平,与之游者六年。"

在这次兵荒马乱的遣返中,这两个医学和文学上的大宗师能够结伴而行,并建立生死相许的友谊,其实是有着深厚的基础的。

李东垣出生于富豪之家,从小培养了深厚的文学气息。李东垣的启蒙老师是大文学家王若虚和书画家冯璧,并且王若虚还是李东垣的舅舅。在学医之前,李东垣就是知名儒生,家中的文人学士高朋满座。

元好问出生于诗书世家,"家旧所藏多医书,往往出于先世手泽"(元好问《元氏集验方序》)。元好问的叔叔元格没有儿子,元好问从小就被过继给了元格,元好问能成长为一代文学家,全因叔叔元格的悉心栽培。元好问21岁时,元格因"疽发于鬓",被庸医误治而去世。这件事对元好问刺激很大,使他从此精心钻研家中医书,成为一代儒医。物以类聚、人以群分,共同的爱好是李东垣和元好问建立友谊的基础。

李东垣和元好问结伴而行的六年,是兵荒马乱的六年。这六年之中,生灵涂炭,遍地血腥,元好问《壬辰十二月车驾东狩后即事》曰:"惨淡龙蛇日斗争,干戈直欲尽生灵。高原水出山河改,战地风来草木腥";这六年之中,白骨露于野,杀人乱如麻,百姓背井离家,生不如死,元好问《北渡》诗曰:"白骨纵横似乱麻,几年桑梓变龙沙。只知河朔生灵尽,破屋疏烟却数家";这六年之中,改朝换代,天翻地覆,《癸巳五月三日北渡》诗曰:"道旁僵卧满累囚,过去旃车似水流。红粉哭随回鹘马，为谁一步一回头”。然而，正是在这样朝不虑夕的艰苦环境中，李东垣和元好问两人互相帮助，互相扶持，共渡难关，最终成了生死相许的挚友。

李东垣和元好问结伴而行的六年，也是两人分别奠定其在医学史和文学史上崇高地位的六年。

虽然李东垣早年在张元素处学得了高深的医术，但由于他出身于富豪之家，衣食无忧，并不以治病救人为业。也就是说，在此之前，李东垣空有一身医学理论，但医学实践并不丰富。所谓“熟读王叔和，不如临证多”，在高度重视实践的医学行业，在没有大量实践的情况下，李东垣无论如何也算不上医学大家。金朝灭亡，改朝换代，李东垣原有的家境富庶、衣食无忧都随之消失。从此以后，李东垣才真正以医为业，谋取生路，有了丰富的临床实践经验，为日后写下不朽的医学著作，成为“补土派”创始人打下坚实的基础。

在汴京陷落以前，元好问也是过着富足的生活，与底层社会接触不深，文风也较为轻浮。在与李东垣结伴而行的六年，元好问得以目击时艰，悲愤填膺，文风大变，写了不少反映现实的作品。这时期的作品也是他一生艺术水准最高的作品，从而奠定了他“一代文宗”的地位。

在那种千村薜荔、万户萧疏的环境中，有李东垣这样的医学大家相伴，元好问的健康问题得到保障。在李东垣的指导下，元好问还完成了自己的医学著作——《元氏集验方》。李东垣的主要医学著作《脾胃论》《伤寒会要》的序言，是元好问作的。有这样一位大才子作序，可谓锦上添花，李东垣的医学著作更加显现出璀璨的光芒。

第二十七章

明代名医兰茂，《滇南本草》著典籍

生平小传

　　兰茂（1397—1476 年），字廷秀，号止庵，又号玄壶子、和光道士，明朝著名的药物学家、音韵学家、诗人、教育家、理学家。祖籍河南武陟县猴山。公元 1397 年出生于嵩明州杨林千户所（今云南省嵩明县杨林镇）。兰茂生性聪颖，勤奋好学，兴趣广泛，对医学却情有独钟。他自幼酷好本草，考其性味，辨地理之情形，察脉络之往来，留心数年，合滇中菜蔬草木种种性情。20 岁起，就已经开设医馆授徒，采药行医，著书立说。从公元 1417 年起，兰茂花了近 20 年时间到滇南各地寻方采药。他亲尝百草，分辨药性，记录药物的特征，绘制图形。除此之外，兰茂每到一处便会向当地少数民族求药访方。长期的知识积累、行医实践及实地考察，为兰茂撰写

《滇南本草》提供了坚实的基础。

据考证，兰茂自幼聪慧，博通经史、文艺术数之书，不仅通晓诗书音律，有着很高的文学造诣。他留心医学，酷好本草，潜心研究本草30余年，广涉前代医书，对云南本地的各类天然药材更是穷尽一生精力研究，注意收集和记载当地少数民族的药物以及用药治疗疾病的经验，于明正统元年（公元1436年）完成了我国最早的地方性本草专著——《滇南本草》。

《滇南本草》是一部记述西南高原地区药物，包括民族药物在内的珍贵著作，全书共3卷流传于世，载药458种，这也是我国第一部地方本草专著。民间称兰茂为"布衣科学家"，在研究云南本草的过程中，兰茂仔细分辨药物的性质、气味、味道，还认真地考察了各种草本生长的环境，生长条件，然后绘为图形，详加叙述。《滇南本草》中不仅记载了云南草木蔬菜中可作药者，以及许多少数民族医药与汉族医药相互结合的实例，还记述了若干药材疗效的经验及民间的秘方等。

兰茂自幼生性聪颖，勤奋好学，兴趣广泛，博览群书。十三岁时，才华初露。清康熙《嵩明州志》说他"性聪颖……年十三通经史"；明正德《云南志》说他十六岁时，凡读过的诗书都能背诵。在青年时代，除经史外，涉猎广泛，对医术、堪舆、丹青无不通晓。

有一年，兰茂的母亲得病，卧床不起，他又看到周围的一些百姓生活贫困，饱受病魔缠绕，从此激起兰茂对医药学的潜心研究。此时的兰茂，对自己的未来已做了设想："即冠，耻于利禄，自扁（匾）其轩曰：'止庵'。"

兰茂以教书为本，设馆授徒，朗朗的读书声常常飘荡在小镇的街道上。兰茂边授学边研究，受家父中原语音的启发，自著的"东风破早梅,向暖一枝开。冰雪无人见,春从天上来"《早梅诗》,既让学生喜欢上了诗词,又让学生懂得了声韵知识,也成为学生最爱读的诗。

兰茂不畏严寒酷暑,跋山涉水,寻方采药,其足迹几乎遍及云南。百姓知道兰茂的医术好,慕名而来,而兰茂常是无偿医治,得到了乡里乡外的广泛赞誉。

兰茂在家境十分贫寒的条件下,进行着医药学的研究和写作。明永乐十五年(1417年),兰茂开始编著医药学专著《滇南本草》和《医门览要》。

他尝百草,辨药性,明特征,绘图形,花了近二十年时间,终于在正统元年(1436年)完成了独具地方特色的医药学专著《滇南本草》及《医门览要》。

在完成《滇南本草》及《医门览要》后,兰茂着手对音韵学著作的撰写。为了便于教学和与地方百姓语言交流,他通过对长期研究及教书实践所积累下的零散的音韵"素材"进一步整理、归纳、总结,经过6个春秋,于正统七年(1442年)又著成《声律发蒙》和《韵略易通》。《声律发蒙》一书便是一部用韵语写成供童生学习声律对仗的声律读物。它通俗易懂、语言精练、音律铿锵,"吟诵之下,恍觉景物山川,皆成佳趣"。

兰茂立足云南方言,面向全国普通话,将"中原音韵"的36个声母简化为20个,又把19个韵改为20韵,形成了一个横有20母、纵有20韵,融声、韵、调为一体的"新等韵图",以"东风破早梅,向暖一枝开;冰雪无人见,春从天上来"的《早梅诗》加以概括,使人于悠然的诗境中,记诵了20个声母的发音。由于它切合实际,便于运用,流传很远,被收入清代《四库全书》。

兰茂诗词著作颇多，著有《玄壶集》《止庵吟稿》等10多部诗书。他的诗，或阐述人生哲理，或抒情言志，或讽喻现实，或评古论今，风格清新，脍炙人口，佳句倍出。

兰茂一生著作宏富，共计20多种。《声律发蒙》至今作为传统启蒙学丛书，编印流传全国，成为幼学的典范。《韵略易通》对现代汉语拼音的产生有重要影响，"名盛大江南北"，备受王力、方国瑜等语言大师的称赞。兰茂的《滇南本草》及《医门览要》，总结了明代以前云南药物和医疗的主要经验，比李时珍的《本草纲目》还早142年。《滇南本草》中的一些疗效显著的药物已载入《中华人民共和国药典》；依据《滇南本草》记载的药物研制而成的药品，在当今已产生较大的经济效益和社会效益。其所著《续西游记》，比吴承恩的《西游记》早近百年。

主要成就

由明代兰茂所著的《滇南本草》一书，共三卷。是中国第一部地方性本草专著，成书于公元1436年，比李时珍的《本草纲目》早了142年。其中所载药物达544种，许多药物为《本草纲目》未载之药，是一部药物学、历史学、植物学集大成的著作。

《滇南本草》为我国中医药学的完善做出了重大贡献。在药物方面，《滇南本草》记录了大量的地方特色药物和其功效，首次被记录于书的药物达到了147种，如白龙参、黑食子、千针万线草等。在医学理念方面，兰茂十分推崇"药食同源"，《滇南本草》中仅食补类的药材就有蔬菜类、水果类、瓜类、豆类、粮食类、河鲜类、家禽类、家畜类、真菌类九大类近100种。很多都是日常生活中较为常见的食材，如白菜、萝卜、苹果、黄瓜、毛豆、鲤鱼、鸡肉、牛肉等，还有一些是西南地区特有的食材，如桑花菌、青头菌、金线鱼等。在药方中,兰茂以酒为诸多药物的"引""使",《滇南本草》中录入的此类药物多达170余种,占总数的35%。书中所载"药酒仙方"214个。兰茂特别重视酒的作用,如他在《滇南本草》中记述瓦松可以治疗咽喉肿痛,在食用瓦松时将其捣碎入清水去渣,并以酒辅助食用。治疗面寒痛、胃气心气痛所用的金铁锁、珍珠草等也需烧酒服用。在诊疗方面,《滇南本草》强调实事求是,不可拘泥于古人的陈方。兰茂认为中医"四诊"即"望、闻、问、切"需"兼尽",批评了那些"偏执其一以治之""以人之生死而为钓名"的人。为便于掌握"四诊",他在书中编写了通俗易记的"脉诀歌",简明扼要地论述了云南常见疾病的施治理论和具体药方。《滇南本草》是《本草纲目》成书前对我国地方性中草药及其药方系统性整理的一次尝试,极大地扩展了我国中医药学的研究领域。

《滇南本草》为历史、文化及现代植物学研究提供了大量材料。《滇南本草》是一部综合性的资料库,如其中记载云南的野烟药物性温和,味道辛麻,本身毒性较大,但治热毒疔疮,痈疽发背,无名肿毒,一切恶疮。有人研究后认为,书中的"野烟"就是云南的原生烟,此记载成为人们探寻云南烟草业发展的历史渊源的重要证据。除此之外,《滇南本草》还记录了一味我们今天十分熟悉的药材,那就是鱼腥草,这说明,最晚至明代早期,鱼腥草的分布区域已经随着人们的交流从中原地区扩展到了西南边陲。与东汉张衡《南都赋》中所载鱼腥草是一种日常蔬菜不同,《滇南本草》中认为鱼腥草具有治肺痈咳嗽、解大肠热毒、疗痔疮等功效,表明这一时期,人们已经将鱼腥草作为一种药物加以利用,这为鱼腥草的入药历史研究提供了重要佐证。今天在广东、四川广泛种植的佛手柑,对其名称的最早记载也源自《滇南本草》,这或许能为滇川粤之间的人文交流历史研究提供一个思路。《滇南本草》也为现代植物学研究做出了突出贡献。著名植物学家吴征镒曾为书中的植物做了详细的分类和审定，为现代植物学研究提供了丰富的素材。在日本，《滇南本草》对该国植物学的影响也已载入史册。《滇南本草》中关于历史、人文及植物种类的记录数不胜数，对我们今天研究历史、文化及现代植物学具有重要的参考价值。

《滇南本草》为当今经济、社会、医学发展仍提供着重要支持。《滇南本草》不仅是一部古代的药物学经典，也是为今天经济、社会、医学发展提供支持的医学宝库。在滇药的发展方面，如今负有盛名的云南白药、美肤冲剂、红黑丸等都来自《滇南本草》。人们根据《滇南本草》中关于石椒草可止胸膈气痛攻心、腹胀痛、胃气痛的记载，研制出了对治疗感冒、细菌感染有明显功效的复方黄石感冒片和复方抗炎片。《滇南本草》所载"仙草配方"中具有治疗筋骨疼痛、痿软麻木的钻地风也是今天治疗骨痛的云南名药仙草活骨膏的主要成分。得益于《滇南本草》中大量药方，滇药如今在医学领域大放异彩。在现代医学方面，《滇南本草》中的许多药物和药方疗效已经被现代科学所证实，并在现代医学中发挥着重要作用。如人们借助现代科学手段，从《滇南本草》记载的金钱草中分离出黄酮类、氨基酸、氯化钾等化学成分，发现它在治疗结石、抗感染、镇痛、提高人体免疫力、保护肝脏、抗痛风等方面有良好效果，目前金钱草及其衍生药物已经被用于治疗结石病、尿路感染、病毒性肝炎、高尿酸血症等疾病。再比如，研究发现《滇南本草》中记载的包括黄芩、金银花、丹参等在内的18种中药材对耐甲氧西林金黄色葡萄球菌具有不同程度的抑制作用，这对于人类研究和开发抗菌中药，抗击由于"超级细菌"造成的微生物感染，减少抗生素的滥用具有重要意义。随着对《滇南本草》研究的不断深入,其中所具有的经济、社会、医学价值将造福更多的人。

《滇南本草》成书近 600 年来,被无数云南人奉为"滇中至宝",竞相抄录,其中还有许多宝藏等待人们去发现。此外,《滇南本草》也具有对药物学、医学、植物学、历史学、文化学等诸多学科研究的重要价值。

兰茂在杨升庵被贬云南之前就提倡道德文化教育,是他开始在云南启蒙文化,推广普通话音韵。其《安边策条》和军事策划成就兵部尚书王靖远平定麓川;但他留下的著作在朝代更替中散失,只有《韵略易通》存目《四库全书》。兰茂著《韵略易通》和《声律发蒙》是与其教学实践结合在一起的。在正统年间(1436—1449 年)及其前后,兰茂在杨林设堂讲学。由于他的《韵略易通》"言言珠玑,句句琳琅",《声律发蒙》"词采骈宕,裁对工稳,村塾启蒙,几乎人手一编"。于是,"一时学者宗之"。据《云南乡贤事略》称:"四方学者至杨林从茂学。"由此,兰茂声名大振,成了当时滇中地区受人景仰的民间教育家。兰茂治学严谨,身体力行,孜孜不倦,从这两幅"骑驴标韵图"和"童冠相随图"中,我们或许可以联想出兰茂教育实践中那些更为生动感人的情景。

因为兰茂在杨林开馆教学,之后的"云南第一所书院"——碧澜书院就诞生杨林。书院比建于嘉靖三年的昆明五华书院早3～18 年,比嵩明州的嵩阳书院早300 多年。而今碧澜书院也只留迹于管文明的国画里。可见,兰茂开教馆之早。

传奇故事

◆断手学医

兰茂是明代著名的医学家,他原本是一个读书人,但不久后发生的一件事让他立志学医。

有一年，昆明遭了瘟疫，短短几天时间，一城的人就病死了一半。兰茂看见那些因瘟疫而死的病人，心痛不已，下定决心要学习医术，救治病患。

他本就聪明，又肯钻研，没几年就成为远近闻名的医生。但他仍然保持一颗谦虚的心，不断地向其他医术高超的医者学习，精进自己的医术。

一次，有人告诉兰茂，在离昆明一千里的大山上有个傣族老头医术高超，还有一手出神入化的接骨本事，他听后立马动身去找那个老头。一见面，他就迫不及待地说："大爹，我想向您学本事！"结果，那老头看都不看他一眼，不屑说道："你打哪儿来的，我凭什么要教你？"兰茂回答："我是从昆明来的，听说您医术高明，我就专门来向你学本事，好给百姓治病呀！"老头直接毫不客气地说了句："不教！"，便不再理他。被拒绝了，兰茂也不灰心，天天跟着老头，帮老头干活。

有一天砍柴时，老头实在不耐烦了，大声对兰茂说："你这人，老跟着我做什么？"

兰茂笑着说："跟着您学本事呀！"

老头不高兴地说："想跟我学本事，你有多少金，有多少银？拿金子银子来再说！"

兰茂回答："我一无金，二无银，只有一片诚心拿给您！"

老头冷哼一声说："什么诚心？望不见，瞧不着，谁信？"结果他刚说完，兰茂就突然拔出砍柴刀，"咣"的一声，砍下了自己的左手！

瞬间，断手处鲜血喷涌，兰茂的脸"刷"的一下就白了，但他还是咬紧牙关，不让自己发出声。

老头见状,惊得脸色大变。不禁大呼:"天爷呀!小伙子,你有话好好说嘛,干嘛这样伤自己?"

他急忙在附近找了草药,医治好了兰茂的断手。

最终,老头被兰茂坚强的意志打动,答应将全部本事传给他。随着兰茂的医术越来越精湛,他竟可以通过声音来判断病人的病情。

有一回,兰茂听说呈贡有个人病得很重,就赶去看诊。一进门,就见床上的病人脸皮又皱又干,手掌也很干巴,连气儿都快喘不上来了。兰茂给病人看诊后,对病人的家属说:"快去找两个大西瓜!"

那家人听了生气地说:"兰先生,病人都快死了,你还有心吃西瓜!"兰茂说:"不急,他的病不要紧。只是得了热症,只消吃两个西瓜,清清火,解解毒就好了!"那家人一听,不肯相信西瓜可以治病。但还是硬着头皮去找,可找来找去就是找不到。

这时,隔壁的小伙子突然进来说道:"我这里有西瓜!"

结果,小伙子刚抱着西瓜走进来,兰茂就忽然站起来大声说:"小伙子,你要死了!"那家人哈哈大笑起来,说:"兰先生,你怕是昨晚喝醉还没醒酒吧!我家的人病得这般重,你说没事;人家小伙子身强体健的,你怎么反倒咒人家呢?"

小伙子也笑道:"先生为何咒我!我还要活100岁呢!"兰茂摇了摇头,不再说话了。

待小伙子走后,他才叹了口气,解释道:"我听他说话的声音,开头像敲铜钟,后来像敲瓦盆,知晓他的肺气已经绝了。肺绝则脉绝,脉绝则命绝,他的病已无药可医,活不过明日了!"

那家人一听,半信半疑。结果,第二天天还没亮,隔壁突然传来哭喊声,一问才知那小伙子当真死了。而这家的病人,吃了西瓜,病症减轻了不少。

从此,兰茂的名气更大了,来找他看病的人络绎不绝。

在研究云南本草的过程中,兰茂将各种药物绘图并详加叙述,在 1436 年著成我国最早的地方性本草专著——《滇南本草》。这本医学著作,早于李时珍的《本草纲目》140 多年。书中记载了 458 种药物,还记述了若干药材疗效的经验及民间的秘方等。被称为"药物学的《红楼梦》",对后世产生了深远的影响。

这是名医兰茂为后世留下的无价瑰宝。1470 年,兰茂去世,享年 74 岁。

兰茂不仅医术高超,而且一心为病人着想,拥有高尚的医德。

他原本只是一介文弱书生,可当城内瘟疫横行时,他看见那些因瘟疫去世的病人,心痛不已,于是下定决心学习医术,悬壶济世。当他成为名医时,他也没有骄傲自满,而是始终保持一颗谦逊的心,向其他医术高明的医者请教,学习医术。甚至为了能够学习更好的医术救治百姓,他不惜以砍断自己的左手为代价,这样无私奉献的医者,值得我们敬佩!

◆ 新春题门联

明朝年间有一年,兰茂辛辛苦苦教了一年书,学生都放寒假了,眼看就快过年了,可是,兰公家中还什么年货都没有,老伴问:"先生,后天就过年了,家中什么都没有,拿什么东西来过年呀!"兰茂不以为然地说:"别着急,自然而然要过年",说都没说完又埋头去整理他的著作去了,老伴也没有什么办法。

第二天,老伴见兰公仍埋头着书,着急地说:"先生,你著书还吃不吃饭?明天就过年了,粮也没有了,油也没有了,你不能不管呀!"先生头也不抬地说:"自然而然要过年。"

　　下午老伴心想先生辛苦了一年,现在还在埋头著书,我也不能去逼他,就想了个办法,说:"先生,我看人家都在准备过年了,抄的抄、煮的煮、烧的烧、你看是否去借点粮来,混过这个年关",先生一听,明天就过年了,只得站了起来,伸了个懒腰,随手推开了窗子,只见外面正下大着雪,门前梅花都被雪染白了,兰公触景生情,随口就吟出四句诗来。

　　油盐柴米浆醋茶,无柴无米难当家。

　　自然而然然不去,推开窗子看梅花。

　　吟诗之后,兰公万分激动,无言可对妻子说,便叹了一口大气。

　　老伴见他如此没有办法,也不敢再多说过年的事了,就说:"先生,我看,没吃的也罢,但门联是要写一对的",兰公听老伴说写门联,心中一动,沉思片刻之后,便说:"快拿纸来",老伴找来了红纸,双手压好,兰公题笔就挥出了一副对联,叫妻子贴在门上,便去睡觉了。

　　初一这天,文人学士都要沿街观看对联,只见兰公房门紧闭,门上书一副对联是:

　　釜斧高悬无动静,刀甑不响太平春。

　　看过的人不觉大吃一惊说:"原来兰公家釜斧高悬无动静,意思是过年还没有粮没有肉吃呢? 所以,刀甑不响,还过什么年?"大家就奔走相告,诉说了兰公还没有钱粮过年,杨林学生得知消息后,你家拿米,他家拿油,有的拿菜,有的挑柴,很快就来到了兰公的家中,中午时分,兰公家柴米、油、盐都有了,这样兰公才算过了一个丰盛的年。

◆游学行医

　　兰茂教学、边教边学,在从事医药学的教学中,学生跟随老师兰茂翻山越岭,口尝遍百草性味,不仅让学生学得书本知识,而且还能画得出药物草本,不仅能懂得药性药效,而且能为病人治病,跟随兰茂先生学习的人有百余人之多,为考证各种药物性能、产地,兰茂在百余学生中选出十八个身体健壮学习用功的学生,对他们说,我带你们赴京城去,其目的,一是考证云南本草药物,二是为各地病人治病,你们准备好衣物,过三日后出发。

三日后,兰茂带领十八个学生远赴京城南京,徒步行走三个多月,将云南本草药物与各地药物一一进行对照,详细作了记录,一路行走之间,凡遇到各地病人,兰茂便带领学生一一对症治疗,使学生不仅认识了书本知识,而且能够对症着脉治病,学到了很多治病原理与知识,还观赏了各地名山大川。在赴京即将返回之际,一个学生名叫宋贵、对兰茂说:"先生,我想在行程中再为病人多治一些病,并想再外观赏观赏一些名山胜地。"兰茂说:"有志者志在四方,无志者恋念家乡,你可留下。"学生朱贵说:"我身无分文,有什么办法可以解决我的困难?"兰先生说:"我身上还有一个银圆,给你留下",说完给了宋贵一个银圆,又在住地写了一个纸条,密封给了宋贵,并说,遇到困难不能解决时,可打开纸条,遵照去办,朱贵答谢了先生。

兰茂一行就回云南整理滇南本草了。却说朱贵手中只有一个银圆,不过月余,钱便用完了,怎么回云南呢? 正在困难时刻,宋贵想起了兰先生的纸条、打开一看,上书:"治病救人,方能回"。朱贵恍然大悟,就地在山间采集草药,为病人治病,走一程治一地之病,又走一程,又采集当地药材,为当地百姓治病,经过一年多时间,才回到家乡。待到回乡之后,兰先生考其药物药性,着脉原理治病方法,朱贵对答如流,并名声大振,兰茂高兴地说:"你真是我的好学生"。

◆画竹为词

兰公到会泽去采药,被会泽的老百姓留住,苦苦哀求兰公留下为子女授课,兰公推辞不了,再加之为种一种药,三年才能种成功,就答应了会泽的父老,在会泽教书三年。

三年间,民间都知道兰公才高识广能诗善画,有的人请兰公题诗,有的人请兰公绘画,兰公都一一给当地老百姓作诗、绘画。

一日,他在会泽的好友说:"你整日给人家绘画、何不赠我一幅画"兰公说:"自然要赠你一幅"但一直没有赠画,好友多次催促,兰公才说:"等等,以后再给你画。要画幅好的送给你",可是时隔一年也不见兰公赠画,好友心想,兰公既然答应,一定会赠画,我也不别多催了,就把此事放下了。

三年期满,兰公所种之药已经长成,就在兰公离别之前,好友又来催画,兰公方才说:"好、好、好,我就给你画,"画了一天画,才把画画出来赠给好友,好友一看,画的是棵竹子,没有叶子,不太好看,心中闷闷不乐,但又不敢不收下来,就在收画时兰公才说:"你不必不高兴,这幅画你要妥为保存,今后有甚急事,生活不下去时,再拿出来,自然有用。"好友只得收下,并按兰公吩咐,把画卷起来收藏着。

过几年后,兰公会泽的好友果然无法生活下去,才想起兰公教诲,便把画拿了出来,摆在会泽街前出售,不几日,果然来了一个官人要买此画,问价时,兰公好友要价一百两银子,谁知官人就把会泽周围三百亩土地划归兰公好友,从此才让他过上好日子。

原来,官人所买之画,即是画,又是词,竹子画得刚强有力,节节明显,高傲自拔,但细心一看,每节竹子均是一个字,上书:"节节高"所以官人才买了这幅无价之宝的画。

第二十八章

明代名医万密斋,《养生四要》论养生

生平小传

万密斋(1499—1582 年)医圣,原名万全,号密斋。生于罗田(今属湖北)大河岸,是我国明代嘉靖至万历年间与李时珍齐名的著名医学家,被国家中医管理局评定为明清时期 30 位著名的医学家之一。

他治学严谨,医德高尚,行医五十多年,以儿科、妇科、痘疹科享有盛誉,在养生保健理论和实践方面独树一帜,誉满鄂、豫、皖、赣,名噪明隆庆万历年间。其所著的《妇幼宗成》《皇汉医学》《杂病广要》《东医宝鉴》中大量引用了万氏医书的内容。日本学者池田柔行力举万氏著述"立论之精"。《万密斋医学全书》大部分分册还被收辑编入康熙年间出版的《古今图书集成医部全录》,为皇家珍藏。由于他在医学方面的突出成就,被清政府追封为"医圣"。

其家世医,祖父兰窗公,号杏坡,豫章(今江西南昌)人,以幼科闻名乡里,惜早卒。父万筐,号菊轩,继承祖志仍为小儿医,成化六十年(1480年)因兵荒客于罗田,后娶妻生子,遂定居于罗田,以其术大行于世,远近闻名,人称万氏小儿科。

万密斋原是个廪生,科场不得志后,就决心学医。由于他家世代以"医药济世",医学有深厚的家学渊源,再加上本人刻苦钻研,勤于总结临床经验,因而他的医学造诣很深,尤精于切脉、望色,一些疑难病经他诊断,便能明确辩证。特别是对儿科、妇科、内科杂病有精深的研究。在儿科方面,他在家传的十三方基础上归纳出小儿三种病因,提出不滥吃药,以预防为主的方针,颇有创见。在妇科方面,他阐明妇女生理、病理特点,指出以培补气血、调解脾胃的见解,这在中医妇科史上有深刻的影响。他发明的"万氏牛清心丸",至今仍是治小儿急惊风的良药。

万密斋治病,除承继家学外,更以《黄帝内经》《难经》为本,精研《脉经》《本草》,博彩仲景、河间、东垣、丹溪诸家之说,兼通内科、妇科、儿科及养生之学,医术日精,噪闻于隆庆万历年间。行医足迹遍及、罗田、蕲水、营山、麻城、黄冈,远至武昌、郧阳等地,活人甚众。万氏不仅医术精湛,医德亦十分高尚。他痛斥庸医误人,反对巫医惑乱,奉行"老吾老以及人之老,幼吾幼以及人之幼","视人之子如己之子",治病不记嫌隙宿怨,不论贫富贵贱,同情劳苦,施医赠药,深受民众爱戴。

县、府、布政使司乃至巡抚,各级地方官亦常邀请他治病,曾两获知县和布政使赠予的"儒医"匾额。临证之余,勤于著述,今所传世的著作大部分是他晚年完成的。万全虽然于早年弃举从医,但对儒学的崇奉并未稍减。他多次开办学馆,教授生徒,至老不辍。他还撰著了许多儒学著作,自称"自经书子史律历,以逮百家,各有著述"。惜其儒学著作均不见传。万全家学渊源,很早就以理论结合实际的钻研《黄帝内经》《难经》经典,博极各家之说,具有深厚的儒学功底是促成他取得医学成就的重要条件。

主要成就

他重视祖国医学遗产,但不拘泥守旧,而注重于具体分析病情,灵活运用古方。他写的诊断书,言简意明,所开药方,药少而疗效好,创造了不少起死回生的奇迹,因此被当时人们称为"神医"。

万密斋用了几十年的时间,总结和整理了祖辈和自己的临床实践经验,写出了数十卷很有价值的医书。每写一卷,他的弟子就辗转传达室抄,流行全国各地。

万密斋在总结前人经验和长期临床实践的基础上,进一步完善了小儿的生理与病理理论,提出"三有余、四不足"之说,即"肝常有余,心常有余,阳常有余,脾常不足,肺常不足,肾常虚,阴常不足"。如《幼科发挥》云:"肝常有余,脾常不足者,此都是本脏之气也,盖肝乃小阳之气,儿之初生,如木方萌,乃小阳生长之气以渐而壮,故有余也。肠胃脆薄,谷气未充,此脾所以不足也。"所谓有余不足并非指一般虚实而言,更非"邪气盛而实,精气夺则虚"的病理状态,而是首先以小儿生理特点立论,进一步论证小儿病理特征。如"肝常有余"在生理上指小儿生长发育迅速,如草木萌芽,生机勃勃,全赖肝主生发之气的旺盛;而病理特点是指小儿感邪之后易化热化火,引动肝风。万密斋的"脾常不足"在生理上指小儿生长发育迅速,对精微物质需求比成人更迫切,而脾主运化功能尚未健全,为适应不断生长的需要,脾胃须不断完善运化精微的能力;反映在病理上则指小儿若饮食不节、寒温失调等易引起脾胃运化失常而致脾胃病。万密斋的"不足有余"论进一步充实了小儿"易虚易实,易寒易热"的病理特征,为指导儿科临床治疗,提供了系统的理论依据。

万密斋临证时非常注重望诊,因儿科又称"哑科",小婴儿有口不能言,而能言者又未必可信,加之就诊时常哭扰,使气息、脉象改变等,给诊断造成困难,故望诊尤为重要。

万密斋在《片玉心书》指出:"凡看小儿疾病,先观形色,而切脉次之"。在《育婴秘诀》亦云:"小儿有病观形色,青主惊风红主热,黄为伤食白主疳……肝病须观眼目中,脾唇心舌自相通,肺有病时常在鼻,肾居耳内认其宗。""临病之时,观形色,便知五脏之症治,所以补之泻之,意之所生,有通神之妙也"。以上论述足以说明万氏在诊治小儿疾病中对望诊极为重视。

万密斋在强调望诊的同时,也注意四诊合参,如《幼科发挥》云:"望闻问切,医家之大法也。""儿有大小之不同,病有浅深之各异。观形察色之殊,望闻问切之间,若能详究于斯,可竭神圣工巧者矣,望盖者鉴莫辨其色也……闻者听知其症也……问者问病究其原也;切者切脉察其病也。"在辨疾病的寒热虚实时,强调望诊应与它诊结合,如实热者,见面腮红,此为色实;脉急数,此为脉实;大便秘,小便黄,渴不止,上气急,足胫热,此为症实。色、脉、症三实者,方可辨为实热证,宜予寒凉治之。而面白,脉微沉,便清,腹虚胀,呕乳,足胫冷,色、脉、症三虚,才可辨为虚寒证,以温补治之。

万密斋在探讨小儿常见病、多发病的病因病理上,提出不少新的见解。如万氏认为急惊风与慢惊风都是症状,必须审致病原因。对急惊风提出有三因:感受风寒湿热而失治者为外因;内伤饮食发热而失治者为内因;由惊恐客忤中恶得之者,为不内外固。在临床表现上,万氏分为急惊风证,包括脐风发搐、泻痢发搐等;急惊风变证指由惊风反复发作而成痫证;急惊风类证如天钓似痫、虫病似痫等九种疑似证与之鉴别;并首次提出急惊风后遗症"有急惊风变成痫者""急惊风成瘫者""惊风后喑不能言者"等。论述详尽,大大丰富了前人理论,为后世进一步研究提供了理论依据。对天花、麻疹等病证亦有独特的见解,如痘疹的治疗,主张"温补凉泻,各附所宜",摒弃以往医家的偏见。万氏在治疗上非常注重的脾胃,选方用药精炼轻灵。

在《幼科发挥》中强调指出:"胃主受纳,脾主运化,脾胃壮实,四肢安宁,脾胃虚弱,百病蜂起,故调脾胃者,医中之王道也""调理之法,不专在医,唯调乳母。节饮食,慎医药,使脾胃无伤,则根本常固矣"。小儿由于形气未充,"脾常不足",加之饮食不能自节,寒温不能自调,故脾胃最易受伤。万密斋把"节饮食,慎医药"列为小儿保健防病的首要原则,当患病论治时,宜"以治病为主,慎勿犯胃气"。在用药上强调"但取其平,补泻无过其剂,尤忌巴牛,勿多金石、辛热走气以耗阴,苦寒败阳而损胃"。临证常用平胃散、胃苓丸、异功散等,反对当时滥用丁香、砂仁等温燥之风气。万密斋用药精炼,方药多为祖传或自创,在剂型上多用丸散,用量轻而力专,又便于小儿服用,如"万氏牛黄清心丸"已成为经典成药,万氏祖传十三方亦在临床上广泛应用。万密斋还首先倡导应用推拿、针灸、熨脐、药物沐浴等外治法治疗小儿病证。

万密斋十分重视小儿的胎养,在《育婴秘诀》卷首详细论述了有关胎养及保育的原则和方法。具体分为:预养以培其元,即"调元之意也";胎养以保其真,即"保胎之道也";蓐养以防其变,即"护产之法也";鞠养以慎其疾,即"育婴之教也"。万密斋强调胎养之道重点在于保孕期母体安健,"调喜怒,节嗜欲,作劳不妄,而气血从之,使诸邪不得而干焉"。若有疾时,审病轻重,药性宜忌,处处以中和之品,勿伤胎孕。万密斋还重视精神调摄,防止大惊卒恐伤及神志,强调幼儿早期教育的重要性,如提出"教以诚实,勿使欺妄",即道德品质的教育;"遇物则教,使其知之"以培养勤奋好学的精神;"教以恭敬""教之以正言"即注意讲究文明礼貌等。万密斋这种重视小儿身心健康的观点十分难能可贵。

万全对中医养生学十分重视,专著《养生四要》一书,强调养生应注意的四法。他说:"养生之法有四:日寡欲,日慎动,日法时,日却疾。夫寡欲者,谓坚忍其性也;慎动者,谓保定其气也;法时者,谓和于阴阳也;却疾者,谓慎于医药也。"具体内容如下。

1. 寡欲。"寡之者,节之也"。包括食、色两个方面,即节饮食、节色欲。其学术思想与金元著名医家朱震亨相一致。万氏将寡欲放在十分重要的位置,他认为:"寡欲者,延龄广嗣之第一紧要也。"但是,万氏的寡欲并非"绝谷食柏""休妻螺居"的绝欲养生观、而主张顺应人的生理特点,恰当的节饮食、节色欲,才能保持人体的健康长寿。

万氏继承朱震亨"阴常不足"的观点,亦认为人身的阴精难成易亏,他也认为:"男子十六而精溢,女子十四而血乃泻,成而何其难也""男子八八而精竭,女子七七而血尽,败之何其易邪"。其观点与朱丹溪如出一辙,均认为人身精血难成而易亏。因此,对人身之阴精应当十分爱惜,若纵欲过度则易耗伤肾精,而"肾之精不足,取精于脏腑,脏腑之精不足,取精于骨髓",日久则使人"精涸而成病矣"。因而万氏节欲大力提倡晚婚,认为男子"未及二八而御女，以通其精，则精未满而先泻，五脏有不满之处，他日有难形状之疾"四。而对于已婚之人，万氏主张节制房事，"欲不可纵，纵欲成灾，乐不可极，乐极生哀"。

万氏还十分重视节制饮食，其目的是保养脾胃后天之本，"脾胃强则谷气全，脾胃弱则谷气绝，全谷则昌，绝谷则亡，人于脾胃可不知其养乎"四。而调养脾胃、节制饮食之法，包括节制饮食之量不宜太过和不偏嗜诸方面。万氏认为："五谷为养；五畜为助，五菜为充，五果为益"。"五味稍薄，则能养人，冷人神爽"。但"不可过也，过则成病矣"。因此，他主张以古人"爽口物多终成疾，快心事过必多殃"作为警句。其次，他反对偏食偏嗜，他说："嗜有所编，必生有所偏之疾""多食酸则伤肝，多食苦则伤心，多食甘则伤脾，多食辛则伤肺；多食咸则伤肾""初伤不觉，久则成患也"。因此，他谆谆告诫人们："凡有喜食之物，不可纵口，常念病从口入，惕然自省"。

2. 慎动。动指形体活动，慎动即指形体活动要适当，不可过度。他提出人应当"必清必静，无劳汝形，无摇汝精，乃可长生"，这也是养生的重要原则。

中医强调形与神的协调统一，精气与神是人身三宝，都应注意养护。万全"慎动"中首先强调神不要妄动，他认为"夫失性有五：一曰五色乱目，使目不明；二曰五声乱耳，使耳不聪；三曰五臭熏鼻，困脑中颡；四曰五味浊口，使口厉爽；五曰趣心滑心，使心飞扬。此五者皆性之害也""暴喜伤心，暴怒伤肝，暴恐伤肾，过哀伤肺，过思伤脾"。以上都是神不安的种种原因，可以导致人身形体的各种疾患，因此，他认为"人身之中，只有此心，便是一身之主，所谓视听言动者，此心也，故心常清静则神安，神安则七神皆安，以此养生则寿,没世不殆"。致于因神伤而致病者,他认为:"此神思之病,非自己乐天知命者,成败利钝,置之度外,不可治也"。万氏十分主张采用打坐、调息之法来调养心神,因为打坐要摒弃一切杂念,定心静志,故能使神安,取得效果。

对于形劳,他根据《黄帝内经》理论,提出:"久视伤血,久卧伤气,久坐伤肉,久立伤肾久行伤筋,谓之五劳所伤"。他亦主张用打坐、调息的方法可以防止五劳之伤,他还具体提出打坐要排除杂念,调息要做到"俭其视听,节其饮食,避其风寒",这样就能使心安气顺调神养形,以防劳伤。

3. 法时。所谓法时,就是指调摄人体阴阳气血,以顺应天地四时之气的变化、从而达到却病延年的目的。

万氏的法时,包括了从饮食、起居多方面防治措施。《黄帝内经》提出"春夏养阳,秋冬养阴"的原则,万氏在饮食方面提出"春夏养阳也,济之以阴",谊春食凉夏食寒,使阳气不至于偏盛;"秋冬养阴也,济之以阳",宜秋食温冬食热,使阴气不至于偏盛。其所谓偏寒偏热,应以适当为度,不可太过,即"热无灼灼,寒无沧沧"。

对于生活起居,万氏完全接受《素问·上古天真论》四时调养的原则,提出:春季宜"夜卧早起,广步于庭,披发缓刑,以顺其发陈之气";夏季宜"夜卧早起,无厌于日,使气得泄,以顺其蕃秀之气";秋季宜"早起,与鸡俱兴,收敛神气,以顺其容平之气"空冬季宜"早卧晏起,必待日光,无泄皮肤,以顺其闭藏之气"。在日常活动中,也应顺应四时阴阳消长变化,"春生夏长,乃阳气发泄之时,使以《礼记》《乐经》者,歌咏以养其性情,舞蹈以养其血脉,亦养阳之道也;秋冬收藏,乃阴气收敛之时,教以《诗经》《尚书》者,优游以求之,涵咏以体之,亦养阴之道也"。万氏的这些方法,遵循着四时春生夏长,阳气外泄,秋收冬藏,阳气内收,人亦应之的原则。但对于气候的突然变化,万氏又告诫人们"凡大寒大热,大风大雾,皆宜避之,不可恃其强继而不畏也"。要适应其突然变化而采取相应措施。万氏的这些方法,切合实用。

另外,在临床治疗时,万氏亦主张遵循春夏阳气升发、秋冬阳气沉降的规律,十分赞同张仲景四时治疗大法,也认为"春宜吐,夏宜发汗,秋冬宜下"。但对无病之人,万氏则认为"若无寒折之变,则宣剂亦不必服也。岂可下之,以犯养生之禁,以逆上升之气也哉"。即无病之时,治疗诸法虽可顺应四时,但服用药物于健康人身上,有害而无益。

4.却疾。却疾指去除疾病,它包括了疾病的预防与治疗两个方面。万氏却疾之法主张以饮食得当来达到调脏腑、补精血的目的,通过调神的方法,使神与形俱,精神不散。而反对滥用补品与无病服药以求长寿的手段。他说:"无病服药,如壁里安柱,为害甚大。谷肉果菜等饮食物倘用之不时,食之不节,犹或生疾,况药乃攻邪之物,无病岂可服哉。"他认为:"百病交起,由无病而补之所得也。"

但对于已病之人,万氏主张应积极治疗,他说:"善养生者,当知五失。不知保身,失也;病不早治,二失也;治不择医,三失也;喜峻药攻,四失也;信巫不信医,五失也。"即患病之后,善于养生之人,应积极请高明医生来治疗,尤其应当早期治疗,要时时防止正气的损伤,不可弃医从巫,延误疾病,贻害健康。而在具体治疗时,强调药物"中病即止,勿过其剂"。而在药物使用时,主张既要针对疾病,辨证治疗,"虚则补之,实则泄之"吧,又要时刻防止正气损伤,故提出药物使用尽量平和。他说:"凡养生祛病之剂,必热无偏热,寒无偏寒","得其中和,此制方之大旨也"。尤其要重视先后二天的调补,认为"肾为元气之根,脾胃为谷气之主",最应注意调养。重视补件固觉意。

方氏的养生四要,其养生思想的核心,就是要注重形神两方面的养生,所以他说:"养生之道,只要不思声色,不思胜负,不思得失,不思荣辱,心无烦恼,形无劳倦,而兼之以导引,助之以服饵,未有不长生者也。"可谓是其养生观的很好总结。

其著作已印行的有《万氏家传育婴秘诀》《万氏家传广嗣纪要》《万氏家传妇女科》《万氏家传痘疹必法》《万氏家传伤寒摘锦》《万氏家传保命歌括》《万氏家传幼科发挥》《万氏家传玉痘疹》等10部。这些书均收入《四库全书》,颁行天下。据《万氏家谱》记载,还有37种著作未付印,现除《万氏秘传外科》《万氏家传点点经》两部外,余均已失传。

万氏著作的鲜明特色是:说理深入浅出,明白易懂,有很大一部分是用诗、词的形式写的,便于学习和记忆。同时,在继承传统的基础上,还有许多精辟独到的见解,为后世所推重。像清代医学家沈金鳌、武之望;日本医学家丹波元坚、汤本求真;朝鲜医学家许浚等,都在自己的著作中援引了万氏学说,并给予很高评价。

传奇故事

◆医术高超

县学训导马公顺,蜀人也,一孙五岁出痘,至八九日脓成将靥,忽腹痛烦哭,大便秘,马公惊惶不安。万密斋曰:此结粪也,当急下之。马公曰:痘疮首尾不可下,今当收靥,中气要实,岂敢下耶? 密斋思如不急下,加腹胀、气喘将不救。乃作桂枝汤,暗入酒蒸大黄,煎服,下燥粪,腹痛即止,痘靥而安。马公知之,谢曰:非子通变,几误此孙。此案时在正德年间,所记之事在万密斋 23 岁之前。

本县户房吏阎某,麻城人也。子有虫痛,黄瘦,腹中时痛,口馋,如有肉食,则痛不发,一日无肉则痛发也。请万密斋的父亲治之,父命密斋前往。见其子甚弱,不敢下,乃思一计,只用苦楝根皮,放肉汁中煮食之,单服三日,下虫如蝌蚪者一盆,色黄黑,后以养脾丸调理而安。阎某厚谢之。

嘉靖三十七年六月,知县朱云阁只一子,年 7 岁,病泻且渴,诸医治之不效,至七月中旬犹渴泻不止。后请万密斋愈之,又与调理康复。知县大喜,"亲书'儒医'二字,作匾赐之"。

嘉靖三十八年十月,黄州府同知张公之子病发热,众医作风治无效。时张公代巡在府,所属州、县官各举荐其医,皆莫治。罗田知县以万密斋荐,急召往,投剂而愈。张公曰,早请万密斋来,此儿不受苦也。众医惭而退。

隆庆元年 5 月,湖广右布政使孙应鳌的独生女儿5 岁,病泻,发热口渴,诸医治之皆不效,至 7 月犹未愈。有人推荐万密斋,孙公亟召至,调治半月而愈。孙应鳌与万密斋"厄谈经书子史律历之学",又请万密斋为治目疾,咨询广嗣之道及求嗣药方,留住近两个月,临别送万密斋儒医匾及其他礼物,盛誉而归。

◆医名远播

万密斋为医,除继承家学外,又承父训以《素问》《难经》为本,精研《脉经》《本草》,博采仲景、河间、东垣、丹溪诸家之说,精通内科、妇科、儿各科及养生之学,尤以家传儿科和痘疹著称,嘉靖至万历年间享有盛名。据万密斋医案所载,其行医足迹遍及罗田、蕲水、英山、麻城、黄冈等邻近数县,远至武昌、郧阳乃至京师,活人无数。他不仅医术精湛,而且医德高尚。他"以活人为心""视人之子如己之子""勿以势利之心易之";他痛斥庸医误人,反对巫医惑乱;他治病不论亲疏,不计宿怨,不论贫富贵贱,同情病人疾苦;有病家求治,他一心赴救,遇危重病人,常日夜守护,有时留在病人家中过年,深受四方民众的爱戴。

万密斋是与李时珍齐名的医学大家,明代已有"万密斋的方李时珍的药"之说。县、府、布政使司、巡抚中常有人请他治病,曾两获罗田知县朱云阁、湖广右布政使孙应鳌亲书"儒医"牌匾,时人称为"神医"。其辞世后,清康熙皇帝追封其为"医圣"。康熙四十七年(1708 年),罗田知县沈廷桢亲自为其重树墓碑并题写碑文,碑文中有"国朝加封医圣"字样,字迹至今清晰可见。明、清国内外许多医家都给万氏以很高的评价。如清代医药学家陈复正,日本的汤本求真、丹波元坚,朝鲜的许俊等分别在其所著的《妇幼宗成》《皇汉医学》《杂病广要》《东医宝鉴》中大量引用了万氏医书的内容。日本学者池田柔行力举万氏著述"立论之精"。此外,据说还有多本著作未付印。1999 年万密斋被国家列为明清时期 30 名著名医学家之一,所著的《万密斋医学全书》被中国医药出版社收入《明清名医全书大成》系列丛书。

◆健康长寿

万密斋享年 84 岁,是当然的老寿星。他不仅长寿,而且健康,儒医兼通,博学多才,活人济世,医德高尚,既是仁者又是智者。据万密斋《年谱》,得知他在 70 岁那年,为知县治病到过京师,为督抚家人治病到过郧阳(自罗田至郧阳,凡五昼夜驰驱而往),为当地百姓治病奔走于鄂东数县,当年还修订刊刻了其痘疹著作《痘疹心要》两部 23 卷,可知其体格强健,精力旺盛,亦见其活人济世,仁心仁术。资料显示,直到 76 岁高龄,连年都有他出外治病的记载。
自 71 岁开始,除外出治病之外,在其后的十数年间,先后写成了
《伤寒摘锦》《保命歌括》《万氏女科》《妇科摘录》《广嗣纪要》《育
婴家秘》《幼科发挥》《养生四要》《痘疹心法》《片玉心书》《片玉痘
疹》等 10 多种著作,即今所流传的《万密斋医学全书》。若非身体
健康,才智超人,则不可能在垂暮之年如此登峰造极。可以说,是
万密斋的晚年,创造了他的人生辉煌,实现了他的济世宏愿,从而
奠定了他在医学史上的显著地位。

◆ 著名医案

《幼科发挥》是万密斋所撰的一本儿科名著。共分为四卷,在
第四卷里记录了一则医案,说明万密斋"以活人为心。不记宿
怨",至今读来仍然令人十分感动。下面特对这则医案加以简介。

事情发生在明代嘉靖辛丑年(即嘉靖二十年,公元 1541
年),罗田县富绅胡元溪有个 4 岁儿子于农历二月间患咳嗽,急于
请儿科医生诊治。因胡元溪对万密斋有怨恨情绪,便故意不请万
密斋,只请其他医生诊治。先后换了好几个医生,非但未能治
愈,病情反而恶化。到了秋季,不但咳嗽加重,而且"痰血并来"。
到了农历九月间,病势更为严重,已经到了"事急矣"的危急状态。
实在不得已,胡元溪这才决定改请万密斋给儿子看病。事前还专
为此事求神卜卦,直到得了吉祥之卦这才来请万密斋。万密斋虽
然对胡元溪很反感,相处很别扭,但他认为此时抢救小儿性命最为
要紧,其他均不宜计较,应当胸怀宽广地对待此事。他说:"予以活
人为心,不记宿怨。"于是立即前往胡家诊治。

万密斋对胡家小儿进行了详细的诊察,又查看了前面几个医
生所开的处方。确认是由于误治导致病情加重。本来春季应当抑

肝补脾，以滋肺之化源，而医生误用了泻肺的方法；夏季应当清心养肺，治以寒凉，而医生误用了温热之药治疗。现今时值九月，乃深秋时节，"必与清金降火润肺凉血"之方药治之，而且"非三五十剂不效也。"于是，万密斋对胡元溪说："令郎之病，肺有虚火，幸过深秋，金旺可治。予能愈之，假一月成功。"胡元溪却说："何太迟也？"万全耐心地解释说，此病已经拖了半年多时间，迁延日久，必须个把月才能治愈，三五天是无法治好的。胡元溪终究抱着怀疑的态度。

万密斋给胡家小儿开了一个处方，叫做清肺降火茅根汤。其组成药物如下：天门冬、麦门冬、知母、贝母、桔梗、生甘草、陈皮（去白）、枳壳、阿胶、黄芩、苏叶等水煎，取白茅根汁和饮之。"五剂后，咳减十分之七，口鼻之血止矣。"胡元溪却嫌好得太慢，他怀疑万密斋不肯全力以赴地下功夫治疗，又改请新的医生万绍来诊治。有人对万密斋说："胡家既然不信任你，你从此即可以撒手不管了。"万密斋却语重心长地说："彼只一子，非吾不能治也。吾去彼再不复请也，误了此儿。非吾杀之，亦吾过也。"他决定留下来看新的医生万绍怎样处方，若处方对症则放心离去，如药方不妥就会提出修改意见。万密斋果然发现万绍所开处方很不对症，当即提出修改意见，万绍却拒不接受。胡元溪也帮腔说这是秘方，不必修改，并且怀疑万密斋是在嫉妒同行。万密斋说："吾为此子忧，非相妒也。"万密斋无不忧虑地摸着小儿的头说："（此药）且少吃些，可怜疾之复作奈何？"说罢，不辞而别。

胡家小儿吃了万绍所开处的方药之后。咳嗽复发，而且气促吐血，病势陡然危重起来。孩子哭着说："吾吃万（全）先生药好些。爷请这人来，要毒杀我。"胡元溪的妻子"且怒且骂"，大骂丈夫愚蠢固执,不该辞退万密斋而另请他人。胡元溪到了此时才感到后悔不已,只好硬着头皮再次前往向万密斋求治。其时,万密斋正在朋友家饮酒已经大醉,胡元溪只好赶到那里等待,直至夜半万密斋酒醒,胡元溪一边检讨,一边恳请万密斋再次出诊。万密斋长叹一声说:"早听吾言。不有此悔。要我调治,必去嫌疑之心。专付托之任,以一月为期。"万密斋重新来到胡家,胡元溪的妻子当即取出白银五两做酬金,并说待孩子痊愈后再付白银五两作为酬谢。万密斋说:"只要信我用我,使我(集中精力)治好了,不在谢之多少也。"万密斋仍然开处润肺降火茅根汤予以加减化裁而治之,效果良好。仅仅历时 17 天就将胡家小儿治愈。

上述医案说明,明代著名儿科医家万密斋不但医术十分精湛,而且医德非常高尚,至今仍很值得人们效法和学习。

◆施展绝技救儿童

明朝,湖北罗田的一个宅院里,空气异常凝重。宅院的主人姓陶,是当地一位儒学老师,他八个月大的儿子呕吐很多天了,找了很多医生都治不好。一家老小都惊恐不已,这么小的孩子,哪里经得住这么呕吐? 最要命的是,不管你虚实寒热判断得对不对,汤药开得合不合理,只要入口,就全给你吐出来。这下难办了,根本没法吃药医生能有什么办法?

几位医生也一筹莫展,凑到一起讨论半天,也说不出个所以然来。眼看孩子呕吐越来越厉害,只好纷纷告辞,让陶老师另请高明。

这天,陶老师又请了一位姓万的大夫。望闻问切之后,万先生说这病不难治啊,理中汤就可以了,为什么前面那么多大夫都束手无策呢? 陶老师愁容满面地说,这方子前面大夫开过,不行呀,吃了就吐。

　　万大夫微微一笑说,放心吧,吃了我的药,保证孩子不会吐出来,而且保证药到病除。

　　陶老师刚想一问究竟,身边有人冷笑一声,跟陶老师说不必多言,咱们别看广告看疗效吧!此人是个秀才,名叫蔡一山,也学医,但一直嫉妒万先生。目睹孩子吃药呕吐,听到万先生这么说,认为是在吹牛,忍不住冷嘲热讽。万先生乐了,说那就明天一早来看疗效吧。蔡秀才一百个不忿,鼻孔朝上拱手告辞。

　　万先生让陶老师取理中汤所用诸药,用猪胆汁和童便拌了一下,炒焦,然后煎了一碗,嘱咐了喂服方法,就告辞了。

　　第二天一早,蔡秀才和万先生来到陶老师家,陶老师兴奋地说服用理中汤之后不仅没吐出来,而且一夜安然,没有再呕吐了。这下蔡秀才纳闷了,不得不厚着脸皮问详情。万先生也没卖关子,说《伤寒论》读过吧,回去看看猪胆人溺白通汤的条文,自然就明白了。

　　陶老师请万大夫坐下,问道:我一直听说蔡先生嫉妒你,这次一看果不其然。可是,为什么同样的理中汤,别人开的不行,你开的却效验如神?

　　万大夫解释道,孩子的病其实很清楚,就是脾胃受了寒邪,应该用理中汤。但是寒邪太盛时,反而会抗拒热药,不得入也。所以用《伤寒论》中白通汤加猪胆汁和童便(人尿)的方法,胆汁苦寒,童便咸寒,两寒相得,就不会吐药了。服用之后,阴气很快退却,阳气升起,自然邪去而病退。而且,还记得吧,昨天我说把药放凉了再给孩子喝,这就是所谓的热药冷服之法,专门针对寒气在内抗拒热药的情况。

　　陶老师闻之叹服,然后孩子又服用六君子丸调理了一段时间,就完全康复了。

第二十九章

明代药圣李时珍,《本草纲目》著典籍

生平小传

李时珍(1518 年 7 月 3 日—1593 年),字东璧,晚年自号濒湖山人,湖北蕲州(今湖北省蕲春县蕲州镇)人,明代著名医药学家。与"医圣"万密斋齐名,古有"万密斋的方,李时珍的药"之说。后为楚王府奉祠正、皇家太医院判,去世后明朝廷敕封为"文林郎"。李时珍自嘉靖四十四年(1565 年)起,先后到武当山、庐山、茅山、牛首山及湖广、南直隶、河南、北直隶等地收集药物标本和处方,并拜渔人、樵夫、农民、车夫、药工、捕蛇者为师,参考历代医药等方面书籍925 种,"考古证今、穷究物理",记录上千万字札记,弄清许多疑难问题,历经27 个寒暑,三易其稿,于明万历十八年(1590 年)完成了192 万字的巨著——《本草纲目》。此外,他对脉学及奇经八脉也有研究,著述有《奇经八脉考》《濒湖脉学》等多种。被后世尊为"药圣"。

李时珍祖父是草药医生,父亲李言闻是当时名医,曾任太医院吏目。当时民间医生地位低下,生活艰苦,其父不愿李时珍再学医药。李时珍14岁时随父到黄州府应试,中秀才而归,李时珍出身于医生世家,自幼热爱医学,并不热衷于科举,其后曾3次赴武昌应试,均不第,故决心弃儒学医,钻研医学。23岁随其父学医,医名日盛。为太医明世宗嘉靖三十年(1551年),李时珍33岁时,因治好了富顺王朱厚焜儿子的病而医名大显,被武昌的楚王朱英裣聘为王府的"奉祠正",兼管良医所事务。明嘉靖三十五年(1556年)李时珍又被推荐到太医院工作。授"太医院院判"职务。三年后,又被推荐上京任太医院院判。任职一年,便辞职回乡。关于李时珍这一段在太医院工作的经历,史学界有诸多争论,有人认为李时珍曾出任太医院院判(正六品),但也有人认为他只是担当御医(正八品)。无论其职位高低,李时珍被荐于朝是不可否认的事实。太医院的工作经历,有可能给他的一生带来了重大影响,为编写《本草纲目》打下基础。这期间,李时珍积极地从事药物研究工作,经常出入于太医院的药房及御药库,认真仔细地比较、鉴别各地的药材,搜集了大量的资料,同时还有机会饱览了王府和皇家珍藏的丰富典籍,包括《本草品汇精要》。与此同时从宫廷中获得了当时有关民间的大量本草相关信息,并看到了许多平时难以见到的药物标本,开阔了眼界,丰富知识。东璧堂行医东璧堂是李时珍于明世宗嘉靖三十七年(1558年)从太医院还乡后创立的堂号,辞官返乡后坐堂行医,致力于对药物的考察研究,在此期间,以自己的字——东璧为堂号,创立了东璧堂。明世宗嘉靖三十一年

(1552 年),李时珍着手开始编写《本草纲目》,以《证类本草》为蓝本,参考了 800 多部书籍,其间,从嘉靖四十四年(1565 年)起,多次离家外出考察,足迹遍及湖广、江西、直隶许多名山大川,弄清了许多疑难问题。在编写《本草纲目》的过程中,最使李时珍头痛的就是由于药名混杂,往往弄不清药物的形状和生长的情况。过去的本草书,虽然作了反复的解释,但是由于有些作者没有深入实际进行调查研究,而是在书本上抄来抄去,所以越解释越糊涂,而且矛盾百出,使人莫衷一是。例如药物远志,南北朝著名医药学家陶弘景说它是小草,像麻黄,但颜色青,开白花;宋代马志却认为它像大青,并责备陶弘景根本不认识远志。又如狗脊一药,有的说它像萆薢,有的说它像拔葜,有的又说它像贯众,说法很不一致。在他父亲的启示下,李时珍认识到,"读万卷书"固然需要,但"行万里路"更不可少。于是,他既"搜罗百氏",又"采访四方",深入实际进行调查。经过 27 年的长期努力,于明神宗万历六年(1578 年)完成《本草纲目》初稿,时年 61 岁。以后又经过 10 年三次修改,前后共计 40 年。李时珍于万历二十一年(公元 1593 年)去世。万历二十五年(1596 年),也就是李时珍逝世后的第三年,《本草纲目》在金陵(今南京)正式刊行。

主要成就

李时珍临证,推崇张元素,重辨病证,立法严谨,用药得当。治疗时,或化裁古方,或自组新方,或用民间单验方,多有良效。李时珍的学术思想和研究方法很有特色,他在新的历史条件下,以自己的实践经验为基础,改善了古代科学方法,积累了科学研究的新经验。李时珍成功地运用了观察和实验、比较和分类、分析和综合、批判继承和历史考证方法。

　　观察和试验是本草药研究的基本方法。李时珍对药物采用亲自采集、仔细观察，以得其真的方法，获得很大成功。分类是科学研究的重要任务，分类使药物研究体系化，关键还是如何确立分类的标准。李时珍打破本草学沿用已久的上中下三品分类法，建立了三界十六部分类法，使分类体系更为科学化。

　　此外，他还在陶弘景主治药分类法基础上，建立了更完善的百病主治药分类法，创立了药物归经分类法。李时珍为弄清每味药物，提出释名、集解、辨疑、正误、修治、气味、主治、发明、附方9项任务，这9项不是每味药全有，有的五项、六项不等。实际上是对每味药既作出系统分析，又进行了全面综合，而在分析基础上，又作了高度概括和综合。

　　批判继承和调查研究是李时珍研究的重要方法。他研究每味药，总是先参考诸家本草，考核诸家异同，用自己观察试验结果，加以参证：《本草经》中只载枸杞之名，未言明药用部位；《名医别录》指出根大寒，子微寒；《药性论》谓枸杞甘平，子、叶皆同，《本草衍义》说枸杞是梗皮，李时珍说："窃谓枸杞：苗、叶，味苦甘而气凉；根，味淡气寒；子，味甘气平，气味既殊，则功用当别。此后人发前人未到之处也"。李时珍经过研究，在批判继承的基础上，推陈出新，"发前人未到之处"，这种精神，贯穿于他的全部研究活动中。

　　李时珍躬亲实践，广泛向劳动人民学习，注意调查研究，是他又一重要研究方法。莶一药，众说纷纭，有谓似酸浆，有说为苍耳，有曰即地菘；李时珍经过广泛征询，聚诸草谛视，得出莶即猪膏母之确论，他从京师还，见车夫用旋覆花治跌打损伤，遂肯定其益气续筋，补劳损之功。邻家小儿食积，偶取羊食之，归而大吐愈，李时珍因此首载此品种入本草。他从猎户口中知虎骨强志壮神之功能;从菜农处明确芸苔即油菜,从工人处学得防止采矿中毒之法,山人、渔翁、农夫、皮匠、猎户都是他的老师,使他从调查研究中获益匪浅。

历史考证方法是李时珍常用的科学方法。通过文献考束,《本草纲目》中记载了来自天竺、大食、南洋、胡人、蕃人及由梵文、佛经中得到的医药知识。经过历史考证,指出"按《本经》胡麻亦名巨胜,《抱朴子》云,巨胜一名胡麻,以黄麻于及大藜子伪为胡麻,误而又误矣,不可不辨"。李时珍主张人定胜天,通过以上研究方法取得的成果,使他更加坚定了这一信念,认为药性不是固定的,可用人工方法改造其自然性能。药性下沉者,用酒引之使其升;升浮者以咸寒药引之使降,李时珍昭示迷信神仙说之误,批判服食飞升举之谬,服金银,为赖水谷血肉之躯所不堪,"求仙而丧生,可谓愚也矣"。居住水中,步履水上,是邪说;服食成仙"误食之罪,通乎天下",药物"治病可也,服食不可也"。

个人著述李时珍的著作尚有《奇经八脉考》《濒湖脉学》传世;还有《命门考》《濒湖医案》《五脏图论》《三焦客难》《天傀论》《白花蛇传》等,皆佚。《本草纲目》李时珍借用朱熹的《通鉴纲目》之名,定书名为《本草纲目》。嘉靖三十一年(1552 年),着手编写,至明万历六年(1578 年)三易其稿始成,前后历时 27 年。因编著时间长,规模庞大,《本草纲目》一书,乃父乃子及弟子庞鹿门均参与编写,次子建元为书绘图,可谓以李时珍为主的一本集体著作。本草纲目《本草纲目》凡 16 部,52 卷,约 190 万字。全书收纳诸家本草所收药物 1 518 种,在前人基础上增收药物 374 种,合 1 892 种,其中植物 1 195 种;共辑录古代药学家和民间单方 11 096 则;书前附药物形态图 1 100 余幅。这部伟大的著作,吸收了历代本草著作的精华,尽可能地纠正了以前的错误,补充了不足,并有很多重要发现和突破,是到 16 世纪为止中国最系统、最完整、最科学的一部医药学著作。

李时珍打破了自《神农本草经》以来,沿袭了一千多年的上、中、下三品分类法,把药物分为水、火、土、金石、草、谷、菜、果、木、器服、虫、鳞、介、禽、兽、人共 16 部,包括 60 类。每药标正名为纲,纲之下列目,纲目清晰。书中还系统地记述了各种药物的知识。包括校正、释名、集解、正误、修治、气味、主治、发明、附录、附方等项,从药物的历史、形态到功能、方剂等,叙述甚详,丰富了本草学的知识。根据马元俊先生的研究,李时珍在植物学方面所创造的人为分类方法,是一种按照实用与形态等相似的植物,将其归之于各类,并按层次逐级分类的科方法。李时珍将一千多种植物,据其经济用途与体态、习性和内含物的不同,先把大同类物质向上归为五部(即草、目、菜、果、谷为纲),部下又分成 30 类(如草部 9 类、木部 6 类、菜、果部各 7 类、谷 5 类是为目),再向下分成若干种。不仅提示了植物之间的亲缘关系,而且还统一了许多植物的命名方法。《本草纲目》不仅为中国药物学的发展做出了重大贡献,而且对世界医药学、植物学、动物学、矿物学、化学的发展也产生了深远的影响。先后被译成日、法、德、英、拉丁、俄、朝鲜等十余种文字在国外出版。书中首创了按药物自然属性逐级分类的纲目体系,这种分类方法是现代生物分类学的重要方法之一,比现代植物分类学创始人林奈的《自然系统》早了一个半世纪,被誉为“东方医药巨典”。2011 年 5 月,金陵版《本草纲目》入选世界记忆名录。

李时珍感其时代的中医脉学存有缺憾甚至谬误繁多,便依其父李月池所著《四诊发明》及历史上其他多家脉论精华,于 1564 年

（明嘉靖四十三年）编著成《脉诀》，即《濒湖脉学》。濒湖脉学《濒湖脉学》为李时珍所著，以号命书，是为"濒湖脉学"。《濒湖脉学》语言简明，论脉清澈，不但把临床复杂脉象总结归纳成基本的27种脉象，而且还把主要内容，即脉象、相类脉鉴别、脉象主病，皆以韵文歌曲形式撰述，便宜诵记，因此上其书流传深广，历来受医家推崇。《濒湖脉学》对中医基础理论研究和临床实践具有重大的指导意义，为中医典范之作。

《奇经八脉考》，约撰于1577年，1卷。本书考证历代文献，对奇经循行和主病，详加说明，且附己见。

经典药方露水释名：在秋露重的时候，早晨去花草间收取。气味甘、平、无毒。主治：用以煎煮润肺杀虫的药剂，或把治疗疥癣、虫癞的散剂调成外敷药，可以增强疗效。白花露：止消渴。百花露：能令皮肤健好。柏叶露、菖蒲露：每天早晨洗眼睛，能增强视力。韭叶露：治白癜风。每天早晨涂患处。明水释名：亦称方诸水。方诸是一种大蚌的名字。月明之夜，捕得方诸，取其壳中贮水，清明纯洁，即是方诸水。气味甘、寒、无毒。主治：用以洗眼，可以去雾明目，饮此水，还有安神的作用，亦去小儿烦热。浆水释名：亦名酸浆。粟米煮熟后，放在冷水里，浸五六天，味变酸，面上生白花，取水作药用。但浸至败坏，则水有害。气味甘酸、微温、无毒。主治：上吐下泻（浆水煎干姜饮用），过食腊肉，致筋痛肚闷（浆水煎粥吃，加少量老鹰屎，效果更好），手指肿痛（浆水加盐泡患处，水冷应换热），脸上黑痣（每夜用热的浆水洗脸，再用布揩红，以白檀香磨汁涂擦），骨鲠在咽（慈石经火煅醋淬后，加焙过的陈橘红和多年浆水脚，做成丸子，如芡子大，每次含咽一丸）。浆水还能调中引气，开胃止渴，解烦去睡，调理脏腑，利小便。腊雪释名：取霜法，用鸡毛扫取,装入瓶中,密封保存于阴凉处,虽成水液,历久不坏。气味甘、冷、无毒。本草纲目主治:腊雪用瓶密封贮存,放阴凉处,数十年也不坏。腊雪有益于菜麦,又能杀虫蝗,用以浸五谷种,则耐旱而不生虫,洒家具上,能驱苍蝇,淹藏一切水果和食品,崐可免蛀害。春归有虫,雪水容易腐败,所能不能入药。附方:腊雪能解一切毒。治时气瘟疫、酒后暴热、小儿热狂啼等。亦治黄疸,但服时须稍加热。腊雪洗眼,能退眼红;煎茶煮粥,可以解热止渴;涂抹痱子有效。气味甘、平、无毒。东壁土释名:古旧房屋东边墙上的土,叫东壁土。气味甘、湿、无毒。主治:突然心痛。用陈年东壁土、枯矾各二钱,共研为末,制成蜜丸,艾汤冲服。吐泻烦闷,药物中毒,中乌头毒等。用陈年东壁土煮汁饮下。目中翳膜。用东壁土细末每日点膜上,以泪出为好。脱肛。用皂荚磨粉,和东壁土细末,炒热,装入布袋,趁热熨肛门突出部。痱子痒。用东壁土干粉末扑之。耳疮唇疮。用东壁土和胡粉敷上。瘰疬流水。用老茅屋厨房里土墙上的土,研末,加轻粉调敷,半月可愈。各种恶疮。用东壁土、大黄等分(即一半一半的意思),滴水华水调匀,搽疮上,干了再擦。背痛。用烟熏的东壁土,加黄等分,用蚬壳粉(蚬,一种小螺,生湖沼泥地,通称砚子)加东壁土末涂敷。锻灶灰释名:指煅铁炉中的灰,含有铁的作用。气味辛、苦、微寒、无毒。主治:症瘕结块。苏恭指出:治突然长起来的结块有效。产后阴脱。用紫色锻灶灰,加羊脂,充分和匀,布包好,在火上烘热,熨患处,推纳使上。菊枕《本草纲目》记载用怀菊花做枕,可明目。且对中风、面瘫、破伤风、小孩惊风、恶风湿痹(关节炎)等都有好处。主治:风热头痛。用菊花、石膏、川芎各三钱,共研为末。每服一钱半,茶调下。膝风痛。用菊花、陈艾叶作护膝。病后生翳。用白菊花、蝉蜕,等分为末,每用二三钱,加蜜少许,水煎服。妇女阴肿。用甘菊苗捣烂煎汤,先熏后洗。眼目昏花。用甘菊花一斤、红椒(去目)六两,共研为末。加淅地黄汁和丸子,如梧子大。每服五十丸,临睡时茶送下。人物评价明代著名文学家王世贞《本草纲目·序》:性理之精蕴,格物之通典,帝王之秘籍,臣民之重宝。《四库全书总目提要》称之为《神农本草经》:集本草者无过于此。著名学者黄锦祥说:"万密斋和李时珍都是明代伟大的医学家,他们博学多才各施所能,这种甘于奉献、救死扶伤的精神仍然激励着后人!"英国著名生物学家达尔文称《本草纲目》:中国古代百科全书。英国著名中国科技史专家李约瑟在《中国科学技术史》中写道:16世纪中国有两大天然药物学著作,一是世纪初的《本草品汇精要》,一是世纪末的《本草纲目》,两者都非常伟大。

传奇故事

◆曼陀罗花

有人说,北方有一种药物,名叫曼陀罗花,吃了以后会使人手舞足蹈,严重的还会麻醉。李时珍为了寻找曼陀罗花,离开了家乡,来到北方。终于发现了独茎直上高有四、五尺,叶像茄子叶,花像牵牛花,早开夜合的曼陀罗花,他又为了掌握曼陀罗花的性能,亲自尝试"乃验也"。并记下了"割疮灸火,宜先服此,则不觉苦也"。据现代药理分析,曼陀罗花含有东莨菪碱,对中枢神经有兴奋大脑和延髓作用,对末梢都有对抗或麻痹副交感神经作用。

李时珍在做曼陀罗花毒性试验时,联想到本草书上关于大豆有解百药毒的记载,也进行了多次试验,证实了单独使用大豆是不可能起解毒作用的,如果再加上一味甘草,就有良好的效果,并说:"如此之事,不可不知"。

◆关于仙丹

李时珍出生在明代一个医学世家,祖父、父亲都是医生。他自幼也喜欢医学,长大后当上医生,并钻研医学,成为中国伟大的医学家。

当时,嘉靖皇帝迷信仙道,祈求长生不老。方士看准了皇帝的心意,便大炼不死仙丹,取悦皇帝,因而在全国掀起了一股炼丹热潮,但不少人服用仙丹后中毒死亡。

李时珍知道仙丹多用水银、铅、丹砂、硫黄、锡等炼取,含有毒素,于是大声疾呼:丹药能长寿的说法,绝不可信!

他列举服食丹药后死亡的例子,但有方士反驳说:古代药书上说,水银无毒,服食可以成仙,是一种长生药。

李时珍说:前人遗留下来的知识可以参考,但一定要经过分析,我们不能尽信书上所说的。古书上也说过,食黄金能成神仙,但有谁见过有人成了神仙呢?秦始皇、汉武帝都是吃仙丹望长生,结果还不是死了吗?所谓仙丹的成分,大多是有毒的物质,吃了不但不能长寿,反而会令人中毒死亡呢!

李时珍虽然坚决反对服食仙丹,却以科学的态度应用炼丹的方法。他亲自研制水银来医治疮疖等病,又利用炼金术烧制外用药物,他还把研究的数据记载在《本草纲目》里,对后世影响深远。

◆学医早成

1518 年,李言闻的第二个儿子李时珍出生了。当时,没有一个人会想到这个瘦弱的男孩,日后会成为明代伟大的医药学家、世界文化名人之一。在李家后院,种着好多药草,都是喜欢研究药学的李言闻采来的。李时珍从蹒跚学步之日起,就和这些草木结下了不解之缘。他喜欢看这些花草发芽、开花、结果;喜欢看父亲怎样把它们制成草药为别人治病。随着年龄的增长,他对这些草药的性能日渐了解,越发如痴如醉,整日消磨在庭园之中。当时,医生被豪绅贵族视为"下九流",社会地位十分卑微。李言闻对所受歧视刻骨铭心,自然不愿让聪慧的小儿子重蹈覆辙,而把改换门庭的希望全部寄托在了时珍身上。

李时珍虽酷爱医学,但为了不辜负父亲的厚望,只好把心思暂放在那枯燥乏味的八股文章上。他聪明颖悟,才智过人,14 岁便考中了秀才。李言闻乐得心花怒放,以为这下儿子升腾有望了。谁知事与愿违,从 17 岁起,李时珍接连 3 次乡试都名落孙山。严峻的现实教育了李言闻,使他终于明白了一个道理:不能把自己的意志强加给儿子,强扭的瓜儿不甜啊。从此,李时珍放弃了功名,一心一意当起了郎中。

还在李时珍少年时代,李言闻就常把两个儿子带到自己充当诊所的道观"玄妙观"中,一面行医,一面教子读书,不时让孩子们帮助誊抄一下药方。李时珍耳濡目染,对行医的知识、技能越来越熟,兴致也越来越浓,常常偷空放下八股文章,翻开父亲的医书,读得津津有味。《尔雅》中的《释草》《释木》《释鸟》《释兽》等篇,他都背诵如流。

一天,李言闻应病家之邀,带着长子出诊去了,玄妙观中只剩下李时珍一人。这时,来了两位病人,一个是火眼肿痛,一个是暴泄不止。李时珍思索了半晌,说道:"父亲要到晚上才能回来。要不,我先给你们开个方子,试试看能不能治好。不行的话再找我父亲。"那泻肚子的病人难受极了,迫不及待地说:"好,好,郎中的公子开方子还能有错?"另一个病人也捂着红肿的双眼,连连催促时珍开方。李时珍便果断地开方取药，打发病人走了。李言闻回到家中，发现了小儿子开的药方，心一下子提到了嗓子眼儿，忙问："这是你开的？"时珍小声回答："是的，不知道对不对？"然后，把病人是什么症状，为什么要用这些药，这些药有什么性能等，一股脑儿说了一遍，讲得头头是道。李言闻一边听，一边不住地点头，这才知道，儿子不仅读了不少医书，还能在治病实践中加以运用，对症下药，确实是块当大夫的材料，心中不觉又惊又喜。这时，做兄长的果珍在旁边听着弟弟大谈药性，十分羡慕，暗自下决心定要干件漂亮事，让父亲看看谁的医道高明。

　　事有凑巧，没过几天，又有两个眼痛和痢疾病人前来就诊，而那天正好只有果珍一人在诊所。他一见这两人和弟弟说起过的那两人病情一样，便不假思索，依照弟弟的方子做了处理。不料，第二天一早，这两个病人就找上门来，说服药后病情反而加重，要李言闻看看是怎么回事。果珍在一旁不敢隐瞒，只好如实相告。李言闻一听就连呼"错矣"。果珍还不服气："同样的病，同样的药，为什么弟弟对，我偏错了？"李言闻答道："有的病症看上去差不多，实质却不一样。"接着，把为什么那天时珍要以艾草为主药，而今儿这两个病人却应该以黄连为主药的道理讲了一遍，把个果珍说得心服口服。李言闻总是这样，从医理和病情两方面给孩子们灌输全面的医学知识，使两个儿子都大得裨益。

◆不唯书只唯实

　　李时珍20岁那年，蕲州发生了一场严重的水灾。滔滔洪水如猛兽般冲决了江堤，蕲河两岸的千顷良田顿时化作一片汪洋。乡亲们流离失所，到处是一片哭声。洪水刚过，瘟疫开始蔓延，病魔无情地吞噬着无辜的生命。李时珍目睹惨景，心如刀绞，和父兄一道,没日没夜地救护着病人,不知把多少濒临死亡的人从死神手中抢救了回来。

这天,李时珍正在诊病,突然一帮人闹闹嚷嚷地拉着一个江湖郎中涌进诊所。为首的年轻人愤愤地叫道:"李大夫,你给评评理!我爹吃了这家伙开的药,病没见好,反倒重了。我去找他算账,他硬说药方没错。我们信得过你,你给看看。"说着把给父亲煎药的药罐递了过来:"喏,这就是药渣。"李时珍抓起药渣,一一仔细闻过,又放在嘴里嚼嚼,自言自语道:"这是虎掌啊!"那江湖郎中一听"虎掌",慌忙分辩说:"我绝对没开过这味药!"

"那肯定是药铺弄错了!"年轻人说着,就要往门外冲。李时珍忙拉住他,说道:"别去了,这是古医书上的错误。就以《日华本草》的记载来说,就把漏蓝子和虎掌混为一谈了?""对,我开的是漏蓝子!"江湖郎中急急地插了一句。"是啊,药铺有医书为据,打官司也没用。"众人感叹了一阵,只得把江湖郎中给放了。

不久,又有一位医生为一名精神病人开药,用了一味叫防葵的药,病人服药后很快就死了。还有一个身体虚弱的人,吃了医生开的一味叫黄精的补药,也莫名其妙地送了性命。原来,几种古药书上,都把防葵和狼毒、黄精和钩吻说成是同一药物,而狼毒、钩吻毒性都很大,人吃了怎能不送命呢? 这一桩桩、一件件药物误人的事,在李时珍心中激起巨大的波澜。毫无疑问,古医药书籍蕴含着丰富的知识和宝贵的经验,但也确实存在着一些漏误。若不及早订正,医药界以它们为凭,以讹传讹,轻者会耽误治病,重者要害人性命啊!

深夜,月光如水,烛光摇曳。李时珍和父亲在灯下倾心而谈。听了儿子的一番宏论,李言闻语重心长地说:"你想重修本草的想法不错,可是难啊,这需要大量的人力和财力,恐怕只有朝廷才有这么大的力量。何况,关于本草的书,相当浩繁,你虽然读了一些,可研究得还很不够,远远不能适应修书的要求。还是先在读书上狠下一番功夫吧,你说是不是?"

父亲的话,犹如一盏明灯,照亮了李时珍的心。在以后的10年中,他全身心地沉浸在浩如烟海的医书宝库中,熟读了《黄帝内经》《本草经》《伤寒论》《金匮要略》等古典医籍以及历代名家著述和大量关于花草树木的书籍,单是笔记就装了满满几柜子,为修订本草积累了许多珍贵资料。

◆重修《本草》

1551年,明宗室武昌楚王闻知李时珍医术精湛,聘他到王府主管祭祀礼仪和医务。李时珍本不愿与皇亲国戚交往,但考虑到楚王也许会帮忙,使朝廷答应重修本草,于是就打点行装进了王府。不久,便因治愈楚王世子的暴厥和其他不少人的疑难杂症而名扬朝廷,被举荐担任了太医院的医官。这太医院,是明王朝的中央医疗机构,院中拥有大量外界罕见的珍贵医书资料和药物标本。李时珍在这里大开眼界,一头扎进书堆,夜以继日地研读、摘抄和描绘药物图形,努力吸取着前人提供的医学精髓。与此同时,他多次向院方提出编写新本草的建议。然而,他的建议不仅未被采纳,反而遭到无端的讥讽、挖苦与打击中伤。李时珍很快便明白,这里绝非自己用武之地,要想实现毕生为之奋斗的理想,只有走自己的路。一年后,他毅然告病还乡。

1552年,35岁的李时珍着手按计划重修《本草》。由于准备充分,开头还比较顺利,但写着写着,问题就来了:所谓本草,是古代药物学的代称。它包括花、草、果、木,鸟、兽、鱼、虫和铅、锡、硫、汞等众多植物、动物和矿物药。由于其中绝大多数是植物,可以说是以植物为本,所以人们又将药物直称为"本草"。东汉《神农本草经》成书,到李时珍诞生前的400余年间,历代本草学家都有不少专著问世,但却从未有一部能概括这一时期药物学新进展的总结性著作。李时珍责无旁贷地挑起这副重担,并意识到了它的分量,却仍未料到,药物是那样的多种多样,对它们的性状、习性和生长情形,很难全部心中有数。比如,白花蛇,同竹子、艾叶,本是蕲州的三大特产,可以主治风痹、惊搐、癫癣等疾病,是一味贵生药品。但他从药贩子那儿买来的"白花蛇",有时是另一种蛇冒充的,跟书上描述的大相径庭。那么,真正的白花蛇究竟是什么样的呢?为了解开这个谜,李时珍曾跟着捕蛇人亲自上山,捕捉到一条白花蛇,仔细一看,果然和书上讲的一模一样。

从此,李时珍走出家门,深入山间田野,实地对照,辨认药物。除湖广外,先后到过江西、江苏、安徽、河南等地,足迹遍及大江南北,行程达两万余里。那些种田的、捕鱼的、打柴的、狩猎的、采矿的,无不是他的朋友和老师,为他提供了书本上不曾有过的丰富药物知识。

还有一次,李时珍带着弟子庞宪来到武当山。这武当山,风光绮丽,草木繁茂,古树参天,野花似海,是天然的药物宝库。师徒二人仿佛探宝者发现了钻石矿,一下子被这些花草迷住了。九仙子、朱砂根、千年艾、隔山消。这些名贵药物一一被他们采集下来,制成标本。这天,庞宪劈藤开路,仔细寻觅。突然,他眼睛一亮:曼陀罗花!这是华佗配制麻沸散的名药!李时珍显然也非常兴奋,指点着花儿对庞宪说:"可惜,麻沸散早已失传了。这种花有毒,究竟如何配药,还得重新试验呢。"以后,为弄清曼陀罗花的毒性取得可靠验方,李时珍又冒着生命危险,亲口尝试,证实了它的麻醉作用,并把它同火麻子花配合,制成了手术用的麻醉剂。

李时珍一路考察,一路为父老乡亲们治病,深受人们尊敬与依赖。有位老婆婆,患习惯性便秘达 30 年之久,虽多方治疗,终不见效。李时珍运用从民间学来的偏方,以适量的牵牛子配成药,很快就治好了她的病。还有个妇女鼻腔出血,一昼夜都止不住,怎么治也不见效。李时珍用大蒜切片敷贴患者足心,不大工夫血就不流了。这个方子,也是他从民间采得的。像这样的例子,举不胜举。李时珍深切地感到,这广阔的田野上,处处都是知识的天地,日日都会有新的收获。

◆《本草纲目》问世

李时珍几十年如一日,在医学的道路上艰难跋涉,终于实现了他梦寐以求的理想:1578 年,一部具有划时代意义的药物学巨著——《本草纲目》,终于脱稿了。遗憾的是,李时珍生前并没有亲眼看到自己终身为之呕心沥血的这部巨著印行。1593 年初秋,这位 76 岁高龄的老人告别人世时,《本草纲目》还在南京由书商胡承龙等人主持刻版,直到 3 年后才印出书籍。

这部旷世名著有 190 多万字,每一个字都浸透着李时珍的心血。书中编入药物 1 892 种,其中新增药品374 种,并附有药方11 000 余个,插图 1 100 余幅。其规模之大,超过了过去的任何一部本草学著述。它综合了植物学、动物学、矿物学、化学、天文学、气象学等许多领域的科学知识。它那极为系统而严谨的编排体例、大胆纠正前人漏误的确凿证据以及继承中有发扬的科学态度,都令人赞叹不已。可以毫不夸张地说,它是我国药学史上的重要里程碑。从 17 世纪初开始,《本草纲目》就在医药学界不胫而走,辗转传往世界各地,先后被译成日、德、法、英、俄、拉丁等十几种文字,被公认为"东方医学的巨典"。19世纪著名生物学家达尔文曾评价《本草纲目》,说它是中国古代医学的"百科全书"。

李时珍的一生,成果卓著,功绩彪炳,为祖国的医药事业做出了巨大的贡献。他不仅是中华民族的骄傲,也是公认的世界文化名人。如今,蕲州雨湖南岸的李时珍墓前,有一座用花岗石砌成的墓门,横梁上镌刻着"科学之光"4个大字,这便是华夏子孙对他的最高赞誉。

李时珍在《本草纲目》原序中自述,读古书典籍,就像吃糖啃甘蔗一样,"长耽嗜典籍,若啖蔗饴",《本草纲目》一书就是在这样的情况中,增删考证而著作成功的。当《本草纲目》书著作将成,要贡献朝廷之时,李时珍已经76岁了,也自己预见了将死时期,果然很快地"遽卒"。李时珍在未逝前,写了一个上书表遗给其子建元,命他送与皇帝。

没多久,神宗万历年间,诏修国史,命令中外贡献四方文籍,建元将父亲遗表及本书《本草纲目》献予。天子嘉许,朝廷命礼部誊写,分两京、各省布政刊行,从此"士大夫家有其书"。本草之学从这以后才算是集大成了。李时珍遗书上皇帝的表,大略是说:历代,经久远年代后,许多的药物有同物不同名的,有同名不同物的,有难以辨识的,有些分类不对的,有些药物有毒却和那些无毒的药形态相似,增加采药困难,这都影响治病的效果。还有些历代发现的新药,以前的书中还未记载,于是增补、订正了许多药物。旧籍记载的1 500多种,在《本草纲目》书中,增加374种。分为16部,共52卷。根据药物的"正名"为纲,而"附释"的则为目;再加上以集解、辨疑、正误,详细地将其出产地、药物的气味、主治都记载于书中。著作本书的参考书籍非常多，上自坟典、下至稗记，只要有攸关者，都收掇在书中。虽然称之为医书，实际是将万物以及药物的理讲明了。希望皇帝能"特诏儒臣补注，成昭代之典"，如此，本书便能成为指导医生们使用的很好的参考典籍。李时珍晚年之时，自号"濒湖山人"，著作有《所馆诗》《医案》《脉诀》《五藏图论》《三焦客难》《命门考》《诗话》。因为他的儿子建中当官，所以他被封为"文林郎"。李时珍不只是一位好的医生和本草家，他还是一位修神仙之术的修炼人，每晚都打坐练功，以神仙自命。观顾景星《李时珍传》即知："余儿时闻先生轶事，孝友，饶隐德，晚从余曾大父游，读书以日出入为期，夜即端坐，其以神仙自命，岂偶然与？"时珍在《濒湖脉学》中有一段评述张紫阳八脉经的记载："紫阳八脉经所载经脉，稍与医家之说不同，然'内景隧道'，惟反观者能照察之，其言必不谬也。"正说明了修仙家所观察到的奇经八脉和医生所认知有所不同的秘密，就是反观而照察到的。

另外，作为精通医学和修仙者的他，很重视"奇经八脉"之秘要。所以在他的《奇经八脉考》中，认为医生和修仙者一定要知道"奇经八脉"。他说："医不知此，罔探病机，仙不知此，难安炉鼎。""医而知八脉，则十二经十五络之大旨得矣；仙而知乎八脉，则虎龙升降，玄牝幽微巧妙得矣。"中国医药学是一个伟大的宝库，蕴藏着许多珍贵的科学遗产。我国古代长期积累起来的药物知识，大部分载入历代的本草书籍中。由于本草学中对一些药物的来源、性质、鉴别、制法及配方的叙述，涉及广泛的化学知识，因而本草学成了中国古代及中古时代化学的一个丰富内容和源泉，是我国化学史中辉煌成就的一个侧面。对本草学做出伟大贡献的是卓越的药物学家李时珍。

◆雨湖的传说

李时珍出生那天,他的父亲李言闻正在雨湖上打鱼。平常运气还不错,这一次却连下几网都一无所获,李言闻很丧气。最后一网拉起来感觉沉甸甸的,心中暗喜,以为是条大鱼,原来是一块大石头。李言闻叹道:石头呀石头,我与你无冤无仇,今日为何捉弄我?叫我愁上加愁。石头突然也说话了:石头呀石头,前来贺喜不用愁。先生娘子快落月,不知先生有何求?原来这石头就是雨湖神。李言闻急忙赶回家,正好李时珍生下地,于是给他起名叫"石珍"。当晚李言闻又做了一个梦,梦见仙人铁拐李前来道喜说:"时珍时珍,百病能诊。做我高徒,传我名声。"

◆聪颖善对

李时珍自幼聪颖善对,还没上学就跟着父亲认熟了好多字。刚入学时,私塾先生望着被树木环抱的远山,出了上联:"远声隔林静。"李时珍当时虽然只有八岁,但见朝霞分外明媚,过往旅客早已登程,便脱口对道:"明霞对客飞。"有位药铺主人,膝下有一个女儿,聪慧而美貌,为了给女儿选择一个才华出众的男子结为伴侣,决定用药名作上联征婚:"玉叶金花一条根。"许多求婚者望联兴叹。其中有一位姓马的青年为人忠厚,只是略欠文采,他不得不求李时珍帮忙。李时珍少年助人为乐,脱口对道:"冬虫夏草九重皮。"铺主见马公子比较英俊,又交给他一副上联,限一天对上。这上联是:"水莲花半枝莲见花照水莲。"马公子只得二请李时珍对出下联:"珍珠母一粒珠玉碗捧珍珠。"铺主看后非常高兴,随即再出上联"白头翁牵牛耕熟地",限半天对出。马公子无奈三求李时珍。李时珍为了成全这桩婚事,稍假思索,用"天仙子相思配红娘"作下联。铺主十分满意,当即答应订婚。

◆发现鼓子花

李时珍利用太医院良好的学习环境,不但阅读了大量医书,而且对经史百家、方志类书、稗官野史,也都广泛参考。同时仔细观察了国外进口的以及国内贵重药材,对它们的形态、特性、产地都一一加以记录。过了一年左右,为了修改本草书,借故辞职。在回家的路上,投宿在一个驿站,遇见几个替官府赶车的马夫,围着一个小锅,煮着连根带叶的野草,李时珍上前询问,马夫告诉李时珍,他们赶车人,整年累月地在外奔跑,损伤筋骨是常有之事,如将这药草煮汤喝了,就能舒筋活血。这药草原名叫"鼓子花",又叫"旋花",李时珍将马夫介绍的经验记录了下来:旋花有"益气续筋"之用。

◆验证动物药性

蕲蛇,即蕲州产的白花蛇,这种药有医治风痹、惊搐、癣癞等功用,李时珍早就有研究,但开始只从蛇贩子那里观察。内行人提醒他,那是从江南兴国州(今阳新县)山里捕来的,不是真的蕲蛇。为了找到真正的蕲蛇,他请教一位捕蛇的人,人家告诉他,蕲蛇牙尖有剧毒,人被咬伤,要立即截肢,否则就中毒死亡。在治疗上对诸病有特效,因之非常贵重。州官逼着群众冒着生命危险去捉,以便向皇帝进贡。蕲州那么大,其实只有城北龙峰山上才有真正的蕲蛇。李时珍追根究底,要亲眼观察蕲蛇,于是请捕蛇人带他上了龙峰山上。

龙峰山有个狻猊洞,洞周围怪石嶙峋,灌木丛生,缠绕在灌木上的石南藤。蕲蛇喜欢吃石南藤的花叶,在捕蛇人的帮助下,终于亲眼看见了蕲蛇,并看到了捕蛇、制蛇的全过程。《本草纲目》写到白花蛇时,说得简明准确。

　　鲮鲤,即穿山甲,是常用的中药。陶弘景说它能水陆两栖,白天爬上岩来,张开鳞甲,装出死了的样子,引诱蚂蚁进入甲内,再闭上鳞甲,潜入水中,然后开甲让蚂蚁浮出,再吞食。为了了解陶弘景的说法是否对头,李时珍亲自上山去观察。并在樵夫、猎人的帮助下,捉到了一只穿山甲。从它的胃里剖出了一升左右的蚂蚁,证实穿山甲动物这点,陶弘景是说对了。不过,从观察中,他发现穿山甲食蚁时,是搔开蚁穴,进行舐食,而不是诱蚁入甲,下水吞食,李时珍肯定了陶弘景对的一面,也纠正了其错误之处。

第三十章

明代名医龚廷贤,著作等身传后世

生平小传

　　龚廷贤,明代医家。字子才,号云林、悟真子。金溪(今属江西)人。父龚信,曾任太医院医官。自幼承庭训,随父习医。尝谓:良医济世,功同良相。故勤研《黄帝内经》《难经》及金元诸家学说,久之贯通医理,遂以医鸣。临证遵古而不拘泥,治多奇中,因愈鲁藩元妃之疾,入御医院任太医。著述甚富,著有《济世全书》八卷、《寿世保元》十卷(1615 年)、《万病回春》八卷(1587 年)、《小儿推拿秘旨》三卷(1604 年)、《药性歌括四百味》《药性歌》《种杏仙方》四卷(1581 年)、《鲁府禁方》四卷(1594 年)、《医学入门万病衡要》六卷(1655 年)、《复明眼方外科神验全书》六卷(1591 年)、《云林神彀》四卷(1591 年)等。并为其父续编成《古今医鉴》。另著《痘疹辨疑全幼录》《秘授眼科百效全书》《云林医圣普渡慈航》《医学准绳》等，皆佚。子守国、守宁、侄懋官、门人吴济民，得其传，亦以医名。

龚廷贤受家庭影响，从小爱好医学，虽曾习举子业，屡试不中，转而随父学医，继承祖业，以"良医济世，功同良相"自励。日间从事诊治，余暇攻读医书。既博考历代医书，自《黄帝内经》以下，莫不穷源究委；又善于总结继承家传诊疗实践经验，并虚心向别人学习，博采众家之长，贯通医理。经过长年累月的刻苦钻研及临床实践，至成年后，无论内科、外科、妇科、儿科都已精熟，尤擅长于儿科。

他临床诊治尊古而不拘泥，深明五脏症结之源，决生死多奇中。有一段时间，他在河南黄河流域行医。时值开封一带疫病流行（1586—1588 年），街头巷尾都有病人，症状为头痛身痛，憎寒壮热，头面颈项赤肿，咽喉肿痛，神智昏迷，俗名"大头瘟"。时医只知按古法医治，无效。龚廷贤根据病情，独具匠心，以自己的见解，开上二圣救苦丸（牙皂、大黄）药方，其效甚佳，医好很多垂危病人，名噪中原，被尚书荐为太医院吏目。

主要成就

龚廷贤一生著作颇丰，主要有《万病回春》《种杏仙方》《寿世保元》《鲁府禁方》《济世全书》等八部。

《龚廷肾医学全书》计收明代医林状元——龚廷肾医书 8 种。《种杏仙方》4 卷，其特点为亲验、单味、易得小方，是龚氏平素所集，治症涉及内科、外科、妇科、儿科等科百余种病症。《鲁府禁方》四卷。特点为"鲁府蓄秘"及龚氏"素蕴珍奇"。书中所载大量丸、散、膏、丹、汤剂诸方，治症涉及临床各科百余种病症。书末载有养生保健之多种药酒的配制应用及七情(情志)致病、愈疾、延年之要言良箴。《云林神彀》4卷,儒医特色明显。灵活运用四言、五言、七言歌诀体裁,余述了涉及临床各科150余种病症及奇病证治。书末云林暇笔中的"病家十要"一篇,可谓家庭保健医师之提纲。《寿世保元》为龚氏代表作之二,是中医必轩的临床珍籍。全书10卷,其中的"药性歌括四百味",便于记诵。各论诸篇,介绍伤寒,瘟疫及内科、外科、妇科、儿科各科疾病的证治,并附以验案佐证。内容丰富,资料翔实,所列方药,确有奇效,深受历代业医者喜读乐用。《济世全书》为龚氏晚期总结性临床证著作。全书8卷,是龚氏择其平生所见"奇异古怪之疾、寒暑虚实之证,分门别类",治以"简切精当"之方,"随试辄效"之验录。书末附有养元辟谷、香茶、嫩肤、霜膏沐浴方,可供经济开发利用等。《小儿推拿秘旨》,又称《小儿推拿方脉活婴秘旨全书》,是一部以推拿疗法为主,并载小儿病证方药的儿科专著。全书2卷。《古今医鉴》是龚氏续编其父之作。特点是溯古、证今、参已之验以愈当代之疾的鉴辑。全书16卷,介绍了内科、妇科、儿科、外科、五官科等科百余种病证的脉、症、治、方药。

龚廷贤的父亲龚信,精于医术,明太医院医官,撰有《古今医鉴》16卷。龚廷贤正是受了父亲的影响,爱上医学,后来继承祖业,得父真传,擅治疑难杂症,以"良医济世,功同良相"。

由于天性较高,尽得其父真传,加上博学宏闻,涉及面广,对中医诊断、本草及内科、外科、妇科、儿科和五官科都非常精通。在民间行医多年,经验非常丰富,救人无数,尤其擅长各种疑难杂症。

他临床诊治时遵古而不受拘束,屡屡创造奇迹。他在河南行医时,正值开封黄河决口,疫病流行,街头巷尾到处都是病人,他们的症状都表现为全身疼痛,憎寒壮热,咽喉肿痛,昏迷不醒,时人称之为"大头瘟"。当时,很多医生只知道按照古方医治,收效甚微。龚廷贤仔细诊断病情后,根据实际情况,提出了自己的见解,大胆开方用药,在古方的基础上进行调整,收到了非常好的疗效,在很短的时间内将瘟疫控制住了,一时名噪中原,被河南地方官推荐进入太医院。

鲁王妃患罕见臌胀病,腹大如鼓,肋部刺痛,终日坐卧不宁,危在旦夕。太医多方治疗,均不见效。后命龚廷贤诊治,仔细诊脉后对症开方下药,迅速痊愈。鲁王大喜,以"国手"称之并以千金酬谢。龚廷贤不受,于是鲁王出资将其所著《禁方》一书刊刻。皇帝闻之,特赐"医林状元"匾额一块。此后,王侯大臣接踵,络绎不绝,于是医名日隆,终成为万历年间的一代名医。

龚老对行医有自己的一套理论和办法,他特别重脉诊,看病时首先看患者脉象,认为脉明则病理明。在他的多本著作中,在论述每一病症时,首先明脉象,然后再谈开方下药。龚老认为气为阳,血为阴,夜血昼气,此观点开中医之先河,对临床辨证有非常大的突破和重大的指导意义。

同时,他还非常认可中医的"脾胃论",强调脾胃为人体五脏六腑之主,血气生化之源,认为"补肾不如补脾。"脾胃受损是产生内伤最根本的原因。他认为,脾胃受损的原因主要有 3 个:饮食劳倦、恣味纵欲和饮食自倍。因为饮食与脾胃功能的好坏关系密切,因此,龚氏特别注重饮食养生,主要的养生思想可以概括为"凡以饮食,无论四时,常令温"。也就是说养生最重要的是不吃生冷的东西,一年四季都不要让脾胃受寒。他反对单纯运用补药养生,认为这反而会加速正气衰退。同时,他还提倡要特别注意运动、劳逸、心理等多方面进行养生。

作为一个医生，龚廷贤还特别强调治未病，他提出万病之源为虚，致虚的原因主要是四个：饮食失节，损伤脾胃；劳役过度，耗散元气；思虑过度，损伤心血；房欲过度，耗伤肾水。这四端不管是谁，在生活中都不能全部做好做到位，所以，平时要特别注意补虚。

龚氏活了将近一百岁，这在"人生七十古来稀"的年代，是非常了不起的。龚氏一生著作较多，比较有代表性的著作有《万病回春》《药性歌括四百味》《种杏仙方》《鲁府禁方》《寿世保元》等。其《万病回春》《寿世保元》中的方剂大部分为他所独创，有很多至今在临床各科广泛使用，比如乌鸡白凤丸、高枕无忧散等。

传奇故事

◆治鲁王妃臌胀

万历二十一年，鲁王妃患臌胀病，腹大如鼓，左肋积块刺痛，坐卧不宁，而且伴有咳喘吐痰不止、四肢瘦弱等症。鲁王请宫中多位太医前来治疗都没有效果，于是请龚廷贤诊治。

臌胀是中医四大顽症"风、痨、臌、膈"之一，大致相当于现代的肝癌、肝硬化所致腹水，病情复杂，病重难愈，大多只能带病延年。龚廷贤仔细为鲁王妃诊脉后认为，王妃脾胃元气亏损过度，肾水、心血不足，肺火亢盛，肝火偏旺，病已垂危。他又遍查前医所开处方，大多是用活血化瘀、消食利膈、除胀祛邪的治疗方法。

他认为此病需当以培补正气为主，于是用李东垣《脾胃论》之补中益气汤加减治疗，重用人参、白术以补正气，加黄芩、黄连以降肝肺之火。此方一出，一片哗然，有太医质问龚廷贤："王妃本就腹胀，咳喘不止，大家都不敢用人参，就怕助长邪火加重咳喘，你这方中开了这么多补药，不怕出事吗？"龚廷贤答道："病以脉为主，我观王妃脉象散乱，是正气已虚之像，正可给人参补之。"王妃服药后一夜安稳，鲁王顿时心安。次日，鲁王又找到龚廷贤，问道："现已是冬天，你使黄芩、黄连这样的寒凉药物是何意？"

龚廷贤解释说："王妃肺火亢盛，非黄芩不能清；肝火偏旺，非黄连不能平。所谓舍时而从证也。"什么是"舍时从证"呢？中医讲究"天人相应"，也就是要遵循自然规律，将人体的变化与自然规律相结合。就像感冒，夏季多风热、暑湿，秋冬多风寒、风燥，这都与季节相关。冬季本身气候寒凉，人易患虚寒之证，所以用药大多温补，少用寒凉。而鲁王妃此时肝肺之火盛，虽然处于冬季，却也要用寒凉的药物来清泄火热之邪，不能被季节所限制。龚廷贤又对鲁王说："以补药治胀，初服则胀，久服则通。此正《黄帝内经》塞因塞用也。""塞因塞用"出自《黄帝内经》中的《素问·至真要大论》，即治塞证用塞法。后面的"塞"字为塞法，指补养固涩；前面的"塞"字为塞证，指满胀不通的病证。满胀不通之证本应用疏通之法，以通滞塞，但是这里的塞证是因体质虚弱，脏腑精气衰退而出现的闭塞不同，属于本虚标实之证，当体虚补足之后，闭塞自然而通。鲁王听了龚廷贤的解释，甚为折服。鲁王妃服药至五十剂，各种症状逐渐消失，到一百剂时，所有病痛全都不见，身体逐渐康复。

◆用蝉蜕巧治脱肛

龚廷贤幼习儒业，后承家学，成名后入御医院任太医吏目。龚氏曾游医行于四方。悬壶之处涉及江苏、浙江、河南、河北、山东、北京等地。一日在中州一带行医，地处乡俚，缺医少药。在回程路上遇一妇人背儿疾走求诊。龚医见儿肛已脱，遂问乡俚有蝉蜕（知了）否。围人齐曰屋前后树上有，夜晚齐鸣。入夜乡人捕捉数十只。可惜蝉身上无壳。次晨于树下拾到蝉壳。龚医亲自试用将蝉蜕加热烧黄为粉,点在患部,其效如神,遂记录在案并写入《鲁府禁方》书中传世。考:蝉蜕在《本草经》中品称蚱蝉。治小儿惊,生于杨柳树上。群众叫其"知了"。由于蝉的叫声很别致,因此,不少文人写蝉咏诗,如"过门无马迹,满宅是蝉声"。蝉的应用古今有别。如《太平圣惠方》治小儿风热心悸用的是蚱蝉散。主要是蝉身。明代以来多用蚱蝉羽化后的蝉壳,称谓蝉蜕。龚廷贤用的是蝉蜕。蝉蜕的应用最早以小儿为主,逐渐涉及内、外、妇、肤、耳、目、鼻等科的诸多领域,成为临床各科的常用药。李时珍在《本草纲目》指出:蝉蜕古人用身,后人用蜕,大抵治脏腑经络当用蝉身;治皮肤疮痛、风热当用蝉蜕。一般规律是金秋之际,蝉黄昏出土,寅夜脱壳,捕蝉拣壳,顺手可得。龚廷贤治小儿脱肛,适值金秋,乡俚蝉鸣,唾手可得,蝉到病除。此一趣话焉。

◆首创"乌鸡白凤丸"

提到乌鸡白凤丸,很多人都知道这是补气益血的妇科药,主要是医治妇科,扶正的,却没想到很多人还用来治痛风,也会到药店几盒几盒地买,而且吃了后效果确实不错,血尿酸真的降下来了。这个方子怎么这么神奇呢? 这离不开龚廷贤的功劳。

这个方子起源于明朝,是龚廷贤所著《寿世保元》一书里面提到的乌鸡丸和白凤丸,后来人们把它合成到了一起叫乌鸡白凤丸。

这个龚廷贤可不一般,他是明代著名医学家,他的父亲龚信就精于医术,是明太医官,著有《古今医鉴》16卷。龚廷贤从小耳濡目染,也爱上了医学,于是子承父业,也成为一代良医。龚廷贤对于内科、外科、妇科、儿科、五官科、中医诊断和本草都是非常精通的,当时被称为医之国手。

他在河南行医时,恰遇开封一带瘟病流行,感染者俱都头身疼痛,头颈赤肿,咽喉肿痛,且憎寒难耐,神志不清,民间称此怪病为"大头瘟",很多医生对此都束手无策。但龚廷贤独具匠心,他大胆在古方基础上调整,开出"二圣救苦丸"秘方,在很短时间内就救活了众多染疫者,于是名噪中原,被举荐为太医院吏目。

龚廷贤不仅医术精湛,他的医德也非常高尚,在白天他忙着医治病人,一有闲暇他就遍读医书,对所有诸家全部精研深究,博采众长,总结出自己的一套理论和方法。龚廷贤非常重视脉诊,每遇病例,必先明脉象,然后再辨证开方施药。龚廷贤所述气为阳、血为阴、夜血昼气的观点开了中医的先河,对于临床辨证具有重大的指导意义。

龚廷贤认为脾胃是身体五脏六腑之主,血气生化之源,脾胃受损会导致身体内伤,所以补肾不如补脾。而饮食自倍、饮食劳倦和恣味纵欲是导致脾胃受损的主要 3 个原因。

龚廷贤身为御医,最常接触的就是达官贵人,所以他非常擅长滋补,在他的方子里面有很多滋补的内容,而且滋补的方法也很多。他提出对人体衰老的论断,认为人之所以衰老在于肾阴肾阳虚衰,善于养生的人都是养内的,不善于养生的人才培养外。如果单纯药补,肆意纵欲就会加速衰老。

龚廷贤活了将近 100 岁,他很重视修心养性,强调益寿延年要节欲情理、以全性葆真,他将他的养生思想和方法,包括饮食、心理、劳逸和运动等多方面内容写在了《寿世保元·延年良箴》一书中。可以说龚廷贤之所以能够以 98 岁的高龄寿终,离不开他的养生思想。

在内科上他还首创了"五更泻",在妇科上创制了"加减四物汤",儿科上又编写了第一部以推拿命名的儿科专著,同时还写了

《万病回春》《寿世保元》，其中很多方剂都为原创，并且很多至今还在运用。比如乌鸡白凤丸、高枕无忧散、清上蠲痛汤等。

龚廷贤的医学理论，原创药方和医学著作，即使到了现代也有非常重要的学习和参考价值，有着广泛而深刻的影响。想要养生者可以从中大为受益。

◆创制"固本建阳丹"

在长期的临床实践中，龚廷贤医生创制的名方颇多，如著名的"蟠桃丸"，是明清两朝的宫廷秘方，专供皇戚贵族享用。

今天给各位介绍龚廷贤医生的另一个名方，出自他编著的《万病回春》之第六卷"求嗣"，这个方子的名称叫"固本建阳丹"。龚廷贤医生在书中先介绍了六味地黄丸，认为男子无嗣必用六味地黄丸，紧接着就详细论述了固本建阳丹功效、主治、方药组成、制作方法。指出："凡人无子，多是精血清冷，或禀赋薄弱；间有壮盛者，亦是房劳过甚，以致肾水欠旺，不能直射子宫，故令无子。岂可尽归咎于血之不足与虚寒耶？"认为不育的原因，为先天禀赋不足，或后天房劳过度，导致精血清冷所致。

固本建阳丹的药物组成、用量、制法如下。

菟丝子（酒煮，一两半）浸，去心，二两续断（酒浸）远志（制）蛇床子（炒，去壳。各一两半）加人参（二两）枸杞子（三两）上为细末，炼蜜为丸，如梧桐子大。每服五七十丸，空心盐汤送下，酒亦可。临卧再进一服。若妇人月候已尽，此是种子期也，一日可服三次无妨。如精不固，加龙骨、牡蛎，盐酒淬三五次，各一两二钱，更加鹿茸五钱。这个方子补肾健脾，填精生血，安神定志，特别适用于求子心切者。

在这个方子的后面，龚廷贤医生举了一个验案。

刘小亭公,年40无子嗣,阳事痿弱,精如水冷,求治于予。曰:"君留神调理,倘生子,愿当重极。"

因诊,两寸脉洪、两尺脉沉微无力,此真元衰惫,乃斫丧过度所致也。以固本健阳丹加人参、附子、枸杞子、覆盆子各二两,制一料服尽,觉下月暖如前;又制一料,服至半料而乃止。果孕,生一子,渠甚悦。遂成莫逆焉。后传之于刘柏亭、刘敏庵俱服之,皆生子。

这位刘小亭病人,从诊脉的情况看,属于用手斫丧过度所致的真元衰惫。用固本建阳丹加了3味药,服用上述剂量一服半,太太就有了身孕,十月怀胎生了一子,病人与龚廷贤医生成了莫逆之交。这个方子后来又帮助刘栢亭、刘敏庵两位同族生子,可谓屡试屡效。

◆重养生

龚廷贤,明代著名医学家,被称为"医林状元"。一生著述极丰,其中《小儿推拿秘旨》是我国医学史上最早的一部儿科推拿专著,《万病回春》和《寿世保元》两书流传最广,最令人称奇的是他十分注重养生,活到92岁。

四时顺摄,晨昏护持,可以延年。

三光知敬,雷雨知畏,可以延年。

孝友无间,礼义自闲,可以延年。

谦和辞让,敬人持己,可以延年。

物来顺应,事过心宁,可以延年。

人我两忘,勿竞炎热,可以延年。

口勿妄言,意勿妄想,可以延年。

勿为无益,当慎有损,可以延年。

行住量力,勿为形劳,可以延年。

坐卧顺时,勿令身急,可以延年。

悲哀喜乐,勿令过情,可以延年。

爱憎得失,揆之以义,可以延年。

寒暖适体,勿奢华艳,可以延年。

动止有常,言谈有节,可以延年。

呼吸清和,安神闺房,可以延年。

静习莲宗,礼敬贝训,可以延年。

诗书悦心,山林逸兴,可以延年。

儿孙孝养,僮仆顺承,可以延年。

身心安逸,四大闲散,可以延年。

积有善功,常存阴德,可以延年。

救苦度厄,济困扶危,可以延年。

这些延年经对老年人的生活安排、身体保护、情性调控、道德修养等各个方面进行了规定,只有在这些方面量力而行、合乎规律,有所节制、勿令过当,乐于助人、戒之在得,就一定有益于身心健康,有助于益寿延年。

龚廷贤的养生诗

龚廷贤根据多年从医治病,保健养生的实践,归纳出一套有关"吃喝玩乐"的科学规律,并写成《摄养诗》。

惜气存精更养神,少思寡欲勿劳心。

食唯半饱无兼味,酒止三分莫过频。

每把戏言多取笑,常含乐意莫生嗔。

炎凉变诈都休问,任我逍遥过百春。

他想告诉世人，别轻视"吃喝玩乐"，这4个字是每个人终其一生都在做的大事，"吃喝玩乐"不是人生目的，而是保证生活工作的手段，有节制的同时，只要方法得当，就会身心受益，从而健康一生。

第三十一章

明代名医杨继洲，《针灸大成》著经典

生平小传

　　杨继洲（约1522—1620年），名济时，以字行，明代著名针灸学家。梁家园杨氏第十三世裔孙，浙江三衢（今衢州市衢江区廿里镇六都杨村）人，世代为医，皆任太医院医官。因世居京都，亦称"都门杨氏"。主要作品有《针灸大成》。

　　《针灸大成》的问世，标志着中国古代针灸学已经发展到了相当成熟的地步，后人在论述针灸学时，大多将《针灸大成》作为最重要的参考书，这与该书的学术成就、所处的历史地位以及其对针灸学发展所做出的巨大贡献是分不开的。

　　据《中国医籍考》卷二十二载，杨继洲家学渊源，其祖父杨恩，父亲杨阍都曾任职于太医院，声望很高。杨氏数代业医，家藏秘方、验方与医学典籍极为丰富。杨继洲在家传《针灸玄机秘要》等典籍基础上,结合个人临床实践经验,全面总结明以前针灸学成就,撰成《针灸大成》一书,成为我国针灸学承前启后的经典著作。该书列入《四库全书》存目,被国内外医界尊为针灸经典。本书自1601 年问世以来,至今已有 47 种版本,其翻刻次数之多,声誉之隆,都是罕见的。在国外,也有重大的影响,许多国家的针灸学者把它译成本国文字,把它当作重要的学习和参考资料。至今仍是针灸学界流传最广,影响最大的著作之一。杨继洲另著《病机秘要》,收入《增订四库简明目录标注》"子部医家类"。他研究铸造铜人像,详细刻画穴位,并绘图立论,便于钻研。正是这些开创性的成就,奠定了杨继洲医学史上"针圣"的地位。

杨继洲是我国明代著名的医学家,他博览群书,通各家医说,尤其精通针灸学。他一生行医四十多年。治愈了许多奇症怪病,积累了丰富的经验。他在看病之余,以家传《卫生针灸玄机秘要》一书为基础,参考了历代针灸著作,经过数年的努力,著成《针灸大成》10 卷。于万历八年(1579 年)开始刊刻,至万历二十九年(1601 年)历经 21 年,才刻成问世。

少年时期的杨继洲在祖父的指点下,开始阅读各种医书。每当祖父为病人看病时,他就在一旁认真观看。寒来暑往,经过几年的学习和实践,杨继训已经深通医理,并且能够帮助祖父为病人治病了。渐渐地,他治愈了许多疑难病人,慕名而来的病人络绎不绝。

到明世宗时,杨继洲被选为嘉靖皇帝的侍医。杨继训担任待医以后,不愿意老呆在深宫大院里,他利用一切可以出宫的机会,四处云游,为老百姓看病。嘉靖三十四年,他正在建宁。他的一个好友的母亲浑身关节肿痛,手臂抬不起来,后背发冷,浑身无力。虽然当时是炎热的夏天,但老人却还身着棉衣。她曾多次找医生求治,都认为是虚寒证,治疗后也没有什么效果。好友把杨继洲请到家中为老母治病。杨继洲诊脉后,认为是痰阻经络,便给老人针刺肺俞、曲池、手三里等穴位。当天老人便觉得浑身轻松,手臂也可以慢慢向上抬举了。经过几次治疗,再配合除湿化痰的药,老人的病很快就痊愈了。

杨继洲不仅医术高超,看病范围广,而且看病的方法也多种多样。嘉靖四十一年,吏部尚书许敬房腰部疼痛难忍,经好友推荐找到杨继洲求治。杨继洲诊脉后,认为他是气血不通,便建议用针灸法治疗。可许敬房怕扎针,杨继洲就在病人的肾俞穴运用指针法(即以手指代替银针),又让病人服用行气活血的汤药,没过几日,许敬房的腰痛病就好了。

万历八年(1580年),杨继洲来到扬州,在街上碰到了在京城共同做事的好友,在盛情相遇之下、来到好友家做客。这时他看好友的儿子口斜眼歪,说话含糊不清,口水不断往外流。友人说:我曾带儿子求治于本地的数位名医,已经好几年了,喝下的药恐怕也有好几车了,我本来都没什么指望了,真是家门不幸啊!今天我遇见了您,似乎又看到了一线希望,请求您能给诊治一下。杨继洲仔细察看了那孩子的面容,对友人说:“你儿子的病是由于痰浊痹阻,造成经络不通可以用针灸治疗。”说着,他手拿银针扎到孩子的巨留、台骨和足三里等穴位,经过一段时间的治疗,孩子的病终于好了。杨继洲用针灸法治病,每次都很有成效。许多医生不论路途远近都纷纷向他求教,他总是给予热情的接待。除了向他们介绍自己给病人治病的事例外,还把家传的针灸秘本拿出来,供大家学习和研究。杨继洲手拿银针,针对书中的穴位在自己身上比画着,耐心地向这些医生们传授。经过他的言传身教,培养出了许许多多的好医生。但是杨继洲没有满足,他想使更多的医生学到想学的知识。于是,经过数年的努力,又写成了《针灸大成》。

《针灸大成》是现存针灸书中内容最丰富,也最有参考价值的医书。它不仅对古代医籍有关针灸的原文加上了注解,还注明了出处。为方便后人学习和记忆,还将古代和他本人的临床经验编成了歌诀。《针灸大成》不仅在我国广为流传,在国外还有多种译本,为祖国和世界推广针灸疗法做出了重要贡献。

主要成就

《针灸大成》是我国针灸学的又一次重要总结,也是明以来三百年间流传最广的针灸学著作,是一部蜚声针坛的历史名著。自明万历年间刊行以来,平均不到十年就出现一种版本,该书翻刻次数之多,流传之广,影响之大,声誉之著,实属罕见,故可认为是目前最受欢迎、知名度最高的针灸专著之一。此书被刊行以后,不只受到国内学术界的重视,在国外影响很大,至今已有50种左右的版本,并有日、法、德等多种译本。

该书的主要贡献为:总结了明以前我国针灸的主要学术经验,特别是收载了众多的针灸歌赋;重新考定了穴位的名称和位置,并附以全身图和局部图;阐述了历代针灸的操作手法,加以整理归纳,如"杨氏补泻十二法"等;记载了各种病证的配穴处方和治疗验案。

本书内容丰富,有系统完整的针灸学理论,并有相当丰富的临床经验。杨氏对针灸学造诣精深,理论精辟,能广收百家之长,充实自己的学术研究。他对针刺得气、手法、透针刺、疗程、晕针等具体问题有一定的发挥。

《针灸大成》对于针法、灸法理论是相提并论的。杨氏对于刺法理论的一个最大贡献是将针刺补泻分为大小两类,他认为"刺有大小",一是手法较轻(平和)的"平补""平泻";另一是手法较重的"大补""大泻"。他将针刺补泻进行大、小分类,实质是对刺激量的定性分类,开启了针刺补泻分强弱的先河,对后世,特别是现代有关针刺手法刺激量的研究有较大的影响。

杨继洲撰《针灸专著》又名《针灸大全》,10 卷。刊于万历二十九年(1601 年)。杨氏根据家传《卫生针灸玄机秘要》(简称《玄机秘要》),参考明以前 20 余种针灸学著作,并结合作者针灸临床经验编成此书。本书较全面论述针灸理论、操作手法等,并考定腧穴名称和部位,记述历代名家针灸医案,为对明以前针灸学术的又一总结,是学习研究针灸的重要参考著作。

传奇故事

提起我们中医学,就不得不提到针灸,针灸是中医中的一种疗法,是针法和灸法的合称,是中国特有的一种治疗疾病的手段,也是中医学遗产的一部分,讲究从外治内,让体内阴阳归于平衡,从而达到防病治病的目的。

提到针灸就少不了要提到明代中医、针灸大师杨继洲,因其三针治愈顽疾,而名扬天下,被誉为"针圣"。杨继洲是明朝时期著名的针灸学家。他家世代为医,家学渊源,他的祖父和父亲都在太医院任过职,在当时非常有声望。他是梁家园杨氏第十三世裔孙,继承了家族珍贵医典《针灸玄机秘要》等典籍,后结合个人临床经验,终写成《针灸大成》一书,此书便是我国针灸研究承上启下的经典著作。

　　杨继洲的三针而愈之事是一桩名扬天下的典故。事情源于为明朝巡按御史赵文炳治"痿痹之疾"。赵文炳,为官清正,颇具廉名,不幸患上了"痿痹之疾"。"痿痹"这种病是指因外感或是内伤,使得精血受损,肌肉筋脉失去滋养,从而导致肌肉无力,肢体弛缓,久之造成肌肉萎缩或瘫痪的一种疾病。

　　赵文炳虽经多方治疗,但未见成效,于是 1601 年,已至耄耋之年的杨继洲远涉山西为他诊治,没想到杨继洲到后只用了三针便将其治愈。为了感谢杨继洲的治病之恩,也出于对针灸学术的尊崇,赵文炳于是捐资帮助他编印出版了《针灸大成》。

　　《针灸大成》,又名称《针灸大全》,本书共十卷,杨氏家族祖传针灸技艺始见于此书。这是杨继洲根据世代家传《卫生针灸玄机秘要》,并且参考了明代以前的 20 多部针灸学著作,并且结合杨继洲自身针灸临床经验编著而成的沥血之作。书中比较全面地论述了针灸理论、针灸操作手法等,还考定了腧穴名称和穴位部位,详细记述了历代各家的针灸医案,既对明以前的针灸学术进行了又一次的总结,又是学习研究针灸学术的重要参考书籍。

　　杨继洲针灸主要是通过师承式、私塾式和《针灸大成》为基础方式传承的。而《针灸大成》则成为我国流传最广的针灸学著作,可以说蜚声针灸学界。

　　400 多年间,不同版本的《针灸大成》流传医学界,平均不到十年就会出现一种新版本,此书翻印次数之多,影响面之大,流传范围之广,声誉之显赫,实属古今罕见。

　　《针灸大成》可以说是目前最受欢迎,也是知名度最高的针灸专著之一。《针灸大成》不仅享誉国内,而且在国外影响也很大,到现今为止该书已有五十种左右的版本,还被翻译成日、法、德等多国语言编译出版。

十要穴口诀如下。

三里内关穴,胸腹中妙决。

曲池与合谷,头面病可彻。

腰背痛相连,殷门昆仑穴。

头项如有病,后溪并风池。

环跳与阳陵,膝前兼胸肋。

三百六十穴,不外十要穴。

缓解膝关节疼痛,指压穴位的治疗口诀如下。

膝盖发凉找昆仑;膝痛中渚要常揉。

再加胆经膝阳关;手三里处病不留。

跪膝引血下行法;膝病肘治解忧愁。

“急性扭伤寻梁丘”就是指如果发生突然性的扭伤可马上点按"梁丘"穴(膝盖骨上方贴近股骨边缘敏感之处),它是胃经的"郄穴"。郄穴的特点是善于调治各种急性病,能最快的调节胃经气血的有余与不足状态,对急性腿痛、脚痛、膝盖痛有手到病除之效。

对于陈旧性的膝盖疼痛,口诀中说的"膝痛中渚要常揉"就是让您"下病上治"多按"中渚"穴(掌心向下,中渚穴位于手背部位,小指与环指根间下二厘米手背凹陷出,用力按压,会有力量脱落的感觉),它是三焦经的"俞穴",也是止痛的要穴。

"再加胆经膝阳关;手三里处病不留",就是让您多揉揉大腿胆经上的"膝阳关"穴(膝外侧,当股骨外侧上方的凹陷处)。它是膝关节气血下行的必经之地,常按摩此穴对缓解疼痛有很好的作用。另外,还要着重按摩"手三里"穴(曲池穴下两寸处),不仅能治疗肘关节疼痛还对膝关节疼痛有特效,这就是"下病上治,膝病肘治"的治疗方法。

膝盖出现充血肿胀或肿痛无力、酸胀、关节积液,活动下蹲困难,功能受限等现象,有可能是"滑膜炎"。"滑膜炎"主要是微循环不通阻碍"关节积水犊鼻求"说的就是"犊鼻穴",也叫"膝眼"穴。"膝眼"位于将膝盖折成直角时,在它的下面凹处。指压时用双手中指,一面缓缓吐气一面强压 6 秒,如此左右各做 10 次,每天做 3 回。则关节疼痛在不知不觉间就可去除。

第三十二章

明代名医张景岳,温补学派代表人

生平小传

张景岳(1563—1640 年),本名介宾,字会卿,号景岳,别号通一子,因善用熟地黄,人称"张熟地",浙江绍兴府山阴(今浙江绍兴)人。明代杰出医学家,温补学派的代表人物,也是实际的创始者。

幼随其父游京城,十四岁时从京华名医金英学医,尽得其传。中年从军,曾到过燕、冀、鲁等地,后回乡致力于医学。于医之外,亦旁通象数、星纬、堪舆、律吕等学。

张景岳积 30 年辛劳研究《素问》《灵枢》,终于撰成《类经》。《类经》以类分门,详加注释,条理井然,便于寻览。在医学理论方面,张景岳根据《黄帝内经》"阴平阳秘,精神乃治",提出"阳非有余"及"真阴不足""人体虚多实少"等理论,主张补益真阴元阳,慎用寒凉和攻伐方药,在临证上常用温补方剂,被称为"温补学派"。时人称他为"医术中杰士""仲景以后,千古一人"。著有《类经》、《类经图翼》、《类经附翼》、《景岳全书》(含《新方八阵》)、《质疑录》等中医学经典著作,其学术思想对后世影响很大。

张景岳生于嘉靖四十二年,自幼聪颖,因祖上以军功起家世袭绍兴卫指挥使,"食禄千户",家境富裕。从小喜爱读书,泛接触诸子百家和经典著作。其父张寿峰是定西侯门客,素晓医理。幼时即从父学医,有机会学习《黄帝内经》。

13岁时随父到北京,从师京畿名医金英学习。青年时广游于豪门,结交贵族。当时上层社会盛行理学和道家思想。张景岳闲余博览群书,思想多受其影响,通晓易理、天文、道学、音律、兵法之学,对医学领悟尤多。景岳性格豪放,可能受先祖以军功立世的激励,壮岁从戎,参军幕府,游历北方,足迹及于榆关(今山海关)、凤城(今辽宁凤城市)和鸭绿江之南。当时北京异族兴起,辽西局势已不可为。数年戎马生涯无所成就,使功名壮志"消磨殆尽",而亲老家贫终使景岳尽弃功利之心,解甲归隐,潜心于医道,医技大进,名噪一时,被人们奉为"(张)仲景(李)东垣再生"。

57岁时返回南方,专心从事于临床诊疗,著书立说。

景岳早年推崇丹溪之学。朱丹溪处于《局方》盛行的时代,医者每多滥用辛热燥烈药物而致伤阴劫液,故朱氏以"阳有余阴不足"立论。

崇祯十三年(1640年)去世,终年78岁。

主要成就

张景岳晚年集自己的学术思想、临床各科方药针灸之大成,辑成《景岳全书》64卷。成书于其卒年1640年。"《景岳全书》者,博采前人之精义,考验心得之玄微。"

《景岳全书·传忠禄》辑有景岳主要医学理论、医评、问诊和诊断、治疗原则等论文 30 余篇,多有温补学说的论述。《全书·脉神章》录有历代脉学,其中诊脉之法和脉象主病多有结合临证经验的评论。次为《全书·伤寒典》,补充"《黄帝内经》伤寒诸义并诸治法之未备",论述伤寒病的证治。

《景岳全书·杂证谟》列诸内科杂证的病因病机、治理方药和部分医评,并辅有部分医案,论述系统、精彩。

《景岳全书·妇人规》:论述九类妇科疾患,并指出妇科证多有情志病因,尤要注重四诊合参。

《景岳全书·小儿则》:更述儿科诸病并治,在总论中提小儿"脏气清灵,随拨随应"的生理特点,很有见地。《全书·痘疹铨》《全书·外科钤》各有论病及证治。

《景岳全书·本草正》介绍药物 292 种,每味详解气味性用,很多为自己的临症用药体会,颇有价值。

《景岳全书·新方八阵》《全书·古方八阵》,景岳善兵法,在此借用药如用兵之义,以方药列八阵为"补、和、攻、散、寒、热、固、因"。《全书·新方八阵》中所列方颇具创新。《全书·古方八阵》辑方经典。共录新方 186 方,古方 1 533 方,其后的妇人、小儿、痘疹、外科古方收妇科 186 方,儿科 199 方,痘疹 173 方,外科 374 方及砭法、灸法 12 种。

张景岳早年推崇丹溪之学。朱丹溪处于《局方》盛行的时代,医者每多滥用辛热燥烈药物而致伤阴劫液,故朱氏以"阳有余阴不足"立论。明代医学界河间、丹溪的火热论相火论占统治地位,更有时医偏执一说,保守成方,不善吸取精华,反而滥用寒凉,多致滋腻伤脾苦寒败胃,成为医学界的时弊。景岳在多年丰富临床实践中,逐渐摈弃朱氏学说,私淑温补学派前辈人物薛己(1486—1558年)。薛己身为明太医院使,主要为皇室王公等贵族诊病,病机多见虚损,故喜用补。景岳出身贵族,交游亦多豪门大贾,故法从薛氏,力主温补。特别针对朱丹溪之"阳有余阴不足"创立"阳非有余,真阴不足"的学说,创制了许多著名的补肾方剂。

张氏学说的产生,出于时代纠偏补弊的需要,对后世产生了较大影响。因其用药偏于温补,世称王道,其流弊使庸医借以藏拙,产生滥用温补的偏向。

张景岳善辨八纲,探病求源,擅长温补,并在其医学著述和医疗实践中充分反映。治疗虚损颇为独到。反对苦寒滋阴,很好地纠正了寒凉时弊。他的阴阳学说、命门学说对丰富和发展中医基础理论有着积极的作用和影响。

张景岳中年以后著书立说,著作首推《类经》,它是对《黄帝内经》进行全面、系统的一次分类编述和注释。其编撰"凡历岁者三旬,易稿者数四,方就其业。"成书于天启四年(1624年)。张景岳对《黄帝内经》研习近30年,认为《黄帝内经》是医学至高经典,学医者必应学习。但《黄帝内经》"经文奥衍,研阅诚难",确有注释的必要。

《黄帝内经》自唐代以来注述甚丰,王冰注《黄帝内经素问注》为最有影响的大家,但王氏未注《灵枢》,而各家注本颇多阐发未尽之处。《素问》《灵枢》两卷经文互有阐发之处,为求其便,"不容不类"。故景岳"遍索两经","尽易旧制",从门类分,"然后合二为一,命曰《类经》。类之者,以《灵枢》启《素问》之微,《素问》发《灵枢》之秘,相为表里,通其义也。"

《类经》分经文为十二类、若干节,根据相同的内容,拟定标题,题下分别纳入两经原文后详加注释,并指出王冰以来注释《黄帝内经》的各家不足之处,条理井然,便于查阅,其注颇多阐发。

景岳思路开阔,对《黄帝内经》精研深刻,各家著作浏览甚广。《类经》集前人注家的精要,加以自己的见解,敢于破前人之说,理论上有创见,注释上有新鲜,编次上有特色,是学习《黄帝内经》重要的参考书。

同年,景岳再编《类经图翼》和《类经附翼》,对《类经》一书中意义较深言不尽意之处,加图详解,再附翼说。

《类经图翼》十一卷,对运气、阴阳五行、经络经穴、针灸操作等作图解说,讨论系统。

《类经附翼》四卷,为探讨易理、古代音律与医理的关系,也有阐述其温补的学术思想之作,如《附翼·大宝论》《附翼·真阴论》等重要论文,也有部分针灸歌赋。

《景岳全书》内容丰富,囊括理论、本草、成方、临床各科疾病,是一部全面而系统的临床参考书。张景岳才学博洽,文采好,善雄辩,文章气势宏阔,议论纵横,多方引证,演绎推理,逻辑性强,故《景岳全书》得以广为流传。后世叶天士亦多承他的理论和方法。

《景岳全书》中,颇有意思的是其中的《新方八略》《新方八阵》《古方八阵》。张景岳引兵论医,仿兵法八阵,把治病愈疾之法分为补、和、攻、散、寒、热、固、因八阵,取用药如用兵之意。

清道光八年(1828 年)章楠《医门棒喝》初集成,论《全书》云:"或曰尝见诵景岳者,其门如市",则自顺治中叶至 1828 年的近 200 年间,几为医所必读,可见景岳的温补理论之影响深远,《全书》之流传广泛。

《质疑录》，共 45 论，为张氏晚年著作。内容系针对金元各家学说进行探讨，并对早期发表的论述有所修正和补充。

张景岳的重要著作《类经》是学习《黄帝内经》的较好参考书；《景岳全书》各科齐全，叙述条理，是一部很有价值的临床参考书；清代有人记载，景岳晚年，还重订了卓见的《伤寒论》，可惜，未能成书，手稿亦不知去向，为中医学宝库的重大损失。张景岳的学术成就无疑是巨大的，他对中国医学的发展做出了杰出的贡献。

在整个中医理论发展史中，张景岳的医学思想体系具有重要地位，代表着中医理论的新的发展阶段。他的以温补为主的思想体系在理论和实践上都对中医基础理论的进步和完善起到了巨大的推动作用。他进一步完善了气一元论，补充并发展了阳不足论，并形成了独具特色的水火命门说，对后世养生思想的发展也产生了积极的影响。张景岳医学思想体系的发展与宋明理学思想有着密不可分的关系，理学思想是中国思想文化形态中最具哲学性的思想体系，集儒释道三家于一身的理学构建了新的以"太极"为核心、理气相随的哲学形态，吸收了当时高度发达的自然科学成果，被誉为中国本土的有机自然主义萌芽。张景岳的医学思想深深植根于理学思想之上，运用理学家的观念对《黄帝内经》作了全新的诠释，著有《类经》等书，并成为后世医家学习和研究《黄帝内经》的范本。

用药特色如下。

1. 精专简练

张景岳处方用药，讲求"精专"二字，从不鱼目混珠，庞杂为用。这一特点在新方八阵中体现得最为明了，淋漓尽致。

张景岳认为:"施治之要,必须精一不杂,斯为至善。"故其首先大力提倡药力专一。他的自创诸方,药力均纯厚精专。如"补阵"中的左归饮、右归饮、左归丸、右归丸,皆由古方变通而得。此四方均去原方之泻,增培本之补,使其纯补而不杂,药专而有力。集中体现了张景岳"与其制补以消,熟若少用纯补"及"若用治不精,则补不可以治虚,攻不可以去邪"的用药思想。

其次,张景岳还力倡处方用药药味宜精。药杂味多,则药力必不能专。故药味精简,是景岳处方用药的又一大明显特色。据统计新方八阵计186方,每方药物超过10味的仅见13方,约占总方的7%;用药数以6~8味居多,共88方,约占47%;而5味药以下者共有58方,约占31%。平均用药,每方约6味。由此可见,景岳用药确如其言,药力精专,简便兼验。

2. 活用古方

景岳的许多自创新方(如左归丸、右归丸、济川煎、玉女煎、两仪膏等),乃在推陈出新基础上别出新途,活用古方并补前人之未备而成。景岳化裁古方妙在不落古人窠臼,而能自出新意。以古方为基础,执古方"意贵圆通"之意,创立了很多新方,临床试用,效果甚显。

如六味地黄丸本为补肝滋肾养阴之通剂,景岳以此为基础,举一反三,衍化出5首类方。大补元煎即六味地黄丸中增入人参、当归,即变滋阴养肾之方为大补气血之剂;左归饮即六味地黄丸加枸杞子、甘草,改治肾阴不足,腰酸遗泄,舌红脉细;右归饮即六味地黄丸加杜仲、附子、肉桂、枸杞子,用治肾阳不足,命门火衰,气怯神疲,肢冷脉细;左归丸即六味地黄丸加菟丝子、牛膝、龟板胶等而成滋补肾阴,填精益髓之剂;右归丸即六味地黄丸加附子、肉桂、当归等而成温补肾阳,用治命门火衰之方。

以上衍化新方均不离治肾培元之宗旨,以此为基础,或兼以温补气血,或兼以培补肾阳,或兼以滋肾养阴,或兼以填精补血。由此可见,景岳对六味地黄丸的加减化裁,临证应用已达到运用自如之境地。至于对其他古方的变通应用,借此六味地黄丸一例,已可"管中窥豹,略见一斑"了。

3.长于温补

景岳十分重视人体正虚为病,基于"阳非有余,阴亦不足"之说,大倡扶正补虚之理。景岳用补,先以形体为主,注重温补精血。他在"八阵"中讲到:"凡欲治病者必以形体为主,欲治形者必以精血为先,此实医家大门路也。"景岳所言形者即阴之谓也,故又有"形以阴言,实惟精血二字足以尽之"的论述。

试观新方八阵,景岳常用的补精血药物有熟地黄、当归、枸杞子等味。其中则以熟地黄为首选之品。景岳曾云:"形体之本在精血,熟地至静之性,以至甘至厚之味,实精血形成中第一纯厚之药。"新方八阵用熟地黄者计 47 方,占总方之 25% 左右。而补阵 29 方,用熟地黄者 21 方,约占 72% 。

景岳用熟地黄填补精血,所治病患极广,诸如外感表证、呕吐、水气、肿胀等,此均为历代医家用熟地黄有所避忌者。景岳则不拘常法,信手拈来,屡收奇效。

景岳用补的另一特色即是补必兼温。景岳曾云:"虚实之治,大抵实能受寒,虚能受热,所以补必兼温,泻必兼凉。"故于临证之际,凡扶正补虚者,景岳多以温补为主旨,其善以附子、肉桂、干姜、人参等药为温补之用,而其变化出入使用上,诸药在新方八阵中则比比皆是。

景岳长于温补,于当时,实乃救误应时之所为。景岳曾说,自金元以来,河间刘守真创"诸病皆属于火"之论,丹溪朱震亨立"阳有余而阴不足"之说,后人据守此说,不论虚实,寒凉攻伐,此均为力救其偏之治。他认为"凉为秋气,阴主杀也,万物逢之,便无生长,欲补元气,故非所宜。凉且不利于外,寒者益可知矣。"并宗《黄帝内经》"形不足者,温之以气;精不足者,补之以味"之论,力倡温补而终成一家之言。

张景岳是明代杰出的医学家,温补学派的代表人物,其医学思想体系在我国中医史上占有重要地位,代表着我国中医学理论的发展进入到一个新阶段。他以温补为主的思想体系在理论和实践上,对中医基础理论的发展和完善都起了巨大的推动作用,对后世医家如叶天士等都有很大影响。他被称为"医术中杰士""仲景以后,千古一人"。他的儒释道三家于一身,以温补为主的理学医家思想新理论,吸收了当时高度发达的自然科学成果,被视为中国本土有机自然主义的萌芽,对我国中医学的发展做出了不可磨灭的贡献。

张景岳是中国历史上一位极具创新精神的杰出医学家。无论是对绍兴地区的医学还是整个中医史,都是一个无法绕开的话题,也是一个无法逾越的高峰。张景岳写就的《景岳全书》,论其整体性、全面性、辨证性,至今无人能超越。

在浙江省绍兴市中医院的草坪上,有三尊雕像,其中之一便是张景岳,他端坐凝思,提笔写方。而在绍兴市越城区中兴南路和柯桥区104国道旁,还有两个以张景岳姓名命名的"景岳堂国药馆"。

传奇故事

◆善治消渴病

张景岳医师治愈的病人不计数，下面讲的是他治愈一名消渴病人的故事。

消渴病，如今称之为糖尿病，这种令许多人伤脑筋的病，不是今天才有，而是在古代就有，张景岳医师就曾经收治过不少消渴病病人。他的著作中，也有关于消渴病的论述和医案，为周先生治愈消渴病便是医案之一。

当时，在某地担任公差、年仅40多岁的周先生，因长年处理公事文书，公务繁忙，身体活动得少，经常废寝忘食地工作，即使这样，有时还要受上司的责怪。为了保护饭碗，他往往处于恐惧和紧张之中，人也一天天地瘦下去了，一天，他终于病倒了，不得不去找张景岳医师治病。

张医师给他诊脉后，觉得他的病情有点严重，就问他爱喝水吗？他说不觉得口渴，所以不喜欢喝茶水，只是有时少量地喝一点，从未多喝过。"那您晚上小便起床的次数多吗？""可多了，每晚排尿大概二三升，我又没喝多少水，不知为什么有那么多排的，而且排出的尿很浓，有一半就像膏液一样混浊。"听到这里，张医师再仔细瞧瞧周先生，已经瘦骨伶仃、弱不禁风的样子了，心想："他为啥没喝多少水，夜间又要排那么多混浊尿液？这就是消渴病的一种啊！等到身上的水分全部排干，那不就完了。已经到了这个地步才来瞧病，迟了啊！难治啊！可眼前又是一个活生生的人，不尽力救治，我还算一个医生吗？"

这下使张医师非常为难，情不自禁地又要周先生伸出手来，再把一次脉，希望能从脉象中寻找一丝生机。此时，二人都不出声,连空气都有点紧张。忽然张医师严肃的脸庞上露出了一点笑意:脉搏好像带缓,这就说明他的胃气尚存,此人还有救! 当即安慰周先生道:"您别忧郁过度,您的病只要耐下心来治疗,就有治好的那一天。我来给您开处方吧,用归脾汤去木香,再加上大补元煎里的一些药,由蜜炙黄芪、酒洗当归、龙眼肉、炒酸枣仁、土炒白术、人参、茯神、去心远志、炙甘草、熟地黄、炒山药、杜仲、萸肉、枸杞子、生姜、大枣,共十六味药组成,一方面养阳,另一方面又养阴,只要不停地煎服,每天一剂,大约一年之后见效果吧。"

"要服药一年呀?"

"周先生,您的病已经很重了,为了能恢复健康,坚持吃药吧!"

"啊,是,是!"周先生显然已经听出了张医师说话的严肃性,心想,为了活命,管它药便宜也好,贵也好,苦也好,甜也好,都得服下去。

这样,周先生处理公务的桌子上,每天都有他夫人按时送来的一杯温热药汤。夫人热心给他煎药,他也坚持不懈地喝药,一直没有间断,一点薪水,支付药费就去了一半。寒来暑往,周先生一天天感觉到精神好多了,脸上也逐渐丰满了一些。服药满一年的时候,经张医师再次诊断,他的病果然痊愈了,仔细一算,一共吃了350多剂药,仅人参一味就合计用了20多斤!

后来张医师对他说:"为了治您这个病,确实让我思索了一番。消渴症,分为上消、中消、下消,您的病既有上消也有下消,叫做神消于上、精消于下之症,所以我只好将医治上消和下消的两个处方合起来给您用上,果然奏效,您今后可得注意饮食和休息啊!"

"张先生用药如神,多谢多谢!"周先生万分感激。

◆磁石朴硝救男童

小孩天生好奇,凡是做了父母的人都知道,半岁之后的小孩最爱乱抓乱动，抓到手的东西能吃、不能吃都会往嘴里塞，如果塞进了危险物品不能及时发现，咽下去就麻烦了。现今出现这种病况倒是可以送到医院做 X 射线检查后动手术取出，而在几百年前就没有这样的条件了，除非遇到有经验的医生采用独特的方式，使用恰当的药物也许能化险为夷，否则只能听天由命了。

今天讲的是明朝时候，有一个名叫王甫的小孩，才一周岁时误吞了一颗蘑菇状的大头鞋钉之后，及时得到名医张景岳施救的故事。

那个时候胶鞋还没有问世，人们雨天外出办事，脚上往往穿着一种底板钉有两排铁钉，名叫木屐的钉鞋。钉在这种鞋底板上的铁钉呈蘑菇状，或者是伞状，其直径约一厘米左右，钉在鞋底上，在泥泞的道路上行走才能防滑。时间一长，它往往会松动鞋落，只得重新更换。更换下来的铁钉往往磨得光滑还带着一只铁尾巴，比我们今天使用的大头钉大得多，小孩见了稀奇，必定要拿着玩。刚刚学会走路的小王甫当时就是在屋角里拾到了一颗这样的铁钉拿在手中玩耍，他妈妈看见之后立即赶过去想夺取过来，可小王甫却将铁钉塞到了嘴里，很快就卡在咽喉间。他的爸爸妈妈一起用的指掏他的咽喉，却怎么也掏不出来，好在张景岳的诊所离他们家不远，小王甫的爸爸跑得气喘吁吁地前往求救。

当张景岳医师来到王家时，看到女主人正倒提着儿子的双脚，试图使铁钉从儿子嘴里滑出，弄得小王甫嘴里、鼻孔里都是血，非常危险。张医师立即制止说："这样倒悬小孩，岂不伤他性命吗？"叫地赶快将小王甫抱正。张医师从哭声中断定，此时铁钉早已被小王甫咽下，已经不在咽喉处了。男主人焦急地说："才一周岁的小孩，脏腑非常娇嫩，怎样经受得起那样大一颗铁钉的折磨啊!"但他又明白,此时责怪妻子也是枉然的,全部希望就寄托在张医师身上了,因而不停地请求张医师一定要想办法救救他的儿子。

张景岳医师虽然从医多年,可从来没治过这样的病啊!这下可真遇到了难题。作为一名医生,而且是受人尊敬的名医,总不能撒手不管小王甫,应该想来个好法子来解决。于是他一边安慰王氏夫妇别着急,一边说回家取药离开王家。他边走边思考该如何让小王甫将铁钉呕出,或者从肛门拉出。可直到进了自己的家门也没想出个好办法来,便顺手从书架上取下《本草》。刚翻了几页,就发现了这样一句话:"铁畏朴硝",便高兴地一拍大腿:"有了!"马上从药柜上取下活磁石一钱,朴硝二钱,一起研成细末,装在碗里,加入熟猪油和蜂蜜一起调匀,当即让王氏夫妇拿去喂给小王甫吃了。加了蜂蜜的药,好甜好甜,一会儿就被小王甫吃得精光。

张医师一直等待着小王甫吃药之后有什么效果。到了半夜三更的时候,王家来人说小王甫拉大便了,拉出来一个像芋头子儿样的光溜溜的东西来。张医师立即前往,将那东西剖开一看,里而包着的果然是一颗钉鞋用的蘑菇钉!王氏夫妇此时对张医师感激不尽,表示要给他重谢。张医师则说:"先不要讲谢我的话,只希望当家长的都要照看好自己的小孩,再也不要发生类似的危险事儿了。"

过了些日子,这事就四处传开了。有人便向张景岳医师问起此事用药的医理,张医师毫不隐讳地说:"这关键在于朴硝和磁石的相互作用。没有磁石,朴硝就不能很好地附在铁钉上;没有朴硝,磁石就不能逐出铁钉。而猪油则增加了润滑度,使裹着朴硝和磁石的铁钉能比较顺利地通过肠道排出体外。至于蜂蜜嘛,也可以起润滑作用,但主要的还是能够让小孩子尽快吃下药物,此法果然有效。"

◆精通易学,事皆先知

后人多知张景岳医术精湛,而其具有"精通易学,事皆先知"的神奇本领,并不为人熟知。

在张景岳八十三岁的时候,秋季的一天,他突然对家人说:"我就要死了,抓紧准备丧事所用的物品吧!"后来出现了连绵的阴雨天,他又对家人说:"阴雨天道路泥泞,如果这时办丧事,难免让人为难,那就向后推迟十天,也未尝不可。"

到了去世那天,他宴请自己的亲朋好友齐聚一堂,在酒席间还给大家讲述《周易》里的玄妙事情。

就在月色最明的时候,张景岳就对大家说:"我现在可以走了。"就起身给大家拱手道别,然后到床上禅坐,不一会,脸带笑容就过世了,去世以后,屋里充满了奇异的香味。

在古代有很多有道之士能预知死期,但如张景岳这般在谈笑间来去自如的却不多见。张景岳能在中医术上有很高的造诣,应该是与其所具有的一些神奇本领有关,现代的中医之所以难同古代的中医相提并论,估计就是对古代中医的一些神奇部分讳莫如深的缘故吧!

◆弃军从医

被誉为仲景再生的张景岳,生于明嘉靖四十二年,其一生经历坎坷,极具传奇色彩。纵观古代的中医名家,大多是一生从医,举几十年之力终有所成,为后世所景仰。而张景岳虽最终成为一代医学名家,其温补流派的学术对后世产生深远影响,但是谁都不曾想到,张景岳还曾经历过一段难忘的戎马生涯。

其实,张景岳的原生家庭本是军旅世家,其祖上军功赫赫,直到他父亲这一代还是食禄千户的待遇,家境的富裕是可想而知的。在这种家境当中成长的孩子,自身从小要熟读四书五经的,而张景岳与其他的孩子不同,他对于《黄帝内经》的兴趣明显要高于四书五经,这也是源于他的父亲通晓医理,从小受此次熏陶所致。见张景岳有志于医学,在举家搬迁到北京之后,其父张寿峰便通过关系让他拜在名医金英的门下学习。

在师从金英的多年时间里,除了钻研于医学之外,张景岳同时也博览群书,在天文、兵法以及音律等方面也有了一定的造诣。不过,由于其军旅世家的特殊背景,在壮年时深受军功立世思想的影响,决定参军从戎,征战沙场,足迹遍布于当时的北方大部,只不过当时清朝势头正起,而明朝的气数将尽,致使张景岳的戎马生涯草草结束,在雄心壮志殆尽解甲之后,才决定潜心钻研医学,以此来解百姓之疾苦。

要想让自己的医术有所长进,熟读《黄帝内经》是很多医者的必经之路,而张景岳从小就对内经有着一定的研究。在经过了数年的戎马生涯之后,张景岳以另外一种心境重新对这本医学基础著作重新研习起来,而在这个过程当中,对于书中颇有心得和所感之处,他都会用心地记录下来,做成读书笔记,慢慢地发现书中的内容甚至完全可以用字字珠玑来形容,于是他就按照自己的理解将书中的内容进行分类。

张景岳结合多年来的理论与实践相结合,逐渐地将这些内容进行统筹和编著,最终凝聚成一本近八十万字的书作,这本名为《类经》的书作甚至成为清朝太医院对于太医考核的考试题库。而这本书作从立意到最后的出版,其实中间也经历和不少曲折的,在当时那个年代里,对于著书立作的要求其实还比较严格的,而张景岳尚未名声大噪之前,对于自己在著书立作这方面还是缺乏一定自信的,后来在与几位好友经历了多番实际论证之后,在老友的帮助下才让这本书作问世,为后来的医学发展还是贡献了不小的力量的。

◆温补理论得到认可

在张景岳的身上,为世人所熟知的标签就是温补派的代表人物,在这方面也确实是有所建树。比如用温阳药物巧治战友所中的蘑菇之毒,就被人们所津津乐道,也成为一段美谈。张景岳从军时的战友吴参军,一日因吃了蘑菇而引发多种不适症状,家人请来附近的三位名医都没有治愈,反而病情日益加重,人也快速地消瘦下来。

后来吴参军的家人辗转找到了张景岳,他问诊之后开了两剂补气温阳的药方,略懂药性与药理的吴参军一看便表示了反对,于是与张景岳争辩起来,但最终出于死马当作活马医的心态妥协了,结果服下了两剂药便有了明显好转。见此情况,为了降低蘑菇中毒对肾脏的损害,张景岳又将熟地黄加入了药方当中,很快就让吴参军彻底康复了,这也让张景岳的温补理论得到了更多人的认可与重视,成为温补学派的代表性人物。张景岳处于内忧外患的年代,在不能戎马沙场实现报国之宏图之后,果断的弃军从医,发愤图强,最终在医学领域取得了巨大成功。解除了无数黎民百姓病痛的同时,又何尝不是另一种形式的报国呢?!

张景岳在中国中医史上具有非常重要的地位,他是中医发展到明朝时一位承前启后的医者,他继承了历代中医的精华,进一步发扬光大,他针对当时中医的不足,创立了"温阳派",对后世的影响非常深远。

张景岳出身于一个军官家庭，父亲因军功而升迁，在京城任职。因此，他在14岁时就跟随父亲来到了京城。张景岳从小就非常聪明，表现出过人的天赋。他与当时的"学而优则仕"主流思想不同，他并不热衷于功名，反而对中医非常感兴趣。后来，他拜京城名医金英先生为师，尽得先生真传。

但是，当时他并没有立即行医，而是在父亲的安排下，参军戍边，在北方的军营一待就是十几年。不过，由于军中缺乏医者，所以他在很长时间内都是担任军医的角色，这导致他无法以军功而升迁，不过也让他积累了非常丰富的临床经验。

后来，他回到家乡，专心从事治病救人。张景岳出身名门，临床经验丰富，加上人生经历丰富，思维活跃，文化水平很高，所以在治病的过程中，往往可以做到药到病除，治好了很多疑难杂症，在浙江、北京、河北等地名气很大，人称"仲景再世"。

有一次，他的女儿慌慌张张地跑回娘家，恳请张景岳去医治她的小叔子。原来，小叔子得了一种怪病，胸腹之间疼痛厉害，日轻夜重，饮食不纳，呕吐不止，危在顷刻之间。小叔子本身也是医生，得病后自己开方取药，但是此次不仅无效，而且越发沉重。

张景岳用药之后，呕吐止住了，但是胸腹之间疼痛的问题依然没有解决，几次用药均没有效果。张景岳百思不得其解，经过反复察看病人症状，发现章门穴是疼痛的核心所在，而且臌胀最严重。张景岳恍然大悟，原来是胃气不彰，前期用药失当所致。于是制作神香散，同时重灸章门穴。经过三天的服药和艾灸，病人肿胀消失，疼痛立消，饮食增加，很快痊愈。

在长期行医过程中，他发现当时的中医特别注重使用寒凉之药,容易损伤元气,于是在临床中予以纠正,慢慢地形成了"温补"思想,在用药中注重使用升阳扶正之药,形成了非常鲜明的特色,后来发展成一个独特的中医门派。

张景岳有感于当时中医流派较多,思想较杂,决心正本清源,力克不足。他从《黄帝内经》《伤寒杂病论》等中医典籍入手,将历代以来的名家名作和中医流派进行了全面、系统整理,编撰了《景岳全书》。这是中医发展到明代以后最伟大的中医著作,博采历代医家精义,结合作者经验,自成一家。

《景岳全书》包括《传忠录》三卷,统论阴阳、六气和前人得失;《脉神章》3卷,主要载述名医要语;然后还包括《伤寒典》《杂证谟》《妇人规》《小儿则》《痘疹诠》《外科钤》等。此书集明代以前中医思想和流派之大成,在中医史上具有非常重要的地位,深得医界认可,认为其是"开百世之作"。

第三十三章

明代名医傅青主,著书立说传后世

生平小传

　　傅山(1607—1684 年),初名鼎臣,后改名为山,字青竹,后改为青主,号松侨,别号朱衣道人,山西阳曲人(今太原市尖草坪区)。明末清初著名的思想家、医学家、学者。

　　明万历三十五年(1607 年)7 月 23 日,傅山出生于山西太原府阳曲县西村。明万历四十一年(1613 年),6 岁的傅山开始就读私塾,并在其父的指点下开始学习《汉书》。1614 年,傅山开始学习书法,临钟繇法帖。泰昌二年(1621 年)傅山专心致志,埋头苦读,最终通过科举考试成为秀才。

　　天启六年(1626 年)考中领取国库银两的高等食饩"廪膳生",但是傅山认为举子业不足惜,于是开始学习史诸子、文选和诸方外书。其间遍临晋唐楷书,开始广交朋友。崇祯三年(1630年)创作《庚午围撤有怀卷自缢于奎光楼者诗以吊之》《杂记》,并感慨时局纷乱,怀才不遇。

崇祯九年(1636年)袁继咸修复三立书院,选拔300余山西籍学生,傅山在此次考试中位列第一,选为祭酒。同年,袁继咸被山西御史张孙振诬劾。之后傅山得知袁继咸要押赴京城,于是联系薛宗周等同学千里跟随赴京,并起草103位山西学子签名的诉状,伏阙诉冤。次年四月初,刑部重新审理袁继咸案,平反昭雪,之后傅山以义气名声大振。

崇祯十一年(1638年)—崇祯十五年(1642年),开始在崛围山用崛围松林建成青羊庵居住,先后创作《元日雪二诗》《老僧衣社疏附记》《两汉书姓名韵》等诗词。

崇祯十六年四月(1643年),前往三立书院听巡抚蔡悉德讲军政军器之术,并受聘于三立书院讲学。其间创作《崛围石蹬诗》示李光座,创作《题赵庆门先生像》。

崇祯十七年(1644),李自成攻克太原,傅山曾到李建泰军中请援助太原,但李建泰闻曲沃攻破,便退入保定,之后傅山密书报蔡悉德。三月十九日,李自成攻克北京,崇祯皇帝自缢,明亡。自从明朝灭亡后,傅山便弃青衫为黄冠,服之不脱为真道士,并弃家而旅,流窝于平定、寿阳、盂县。其间创作《七亘老杏》《长榆南崖之孤松》《中秋夜黄玉邀集其妇翁村斋拟早寻道者》等诗。

清顺治二年(1645年)清政府屡次下文招傅山进宫,傅山皆不回应。为了避乱,常来往于山西武乡、汾阳、平定、盂县等地,其间创作《苍岩方外格八首》《李宾山松歌》《乙酉岁除八绝句》等诗。顺治三年(1646年)继续创作旧作《六月十五日至十九日即是略成二十一首》。

顺治四年（1647年）夏天，在晋祠两月，创作《晋源逢示周》《风闻叶润苍先生举义》《心经册页》等诗文。顺治五年（1648年）受李御史之子相托创作《明李御史传》《书扇贻还阳道师》《心经》。

顺治六年（1649年）年初，山西境内反清起义猛烈。四月，傅山好友薛宗周、王如金也参加抗清义军，五月，二人牺牲于晋祠堡战役。傅山听到消息后非常悲痛，作《汾二于传》行楷，热情赞扬他们的壮烈义举。之后，创作《无聊杂诗二十首》，为侄傅仁所抄《高士传》题词。顺治七年（1650年）路过祁县，题诗于丹枫阁壁。十月，在晋水湄作《长歌寿杨尔祯老友》诗。顺治八年（1651年）侨居汾阳西河，作小楷《千字文》。顺治十年（1653年）魏一鳌为傅山购房于崛围山下的土堂村。九月深秋，由汾阳返回太原移居土堂村，手写庄子《南华经》。

顺治十一年（1654年）前往平定，应戴廷栻请作《太原三先生传》。傅山受"宋谦（宋道士）案"牵连，于六月中旬被捕入狱，同时被捕的还有其子眉，其弟傅止也被传讯，史称"朱衣道人案"。傅山绝食九日，死里逃生。之后创作《秋夜》《载赓大雪是吾天四首》《甲午狱除夜同难诸子有诗览之作此》等诗。

顺治十二年（1655年）二月间在狱中书写《妙法莲华经》。在金陵纪伯紫、合肥尚书龚公以及门人的共同努力下傅山得以无罪释放。出狱后作《山寺病中望村侨作》《感》《不死》等诗。为魏一鳌作《践莲道兄十二屏》行草书。

顺治十三年（1656年）宁波周容游晋，与傅山结交。顺治十四年（1657年），创作《丁酉二月十四日二首》和《记梦》隶书《千字文》。

顺治十六年（1659 年），傅山过长江南游，听闻郑成功围南京，急忙赶到，但郑军已退，大失所望，之后北上到海州。其间曾过阳山马湖拜访阎若婆之父周修龄。创作《江风》《江月》《燕子矶看往来船态颔之》等诗。同年，傅山和戴廷栻联络商界人士在祁县城内办起了祁县第一票号——义振泉票号庄。

顺治十七年（1660 年），创作《庚子二三月之间三首》等诗。肖像画家谢彬到太原拜访傅山，并为他画像。顺治十八年（1661 年）戴廷栻为傅山及子傅眉与白居实、胡庭诗刻诗集《晋四人诗》、创作《调饥诗七章》。康熙元年（1662 年），创作《与居实书》《河涨》《壬寅冬孟集夜对居实有悲》等诗。

康熙二年（1663 年）正月，顾炎武至太原初访傅山，有《赠傅处士山》。《傅山》《如韵与亭林》《顾子宁人赠诗随复报之如韵》等诗。四月，阎若噱过松庄初访傅山，问金石遗文之学。七月，义振泉票号庄被清政府查封，其财产与资金全部没收。同年，创作《白衣阁洞碑》《清化旅中》《杂记》。康熙四年（1665 年），到频阳访李因笃，植梅于尚友斋。康熙五年（1666 年）与来访的顾炎武、朱彝尊、屈大均结交，创作《和毛子霞的》。

康熙六年（1667 年）创作《明户部员外止庵戴先生传》。康熙七年（1668 年），创作《读宋南渡后诸史传轴》行草书。康熙九年（1670 年），创作《秋经》诗十首。

康熙十年（1671 年），顾炎武再拜访傅山。他们这次相聚时间较长，除了忧时伤世、谈政论文、诗歌唱和外，还创办了一些实业。密计经营票号，操纵金融，以图举大事，唯忌招祸败事，故其法只凭口授而不传一字。九月，69 岁的阎尔梅访傅山于松庄，席间作诗以记。傅山作画《岁寒古松图》赠之。山西太守周令树来访，傅山赠

《汉记》一本。

康熙十一年（1672 年），阎若璩再访傅山于松庄。戴廷栻为傅山作《石道人别传》。康熙十三年（1674 年），在孙傅莲苏的陪同下，游山东，登泰山，谒孔林。创作《莲苏从登岱岳谒圣林归信手写此教之》诗。之后到祁县访戴廷栻登丹枫阁，为编定《枫林一枝》。康熙十四年（1675 年）五月，寓东山靖院，教孙莲苏读书。仲秋，与王瞭、王璟、胡庭，以及儿眉、孙莲苏游宁乡、作赋纪游诗三章。

康熙十五年（1676 年），创作《五峰山草书碑》。康熙十六年（1677 年）六月，在土堂撰写《题自临兰亭后》文。创作《笑慰儿孙》诗二首。

康熙十七年（1678 年）三月，李宗孔、刘沛先举荐傅山为博学鸿词，傅山称疾固辞。六月，不得不去京师，距京城 30 里时，以死拒不入京城，称疾住崇文门外圆教寺。其间创作《题戴本孝山水画诗册》行草书。康熙十八年（1679 年）三月，强行被拉往北京殿试博学鸿词，傅山七日不食，称病卧床不试。后免试，加内阁中书。七月二十日书《十六字格言》以教两孙。

康熙十九年（1680 年）七月，创作《书光明经后》诗和《临王羲之伏想清和帖轴》草书。康熙二十年（1681 年）前往平定寓张植峪里花园。之后，写小楷《妙法莲华经》作论文游杂记。康熙二十一年（1682 年）正月，创作《迎春花》诗。三月，为尤侗创作《鹤栖堂图》。

康熙二十二年（1683 年）春，作《晋公千古一快》行草书。康熙二十三年（1684 年）夏初，傅山病，作《家训》示莲苏、莲宝两孙。又遗书魏象枢（环溪）、李约斋（振藻）、孙长公、戴汝兆（熊梦），托付两孙。六月十二日逝世，终年 78 岁。

明末清初的思想家傅山历来有"学海"的称誉，他工书善画，博极群籍，在经史子集、文学诗词、佛经道藏、书法绘画、钟鼎文字、医学医术诸领域都有精深研究，所提倡的"经子不分""经子平等"思想更是开一代风气之先，其研究、批点诸子著作之多、内容之广泛，在中国古代学术史上是少见的。而诸子当中，最倾尽其心力、最能体现其思想风貌的则首推《庄子》一书。

傲骨凛然的傅山一生特立独行，对于经典、名士、权贵时有贬损、讽刺之语，独独对于庄生、《庄子》大加褒扬，奉为至论，嗜庄、好庄、迷庄之情溢于言表。其留存的诗文、杂记、批语中屡屡言及庄子。褒赞庄子、自认承续庄学的词文在傅山遗著中随处可见，其研究庄子的主要作品有《庄子翼批注》《老庄二书》《逍遥游》《应帝王》《读南华经》《庄子天下篇》《庄子理字》《庄子情字》《荀卿评庄子》等，此外还有大量散布在其他诗文、杂文中言及庄子的文句。

傅山一生遍注诸子，在《庄子》一书上着力最深，《庄子》的思想既是其精神的引领，又是心灵安顿之所归，其批注的方式与言述更彰显着个人活泼泼的生命气质。诠解《庄子》时对天地间"情"的推崇、以"游"的姿态应对人间"是非"、主张"变""异"的政治倾向，正是最能体现其个人特质与思想风貌的三个方面，通过对其庄学思想的探析，我们也能从中窥见其性情与学术之梗概。

对于庄子的著作，在颠沛流离的旅途中，仍然"时时在目"，在冰雪覆盖北国的严冬里，依然用工整的小楷书写《南华经》多篇。对于老子的著作，三日不读便觉得"舌本软"，难以启齿说话，50岁过后还在"细注"，进行认真的研究。这些生动的记载说明，他对老庄之学是很推崇与重视的。他在一篇疏文中曾说："侨黄老子，何笑正笑，漆园自云，其于宗也。"在这里他以"侨黄老子""漆园"自况自称,以承绪老庄之学的大弟子自许。

综观傅山一生行事作风与思想主张,可见他本质上是一个道家人物的性情:为人为学本于真性真情、自由自在,反对权威主义教条主义,因此,他极其憎恶"奴儒"为人为学的"奴性":"若奴人,不曾究得人心空灵法界,单单靠定前人一半句注脚,说我是有本之学,正是咬齫人脚后跟底货,大是死狗扶不上墙也。"并由此而极力批判当时所谓上流社会是非颠倒的假仁假义。他自己也在很多场合与作品中反复强调、自陈:"老夫学老庄者也""我本徒蒙庄""吾师庄先生""吾漆园家学""愚父子学庄列",还饱含深情地说:"三日不读《老子》,不觉舌本软。畴昔但习其语,50 以后,细注《老子》,而觉前辈精于此学者,徒费多少舌头,舌头总是软底。何故?正坐猜度,玄牝不着耳。""吾庄翁所谓绪余可以为尧舜者也"。

老庄哲学丰富,据史书记载,他们为人自尊,对人间功名利禄很淡漠,一生不得势也不愿得势,一生不得志也不愿得志,以穷尽人伦物理为天职。生活的道路对于傅山来说,与老庄十分相似,思想境界亦相通。这些都给傅山很深的影响,因此自然成为他进行研究的主要对象,使他成为明清之际著名的道家代表人物之一。

手头有本《傅山评传》(魏宗禹著),自图书馆借来两个月了,断续读来,对傅青主有了更多的认识。傅青主,生于明万历三十五年(1607 年),卒于清康熙二十三年(1684 年),山西阳曲(今太原)人,初名鼎臣,后改名山,字青竹,后改字青主,字号颇多,已知的已有石道人、朱衣道人等 50 多个名号。

傅青主博学多才,当时人们就称赞他的学问像大海一样广博("学海"),可以说他是个百科全书式的学者,在经学、先秦子学、佛经道藏、医学、书法、绘画、诗词、音韵、训诂之学甚至武学等各方面都有较深造诣，其涉猎之广、成就之大，在世界上也是不多见的。特别是他生活在明末清初的战乱不稳之际，"著述无时又无地"，能取得这样的成就委实是奇迹了。

他是一个书法家，被推许为清初第一人。《淮安府志》记载傅青主到淮安后，"寓能兴寺……山诗名遍天下，淮人求诗字，门限几断。又数为淮民脱冤，人德之。"慕名来求他书法诗歌的人几乎把门槛都踏断了！（一点都不让现在的追星族呢）而且他每到一地，路见不平即挺身而出，为民解冤，深得百姓的爱戴。

他是一个画家，他的画与八大山人风格相近，《图绘宝鉴》评述道"画出町畦之外，邱壑迥不犹人，其才品海内无匹，人不能尽识也。"赞誉他的山水画突破传统技法风骨，卓绝于世。

他是一个医学家。说他是"家"，除了因其医术高明，还因为他写了不少医学著作，据传不管是多么复杂难治的病，他都能手到病除，来找他看病的人非常多，他"贵贱一视之"，并不因病人的贵贱富穷而差别对待，在当时就有"仙医"的美名。青主所著医书遗稿，被后人整理编为《傅青主女科》《傅青主男科》《傅氏幼科》等，特别是《傅青主女科》是中医学名著，至今仍惠及医界。

他是一个旅行家，足迹遍布半个中国，他甚至把自己的归宿想象为，走不动了就死在山林之间（"横尸于大林丘山间"）。清人王士禛《池北偶谈》记载青主父子"常粥药四方，儿子共挽一车，暮抵逆旅，辄篝灯课读经史骚选诸书，诘旦成诵，乃行。"生动展示了一幅苦中有乐的行旅读书图！

他是一个武林中人，史家称他"性任侠"，在他的诗中也有"剑术惜其疏""盘根砺吾剑，金铁满山鸣"的句子。然而更有力的证据是，1984 年在山西灵石县发现了一本名《傅山拳法》的拳谱，经鉴定正是傅青主所著。又据《石膏山志》载,清顺治四年(1647 年)春,青主和儿子傅眉到山西灵石县天空寺演示打坐和五禽戏,传与寺内主持道成法师,接着又传授给了寺内和尚以及当地名士吴成光。确实,想想青主既参加过抗清斗争,又敢于在战乱动荡之际行走天下,没有一身武功和胆气倒是不正常的。

但人们最佩服傅青主的,还是他的民族气节和至性至情。清朝入主中原后,作为一名有骨气的知识分子,傅青主参与并支持了民间的抵抗运动,并因此被逮入狱,受到严刑拷打,但他"抗词不屈,绝粒九日几死,门人有以奇计救者得免"。康熙皇帝下诏举行博学鸿词科考试,通过这个手段网罗各地有名儒士,傅青主被迫到北京后,素闻傅青主才学的康熙帝免去了他考试的形式,直接授予他"中书舍人"的名誉官职。按惯例是要向皇帝磕头谢恩的,但年迈的青主倒在地上,绝不磕头,在那个专制权威压死人的时代,这是难能可贵的傲骨。

明末清初之际,地处山西腹地的太原府阳曲县(今太原市),出了一位博艺多才、重气节、有思想、有抱负的著名道家人物。他的事迹生平,不见于正史记载,甚至连专门记载地方历史陈迹的县志、府志,也只见寥寥数语。然而他的声誉和影响却是相当之大,相当之深,毫不夸张地说,在太原地区乃至三晋大地几乎是家喻户晓,妇孺皆知,颇受人民群众拥戴。在整个山西乃至于全国也称得上闻名遐迩,彪炳于后。他就是明清之际的志士仁人傅山——傅青主。

傅山世出官宦书香之家,家学渊源,先祖连续七八代有治诸子或《左传》《汉书》,卓然成家者。曾祖傅朝宣曾为宁化府仪宾、承务郎,祖父傅霖累官山东参议、辽海兵备,颇有政绩,其父傅子谟终生不仕,精于治学。傅山少时,受到严格的家庭教育,博闻强记,读书数遍,即能背诵。15 岁补博士弟子员,20 岁试高等廪饩。后就读于三立书院,受到山西提学袁继咸的指导和教诲,是袁氏颇为青睐的弟子之一。

袁继咸,是明末海内咸知的耿直之臣,提学山西时,以"立法严而用意宽"的精神宗旨,整顿三立书院学风,不拘一格,选拔人才。他极重于文章、气节的教育,对傅山影响颇深,傅山亦以学业精湛、重节气得意于袁氏门下。袁继咸曾在朝为兵部侍郎,因为官清廉,为人耿直,敢于直言,得罪权贵魏忠贤之流,被贬为山西提学。崇祯九年(1636 年),魏忠贤死党山西巡按御史张孙振,捏造罪名诬告袁继咸,其陷京师狱中,傅山为袁鸣不平,与薛宗周等联络生员百余名,联名上疏,步行赴京为袁诉冤请愿。他领众生员在京城北京四处印发揭贴,申明真相,并两次出堂作证。经过长达七八个月的斗争,方使袁继咸冤案得以昭雪,官复武昌道。袁继咸得雪之日,魏忠贤的走卒——张孙振,亦以诬陷罪受到谪戍的惩罚。这次斗争的胜利,震动全国,傅山得到了崇高的荣誉和赞扬,名扬京师乃至全国。

袁案结束后,傅山返回太原。他无意官场仕途,寻城西北一所寺庙,辟为书斋,悉心博极群书,除经、子、史、集外,甚至连佛经、道经都精心览读,掌握了丰富的知识。崇祯十六年(1643 年),傅山受聘于三立书院讲学。未几,李自成起义军进发太原,傅山奉陪老母辗转于平定嘉山。不久,起义军、清军先后攻占北京,明亡。傅山闻讯写下"哭国书难著,依亲命苟逃"的悲痛诗句。为表示对清廷剃发的反抗,他拜寿阳五峰山道士郭静中为师,因身着红色道袍,遂号"朱衣道人",别号"石道人"。朱衣者,朱姓之衣,暗含对亡明的怀念;石道者,如石之坚,意示决不向清朝屈服。可见,傅山出家并非出自本心,而是借此作为自己忠君爱国、抗清复明的寄托和掩护。

清军入关建都北京之初,全国抗清之潮此伏彼起,气势颇高,傅山渴望南明王朝日益强大,早日北上驱逐清王朝匡复明室,并积极同桂王派来山西的总兵官宋谦联系,密谋策划,积蓄力量,初定于顺治十一年(1654年)三月十五日从河南武安五汲镇起义,向北发展势力。然而,机事不密,宋谦潜往武安不久,即被清军捕获,并供出了傅山。于是傅山被捕,关押太原府监狱。羁拘期间,傅山矢口否认与宋谦政治上的关系,即便是严刑逼供,也只说宋曾求他医病,遭到拒绝,遂怀恨在心。一年之后,清廷不得傅山口供,遂以"傅山的确诬报,相应释宥"的判语,将他释放。

傅山出狱后,反清之心不改。大约在顺治十四至十六年间,曾南下江淮察看了解反清形势。当确感清室日趋巩固,复明无望时,遂返回太原,隐居于城郊僻壤,自谓侨公,那些"松乔""侨黄"的别号就取之于此后,寓意明亡之后,自己已无国无家,只是到处做客罢了。他的"太原人作太原侨"的诗句,正是这种痛苦心情的写照。康熙二年(1663年),参加南明政权的昆山顾炎武寻访英雄豪杰,来太原找到傅山,两人抗清志趣相投,结为同志,自此过从甚密。他们商定组织票号,作为反清的经济机构。以后傅山又先后与申涵光、孙奇逢、李因笃、屈大筠以及王显祚、阎若璩等坚持反清立场的名人和学者,多有交往。尤其是曾在山东领导起义的阎尔梅也来太原与傅山会晤,并与傅山结为"岁寒之盟"。王显祚见傅山常住土窑,特为他买了一所房院,即今太原傅家巷四号院。

清初,为了笼络人心,泯除亡明遗老们的反清意识,康熙帝在清政府日益巩固的康熙十七年（1678年）颁诏天下，令三品以上官员推荐"学行兼优、文辞卓越之人"，"朕将亲试录用"。给事中李宗孔、刘沛先推荐傅山应博学宏词试。傅山称病推辞，阳曲知县戴梦熊奉命促驾，强行将傅山招往北京。至北京后，傅山继续称病，卧床不起。清廷宰相冯溥并一干满汉大员隆重礼遇，多次拜望诱劝，傅山靠坐床头淡然处之。他既以病而拒绝参加考试，又在皇帝恩准免试、授封"内阁中书"之职时仍不叩头谢恩。康熙皇帝面对傅山如此之举并不恼怒，反而表示要"优礼处士"，诏令"傅山文学素著，念其年迈，特授内阁中书，着地方官存问。"

傅山由京返并后，地方诸官闻讯都去拜望，并以内阁中书称呼。对此，傅山低头闭目不语不应，泰然处之。阳曲知县戴氏奉命在他家门首悬挂"凤阁蒲轮"的额匾，傅山凛然拒绝，毫不客气。他仍自称为民，避居乡间，同官府若水火，表现了自己"尚志高风，介然如石"的品格和气节。

主要成就

身为道家思想传承者的傅山，无论在学术和学术思想上，傅山的学问文章，都追踪当时的进步思潮，尤其是前半生明朝灭亡之时，他的思想带有强烈的进步倾向，不重视当时学者重理学的倾向。他赞扬具有革命新精神，被明朝统治者视作洪水猛兽的李贽学术思想和刘辰翁、杨慎、钟星等节高和寡之士的文风。对明末的政治腐败，官场龌龊，是有清醒的认识。清军入关明王朝灭亡后，傅山一反清初一般学者以经学为中心的研究范围，而是独辟研究子学的途径，冲破宋明以来重理的羁绊，开拓了新的学术研究领域，成为清之后研治诸子的开山鼻祖。至于傅山的诗赋，则是继承了屈原、杜甫以来的爱国主义传统，他主张诗文应该"生于气节"，以是否有利于国家和民族为衡量标准。傅山一生著述颇丰，可惜所著宏论，大都散失，只存书名和篇名，留存于世的仅《霜红龛集》和《两汉人名韵》两部。

在诗、文、书、画诸方面，傅山皆善学妙用，造诣颇深。其知识领域之广、成就之大，在清初诸儒中，无出其右者。傅山的书法被时人尊为"清初第一写家"。他书出颜真卿，并总结出"宁拙毋巧，宁丑毋媚，宁支离毋轻滑，于直率毋安排"的经验。他的画也达到了很高的艺术境界，所画山水、梅、兰、竹等，均精妙，被列入逸品之列。《画征录》就说："傅青主画山水，皴擦不多，丘壑磊珂，以骨胜，墨竹也有气。"他的字画均渗透自己品格孤高和崇高的气节，流溢着爱国主义的气息，在中国古典书画艺术中，博得后人的高度赞赏。

傅山不仅是书法家、画家，而且是晚明清初遗民的代表，北方学术思想的领袖，著名学者，甚至被传为"武林高手"。其人其事早已成为山西一带的神话传说。从而出现了多种托名傅山的作品如《丹亭真人卢祖师养真秘笈》《丹亭悟真篇》《傅青主丹亭问答集》《丹亭真人卢祖师玄谈集》等，当时道教佛教均尊引为本家。

傅山在医学上，也有着巨大的成就。他内科、妇科、儿科、外科，科科均有很高的技术，而尤以妇科为最。其医著《傅氏女科》《青囊秘诀》，至今流传于世，造福于人。傅山极重医德，对待病人不讲贫富，一视同仁，在相同情况下，则优先贫人。对于那些前来求医的阔佬或名声不好的官吏，则婉辞谢绝。对此他解释为："好人害好病，自有好医与好药，高爽者不能治；胡人害胡病，自有胡医与胡药，正经者不能治。"

傅山作为封建社会中的知识分子，一生中处处表现了坚韧不拔的战斗精神。他那种"富贵不能淫,贫贱不能移,威武不能屈"的品格和气节,毫不愧对"志士仁人"的评价。

康熙二十三年(1684 年)初,傅山的爱子傅眉忽逝,年逾古稀进入风烛残年的傅山悲痛异常,再也经受不得如此打击,不久则撒手人寰,与世长辞。

专科著作《傅青主女科》《傅青主男科》《青囊秘诀》(外科)。《青囊秘诀》把外科疾病视为整体病变的局部表现,对 21 种疮疡,使用 98 条方剂口服内消,形成了系统的以消、托、补为主要内容的理、法、方、药完备的外科医疗体系。《傅青主女科》《傅青主男科》则流传更广,尤以《傅青主女科》著名,在当代中医妇科仍奉为案头必备之书。

传奇故事

◆一代妇科大家

据《清史稿》记载,傅青主少时便博闻强记,读书过目成诵。15 岁补博士弟子员(明清对县学生员的称谓),后就读于三立书院,受教于山西提学(掌管地方教育行政官职)袁继咸,成为袁氏颇为青睐的弟子之一。后来袁继咸因为官清廉耿直,得罪了权贵魏忠贤之流,被陷于京师狱中,在傅青主等人的奔走营救之下,最终成功昭雪。也正是由于这次斗争的胜利,傅山得到了世人的尊敬和爱戴,至此名扬天下。

袁案结束后,傅青主返回了太原。他无意官场仕途,便在一所寺庙中设书斋,潜心钻研群书。明朝灭亡后,傅山闻讯写下"哭国书难著,依亲命苟逃"的悲痛诗句。为表示对清廷剃发的反抗,他拜寿阳五峰山道士郭静中为师,出家为道,道号"真山"。从事秘密反清活动 20 余年,49 岁时被捕下狱,其间一年有余,几经严讯,却始终不屈,抱必死的决心,绝食 9 日。经过不懈地坚持斗争得以获释。晚年,傅青主主要从事著述,成为在野思想文化界的领袖和代表之一。自始至终,傅青主自称为民,避居乡间,不与官府往来,被认为是明末清初保持民族气节的典范人物。

除了在思想文化领域中留下了浓墨重彩的一笔,傅山在医学上也有着巨大成就。明末清初,天下纷争不休,大疫不断,战乱连年。目睹了百姓的惨状,傅青主决定学医济世。经过几年的研读和实践,本就有深厚学养的傅青主很快成为一名杏林圣手。外出游历时,傅青主经常向许多医家和懂医的道士学习,广泛收集药方。

傅青主在内科、妇科、儿科、外科等均有很高造诣,尤以妇科为最,其《傅青主女科》便是代表作。关于《傅青主女科》一书的形成,还有一段流传已久的故事。22 岁那年,傅青主与同样出身于书香门第的张静君结婚。二人一个才华横溢,一个聪慧贤淑,举案齐眉,琴瑟和鸣。可惜天不遂人愿,没过几年,张静君便生了疾病。此时的傅青主还未学医,虽然心急如焚,但束手无策。即便是请了医生前来就诊,妻子的病情也没有缓解,不久便去世了。那一年,傅青主不过 27 岁。原本的温馨美好也在张静君香消玉殒的顷刻间被击碎。

后来到了知天命(50 岁)的年纪,傅青主搬到了太原东山脚下的松庄居住。临床中,他逐渐发现妇女患病就诊存在诸多困难,尤其是一些妇科疾病,很多妇人羞于启齿,等到病情严重往往错过了最佳治病时间。一想到此,傅青主就非常难过,因为这让他想到了早逝的妻子,如果当时有好的治疗妇科的方法,或许妻子就不会那么早离世了。

结合自己的临床经验,傅青主博采众长,终于撰写出了影响后世的妇科专著——《傅青主女科》。书中论述了经、带、胎、产四方面多种病证,继承并发展了清朝以前历代医学家关于妇产科学的学说。更为可贵的是,傅青主结合自己的临床经验,提出了很多独特的学术见解。比如,他把所有妇产科疾病,分列在调经、种子、崩漏、带下、妊娠、小产及临产等九门项下,内容涉及整个妇产科领域。在他看来,妇产的辨证以肝、脾、肾之脏立论,处方以培补血气、调理脾胃、冲任为主。事实上,他的这些见解,至今还在指导着中医妇科学的临床实践,其所创最有名的方剂如"生化汤""完带汤""逐瘀止血汤""清经汤"等,至今仍被广泛应用。

◆博学多才

傅青主傅山博学多才,通经子诸史和佛道之学,对金石书画,尤其是书法,篆、隶、楷、行、狂草无不贯通,尤精医学。傅山身背药笼,行医治病,风雨无阻,几十年如一日,足迹走过大半个中国。他独到的医术和高尚的医德,使他闻名遐迩。现今太原市内和市郊的上兰窦大夫祠、五龙庙、土堂净因寺、晋祠、松庄等地,均有傅山的遗迹。其代表作有《霜红龛集》《傅青主女科》《傅青主男科》《石室秘录》等,尤以《傅青主女科》一书成就卓越,成为中医妇科者必读的专著。

太原有一种风味小吃叫"头脑",是由黄芪、煨面、莲菜、羊肉、长山药、黄酒、酒糟、羊尾油配制而成,外加腌韭菜做引子,经常食用,有益气调元、活血健胃、滋补虚损的功效,晨起食用效果更好。所以太原人常常天不亮就赶着吃"头脑",所以又叫"赶头脑"。

据说这种风味早点与傅山有关。传说傅山丧妻之后,一直没有再娶,而是侍奉在老母身边。其母年迈体弱,长卧病榻,为使母亲康泰颐寿,傅山以肥羊肉、莲藕、山药、黄芪、良姜、煨面、黄酒、酒糟等为原料制成了"八珍汤",并把这种汤作为老人冬季进食的早点。经过一个冬季的精心调治,他的母亲百病尽消。从此,"八珍汤"之名不胫而走。看似寻常的一份小吃,其实是一份很好的药膳食品,其中羊肉味甘性热,补虚开胃;莲藕清热化痰;山药补脾健中;黄芪补脾益气健肺;良姜味辛性热,温中下气,暖胃消食。药寓于食,药食并用组成一剂温补而不腻、清薄而可口的滋补药膳。

傅山在医学上最大的贡献是他传世的几部医学著作:《傅青主女科》《傅青主男科》《傅氏幼科》等,对后世有一定影响,特别是《傅青主女科》,更是清代主要的妇产科专著,该书文字朴实,论述简明扼要,理法方药谨严而实用,善用气血培补脾胃调理之法,为后世中医妇产科医生所推崇。从书中的处方来看,多以四君子汤、四物汤、异功散、逍遥散、补中益气汤、当归补血汤等加减化裁,是傅山经过长期实践的结晶。

傅山曾用写文章来比喻医生处方用药:"处一得意之方,亦须一味味千锤百炼。'文章自古难,得失寸心知',此道亦尔。鲁莽应接,正非医生救济本旨。"医生处方用药如同写文章一样,自古以来就很难,不可草率下手。文章写不好,顶多贻笑大方,药方出差错,却事关病人性命大事。甲申明亡后,傅山流寓晋中各地:"所至老幼男妇以疾请者,辄遮留不得去,从容诊治,多奇验。酬之金,不受也""日惟专医救人,登门求方者户常满,贵贱一视之,接无倦容,藉以回生者不可胜数。"

傅山作为一名天才型的杂家,被后人赋予很多形象。梁羽生小说里,他是"天山七剑"的精神领袖,武功深藏不露;坊间名医录中,他悬壶济世,堪称妇科圣手;妙笔丹青内,他狂傲不羁,诗书画艺无一不精,与顾炎武、黄宗羲等人被梁启超称为"清初六大师"。

傅山无意仕途,他博览群书,除经、子、史、集外,甚至连佛经、道经都精心览读,穿道士服装,住在佛教的寺庙里,交友遍布儒道释各界。

傅山忠君爱国,清兵入关时他 39 岁,毅然出家入道拜还阳真人郭静中为师,是全真道山西龙门派第六代传人,其师赐其号"真山"。据传傅青主曾蛰伏于灵石山几个昼夜,承法师指点迷津,从此医学造诣突飞猛进,处方精到实用,因而颇受后世医家推崇。他以行医为业,借医弘道,以医传教,从事反清复明活动。在行医实践中,他对前人经验和民间验方,非常重视研究,积累了丰富的经验,其医学著作《青囊经》和《青囊秘诀》授于亲传弟子——反清复明志士浙江山阴(今绍兴)人陈士铎,陈氏迫于清代文字狱,将其师傅山所传医著隐去傅氏之名流传于世。据有关资料显示,傅山的儿子傅眉和侄儿傅仁,当时曾在太原桥头街开设药店,药店招牌"卫生馆药饵"和楹联均为傅山所亲题。楹联为"以儒学为医学物我一体,借市居作山居动静常贞"。傅眉和傅仁经营药店,傅山则住在郊外。

傅山"悬壶济世,不为名相,当为名医"。他整天行医按脉,风尘仆仆,写下了《傅青主女科》《青囊秘诀》等"流布天下"的医书。

傅山 27 岁时,妻子就因病而逝,当年,儿子傅眉只有 5 岁。傅山发誓不再娶妻,与儿子相依为命。白天,他与儿子同乘一车,外出采药卖药。晚上,父子二人围坐在灯下,傅山为儿子讲授文学、医理。在傅山流离在外和隐居的生涯中,傅眉一直相伴在他的身边,父亲是朱衣道人,儿子则自号糜道人。而且深受父亲影响,傅眉也并未像绝大多数书香子弟一样走向仕途,父子二人始终保持着特立独行的气节。

对于傅山来说,傅眉不仅是儿子,更是知音和良伴。

第三十四章

清代名医薛雪,《温热条辨》著经典

生平小传

薛雪(1681—1770 年),字生白,号一瓢,又号槐云道人、磨剑道人、牧牛老朽。原江苏吴县人,与叶桂同时而齐名。早年游于名儒叶燮之门,诗文俱佳,又工书画,善拳技。后因母患湿热之病,乃肆力于医学,技艺日精。薛雪一生为人,豪迈而复淡泊,年 90 岁卒。故也知薛雪并非专一业医者,但他于湿热证治特称高手,于温病学贡献甚大。又尝选辑《黄帝内经》原文,成《医经原旨》6 卷(1754 年)。唐大烈《吴医汇讲》录其《日讲杂记》八则,阐述医理及用药;另有《膏丸档子》(专刊稿)、《伤科方》《薛一瓢疟论》(抄本)等。

薛雪自幼好学,颇具才气,所著诗文甚富;工画兰,善拳勇,博学多通。乾隆初年,两征博学鸿词科,均不就。因母多病而悉心研医,博览群书,精于医术,尤长于温热病。著《温热条辨》,该书对湿热之辨证论治有进一步发挥,丰富并充实了温热病学的内容,对温热病的发展有相当贡献。

主要成就

湿热病是外感热病中的一大类型,是由于既感受湿邪,又感受暑热之邪,则成湿温。也有由于湿邪久留伏而化热,成为湿热之邪交织,而为湿温者。这种病的发生,与季节有很密切的关系。在长夏初秋之际,气候溽暑,既热且湿,湿中生热,人处于这样的自然环境之中,身体虚弱者往往容易成病,而成湿温。湿温为病,既有湿邪,又有热邪。湿性黏滞,热性炎炽。二者相合,邪热由于湿邪的黏滞而难以消除,湿邪则由热邪的弛张而弥漫上下,致使病情十分严重。正如薛雪总结说:"夫热为天之气,湿为地之气。热得湿而愈炽,湿得热而愈横。湿热两分,其病轻而缓;湿热两合,其病重而速。"

湿热病邪的侵犯途径和侵犯部位,不同于其他外感病。薛氏将湿热病的侵犯途径归纳为三个方面。其一,有少数病人邪气是从皮毛侵入。薛氏这一看法,不同于吴又可、叶天士的温邪上受的观点,只强调温邪从口鼻而入。其二,大多数患者,邪气是从口鼻而入。这一点又同于温病学家的观点,但又有所不同。盖温病则邪从口鼻而入,伤于心肺。而湿热病邪虽然也从口鼻而入,但所伤脏腑则主要在脾与胃。因为脾土属太阴,主湿而恶湿,湿邪最易伤脾。阳明胃为阳土之脏,水谷之海,主燥而恶燥,易于化火。因此,病变多在于此。其三,邪气从上而受,既不在脾,又不在胃,而是侵犯膜原。薛氏十分重视脾胃盛衰在湿热病发病过程中的作用,指出脾虚湿盛是湿热病产生的内因条件。

薛氏认为,湿热本证的主要表现为:始恶寒,后但热不寒,汗出胸痞,舌白或黄,口渴不引饮。湿热表证,薛氏将其分为三种,一是湿邪伤表,二是湿邪在肌肉,三是湿热侵及经络。所谓湿邪伤表者,是指湿邪阻遏于人体卫阳之表。可见恶寒、无汗、身重、头痛、胸痞、腰痛等表现。此时,当散在表之湿,故用藿香、香薷、羌活、苍术皮、薄荷、牛蒡子等。湿邪伤及阳明肌肉,症见恶寒、发热、汗出、身重、关节痛、胸痞、腰痛等,治用滑石、大豆黄卷、茯苓皮、苍术皮、藿香叶、鲜荷叶、白通草、桔梗等。若湿邪侵入人体经络脉隧,见有四肢牵引拘急,甚则角弓反张、口噤等,宜用鲜地龙、秦艽、威灵仙、滑石、苍耳子、丝瓜络、海风藤、酒炒黄连等。若属湿邪偏盛于里,又分为不同情况。有湿滞阳明者,见有舌苔遍体白、口渴之象,宜用辛开之法,使上焦得通,津液得行,选用厚朴、草果、半夏、干菖蒲等。有湿困太阴者,见有恶寒,面黄、口不渴、神倦、四肢懒、脉沉弱、腹痛下利等,治宜温脾阳、化湿浊,药仿缩脾饮(缩砂仁、乌梅肉、煨草果、炙甘草、干葛、白扁豆)、大顺散(甘草、干姜、杏仁)、来复丹(硝石、硫黄、五灵脂、青皮、陈皮)等。

若湿热阻遏膜原,见有寒热如疟的表现,可选用吴又可疏利膜原之法,仿达原饮,选用柴胡、厚朴、槟榔、草果、藿香、苍术、半夏、干菖蒲、六一散等。若湿热并重于里,见有舌尖红,舌根白苔,说明湿邪留滞,但渐化热,治疗则一方面化湿,一方面清热。而对于热邪偏盛于里者,则当以清热泄热为急务,辨明热邪在气、在营、在血之不同,而借助叶天士之法论治。若湿热充斥三焦,由于湿性粘滞,易阻遏气机,故宜从三焦分证施治。对于湿热阴伤者,薛氏选用鲜生地黄、芦根、生何首乌、鲜稻根等品,既可复胃中津液,又可泄热祛邪。对于湿热阳虚者,比如,由于暑伤元气,使肺气不足,而见咳嗽,气短倦怠,口渴多汗,脉虚欲绝者,可用人参、麦冬、五味子等以益气生脉。若中气不足,使升降失常,症见病后数日,呕吐泄泻一时并至,脾气大虚,中气不支者,可选用生麦芽、莲子心、扁豆、薏仁、半夏、甘草、茯苓等温中健脾。总之,薛氏对湿热病的各种证型与临床变化,条分缕析,进行了很好的总结。

薛雪对湿热病的研究,突出了湿邪与热邪相合为病的特点,抓住了湿热二邪轻重不同的要害,并结合脏腑、三焦、表里等辨证方法,使之融为一体,解决了湿热病的证型辨析,有利于临床应用。在治疗上,虽然有温化、清泻、清热祛湿诸大法,同时又有补阳、益气、养阴、生津诸法的配伍,然其用药时时注意到清热不碍湿,祛湿不助热,扶正不碍祛邪,祛邪当注意扶正等方面。治疗不拘泥于固定成方,体现了湿热病治疗的特点,成为后世治疗湿热病的规矩,影响极其深远。

传奇故事

◆薛雪和叶天士

乾隆年间,他与人打赌,一下吃了100个油馓子后腹胀难忍。两个大夫看罢,一个说准备后事,一个却轻松治愈了他。为何? 这究竟是怎么回事呢?

康雍乾年间,江南有个两个名医,一个名叫叶天士。据说,他用药如有神助,常常药到病除。当年,就是他给康熙皇帝治好了瘩背疮,康熙皇帝非常感激,遂大笔一挥,亲笔御书"天下第一"的匾额赐给他,一时间名声大噪。

另一个名医,叫薛雪,比叶天士小15岁。从小聪明好学,因为他母亲常年卧病在床,他为了侍奉母亲,便查阅古籍,努力钻研医学。久而久之,在治疗湿热病上尤有成效,治好了不少病人。

他们两人原本相安无事,公事没有过多交集,私下也没有来往。可在乾隆年间,发生了一件事,却将两人都推到了风口浪尖。那时,有个更夫跟人打赌,一口气吃了 100 个油馓子,原本并没有什么事,可是随后他的脸与四肢皆肿胀不堪,且伴随胸闷气短,无法平卧,这倒不像是吃了油馓子的缘故,可大家也不知道为何。无奈之下,不得不去医馆求医问诊。那天,在医馆坐诊的医生便是名医薛雪,更夫喜出望外,认为自己的病终是有救了。

哪想到薛雪看了他一眼,便推辞道:"你是水肿之症,已经病入膏肓,无须再治,回去准备后事吧。"尽管更夫求了许久,薛雪仍然不肯医治。无奈之下,他只好绝望地离开医馆。由于他本就有病,再加上急火攻心,所以没走多久,便晕倒在了路旁。

恰巧叶天士路过,看到了晕倒在路旁的更夫,同样身为大夫的他,便立即叫人将他扶起来,仔细查验。经他诊断,这位看上去患水肿之症的更夫,应该是常年熏有毒的蚊香导致中毒,并不是治不好的绝症。叶天士便将更夫收治,辅以药物,精心调理。几个月后,更夫就痊愈了。

更夫对叶天士十分感激,视为再生父母,遂将前后求医问诊的经过告知亲朋好友,大肆宣扬叶天士医手仁心,医术高明。两相一对比,人们皆感叹薛雪的医术远不如叶天士。传闻传来传去,将薛雪传得越来越不堪。

薛雪毕竟年轻气盛,听到这些负面评价后,面子上很挂不住,便把怨气撒在叶天士身上,两人因此结了怨。薛雪将叶天士视为敌手,处处较劲。

其实,那个更夫确实很像水肿之症。薛雪当时过于自负,没有仔细诊断,便轻易下了断定。若不是叶天士中途插一手,恐怕更夫还不知道会是什么情况。但那个时候,医者常常相轻,薛雪又怎会承认失误,甘居人后? 后来,薛雪甚至将自己的居处改名为"扫叶庄",有践踏叶氏之意。

叶天士知道后,也不甘示弱,他亲手写下"踏雪斋"三字,并悬挂在书房门口。一时间,两人关系剑拔弩张,大有一决雌雄的态势。两人的共同好友都为之惋惜,如果不是心有嫌隙,他们二人联手,必将是成为杏林奇话。

说来也巧,有一天,叶天士的老母亲病倒了,叶天士精心护理,药用了一大堆,仍不见效,眼看着老人家病情越来越重,叶天士心如火焚。薛雪的弟弟和叶天士关系不错,便将叶老太太的病情告诉了兄长。薛雪仔细聆听了老人的症状,初步判断为阳明经证,必须辅以一味性质大寒的药,才能见效。他猜测叶天士一定也知道如何用药,只是担心老人年迈,身体吃亏。思索片刻,薛雪告诉弟弟,只要剂量得当,用药对症,这药就可以放心吃,不用担心。弟弟连忙将薛雪的意见转告叶天士,叶天士如梦初醒,随后下重药煎"白虎汤",伺候老母亲服用后,果然药到病除。

发生了这件事后,叶天士对薛雪大有改观,从心底佩服薛雪的医术,便抛却往日恩怨,主动前去拜访薛雪。在当时,叶天士是杏林泰斗,薛雪虽然也名誉斐然,但远不如叶天士德高望重。

两人的嫌隙说白了,不是特别大的事情。薛雪虽然当时不肯认错,但后来,他不止一次后怕自己的失误险些要了人的性命。说到底还是自己经验不足所致,可承认技不如人,又不是那么容易的事。当他得知叶天士母亲生病时,立即分析了前因后果,马上明白叶天士的担心所在,便不计前嫌,打消叶天士的忧虑。薛雪给叶天士增强了信心，让老母亲病情得以痊愈，两人的误会便也很快消除了。

叶天士登门之事，让薛雪很感动，也很愧疚。论胸襟，他自愧不如啊。薛雪当即摘下"扫叶庄"，向叶天士道歉，而叶天士也遣人回家，将"踏雪斋"的牌匾砸得稀碎，以示修好的决心。

从那以后，两人亦兄亦师亦友，相互学习，取长补短，为温病学做出了很大贡献。

◆薛雪和袁枚

薛雪是清代著名医家，原江苏吴县人，袁枚是清代著名文学家，江苏江宁小仓山人，二人因医学而相识相知，并成为忘年交。

薛、袁二人的相识，起于袁枚的一次患病。袁枚患病后虽请了当地医生诊治，病情却没有好转，最后慕名前往吴县找薛雪诊治。袁枚来到薛雪家门前时先让人将名片送进，很快薛雪便笑着出来迎接袁枚。二人见面后，十分投缘，而袁枚的病经薛雪诊治后也很快痊愈。几年后，袁枚又一次患病，薛雪当时已经70多岁了，但他得知袁枚患病后，不顾自己年事已高，立即乘船快速赶到，结果是又一次药到病除，从此二人成为至交。袁枚在自己的《小仓山房诗集》中所写的《病中谢薛一瓢》《寄征士薛一瓢》《病起赠薛一瓢》等诗篇详细记载了二人的交往故事。

如《病中谢薛一瓢》："先生曳杖微跛足，日剪青松调白鹤。开口便成天上书，下手不用人间药。口嚼红霞学轻举，兴来笔落如风雨。枕秘高呼黄石公，剑光飞上白猿女。年年卖药厌韩康，老得青山一亩庄。白版数行辞官府，赤脚骑鲸下大荒。故人忽罹二竖灾，水火欲杀商丘开。先生笑谓双麻鞋，为他破例入城来。十指据床扶我起，投以木瓜而已矣。咽下轻瓯梦似云，觉来两眼清如水。

先生大笑出门语：'病既除吾亦去。'一船明月一钓竿，明日烟波不知处。"

从这首诗的记载可以看出，薛雪仅仅用木瓜泡茶就治愈了袁枚的眼疾，效果非常好（木瓜有祛湿舒筋、平肝和胃的功效）。而且薛雪特别为病人着想，在朋友的病痊愈后，便立即离开，就是为了让病人可以好好休息。

薛雪不仅医术超群，医德也很高尚。他为病人诊病时，遇到穷苦病人不但不收诊金，还会免费给患者药物，甚至还要给病人钱财帮病人渡过难关。薛雪心系病人，为病人服务终生，直到耄耋之年，仍然每天忙碌于为老百姓诊治疾病，其诗句"衰年难掩户，也为活苍生"即是明证。薛雪一生以治病救人为乐，事事为病人着想，不愧为苍生大医啊！

◆境界高远处方神验

薛雪曾遇到过一位异僧，身上挂着一个葫芦瓢，瓢上刻着吃尽天下无敌手七字。薛雪觉得很新奇，就把僧人邀到家中宴饮。他们用那葫芦瓢舀酒，一瓢能舀一斤。僧人足足喝了三十六瓢，而薛雪只喝了一瓢。从那以后，他便自号"一瓢"。

薛雪年少时就很擅长作诗，后来学诗于著名诗人叶燮门下，就更有进益了。他在《一瓢诗话》中写道，诗以道性情，感志意，关风教，通鬼神。从他这些话中，我们便可约略窥探到其诗中的高远意境。

薛雪事亲至孝，由于母亲罹患湿热之病，薛雪开始钻研医学，终习得精湛医术，治疗多奇效。薛雪的一位诗人朋友——被称为"清代骈文八大家之一"、与纪晓岚齐名的袁枚始终对他的医德、医术赞叹不已。袁枚在其所著的《随园诗话》中谈到，他曾亲眼见过薛雪用神妙的处方为患者疗疾,因而从心底对他感到佩服。

乾隆二十年春天,袁枚家有位厨子染上了疫病,看样子救不活了,被人抬进了棺材,正要合上棺材时薛雪来了。薛雪看了看厨子的脸,然后笑着说:"这人已经死了!但我就喜欢跟疫鬼博弈,说不定还会赢呢!"说完他拿出一颗药丸,又捣碎了一些石菖蒲,用它的汁来调和药丸。然后,他让人撬开厨子的牙齿,将药汁灌进去。薛雪嘱咐说:好好让人看着他,明早鸡叫时就会有动静了。第二天一早,那厨子果然醒了。继服薛雪开的两服药,就完全康复了。

乾隆三十年冬天,袁枚家又有个厨子得了精神病。他白天觉得阳光是雪,吃一点东西,肠子就痛得像裂开了似的,看过的医生都束手无策。等薛雪来了,他上下打量着病人的脸,然后说道:这是冷痧,因伤寒所致。给他刮刮痧就好了,不用再诊脉了。后来果然如薛雪所言,给那厨子刮了痧之后,他身体上就出现了手掌般大小的黑斑,没过多久病就好了。

袁枚见到如此神验的医术,对薛雪赞叹不已。薛雪对他说:我行医跟你作诗一样,有异曲同工之妙,你是作诗如有神,我是处方如有神。薛雪不仅治疗方法奇特,还能诊断出一个人到底是生是死。一位从福建来江苏做生意的商人突然得了重病,情况危急。薛雪看过之后说:人不行了,已经不能治了。商人所住的旅店老板对薛雪说:我知道人生死有命,但您是否能让这位客商多活几天,等他的儿子过来把他接走,顺便将由我经手的费用一并缴清,那我也就无牵无挂了。

薛雪说:可以一试。他给那病人开了药,病人服了药后,病情有所好转。到了第十三天,已经能稍微坐起来了。这时,他儿子也从福建赶来了。薛雪悄悄告诉旅店老板:这人今晚就会死。这话让老板感到十分惊讶。薛雪对他说:我只答应你让那病人多活几日,却未承诺让他一直活下去。到了半夜,那商人就死了。薛雪很擅长治疗伤寒,他的处方也令人称奇。在苏州西南面的洞庭山一带,有个人得了伤寒,久病不愈,于是来向薛雪求药。薛雪说:我刚研制了一种新药方,你试试吧! 第一天用枣三枚、葱根三棵、生姜三片,第二天将数量减为二,第三天将数量减为一。那病人仅服了这三天的药,就把伤寒治好了。

第三十五章

清代名医叶桂,《温热论》里著传奇

生平小传

　　叶桂(1666 年,一说 1667—1745 年),字天士,号香岩,别号南阳先生。江苏吴县(今江苏苏州)人,祖籍安徽歙县。居上津桥畔,故晚年又号上津老人。清代著名医学家,"温病四大家"之一。叶桂最擅长治疗时疫和痧痘等症,是中国最早发现猩红热的人。在温病学上的成就,尤其突出,是温病学的奠基人之一。首创温病"卫、气、营、血"辨证大纲,为温病的辨证论治开辟了新途径,被尊为温病学派的代表。主要著作有《温热论》《临证指南医案》《未刻本叶氏医案》等。

　　祖父叶紫帆和父亲叶阳生,均是名医。叶桂十二岁时随父亲学医,父亲却在他十四岁时意外去世。于是叶桂便走江湖,开始行医应诊维持生计。同时拜父亲的门人朱某为师,继续学习。他聪颖过人、一点就通,加上勤奋好学、虚心求教,见解往往超过教他的老师。

叶桂从小熟读《黄帝内经》《难经》等古籍,对历代名家之书也旁搜博采。不仅博览群书,而且虚怀若谷、善学他人长处。叶桂信守"三人行,必有我师"的古训,只要比自己高明的医生,他都愿意行弟子礼拜之为师;一听到某位医生有专长,就欣然而往,必待学成后始归。从 12 岁到 18 岁,他先后拜过师的名医就有十七人,其中包括周扬俊、王子接等著名医家,无怪后人称其"师门深广"。

叶桂培养了不少济世救人的名医,史称"大江南北,言'医者辙以桂为宗',百余年来,私淑者众"。他的儿子叶奕章、叶龙章都是著名医家,只不过被父亲的巨大名声掩盖了。许多反映其独到经验和深邃医理的名言,一直对后学起着启迪和借鉴的作用。他的学说在身后二百多年的持续发展中,形成了中医史上一个重要的医学流派——"叶派",在近代医学史上占据着重要的位置。

主要成就

叶桂著的《温热论》,为我国温病学说的发展,提供了理论和辨证的基础。他首先提出"温邪上受,首先犯肺,逆传心包"的论点,首次阐明温病的病因、感受途径和传变规律,概括了温病的发展和传变的途径,成为认识外感温病的总纲;根据温病病变的发展,分为卫、气、营、血四个阶段,作为辨证施治的纲领;在诊断上则发展了察舌、验齿、辨斑疹、辨白疹等方法。同时,叶桂还明确提出了"温邪"是导致温病的主因,突破"伏寒化温"的传统认识,从根本上划清了温病与伤寒的界限。

叶桂对医学的贡献,不止在温病学方面,在杂病诊治方面,也有许多独到的见解。叶桂著有《临证指南医案》,此书搜罗宏富,征引广博,按语精当,实用性强。全书不仅比较全面地展现了叶桂在温热时证、各科杂病方面的诊疗经验,而且充分反映了叶天士融汇古今、独创新说的学术特点,对中医温热病学、内科病学、妇产科学等临床医学的发展均产生了较大的影响。《临证指南医案》是中医工作者进行教学、研究,特别是从事临床诊疗必读的中医古籍之一。对于当代中医学者进一步学习和掌握古代医家的临床经验,继承、发扬历代先贤的学术思想,开发新一代中医治疗技术和药品,不断提高临床诊疗水平等,都具有相当重要的现实意义。

代表著作:《温热论》《临证指南医案》《未刻本叶氏医案》。

传奇故事

◆黄连救母

叶桂母亲患病,他总治不好,又遍请城内外名医,也不见效。他便问仆人:本城有无学问深而无名气的医生？仆人说:后街有个章医生,常夸自己医术比你高明,但请他看病的人寥寥无几。叶桂吃惊地说:出此大言,当有真才实学,快请来！仆人请章医生时说:太夫人病势日危,主人终夜彷徨,口中反复念着“黄连”。章医生到叶天士家诊视老太太后,细看过去的药方,很久才说:药、症相合,理当奏效。但病由热邪郁于心胃之间,药中须加黄连。叶桂一听便说:我早就想用黄连,因母亲年纪大,恐怕会灭真火。章医生说:太夫人两尺脉长而有神,本元坚固。对症下药,用黄连有何不可？叶桂很赞同,结果两剂药病就好了。以后叶桂便对人说:“章医生医术比我高明,可以请他看病。”

◆奇疗暴盲

据史载,清代藩宪向为京官,而清代京官没有多大实权,极想外任,所以藩宪听说要到苏州外任,暴喜而盲,急忙差人去请名医叶桂疗疾。叶桂了解他发病详情之后便说:"我是一方名医,怎能如此请我? 必须备全副仪仗来,方可前往。"差人回禀,藩大怒,众人相劝,依允名医要求,若治不好目疾,重罚不迟。于是,令仪仗相迎,但谁也未想到,叶并不去,又说:"去回禀大人,必须由藩夫人亲自请!"藩闻后,怒不可遏,咆哮如雷。在这之间,藩大人怒气未消,而目却忽明,众人难解,叶桂已匆匆赶到藩府上请罪了,对藩说:"我并非无礼得罪大人,而是为了治好大人的病。"藩大人由怒转喜,尽释前嫌,并重礼相酬。叶天士奇术奇在于不药而愈,于是,叶桂以阳治阴,奇术疗暴盲的佳话传遍苏州城内外。

叶桂运用《黄帝内经》理论,心藏神,过度兴奋和喜乐伤神,暴喜将心神荡散,可致暴盲,怒为阳胜,喜为阴胜,阴胜制阳,阳胜制阴,故让藩大人暴怒,以阳制阴,阴阳平衡,暴盲激怒消散。

◆巧治难产

叶桂在治疗疑难杂病方面,强调心理治疗,名医治奇病,奇术疗顽疾,故事趣闻相传至今,人们无不拍案称奇。邻居的一个妇人难产,别的医生已经处好了药方。她的丈夫拿着处方来问叶桂,叶桂在处方上加一片梧桐叶做引子,婴儿立刻就产下来了。后来有人也仿效叶天士在催产方上加梧桐叶。叶天士笑着说:"以前我用梧桐叶,是因为刚好碰到立秋的时节,现在不是秋天,用了有什么益处呢?"

还有一个孕妇难产,因别的医生治不好,勉强支撑着去找叶桂求救。当时叶桂正在下棋,他随便瞅了孕妇一眼,不屑地哼了一声,继续埋头与人对弈。孕妇流着眼泪,再三哀求,连叶桂的棋友也不忍心了,帮孕妇说话。不料把叶桂说火了,顺手举起棋盘,

"叭"的一声甩到地上,棋子顿时撒得四处都是。然后又声色俱厉地对孕妇说:"病来如山倒,病好如抽丝,你急什么? 给我把棋子捡起来!"孕妇因有求于他,只好忍气吞声地把棋子一一捡起。叶桂此时忽然大笑起来,对孕妇说:"好好好,这回孩子自然会顺利地生下来了。"说得那孕妇半信半疑赶回家中,果然应了叶天士的话,顺利地分娩了。叶桂的棋友又钦佩又诧异,问起拾棋子居然能治难产的奥妙。叶桂说:"滚动之石,不长苔藓。我一眼就看出那妇人是捧心胎,当她拾棋子时,佝偻了很久,胎儿的手靠她的运动之力,已离其心窝,所以不得赖在娘肚子里不出来了!"一阵话说的对方哑然失笑:"你刚才好一场真真假假的把戏,连我也给蒙住了。"

◆痘无死症

吴县城郊有一个富商,中年得子,十分宠爱。不料第二年春天,孩子出起了痘子(俗称红花疹)。先是浑身发热,又哭又闹,后来竟昏迷不醒。富商略懂医术,知道这是逆症,病邪内陷引起的痘闭。不但很难医治,而且有生命危险,正急得像热锅上的蚂蚁,忽然想到叶桂,像溺水人抓住了救命草。对此病除了他再无二人救得,可叶桂是当今名医,能屈尊大驾到乡下来吗? 他急中生智,听人说叶桂好斗蟋蟀,便买了几个"骁将",分别放在精致的盒子里,找上叶桂的门来,要和他的"勇士"斗个输赢。结果是两军对垒,各有胜负。富商不服气,说家里还有一位十分厉害的"黑元帅",可以说交起战来天下无敌。一句话惹得叶桂兴起,马上同富商到他家。这时,富商才说出实情,并望叶桂能原谅他因救子心切而不得已用的激将法。叶桂毫不怪罪,只说:"救人要紧! 救人要紧!"当他看到孩子浑身的斑疹混浊凹陷时,大吃一惊,忙叫富商找了十余张新油漆的桌子,然后把孩子的衣服脱光,放在头一张桌子上用手辗转揉搓。待十余张桌子都用过了,已到了五更天,这会儿,孩子终于"哇"地哭出声来,浑身的痘子也全发了。富商见"宝贝"起死回生,对叶桂感激不尽,又赠金,又赠银,但叶天士推辞不要。终因盛情难却,才拿了一盒蟋蟀连夜赶回城了。

叶桂的外孙刚满一岁,得痘症,痘发不出来,抱回家来请他医治。叶天士觉得很难治。叶桂的女儿气得直撞头,对他说:"父亲平常都说'痘无死症',现在就单单外孙儿不能救吗? 那就让我和他一起死吧!"拿起剪刀就要自杀。叶桂不得已,低头沉思了好久,最后把婴儿赤身裸体地抱到一间空屋里去,自己出去和一帮人打斗嬉戏。女儿想看婴儿,门又打不开,叫了几批人去催父亲回来,父亲正玩得高兴,不听女儿的话,女儿哭得死去活来。到了半夜,才去开门看婴儿,痘出得很好,一粒粒就像珠子一样饱满晶莹。原来那间空屋里蚊子很多,叮咬婴儿的皮肤就使痘发出来了。

◆巧治穷病

这天医馆来了一个乞丐,他抓住叶桂的衣袖就问:"人人都称你为神医,说你包治百病,那'穷病'你能治得好吗?"众人听了哄堂大笑,而叶桂却说道:"穷久了也会沾染病气,我开个方子给你,如果明年你不发财,从此我不再行医!"

众人听到这里都惊呆了,个个都竖起耳朵想要听听他的药方,可叶桂却悄悄将乞丐叫到一旁,从口袋里掏出一个布包,又悄悄对他说:"这里有几个橄榄,你只能吃果肉,然后将核种下,明年你要是不发财回来砸我的医馆都行。"

乞丐回去后便根据叶桂的说法,把橄榄种了下来。没想到一年过去了,虽然果树叶子长得很茂盛,但却一个果子也没有。路人见到乞丐天天给这棵果树浇水捉虫这么努力,便好心提醒他:"这种果树前几年是出不了果子的,特别是第一年几乎什么果子也不长,你指望买果子发财怕是要等到猴年马月,还是赶紧去要饭吧!"

乞丐听了路人的话,心中顿时怒不可遏,他觉得叶桂在玩弄他,所以带着家伙就跑去医馆讨说法。

叶桂听后哈哈大笑:"我没有骗你,不出五日你必定发财,若到时候你没赚到钱再来找我也不迟。"

乞丐便只好每天守着自己的那棵树,前三天都没有发生什么奇遇,直到第四天,城中突然有很多百姓来找他讨要橄榄树叶。于是乞丐就靠卖叶子居然大赚一笔,他又拿着这些钱做了小本生意还娶了漂亮媳妇。

事后他带着礼物去感谢叶桂,才知道近两年的这个时间段,城中都会流行一种传染病,而叶神医开的药方中,就有一味药材是新鲜橄榄树叶,而城中只有乞丐这棵树橄榄树枝繁叶茂,瞬间成了稀缺品。

叶桂语重心长地说:"医者都希望世上百病都有药可医,所以在医者眼中,人无贵贱、药也无贵贱,只要能够治好病,就是一片叶子也能够值千金。"

乞丐听到这里,心中十分感动,所谓医者父母心,他发迹之后也常常施粥布药将这份善缘传递了下去。

叶桂其实是我国清朝时期有名的中医大家,他不仅留下了诸多有趣的故事,还是中国第一位发现猩红热疾病的人。而在中国千年历史中,还有无数悬壶济世的良医用一生的时间钻研医学,为我们留下了无数的医典瑰宝。其中的很多药方对于很多生活中常见的小毛病都有很不错的效果,但由于医典言语复杂晦涩,普通人更是很难读懂。

◆巧治红眼病

清代名医叶桂,又叫叶天士。医术精湛,治病常能出奇制胜。

一位病人来找他看病,病人边揉眼睛边哭诉道:"先生,您快救救我吧！我的眼睛疼得火烧火燎的。"叶天士仔细地望了病人几眼,只见这个人的两眼像斑鸠眼似的通红,眼眵堆满眼角,眼泪如同雨后屋檐的滴水一样不停地往下淌。

叶天士看过之后,告诉病人说:"您这眼病倒是不严重,要紧的是您的两个脚心将会长疮,而且后果还很严重,甚至有可能导致双足残废,危及生命。"

病人听后,大吃一惊,哀求道:"请先生一定想想办法,帮我治好这个病,我上有父母,下有儿女,全靠我这个劳动力挣钱吃饭呢！如果我残废了,家里人可怎么活啊！"

叶天士若有所思地想了想,接着说:"好吧！但是你一定要听我的话。"病人毫不犹豫地说道:"我一定照办。就是庄稼人缺钱啊！我没有多少钱来治病。"叶天士说:"你只要按照我说的去做,不用花钱也能治好你的病,就怕你坚持不了。"病人应声答道:"我一定能坚持。"叶天士又说:"那好,从今天开始,你用右手揉左脚心,用左手揉右脚心,每天坚持做一百次,一百天后,你的两只脚心就不会长疮了。"

病人心想,这太容易了。回家后即坚持天天揉脚心,一百天后,两个脚心真的没有长疮,眼病也不知道啥时候好了。

于是,特来感谢叶先生。

叶天士告诉病人说:"你的两脚心根本就不会生疮,但你的红眼病是因有什么心事让你着急上火了,火气上炎所致。我让你按摩足底,就是让你的注意力转移到脚上,而且也可使火热下行。"这种治疗方法叫"引火归源",也叫"引热下行"。

按:中医认为,人体是一个有机的整体。人体各个器官在结构上是不可分割的,在功能上又互为补充。人体由心、肝、脾、肺、肾五脏,胃、小肠、大肠、三焦、膀胱和胆六腑,皮、脉、肉、筋、骨五体,以及眼、耳、鼻、口、二阴诸窍组成的,所有的这些组织与器官又通过全身经络而相互联系起来,最终形成一个信息发达的网状联络图。在这个信息网络中,心是最高"统帅",在它的统领下,各脏腑组织发挥各自独特的生理功能;同时,各脏腑组织之间又需要相互协作,才能有条不紊地进行各项正常的生命活动。

正是基于人体在生理上的整体性,中医在认识疾病时,也首先着眼于整体。人体某一局部的病理变化往往会影响全身脏腑、气血、阴阳的盛衰。从这一观点出发,中医在诊断和治疗疾病时,除了重视病变部位外,还从整体出发,司外以揣内,通过外在的病理变化,判断内在脏腑甚至全身的病变。

此外,人体某一部位的病变对其他部位甚至全身都会产生影响。比如:肝脏病变,根据五行相生相克原理,有可能影响到脾脏,而发生脾的病变,治疗时就要从整体出发,注意脏腑之间的联系,提早采取行动,防止疾病的传变,这就是中医所说的"既病防变"。

中医最忌讳头痛医头,脚痛医脚,因为古人早已注意到人体的整体性和联系性。从人体这个整体出发,确定相应的治疗方法,所谓"从阴引阳,从阳引阴。以右治左,以左治右。病在上者下取之,病在下者高取之"。叶天士大夫正是考虑到了人身的整体性,才没有因为眼病而仅仅用药治眼,反而通过按摩脚底来"引火下行",在治病的同时,既转移了病人的注意力,有利于疾病的痊愈,又为病人省下了药费。

第三十六章

清代名医徐灵胎，著作等身为济世

生平小传

徐灵胎（1693—1771 年），名大椿，一名大业，晚号洄溪老人，江苏吴江人。清雍乾间著名医学大家。二十岁县庠入泮（袭明堂注：科举制度童试录取后准入县学读书，谓之"入泮"，士子俗称"秀才"），"至是更名大业。"（《征士洄溪府君自序》）后因手足连病，侍医制药，转治医，乃弃举子业，故其间所著医书不用大业名，仍署名大椿（见雍正五年的《难经经释》至乾隆二十四年的《伤寒类方》等五部著作自序款识）。

乾隆二十五年钦召称字，遂以字灵胎作名（见乾隆二十九年和三十二年所著《兰台轨范》和《慎疾刍言》自序款识）。此后隐居吴山洄溪画眉泉著书立说，故晚号洄溪老人。灵胎著注医书十余部,理论造诣精深,临证不同凡响,甚为当时和后世医林所称重。先生纯粹自学成才,无师自通,灵胎称号,名副其实,古今杏林,当属凤毛麟角。追溯灵胎生平,或可窥先生成才之一迹,以为后学模范。灵胎于乾隆三十六年夏日,曾自记生平,约半年后逝世,为后人留下了不可多得第一手生平资料。灵胎逝后,其子徐鼎和略缀数行,简记灵胎终丧行迹,以《征士洄溪府君自序》为名刊刻。其自述生平的意义在于"倘他时好余之人,或为作状,或为立传,据摭及之,即不至大失实,亦徒以滋愧耳。故追述生平而自记之,如此以当年谱。"现以《自序》为主线,参会后人考据,叙述灵胎生平如下。

康熙三十二年癸酉(1693年),夏历五月十五日生于江苏吴江下塘毓瑞堂。父养浩,考授州司马,不就选,老于家,精水利,曾聘修《吴中水利志》。母丁氏。祖父釚,字电发,号虹亭,康熙十八年,举博学鸿词,授翰林检讨,纂修明史。未几罢官归田,杜门著书,工词善画,为清初著名辞章家。是时祖父予之名大椿,字灵胎。

康熙三十八年己卯(1699年),7岁。入塾学,日诵数行,犹复善忘。然志气颇异,虽未有所识,似乎不屑随人作生活计。

康熙四十五年丙戌(1706年),14岁。学时文,在同学中稍优。询师得训,遂转研经学,以求终身不可尽之业。始推究《易》理,丙夜默坐潜阅。旁及诸子百家,于《道德经》独有会心,遂详加注释。

康熙四十九年庚寅(1710年),18岁。始讲求水利。遵父命,翻阅水利诸书,录其要领,留意东南利害。

康熙五十一年壬辰(1712年),20岁。从师于周意庭(周之师为朱声始,朱之师为刘念台),功课益进。同年县庠入泮,补诸生,更名大业。质本柔弱而性颇动,始习武艺。是岁四至九月,历时半载,夜坐广庭,对天星图观星,考其经度行次,天星周尽识之。

康熙五十二年甲午(1714 年)，22 岁。习武二年，可举三百斤巨石，身亦便捷，更参悟习练散打母子枪棍技击之法。

雍正二年甲辰(1724 年)，32 岁。书呈县尹，纠错开浚塘河(运河)设计，改深浚为浅掘，改塘岸取土为远岸取土，工省三成，塘以保全。游都门，得会翰林出身之副使陈洪，号圣泉，学问气节推重一时，二人结交心知。

雍正五年丁未(1727 年)，35 岁。著刻《难经经释》。是书二卷，以《经》释《难》，源流互证，间有发明，为灵胎治学门径，读经始于《易》，百子始于老。从源头从难处着手，认真注释，细心揣摩，正本清源，学必有成。其间，从 14 岁开始详加注释的《道德经》，积 20 余年，方脱稿。

雍正六年戊申(1728 年)，36 岁。条陈开浚塘河宜阔不宜深，塘河之土宜留不宜去，粮艘中行，旁不碍商船往来为率，方可费省而利多。

雍正八年庚戌(1730 年)，38 岁。大修塘工。督理办员欲尽行填塞塘上泄水涵洞，此四府咽喉，灵胎具呈江尹陈公、震尹邓公，力阻而事得寝。

雍正十年壬子(1732 年)，40 岁。昆山大疫，汪翁天成亦染此症，灵胎往治之。归后，叶生为记此事。为尤在泾《金匮心典》作序。

乾隆元年丙辰(1736 年)，44 岁。著刻《神农本草经百种录》，书一卷。"择耳目所习见不疑，而理有可测者，共得百种，为之探本溯源，发其所以然之义，使古圣立方治病之心灼然可见。"(《序》)从本草源头开始，方能知药性之真。以药物的形、色、质、气、味等为突破口，多侧面地剖析药物的作用机制和临床功效，充分体现了灵胎独树一帜的辩证思维能力和善于比较分析的研究方法。梳理源头为灵胎治学之根本,成就之根本。乾隆二年丁巳(1737年),45岁。为明水利学家沈江村的《吴江水考》重刊作序。

乾隆四年己未(1739年),47岁。为尤在泾《医学读书记》作序,表达了自己治学的体会:"惟多读古人之书,斯能善用古人之书,不误于用意,亦不拘泥于用意。"乾隆六年辛酉(1741年),49岁。著刻《医贯砭》二卷。《医贯》为明代赵养葵所作,发明薛己之说,力执六味地黄丸、八味地黄丸二方治诸百病。灵胎以为其害无穷,荒诞不经,力为辨砭,以正医林。

乾隆七年壬戌(1742年),50岁。母丁氏目疾,视物不清,无以为娱。聘招老优曲童以博母欢。灵胎亲试四呼五音唱法,老优法以授童,音高节明,迥非凡响。并七广道情之体,凡劝诫、游览、庆吊、赠别,无所不备,付之管弦,遂成一家之体。方《乐府传声》之初脱稿也。""意欲广汉魏以来乐府诸体,尽谱之以传既绝之声,惜未果也。"(《自序》)

乾隆九年甲子(1744年),52岁。参与编修震、吴两县县志,主疆域勘定。

乾隆十一年丙寅(1746年),54岁。《震泽县志》修成。灵胎分修界域、形胜、山水、塘路、桥梁、治水、修塘,共八类九篇,并绘制县图。

乾隆十二年丁卯(1748年),55岁。《吴江县志》修成。灵胎分修界城、形胜、山水、塘路、桥梁、治水、修塘、声歌,共九类十篇,并绘制县图。勘编之时,"遍履其地,细察要害之处,必真确而后下笔。"灵胎所修部分,府志照录不改,亦为定论。

乾隆二十二年丁丑(1757年),65岁。著刻《医学源流论》,亦作《医论》。是书为灵胎的主要医学论文集,充分反映了灵胎先生的医学理论建树和学术思想,集中了毕生治医的心得体会,立言通达平正,虽无惊心动魄之语,但所论多切中时弊,于微细疑难屡有争议之处辨析尤为得力,显现了著者学博而通的深厚功底和丰富老到的临床经验,为灵胎之力作,深为后世称道。

乾隆二十四年己卯(1759 年),67 岁。著刻《伤寒类方》,亦作《伤寒论类方》。是书编撰七年,五易其稿,方无遗憾。集以方类证、方统条文之大成,为后世治伤寒的又一门径,向为研究《伤寒论》者所重视。

乾隆二十五年庚辰(1760 年),68 岁。乾隆皇帝访名医,大司寇文恭公秦蕙田首荐灵胎。九月,大学士文络公蒋溥病,乾隆帝谕召灵胎诊治,其适以病,辞。"后以钦召称字,遂以字名",此后序书署名均作灵胎。此年《阴符经注》撰成,与三十年前完稿之《道德经注》合成一书刊刻。

乾隆二十六年辛巳(1761 年),69 岁。病体稍痊,奉上特旨赴京,与太医同治蒋公病。乾隆皇帝称其"学问既优,人又诚实",欲其留京效力,灵胎以年老多病辞归。著《恩纪略》。"自此筑室吴山之画眉泉,为静养之地,不复远行矣。"乾隆二十七年壬午(1762 年),70 岁。江浙大水。协理浙江巡抚庄滋圃设计引湖入江工程,呈报乾隆皇帝御准后,与庄巡抚仔细筹划,帑银垫费,"民不知役而功已竣。"著《水利策稿》。

乾隆二十九年甲申(1764 年),72 岁。著刻《兰台轨范》八卷。鉴于"时医不考病源,不辨病名,不知经方,不明法度",每病以《内》《难》《伤来》《金匮》为源,下沿《病源》《千金》《外台》支脉,考效近宋之方,前后井然罗列,履迹以为轨范。

乾隆三十二年丁亥（1767年），75岁。著刻《慎疾刍言》一卷，亦称《医砭》。主要针砭医界时弊，如病症不辨，笼统阴阳虚实；治法单一，一方通治既已；滥用温补，不怕病死，只怕虚死。强调辨病精细、立法严谨、用方中肯。

乾隆三十六年辛卯（1771年），79岁。夏日作《自序》，载记徐门八世祖谱，迁徙本末，自己一世作为经历，言辞凿凿，惟恐后人擅纂失实滋愧。十月二十五日奉诏，力疾登程入京。腊月初一抵都，越三日，从容议论阴阳生死出入之理，自作墓前对联：满山芳草仙人药，一径清风处士坟。至夜谈笑而逝。乾隆皇帝赏白金一百两，授儒林郎，谕其子徐曦护丧以归。

乾隆三十七年壬辰（1772年）春，徐曦扶榇旋里，葬灵胎于越来溪之牒字圩新阡。徐曦就灵胎《自序》所未竟者，附缀数行："伏念府君（灵胎）以诸生名达九重，两膺征召，生前知遇，身后荣崇，遭逢盛世，千载一时"，以感恩皇讨。勒刻《征士洄溪府君自序》，以志不朽。清代袁枚所作《徐灵胎先生传》曾欲概括灵胎一生所学："先生有异秉，聪强过人。凡星经、地志、九宫、音律，以至舞刀夺槊、勾卒嬴越之法，靡不宣究，而尤长于医。"（《小仓山房文集》）从不同侧面反映了灵胎的多才多艺，但还没有完全展现其治学成功的全貌。

主要成就

关于治医之缘由和自学经历，灵胎在自传年谱中记述颇详："余之习医也，因第三弟息痞，先君（父亲）为遍请名医。余因日与讲论，又药皆亲制，医理稍通。既而四、五两弟又连年病卒，先君以悲悼得疾，医药之事无虚岁。家载有医书数十种，朝夕披览，久而通其大义，质之时医茫如也。乃更穷源及流，自《黄帝内经》以至元明诸书，广求博采，几（将近）万余卷，而后胸有实获，不能已于言矣。"开始的出发点很朴素实际，上疗君亲之疾，下拯骨肉之厄。但是灵胎的学习是有个人特色的，就是一旦学将起来不会满足于通其大义，一定要穷源及流，于是上溯《黄帝内经》，下及前朝，广求博采，排比梳理，这个工作量相当巨大，推测灵胎能研读清以前医学著作的大部。有调查就有言权，灵胎开始撰写医学著作，发表见解。

关于治医取得的成就，灵胎接着写道："谓学医必先明经脉脏腑也，故作《难经经释》。谓药性必当知其真也，故作《神农本草经百种录》。谓治病必有其所以然之理，而后世失其传也，故作《医学源流论》。谓《伤寒论》烦倒错乱，注家各私其说，而无定论也，故作《伤寒类方》。谓时医不考病源，不辨病名，不知经方，不明法度也，故作《兰台轨范》。谓医道之坏，坏于明之薛立斋，而吕氏刻赵氏《医贯》，专以六味、八味两方治天下之病，贻害无穷也，故作《医贯砭》。谓医学绝传，邪说互出，杀人之祸烈也，故作《慎疾刍言》。"以上是灵胎在《自序》中明确记载的七部著作名称和各自的写作意图，至于《医略六书》以后的以灵胎或大椿署名的著作，灵胎自传中绝无一笔。灵胎这七部传世医著，再一次充分体现了灵胎的治学风格。中医基本经典主要是《黄帝内经》《难经》《神农本草经》《伤寒杂病论》等几部著作，灵胎于斯均有建树，实属罕见。

（1）《难经》为卢国扁鹊所作，内容多为《黄帝内经》释义，问难以发《黄帝内经》奥旨，故称《难经》。但《黄帝内经》广宏而《难经》偏狭，故灵胎又反其道，以《黄帝内经》释《难经》，而作《难经经释》。两经排比对参，考校厘定，再现《黄帝内经》《难经》经义，非经学深厚不可为也。

（2）《神农本草经》乃中药源溯，正确理解《本经》药性，建立研究本草的有效方法,对于胪列药物、组方治病等意义重大。灵胎著《神农本草经百种录》,专以形、质、色、气、味辨药,娓娓道来,真似又一重天。

(3)《医贯砭》的写作目的,灵胎自己说得很明确,不重述。关键是灵胎为了使中医界不再盲目相信一种以偏概全、保治百病的医学理论,所做的辨析和鞭笞,尽管语言有些过激,甚至尖刻,但不避流俗,不怕责难,直抒胸臆的豪爽气魄令人赞叹。

(4)《医学源流论》是灵胎医学论文的专集,较为全面地反映了作者数十年治医学用思考的心得体会。有关元气学说的论述,辨病与辨证、病与主症、病与主方、方与主药的关系,亡阴亡阳之分辨,重视药性专能,提倡溯源治学,反对滥用温补等观点,对后世颇有影响。

(5)《伤寒论》注家唯众,编排各出新意。灵胎潜心于此七载,五易其稿,方遂心意,著成《伤寒类方》。以方类证,方统条文,方药虽简但所治之证杂驳,病出数经可以一方统治。灵胎此番条理经文所成是书乃后世学用《伤寒论》之津梁。

(6)《兰台轨范》是灵胎以自己临证为基础,上溯《黄帝内经》《难经》《伤寒杂病论》根源,下沿唐宋支脉,把学思所至的病证和经历有效的方剂连缀一起,以期规范各科临床。做《轨范》者非大家不可为也,充分体现了灵胎对自己学识能力的自信。

(7)《慎疾刍言》为灵胎晚年深感世俗溺于补剂惧怕攻邪,以致影响病者择医、医家施治,故著此书以匡弊治偏,力使医家病者都能谨慎治疾。

(8)《洄溪医案》虽于灵胎身后80余年面世,因其文理清晰,史实有征,所用手法平实,不尚奇方,与灵胎其人其学其术均相吻合。

内容涉及内科、外科、妇科、儿科诸科，为研究灵胎临床经验提供了不可或缺的资料，且堪为后人临证参考。灵胎的学术思想和医学成就以及对中医学的贡献，集中反映在这 8 部著作中。通过对中医经典《黄帝内经》《难经》《神农本草经》《伤寒杂病论》等研习注疏辨析梳理，使其对中医学源流根柢悉聚于心，挥洒都是有源之水；重视实践，反复历验，悉心揣摩，成竹于胸，引发皆为中的之矢。故可以溯《源流》，说《慎疾》，砭《医贯》，做《轨范》，终成一代国医大家。追溯灵胎无师自通治学成家的过程，其中能够启发鞭策我们的东西还少吗？

徐氏著作尚有《难经经释》《医学源流论》《医贯砭》《神农本草经百种录》《兰台轨范》等。晚年筑室七子山，隐于洄溪。

传奇故事

◆《用药如用兵论》

徐灵胎先生从《黄帝内经》《难经》《神农本草经》《伤寒论》《金匮要略》开始学习中医，之后开始研究《千金要方》《外台秘要》等医书，他认为读书要从源到流，上至灵素根源，下至汉唐各个流派，所以，他的医学著作《医学源流论》就是来源于这样的思想。

徐灵胎先生，生于康熙三十二年，卒于乾隆三十六年，他的一生，曾经两度被乾隆皇帝下诏邀请进京。其中有一次是因为文华殿大学士蒋文恪患病，徐灵胎先生看过之后直言，已经无法医治了，当时，乾隆皇帝认为他非常坦诚朴素，不仅没有罪责于他，还准备留他在京城效力。他拒绝了，乾隆皇帝还奖赏他许多财物，准予他回乡。后来，在他 79 岁高龄，乾隆皇帝再次邀请他进京，因为高龄而且患病，不堪舟车劳顿，此次徐灵胎先生到京城三天后病逝。

为什么说徐灵胎先生是一位从内到外透着自信的医学家呢？

我们来看看徐灵胎先生的《用药如用兵论》。"是故传经之邪,而先夺其未至,则所以断敌之要道也;横暴之疾,而急保其未病,则所以守我之岩疆也。夹宿食而病者,先除其食,则敌之资粮已焚;合旧疾而病者,必防其并,则敌之内应既绝",作为一个医生,特别是中医,首先需要学问基础扎实。临床的时候需要有非常的自信心,对于疾病,要知道它的传变,知道疾病的传变规律,就知道有些问题要尽早处理,就如张仲景所说的"见肝之病,知肝传脾,当先实脾"是一样的道理。他把饮食积滞比喻做敌人的粮草,把旧疾比喻为敌人的内应,这种比喻形象生动,其作为一个医者,这种自信心竟像一位战场上指挥千军万马的将领,让人感觉到一种英姿勃发的气质。

文中还写道:"若夫虚邪之体,攻不可过,本和平之药,而以峻药补之;衰敝之日,不可穷民力也。实邪之伤,攻不可缓,用峻厉之药,而以常药和之;富强之国,可以振威武也。"把病者的身体正气虚弱与邪气的强盛,比喻成国家的盛衰,言辞中又透着对自己国家的热爱以及对国运的关心,这是一位大医才具备的风范。

◆独特的中医自学方法

清代著名医家徐灵胎,生于江苏吴江松陵镇书香门第世家,7岁进私塾读书,14岁学习八股文,开始研学《易经》等经典著作。因徐灵胎的父亲希望其学习水利,日后学成可以造福于民,于是徐灵胎一边用心学习治水,一边积累学习心得,很快便在水利方面学有所成,后期徐灵胎几次提出的水利方案,更是在朝廷实施治水工程时做出重要贡献。徐灵胎人如其名,爱好广泛,学习过武术、音律、星象等多种不相干的学问,并且在多个领域学者中拔得头筹,著得多个领域多本学术著作,属难得奇才。

徐灵胎之所以作为一个多面手，可以领悟到诸家经典中精髓，并可将多种方面的学问吸收消化，学以致用，融会贯通，主要是因为徐灵胎拥有一套自己独特的学习方法，这种学习方式，我觉得也值得我们现代人学习。徐灵胎不只是爱好学习，而且能做到学中有问，学有所悟，据说徐灵胎真正做到了读书破万卷，他独特的学习习惯，是先选择一本自己认为有难度，又感兴趣的经典著作，在学习这本著作之前，先对这本书中所述的学问产生好奇和疑问，带着疑问开卷学习，而且每研读一部分，就撰写这一部分自己的思想所得，最后闭卷后总结出一本属于自己的学得思维笔记。这种学习方式，不同于现代的灌输式学习，把书本上别人的文字思维，生搬到自己脑子里，没有在心中感悟理解。前几日看到一个访谈节目中讲到，几年前有位西藏活佛，他在传授给周围学生知识的时候，就是采用他坐在中间，学生们站在他的周围，将他围成一个圈，由活佛讲述当日要学习的知识，大家边慢慢走路，边提出自己的疑问，再由活佛回答，这种一问一答的学习方式，因为融入了学生对学问的思考，所以成果异常的好，学生中大部分考取了一类学府。

徐灵胎作为一名专业的水利研发人员，真正的开始学习中医，是源于家里的一场灾难。徐灵胎有兄弟五人，在少年时三弟、四弟、五弟三人先后得病去世，父亲也因丧子之痛重病不起，使得徐灵胎对中医学感到质疑和忧心，心想世上这么多诊不明病因、又治不好病的庸医，得有多少家庭和他一样痛失亲人。于是，徐灵胎带着辩伪存真的心态，正式对中医学开始了研究。

学习的路上只有方法没有捷径，徐灵胎通宵达旦的研读中医著作，每读一部分，都会认真思考后写出心得，徐灵胎学习中医不同于其他大家偏钟于那一派别,而是吸收多家经典医理,针对病患全面考虑诊断,三十多岁便在中医学中有所建树。

徐灵胎医术精湛,却是站在水利专业,而非中医圈内人的立场上,以旁观者的视角,客观的评价当时的中医学界,而且徐灵胎为人正直敢言,多次褒扬和批判当时名医大家的著作,成为中医历史上,难得的真正意义上的中医评论家。在徐灵胎一次为一位患"痰核"的病人诊治过程中,他发现病人患"痰核"原因,竟是因许多大夫为其开方含有大量人参补益,造成病人体内形成大量不正常黏性体液,这种"痰核"并非感冒产生的"痰",而属误用人参所得。而且当时中医界,不论患者还是医者,都流行着一股"用参热",大夫开方喜爱用参,富贵人家患者服药剂中含有人参才会安心。对于这些不正常的医治氛围,徐灵胎不与苟同,敢于公开批评圈内不良风气,并因此著《人参论》,以正世人错庸观念。

徐灵胎一生在多项研究领域大放溢彩,尤其在中医学界,著成《难经经释》《神农本草经百种录》《伤寒类方》等诸多经典,徐灵胎才华横溢,人品正直,医术高超,多次为皇室诊病,在年近 80 岁时,第二次进京入宫前病逝。

徐家出身名门望族。他小时候身体柔弱,于是比较重视体育锻炼。他深信古人"流水不腐,户枢不蠹"的说法,并且落实在行动上。年青时他喜欢学习各种武艺,曾专门学习武艺两年,练就一身好筋骨,力气很大,可以举起 300 斤重的大石。他四肢很灵活,且又思维敏捷、头脑机灵,到晚年都身、心强健。

徐灵胎禀赋过人,天生聪慧;博闻好学,志强意坚;身材魁伟,声如洪钟。他少年时就喜欢研读《周易》和《道德经》等道家名著,曾对《道德经》详加注释,对两书中的许多名言都能铭记在心。

对与之相关的星经地志、九宫音律等也无所不究。他和许多读书人一样，年轻时曾经致力于儒学，遍读儒家经史杂书及诸子百家著作，并把朱熹所编《四书集注》读得滚瓜烂熟，对四书中许多观点深信不疑，终身奉行。由于博闻强记，他还兼通天文、地理、数学、水利、文词、音乐、书画、刀剑武技和兵法等学问和技巧。他年轻时曾经两度协助地方专修水利，卓有成效。而他特别擅长的是医学，在医理和临床上有独到的见解和丰富的经验，竟能以刻苦自学而成为一代医学大家。

徐灵胎中年时，其家人接连遭受病患，相继病故了数人。先是他三弟患痞病，虽然没有治好，但因他经常接触医生，耳濡目染，还亲手配制药剂，于是渐渐稍通医理。后来他四弟、五弟又接连病故，造成父亲异常悲伤，也生了重病，长期不愈，终年求医用药。于是他痛下决心，找出祖父留下的几十种医学藏书，发愤苦读、朝夕披览，直到寝食俱废的程度。这样苦学了数年，终于能通明大义。后又从《黄帝内经》至明、清诸家医书，广求博采、穷源溯流，读书万卷、融会贯通，自谓"虽无生死骨肉之方，实有寻本溯源之学"，"自此医道日进，难易生死，无不立辨，怪症痼疾，皆获效验"。在其后五十年的行医生涯中，他洞彻医理、精于临床，经验丰富、疗效不凡，誉满大江南北，病人感颂其德，同道心悦诚服。

双亲去世之后，徐灵胎便隐居洄溪，筑室七子山，自号洄溪老人，在那里采药行医，名望比以前更高，一些达官贵人乃至皇帝都曾经请他去诊治疾病。

乾隆二十五年（1760年），清廷文华殿大学士蒋文恪生病，宫内御医久治不效，皇帝下令征聘海内名医为蒋诊治。大司寇秦蕙田首先推荐徐灵胎，经过仔细诊断，徐灵胎心下了然，密奏皇上，断定蒋文恪的病不可治,过立夏七日即会死去。皇帝非常赞许他的诚实,嘉奖他并命他入宫中太医院供职。他先后六次进宫为皇帝看病。后来请求南归,回到了自己的家乡。

乾隆三十一年(1766年)秋,江宁太史袁枚左臂忽然缩短,不能伸展,多方医治无效,就坐船到洄溪请徐灵胎医治。他曾选徐灵胎的《嘲学究》载入自己编纂的《随园诗话》中,因此也算神交朋友。以前无缘相见,此次幸会,老朋友一样的盛情招待。临别时,徐灵胎赠袁子才一丸丹药,袁枚服后病愈。徐灵胎死后,袁枚为他写了传记。

徐灵胎第二次奉诏入京是在乾隆三十六年(1771年)十月。当时他已经78岁,老态龙钟,且有病在身,自度未必生还。于是他带儿子一起携棺赴京。果然到京三日他就去世了。皇帝深表哀惜,赠儒林郎,赐金,叫他儿子护灵柩南归,葬于越来溪的牒字圩新阡(今江苏吴江市)。徐灵胎生前曾自作墓联:"满山芳草仙人药,一径清风处士坟""魄返九原,满腹经纶埋地下;书传四海,万世利济在人间。"两联妙句,足以作为先生身后之写照。

徐灵胎勤于著述,生平著作颇多。他写的第一部医书是《难经经释》,第二部是《神农本草经百种录》,后面还有《医学源流论》三卷、《伤寒论类方》一卷、《兰台轨范》八卷、《医贯砭》二卷、《慎疾刍言》一卷。《洄溪医案》是徐灵胎的医案专著,是由后人整理编次而成的。全书载各科医案百余例,记录下了徐灵胎的部分行医事迹和临证经验,对后学者有很好的启发作用。

徐灵胎在临床处理上不拘成法,其丰富经验和独到手法则可从《洄溪医案》中窥其端倪。下面从中摘引几则医案,以飨读者。

◆治疗暑痢危症

徐灵胎去太湖之滨为同学赵子云治疗暑痢危症。同学的邻居家刚好有一少妇死了，要往震泽去买棺材。知道徐灵胎在那里后，就请他去看看，是否还能救活。徐灵胎发现她的脉搏已经摸不到了，但心脏还是温热的，皮肤颜色也还没有变，断定是"暑邪闭塞诸窍"，还没有完全死。随即开了一张清暑通气的处方。几天后，赵子云的儿子来看徐灵胎，说那少妇服下一剂药就能说话；服两剂就能转动身子；服三剂就完全好了。

◆热极生寒

洞庭的卜夫人，得了怕冷的毛病，有一位名医用人参、附子给她治疗。十年间服了几十斤附子，反而更怕冷了。才入初冬就四面都用火围着她烤，身上穿几重棉衣，仍然冷得打抖。徐灵胎认为是内有热邪、逼阴于外，属于《黄帝内经》里说的"热极生寒"的症状，应该"散其热，使达于外"。他用几两芦根，煎清凉疏散的药物给她当饮料喝。服了三剂就不用烤火了；服了十剂就减少了身上的衣服。又经常服养阴药，身上反而觉得温暖。过了一年，积在体内的附子毒素发出来了，周身像火烧一样，服寒凉药反而好受些。随后又周身和头、脸、口、鼻都生热疮，下体都腐烂了，脓血淋漓的。徐灵胎用外科治热毒的方法给她治，一年才完全治愈。以后年龄越大反而越觉得身体热，与以前相反了。

◆阳气不接，卫气不闭

嘉善的许竹君，其夫人生病，医生用了过多发散药虚其表，接着又用补养药固其邪，风邪深入到营分，怕风就像怕箭射一样。关着门藏在家里好几个月，完全不见日光，有一点微风就发冷、发热并晕倒。徐灵胎去她卧室诊病，见窗户都用两层布遮着，床前张着帷帐，外面又用布单子围起来。其脉象微、软而没有阳气。徐灵胎说，开头用药有误，后来又过于避风，以至于"阳气不接，卫气不闭"，现在必须照阳光，而且要在太阳下晒，服药才有效。其夫说，见太阳就必然有风，怎么办呢？徐灵胎说，暂且把房顶的瓦去掉，让太阳光下射，在屋里晒太阳怎么样？于是如法施行。经过三天的治疗，就能打开窗户了；治了十天后就不怕见风了，病也全好了。第二年，其夫带家眷去京都，船停在码头上，来请徐灵胎给她开一张经常服用的处方。当天刮着大风，在舷窗边给她诊脉，徐灵胎都觉得怕那个风，而她却一点不怕。

◆生大黄妙用

淮安的大商人杨秀伦，七十四岁了，因为感冒而致消化不良。医生因为他年事已高、家中又富有，就只给他服补药。弄得他一闻到饭的气味就发呕，看到别人吃饭就叱骂道：这种臭东西，亏你们怎么吃得下？整整一个月，他不吃不睡，只好用人参汤保着命。徐灵胎诊断后说：这个病可以治，但我的处方你们必然不给他服用，不服用就必死。如果按你们的意思处方，也会死，还不如不处方。家中众人问：应该用什么药呢？徐灵胎说：非用生大黄不可。众人果然吓了一跳。药煎成后，徐灵胎亲自拿药到病人那里去强制他服。众人惶恐而又没办法，就只准他服一半。当天晚上就气息平稳而能睡得着觉了，但没有拉屎。第二天全服了一剂，拉下少量陈粪，身体更和顺了。第三天一大早，徐灵胎还没起床，外面闹哄哄的说：老太爷（病人）在堂中扫地，要亲自来感谢先生。一会儿果然到徐灵胎的卧室里来，谈了好久的话。开早饭时，病人看人吃饭，就向自己碗里撮了几粒，嚼了几下说：怎么不臭了呢？从此就渐渐地吃起饮食来，精神也恢复得和以前一样了，人们都感到很惊奇。

◆试胎

徐灵胎去探望他的族兄龙友，坐谈之间，有老太太惊慌地跑来说:没救了啊!徐灵胎惊问原因,龙友说:我侄儿媳妇生孩子,两天都没生下来。徐灵胎建议去看一下。去一看,浆水已经干涸,产妇已经疲倦得说不出话来,接生婆还叫她往下使劲。徐灵胎说:别怕,这是"试胎",还不会生呢,不要强迫她生。叫人把她扶正安稳地躺着,一个月后才会生,生时必然是顺产,而且是生个男孩儿。接生婆听了微带嘲笑、不以为然,而且说:这是谁啊,说这种大话。我接生了几十年,从没看见过像这样子还生得下来的。产妇家里人也半信半疑。徐灵胎给她开了一张养血安胎的处方,一服用就胎气安和,完全没有生产的迹象了。过了一个月,果然生下一个男孩,而且生产过程非常容易。众人都觉得太神了。龙友非要请灵胎解释缘由。灵胎说:凡是胎气旺而母亲有风寒劳碌等干扰的,胎儿就会往下坠,像要生产的样子,用安胎药就行了。不知道的人以为真要生产,强迫产妇用力,就会导致胞浆破流,胎儿就不安全了。我诊她的脉很旺,而胎儿月份不足,就知道不会生产。但强迫她生产,已经动了胎气,将来生产时必然容易。她的左脉很旺,故知是男胎。这些道理都很浅近,只是人们不知道罢了。

◆恶痘

吴超士家的男仆,已20岁了,跟随他去戏院里看戏,因发寒热而先回家去了。半夜的时候不住地呻吟。第二天大早去看,居然藏在床底下,声称一群鬼要杀他。把他拖出来看,身上全是麸壳一样的细点子。徐灵胎说:这是"恶痘"啊。皮肤都呈暗紫色,赶紧用升麻、羌活、生地等药煎汤给他灌下去。三天后痘形出来了,周身被痘覆盖得没有一个小孔,头面部分还重重叠叠长痘。徐灵胎始终用滋养气血的药物,时医所用那些猛烈的恶药一样也不用。二十多天才结痂,痂颜色焦黑,结成手掌大小一片一片的,形状像破水缸的陶瓷片。剥去这些痂片后,人都完全变了一副模样,看到他的人都认不出是谁了。

◆再长灵根

濮院的沈维德,患了"下疳"病,外生殖器连根都烂尽了,尿从骨缝中流出来,渗灌到阴囊里,连肛门都烂进去半寸深,痛苦得大声哀号。用车载到徐灵胎家,只求保住命就万幸了。徐灵胎也没治过这种病,只好尽力而为。用解毒养血的药给他内服,外敷药一用就痛,换了好几次处方,找到不痛的药外敷。两月后结痂并能行走,只是阴茎没有了,只留下一点根。徐灵胎曾读过一本秘籍,内有"再长灵根"的方法,要用胎狗一只。刚好家里的狗产了3只小狗,就取了一只来,用泥裹着在火里煨干,和药一起碾碎,给了病者。过了两年,病者的妻子忽然生了一个孩子,同族的人全都大哗不解:他已无外生殖器,怎么能生孩子呢? 病者的岳父徐君偷偷地向病者打听,沈维德说:"我服药后阴茎已长,生儿子有什么可疑呢?"徐君便把族人召集起来一同检查,果然已经长出外生殖器来了。后来又生了一个儿子,众人才不作声了。这件事远近传遍,以为神奇,一直有人当作逸闻来传述。(案:这在医学上也算一个奇迹。据后世医家评论,徐灵胎在外科、疡科方面也是第一流的专家水平。)

◆徐郎不是池中物

徐灵胎20岁入县学,有着一番大志向,更名"大业"。但是,随着时间的流逝,他渐渐地对不务实的科考八股文心生厌倦。徐灵胎作《时文叹》谓:

读书人,最不济;

烂时文,烂如泥。

……

三句承题，两句破题，

摆尾摇头，便是圣门高第。

可知道三通四史是何等文章？

汉祖、唐宗是哪朝皇帝？

案头放高头讲章，

店里买新科利器。

读得来肩背高低、口角唏嘘。

甘蔗渣儿嚼了又嚼，何滋味？

辜负光阴，

白白昏迷一世。

就教他骗得高官，

也是百姓朝廷的晦气！

终于，在一次岁考时，他在答卷上题词：

徐郎不是池中物，肯共凡鳞逐水游？

人言"因行为狂放而被剥夺功名，遂绝意仕途"。何尝不是徐郎主动跳出池子呢？

徐灵胎可不是偏激、只会耍嘴皮子的愤青，而是地地道道的奋青——奋斗的青年。不信，看人家简历：清代著名医家。字灵胎，又名大业，江苏吴江人。祖父徐釚，曾任翰林院检讨并参加纂修《明史》。他学有家传，通天文、水利等，更工诗文。年轻时因见家人多病而学医，前后行医50年，经验丰富，两次被皇廷召征入京治病。晚年隐居洄溪画眉泉，因号洄溪老人。著述较多，有《难经经释》《神农本草经百种录》《医贯砭》《医学源流论》《伤寒类方》《慎疾刍言》《兰台轨范》等，并曾对《外科正宗》《临证指南》加以评定。另有未刊稿《管见集》等。重视理论,能溯医术之源流,有一定的批判精神,对太素脉等唯心主义谬说加以批判;在医疗上不拘成法,反对滥用峻补辛热药剂的时风,主张医生必通药性,反对庸医。但在某些方面有较浓厚的保守思想倾向。

◆准确判断病人死期

乾隆二十五年(1760年)九月,文华殿大学士蒋溥患重病。乾隆命太医诊治,太医们束手无策。蒋溥出身于常熟官宦之家,为户部尚书蒋廷锡之子,雍正八年状元,是乾隆皇帝倚重的重臣。于是乾隆帝让诸位大臣推荐名医。刑部尚书秦惠田,对徐灵胎的医术素有耳闻,推荐了他。于是,乾隆皇帝命人去请徐灵胎进京。当时徐灵胎正在病中,不得不请辞。直到第二年正月,病好转后才进京为蒋大学士诊病。徐灵胎一到京城,乾隆便命徐灵胎与施、孙两大医一起拟方。徐灵胎诊视后,认为"疾不可治",并判断"过立夏七日则休矣"。后来,果然被言中——蒋溥在四月立夏过后逝世。

病本来就是不治之症,纵然华佗再世,也无能为力。知不治,更能判断死期,绝对是高明的医生。在现代,这种医术和精神也是首屈一指的。

乾隆十分欣赏徐灵胎,称赞他"学问既优,人又朴诚",想将他留在太医院供职。但徐灵胎以年迈多病为由,执意要返回故里。乾隆皇帝是个明君,并没有强人所难,就趁着徐灵胎返乡之前,连下特旨六次,请徐灵胎为王公大臣、皇亲国戚看病。这年五月初四,徐灵胎启程返回江苏吴江,隐居洄溪画眉泉,专心著书立说。

◆对症下药救人命

举一个例:苏州府有一杨姓青年,30多岁,因为偷用了父亲一笔钱去玩乐，被父亲当众斥责，卧病在床。其人原本有点体虚，加上被责骂而郁怒，出现了发热、头痛、身痛等证，后来开始身重、神昏。请来医生，认为是虚证，每天给用三钱人参。没过多久，病情变得更重了，口不能言，身体开始强直。一看这情况，感觉没救了，一家人围着病人哭哭啼啼。后来有人建议，请来了徐灵胎。

徐灵胎望、闻、问、切脉毕，又按其体，发现遍身长满了痰核，于是心中明了，这并不是什么不治之症。于是笑言："用大板重打四十也不会死的。"老父亲听了，半信半疑，道："到现在吃人参都花费了千金了，也没能治好。如果您能治了好当以千金为谢。"徐灵胎不以金钱为意。立刻给开出了方子——清火安神极平淡之方，另加了一种神秘的末药（药面）。神奇的是，三日就能说话，五日能坐起，一月行动如常，病就好了。这是个有钱的人家，病人有惊无险，于是大摆宴席请客。徐灵胎自然也在被请之列。徐灵胎是个十分幽默的人，半开玩笑地说道："君服用人参千金越吃病越重，服我的末药痊愈了，药本钱可是得要付的。"病人的大舅母在旁边搭话："这是必须的，请先生明示多少钱？"徐灵胎答："增病的人参值千金，我这祛病的药价值自然得加倍了！"这可不是一笔小数目，病者面露惶恐色。徐灵胎微微一笑，道："不要惶恐，不过八文钱，萝卜子末而已。"正好病人还有服剩下的几服药，于是拿过来，大家一看、一闻，果然就是萝卜子碾的末。众人大笑。实际上，这个病人得的是痰热实证，用人参补虚是错误的，越补痰邪越凝滞，所以周身起痰核。病人虽然症状全消了，痰核半年之久才消下去。

庆幸的是，幸好痰结在肤膜便为徐灵胎所救，如果日久入脏就没得救了。

　　这个病例，是前医犯了"虚虚实实"之戒！实证用补，庸医一枚。

　　可见，病之当服，萝卜子便是至宝；病之不当服，人参就是砒霜。

第三十七章

清代名医黄元御，著作颇丰传后世

生平小传

黄元御，名玉路，字元御，一字坤载，号研农，别号玉楸子。清代著名医学家；尊经派的代表人物；乾隆皇帝的御医，乾隆皇帝亲书"妙悟岐黄"褒奖其学识，亲书"仁道药济"概括其一生。他继承和发展了博大精深的中医学理论，对后世医家影响深远，被誉为"黄药师""一代宗师"，清军四川军医馆——久真堂的祖师爷。

黄元御为明代名臣黄福十世孙。祖运贞，廪贡生，候选训导；叔祖运启，顺治戊戌科进士，官至兵科给事中；父钟，邑庠生；兄德润，增生；德淳，监生。黄元御出身于这样一个世代簪缨的书香门第，自幼深受家学影响。少年时代，其父为之延请侨寓昌邑的名儒于子遽先生为师，学习举业制艺，遍览经史著作，希望他能够登科入仕,光耀门庭。黄元御也"常欲奋志青云,以功名高天下",效其先祖黄福,做出轰轰烈烈的勋业。

雍正二年(1724 年),甫近弱冠之龄的黄元御考中邑庠生。雍正十二年(1734 年),黄元御三十岁,因用功过勤,突患眼疾,左目红涩,白睛如血,不得已延医就诊。而庸医误用大黄、黄连等寒泻之剂,致脾阳大亏,数年之内,屡犯中虚,左目完全失明。科举时代,五官不正,不准入仕,遭此劫难,黄元御的仕进之路被彻底断送。在哀痛之余,当地名医、好友刘太吉劝他学医,他发愤立志:"生不为名相济世,亦当为名医济人",走上了弃儒从医的道路。苦读历代中医典籍。

黄元御凭着深厚的文化功底,又得到刘太吉认真传授,苦读历代中医典籍,数年奋斗,浸淫有成,开始悬壶济世。在行医过程中他又不断总结经验,医术精进,医名大盛,时人将之与诸城名医臧枚吉并称"南臧北黄"。

黄元御从医伊始,是从研读张仲景的《伤寒论》入手的,然后《金匮玉函要略》,黄帝、岐伯《黄帝内经》,扁鹊《难经》等中医根本典籍。他奉仲景等四人为"医门四圣"。他认为"四圣"之外,历代名医持论多有偏失,以至误诊死人,其根本原因是因为"四圣"之书错简零乱,兼之历代传注谬误所致。因此发愿致毕生精力,对"四圣"之书,从源到流,重加考订,还其本来面目,以凭后世遵循。

乾隆二年(1737 年),黄元御开始酝酿《伤寒悬解》一书的编著,并着手撰写《素灵微蕴》,乾隆五年(1740 年)九月完稿,四卷二十六篇,在该书中黄元御首次提出了"培植中气,扶阳抑阴"的诊病理论。对于中气他给予了形象的比喻:"精如果中之仁,气如果中之生意,仁得土气,生意为芽,芽生而仁腐,故精不能生,所以生人者,精中之气也。"有本于此,在施治中他始终贯彻了重视脾土、扶阳抑阴、厚培中气的施治原则,这是他对中医学理论的进一步发展。

乾隆十三年(1748年),黄元御游幕至清江阳邱,阳邱风景秀美,黄元御亦心清气廓。其间,他南游会稽山,拜谒禹陵,自谓:"身登会稽,亲探禹穴,目睹越国江山……乃有著作斐然之志"。同年四月,他开始撰著《伤寒悬解》,七月三日草成,计十五卷。八月下旬又撰成《金匮悬解》二十二卷,时年44岁。

乾隆十四年春(1749年),黄元御初草《四圣悬枢》一书,辨析瘟疫痘疹之义。二月作《四圣心源》,解内外百病原始要终,仅草创大略篇目,因事辍笔。乾隆十五年(1750年)四月,黄元御北游至京,适乾隆帝有疾,众太医萎思无策,经举荐,黄元御入宫视疾,药到病除,以精湛的医术得到了乾隆帝的特别青睐,亲书"妙悟岐黄"以为褒赏,并恩赐御医。从此,黄元御开始了供职太医院的生涯。

乾隆十六年(1751年)二月,乾隆帝首次南巡,黄元御伴驾至杭州,其间著方调药皆有神效,深得乾隆帝及内外臣工赞誉。四月间,黄元御乘闲便道至清江旧寓,继续编写《四圣心源》一书,"十得其九,厥功未竟""六月删改《四圣悬枢》,誉清定稿。"八月十五日开舟北上,回到京城。直至乾隆十七年(1752年)十月,黄元御写毕《天人解》一章,经过四年时间,《四圣心源》终于脱稿。在《天人解》中,他极力阐发《黄帝内经》:"善言天者,必有验于人"的观点,高度重视阴阳五行学说的运用,并善与四时相联系,从阴阳变化、五行生克、脏腑生成、气血原本以及精神化生等方面阐述气化自然的妙义,影响巨大。

侍君几年中,黄元御并不得意,这种心情在《四圣心源·序》中说得非常明白："顾自己巳以至壬申,历年多矣,元草未就,则天既长与以穷愁之境,而不频假以萧闲之日,帝眷之隆,何可恃也? 良时非多,勖之而已。"繁庶之务使他没更多的时间完成著述,黄元御为荒废了这许多宝贵时光而深自惋惜。此后的日子里,他更是惜时如金,全身心地投入著述中去。

乾隆十七年(1752 年)杂谷土司苍旺为乱,四川总督策楞、提督岳钟琪乘机调兵遣将,奏请平乱。鉴于第一次金川之战大批清军水土不服、疾病缠身,致使战斗力低下、伤亡惨重的情景,据说乾隆皇帝认为军士病症皆是经络不通,气血不循,正气不足造成,所以着尊经派的太医院御医——黄元御署理川军军医馆——久真堂,提供解决将士水土不服之症的方略。

临危受命的黄元御仔细了解了西藏的气候,官兵高原缺氧和高寒以及流行的伤寒、咳嗽等形象,予以将宫廷的秘方、宫廷中御药房中治疗肺病、咳嗽最好的药材和西藏的虫草、贝母、红景天等名贵药材为伍,又使用名贵滋补药材作为强劲官兵体魄的药引子,还把宫廷御药房银质药具和部分宫廷御药房佣人一同带往成都,秘制出各类强劲体魄,提高免疫力,抗高原低氧环境的膏、丹、丸、散用于清军携带服用,以克各类低氧、伤寒、咳嗽、倦怠、疲惫等病症。

乾隆十八年(1753 年),黄元御 49 岁,春二月,取张仲景著作中的方药加以笺解疏证,著《长沙药解》四卷,载药一百六十一种,方二百四十二首。乾隆十九年(1754 年)三月又撰成《伤寒说意》十卷。该书以传经入说,辩论分析,多启迪后学门径。同年六月八日,撰成《玉楸药解》八卷,以补《长沙药解》之未备,他在该书中首创了用浮萍治疗瘟疫的疗法。至此,黄元御已完成医书八部,即后世所称《黄氏八种》，时年五十岁。因过度劳神，此时的黄元御已是身疲神怠，门人毕武陵请笺注《素问》《灵枢》，"自唯老矣，谢曰不能"。

乾隆二十年（1756年）初春，在门人毕武陵的再次推请下，黄元御着手笺释《素问》，至十一月书成，计十三卷，定名为《素问悬解》。此书中的"五运六气，南政北政"之说，大为发前人之未及。乾隆二十一年五月二日，黄元御完成《灵枢悬解》九卷，五月十六日至二十二日，用七日时间撰毕《难经悬解》二卷，此即所谓黄氏医书三种，合前八种，共计十一种。另尚有《玉楸子堂稿》一书，为黄氏医案、杂著。

黄元御不但深于医学，道学、经学造诣亦相当深厚。乾隆二十一年（1757年）二月，他在从事医著之余还应友人澹明居士之请写了《道德经解》一书，诠释其哲理，发挥其奥义。1757年六月又在精研易理十余年的基础上完成《周易悬象》一书，阐发阴阳八卦爻辞变化之理。四库馆臣评其《周易悬象》谓"近人说《易》中，独可谓学有根据。"给予了很高的评价。

乾隆二十二年（1758年），黄元御在行医、著述生活中因过度劳累，身体中虚，渐成重症，抱病回到故里，居于昌邑城南隅书斋，至乾隆二十三年（1758年）九月十七日戌时，溘然长逝，时年五十四岁，归葬新郭祖茔。乾隆皇帝得知黄元御过世的消息后深感痛惜，亲书"仁道药济"四个字缅怀其一生的医术与医德。"仁道药济"意为"行仁道，以药济"，黄氏门生尊其为习医祖训。

主要成就

中国是一个文明古国，它自成体系的东方文化，明显地区别于其他体系的文化，但文化本身总是各自独立又互相渗透。中国天文学、中国历法学、中国农学乃至中国文学、艺术都有其民族特色。中国的固有医学,我们叫做中医。中医学就是在不断地吸收同时代的自然科学知识丰富和发展起来的仅《黄帝内经》一书就医学、哲学、数学、气象学、物候学、天文学、历法学、地理学于一体,从而形成一部以中医学为主体的百科全书。在漫长的历史长河中,中华民族这块沃土上,造就了大批中医人才。清初,山东出了一位知识渊博、才思横溢而又被人非议的名医——黄元御。本文试从中医学的结构及黄元御的生平,谈一下他的学术思想和医学成就。

结构有整体性、转换性和自调性。结构的整体性是说结构具有内部的融贯性,各成为在结构中的安排,是有机的联系,而不是独立成分的混合。整体与其成分都由一个内规律所决定。具有代表性的中医学著作《黄帝内经》《难经》《伤寒论》《金匮要略》等著作,就是在不断地吸收同时代的自然科学知识丰富起来的。中医学的结构,由医学(狭义)、医术、医道三个级层。

医学:指中医对人体生理、病理的认识,疾病的概念及其防治。其内涵主要是医疗。

医术:是术数,中国特有的象数哲学在医学上的应用。是以符号逻辑方法阐明自然界的规律及其普遍联系的自然哲学理论,它对于揭示中医理论的科学内涵具有重要方法论意义。

医道:主要包涵医学哲学。

历代德高望重有真才实学的老中医,都有文史哲的雄厚基础,而精通医学(广义)。故有"文是基础医是楼"之说。这实际最形象地说明了医学巨匠大师们的知识结构。

黄元御,名玉路,以字行。又字坤载,号研农,别号玉揪子。清代山东昌邑黄家辛部村人。为清代诸生,约生于公元1705年,卒于

1758 年。黄氏出身于书香门第，素有才华，聪明过人，"诸子百家书籍，过目冰消，入耳瓦解"。而且是一位很有抱负而致力于学问研究的人，自称"涤滤玄览，游思圹埌，空明研悟，自负古今无双"。不幸三十岁时患目疾，为庸医所误，左目失明。自此深感医之重要，遂"委弃试帖"，弃举子业，"考镜灵兰之秘，诅读仲景伤寒"，对《黄帝内经》《难经》《伤寒论》《金匮要略》等经典著作，刻苦攻读，溯本求源，理论结合实践，终于成为一代名医。这与他坚实的文史哲基础是分不开的。

黄元御的著作，已知有十四种，医籍十一种，已刊行八种（《伤寒悬解》《金匮悬解》《四圣悬枢》《四圣心源》《长沙药解》《伤寒说义》《素灵微蕴》《玉楸药解》），未刊行三种（《素问悬解》《灵枢悬解》《难经悬解》），另外尚有《周易悬象》《道德经悬解》《玉楸子堂稿》等非医学著作三种，这充分说明了黄氏熟谙黄老之学，精通象数易，而古代的《周易》中也没有直接谈到医。至明代张介宾才直接认为医乃是易用以研究人体之学。将医纳于易体系中。故此，黄氏是继景岳之后，又一位集"易"与"医"于一体之大成者。

黄元御对人体奥秘的研究，是以宇宙基本的真理大道为基础，以太极模型、阴阳、三五之道的五行为运筹和协原理，把气候、地理、医术各学科统一成整体，从而把人体生命本源的研究和天地之源的研究联系起来。黄氏认为"太极"是宇宙的本和源，"天人相应"说是祖国医学理论的组成部分，故有"人与天地相参也，阴阳肇基，爰有祖气，祖气者，人身之太极也"的论述。同时，他用象数易的哲理将脏腑、经络、气血、津液、皮肉、筋骨、毛发、空窍、精神等都赋以阴阳的属性，并解释的透彻入微。

黄氏崇尚《黄帝内经》"善言天者必有验于人"的观点，提出

"未识天道、焉知人理"的见解,并做"天人解",并以阴阳变化、五行生克、脏腑生成、气血原本及精神化生等十六个方面阐述了天人观。黄氏以太极精微,阐明五行精微,认可五行"皆以气而不以质",指出"成质则不能生克矣"。并按照易经"天一生水,地六成之;地二生火,天七成之;天三生木,地八成之;地四成金,天九成之;天五成土,地十成之"的术数理论,来解释五行的生成数。指出阴阳的生成数,是出于阴阳匹配变化。从而论证了古人的"天地生成,莫不有数"的论断。同时对《尚书·洪范篇》"木曰曲直,金曰从革,火曰炎上,水曰润下,土爰稼穑",及"润下作咸,炎上作苦,曲直作酸,从革作辛,稼穑作甘"的记载,从秉气和气化方面作了解释。综上所述,由于黄氏对《周易》研究极深,从而洞悉了自然规律的真理大道,控制了术数运筹和协的原理,达到了"上知天文,下知地理,中和人事"的深度和广度。故此,在医学上有很大的成就。昭先圣之大德,作人生之大卫。

黄元御学术精湛,极力奋进,著述宏伟,标新立异,敢创新说,是一位有胆有识的学者。他从习医开始至去世只有二十一年的时间,除去学习阶段和临床实践外,竟能完成著作十四部之多。纵观黄氏著作,剖析其学术思想,他推崇岐伯、黄帝、越人、仲景,并称之为四圣,称其著作"争光日月"。他对《黄帝内经》《难经》《伤寒论》《金匮要略》均有精辟的见解,确有"理必内经,法必仲景,药必本经"之感。

乾隆十三年(1748年)黄氏著《伤寒悬解》十五卷。是书大旨,谓汉代张机因针灸刺法已失,而著作《伤寒论》以治外感之病。其理则岐黄越人之理,其法则因岐黄越人之刺而变通之。立六经以治伤寒,从六气也。制汤丸以疗伤寒守五味也。并以简篇多因失次,因之解其脉法,详其经络,考其变常,辩其宜忌,凡旧文之伪乱者,悉为更定。

乾隆十八年(1753年),著《四圣心源》十卷。黄氏于《素问》《灵枢》《难经》《伤寒论》《金匮玉函经》五书,已各为之解。复融贯其旨,而著此书。这是一部以临床医学为主,结合基础理论的综合性医书,又是一部将医学(狭义)、医术、医道融于一体的医学著作。黄氏的学术思想,在此书中可窥其梗概。黄氏根据《黄帝内经》中"天人合一"的理论,而重点阐述"天人解""元气解""六气解"。其在"劳伤解"中,极力阐发其"崇阳而卑阴"的学术观点,反对"贵阴贱阳"之说,虽言词过于偏激,但促进了学术争鸣,从而使各家学说竞相发挥,推动了医学的发展。

同年,黄氏又完成了《金匮悬解》二十二卷的著作。黄氏谓:金匮治杂病,大旨主于扶阳气,以为运化之本,自滋阴之说胜,而阳自阴升,阴由阳降之理,迄无解者,因推明其意以成此书。其于四诊九候之法,解释颇详。

乾隆十八年(1753年),著《长沙药解》四卷。黄氏根据伤寒一百一十三方、金匮七十五方,合二书所用之药,共一百六十种,各为分析排撰,以药名药性为纲,而以药方用此药为目,各推其因证主治之意,颇为详悉,从而另辟径溪,开从药物性能研究经方之先河。

乾隆十九年(1754年),黄氏著《伤寒说意》十一卷。黄氏根据《伤寒悬解》文简意奥,非读者所能通晓,故会通仲景大意,而后著此书,以开初学伤寒者之门径。

同年,黄氏尚有《素灵微蕴》四卷问世。以胎化、藏象、经脉、营卫、藏候、五色、五声、问法、诊法、医方为十篇,又病解十六篇,多附以医案。其虽多处诋诃历代名医,但不失为一部理论联系实践的有价值的医学著作。

斯年,黄氏还有《玉楸药解》四卷问世。是书谓:诸家本草,其论有可用者,有不可用者,乃别择而为此书。故后人有评:大抵高自位置,欲驾千古而上之,故于旧说,多故立异问,以矜独解。

至于《素问悬解》《灵枢悬解》《难经悬解》三种未刊行著作,据《四库全书》所述,黄氏认为素问八十一篇,秦汉以后著竹帛,传写屡更,不无错乱,因参互校正,而作《素问悬解》十三卷。如五运六气南政北政,旧注以甲乙为南政,其余八干为北政。元御则谓天地之气,东西对峙,南北平分,何南政之少,而北政之多。并谓东西者,左右之间气,故不可言政,此南北二极之义,其论为前人所未及。同时,"亦以经文错简为说"著《灵枢悬解》九卷;以《难经》"旧本有伪,复多所更定"著《难经悬解》两卷。

黄元御以其高超的理论,渊博的知识,非凡的医学成就纵横捭阖于医林之中。尽管他对唐以后历代医家持有否定态度,"自命甚高,欲驾出魏晋以来医者上,自黄帝、岐伯、秦越人、张机外,罕能免其诋词者",但就其医学经典著作的研究上,及其结合临床经验的大胆发挥,总结写出了多种有独特见解的传世之作,其影响是深远的,是无可非议的。清代张琦在《四圣心源·后序》中对黄氏的医学成就的评价,尚有中肯:"能读黄氏之书则推脉义而得诊法,究药解而正物性,伤寒无夭札之民,杂病无膏肓之叹,上可得黄、岐、秦、张之精,次可通叔和、思邈之说,大可除河间、丹溪之弊,昭先圣之大德,作人生之大卫"。

传奇故事

黄元御为明代名臣黄福十一世孙。他出身于世代书香门第,自小聪颖,超乎常人。少年时代,其父为之延请名儒于子遽先生为师,遍览经史著作,希望他登科入仕,光耀门庭。黄元御也"常欲奋志青云,以功名高天下",渴望于仕途中成就一番大事业。他15 岁即为诸生,18 岁就中秀才,前途一片光明。

◆庸医误治誓当名医

正当黄元御踌躇满志、美好的前程即将在他的脚下展开时,雍正十二年(1734 年),黄元御因读书用功过度,突患眼疾,不得已延医就诊,却遇上庸医误治,数年后左目失明,这无异于一个巨大的打击。更加雪上加霜的是清代科举,五官不正者,均不能入仕。

命运多舛的黄元御没有被挫折打倒,哀痛之余在当地名医、好友刘太吉的劝说下,发愤立志:"生不为名相济世,亦当为名医济人。"自此他放弃了学习多年的四书五经,师从乡里名医于司铎,闭门谢客,昼夜苦读,精研《黄帝内经》《难经》《伤寒论》《金匮要略》等医学经典著作,走上了弃儒从医的道路。他广泛涉猎诸家学说,并诊病问疾,经过多年苦读及实践,他的医术远近闻名。

◆诊治有功出任御医

乾隆十五年(1750 年),皇帝病了,几经调治,不见好转,太医束手无策。时值黄元御游学帝京,被荐到皇宫为乾隆皇帝诊治,几剂药后,竟然病愈。于是,乾隆皇帝御笔题词"妙悟岐黄"的匾额,以示褒奖,并留黄元御在宫中为御医,还赐给他一副玉石象棋,一个楸木棋盘,黄元御因此有了"玉楸子"的雅号。从此,黄元御开始了供职太医院的生涯。乾隆十六年(1751 年),皇帝巡游南方各地,他作为御医随驾四方。

◆急流勇退潜心治学

黄元御事君数年,制方调药重视温补调养,疗效颇佳,正当他甚得皇上欢心时,黄元御却认为自己"历年多矣,元草未就,帝眷之隆,何可恃也",繁庶的事务使他无法全身心地投入著述中去,也无法实现自己名医济世的夙愿。所以,他放弃了御医的高官厚禄,托故离开皇宫,回到了民间。从此,黄元御一边潜心治学,一边热心地为百姓治病,成为一代医学大师,实现了他不为良相即为名医的夙愿。

◆医学著述流传于世

黄元御开始学习医术的时候,首先是从精心研读张仲景的《伤寒论》入手的,继而研读《黄帝内经》《难经》等中医典籍。他在《四圣心源·自序》中说"医有黄帝、岐伯、越人、仲景,四圣之书,争光日月。人亡代革,薪火无传,玉楸子悯后世作者不达其意,既解《伤寒》《金匮》,乃于己巳二月,作《四圣心源》,解内外百病,原始要终,以继先圣之业。"足见他重视传承,惠及后世之心。

黄元御一生医学著述颇多,主要有《素灵微蕴》《四圣心源》《伤寒悬解》《长沙药解》《金匮悬解》《四圣悬枢》《伤寒说意》《玉楸药解》《素问悬解》《灵枢悬解》《难经悬解》医书十一种等,逾200万言。

他提出的"扶阳抑阴"以祛病延年和主温重阳的观点,独居医家一宗。此外,他对于瘟疫、痘疹发病机制的认识,更是独创见解。黄氏在清代医名颇盛,是著名的医药大家,曾与山东诸城藏枚吉齐名,有"南藏北黄"之称。

◆授"御医"及"乾隆帝赐匾额"

乾隆十五年(公元1750年),黄元御行医北京,适遇乾隆皇帝病重。太医院与京城名医多方调治无效,帝病渐沉,百医束手无策。当时,宫中有一太监为昌邑玉皇庙村人,深知元御医术高超,便向朝廷推荐,诏进时黄氏辞曰:"敝乃草民,不懂军臣大礼,恐万岁见责,有欺君之罪。"乾隆帝传谕:"免恕一切,至宫廷时对朕面只行叩首之礼。"并令侍官带奉银及绫罗缎匹为礼,再诏黄氏进宫。黄氏辞曰:"无功不受禄,敝乃布衣之士,岂敢接受。"帝怒,再赐以五品顶戴,按品赐银,再次传进。黄氏见再难推诿,遂入宫。乾隆欲试其医术高低,故虚设一帐,令宫女卧其内,只露一手于帐外,让元御诊脉。诊毕退出,侍官请处方,元御道:"龙体凤脉,无药可医,恐不久于人世。"侍官回奏,乾隆闻言心悦诚服,乃知其为良医,即令御诊,诊后帝问:"朕得何病,应用何方治疗?"元御道:"万岁小恙,乃七分药毒三分病,须先进两帖去药毒,继服一帖治所病。"帝允诺,按方配服,病豁然而愈。乾隆帝大喜,赐以重金,元御皆坚辞不受,说:"吾非为官为钱,愿为社稷治病救人"。皇帝便命他入太医院为御医,并赐其楸木棋盘、玉石棋子一副,常与对弈,遂号玉楸子。乾隆十六年二月,乾隆帝南巡,黄元御奉诏侍从,随驾武林(杭州),治途为人治病屡验,著方调药皆神效。皇帝感其学识,亲书御匾"妙悟歧黄",悬于太医院门首。

此虽系轶事传说,然对黄元御医术之精湛,性格之清高,乾隆帝这位明君的性格处事等,描述得极为精辟。参之黄元御《四圣心源》自序:"帝眷之隆,何可恃也",当有一定的真实性,而非纯系杜撰。

昌邑盛传,黄氏乡居时,其表兄孙某放道合,将诣江南上任,亲友及地方官员缙绅纷纷登门相贺,车水马龙,黄氏亦至,众人皆有贺礼,孙某应接不暇,容光焕发,至为欣喜。黄氏曰:"仁兄荣升外任,光宗耀祖,可喜可贺! 愚弟无长物相贺,愿赠兄一脉。"对曰:"贱躯素健,一诊何妨。"诊毕,黄氏正色曰:"仁兄两年后将发瘩背疮! 此疮甚剧,性命攸关。余不能阻其发,然可以药移于兄之腿肚,则无大碍矣。发后兄自当延当地医师施治,然必知此疮由背移来者乃可服其药,否则断不可妄治!"孙某虽恶黄氏言语怪诞,然知其医术精湛,也为之一震,乃请其书方。书毕,黄氏曰:"仁兄到任即服,切勿延误时日,十剂为限。"孙某到任后,因忙于公务应酬,月余方忆起黄氏之嘱,按方服之。两年后左腿独果出一疮,日大日剧,奇痛难忍,眠食俱废。急招当地名医诊视询及此疮系原发抑或由他处移来?众医皆茫然"移来"之问,均曰"原发",而证危剧,不知何故,不服其药。后一医报名自荐,愿为其一诊。诊毕曰:"太尊此疮,断非原发乃高手以药由背移至此!"孙某因尽告黄氏为其移疮之事及所嘱之言,恭请处治。对曰:"余虽知此疮由来,然迁延日久,证已大剧,愧无施治之术。为今之计,唯余亲赴昌邑,面聆黄师高术,求灵药一匙,而愈太尊贵恙。"江南距昌邑数千里之遥,限于当时交通条件,赴昌邑求方,谈何容易,不数日孙某疮崩而殁。

第三十八章

清代名医赵学敏，民间行医传佳话

生平小传

赵学敏（约 1719—1805 年），字恕轩，号依吉，一说字依吉，号恕轩，钱塘（今浙江杭州）人。清代著名医学家。代表作《本草纲目拾遗》。

其父晚年得二子，长子即赵学敏，次子赵学楷。出于济世利人的目的，赵父让学敏习儒，学楷学医。为了创造一个良好的学习环境，他们的父亲在养素园中收藏了许多医书，又专门开辟一块土地作为栽药圃，让弟兄两人终年吃住在园中，接受儒学和医学教育。赵学敏虽被指定为学儒，但他的兴趣却集中在医药方面。他博览群书，对天文、历法、术数、方技、医药、卜算之类的书籍多有涉猎。闲暇时，他与弟弟就以默写"针灸铜人图"作为游戏。长期的过度用目,乾隆二十一年(1756 年),赵学敏患了眼疾。但他眼疾刚愈,就凭借自身的体会,写下了一本眼科专著《囊露集》。赵学敏对此书甚为得意,认为可以超过前人所有的眼科书。只可惜这本书最后没有流传下来。

数十年的积累,使赵学敏在很多方面有所建树。乾隆三十五年,赵学敏初步完成了他个人的一套丛书,取名为《利济十二种》。这套书共一百卷,含十二种医药书,包括药书、本草、养生、祝由、眼科、炼丹及民间走方医疗法等多方面的内容。丛书子目的名称包括:《医林集腋》《养素园传信方》《祝由录验》《囊露集》《本草话》《串雅》《花药小名录》《升降秘要》《摄生闲览》《药性元解》《奇药备考》《本草纲目拾遗》等,遗憾的是,今仅存《本草纲目拾遗》和《串雅》两种,其中《串雅》是中国医学史上第一部有关民间走方医的专著。

赵学敏,其父曾任永春司马,迁龙溪知县。乾隆间(1736 年—1795 年),下沙大疫,其父延医合药,赖以生者数万人。学敏与弟赵学楷,皆承父命读儒学医。学敏年轻时,无意功名,弃文学医,对药物特别感兴趣,广泛采集,并将某些草药作栽培、观察、试验。博览群书,凡家藏星历、医术、药学之书,无不潜心研究,每有所得,即汇钞成帙,积稿数千卷。家有"养素园",为试验种药之地,以察形性:有"利济堂",是诊病疗疾之所,兄弟寝食其间,治疗多效。

主要成就

族人赵柏云为走方医,出所用有效方授之,学敏又合平生所录奇方,著成《串雅内编》《串雅外编》(1759 年撰)各四卷,其一千众条方或法。乾隆三十(1765 年),又成《本草纲目拾遗》10 卷,全书按水、火、土、金、石、草、木、藤、花、果、谷、蔬、器用、禽、兽、鳞、介、虫分类,辑录《本草纲目》中未收载的药物共 716 种,丰富了中药学的内容。为纠正《本草纲目》中的误记和疏漏,还在书首列"正误"一篇。又从民间收集很多秘方,与自己累积的验方汇编成《串雅内篇》《串雅外篇》。还辑有《本草话》《医林集腋》等多种著作医药书,未见流传,惜乎仅成以上二书。

《串雅》,是历史上第一部有关民间走方医的专著,揭开了走方医的千古之秘。书中记录了走方医常用的内治、外治、杂治、顶药、串药、禁药、奇药、针法、灸法、贴法、熏法、洗法、吸法、取虫等治病手段,又介绍了有关药物伪品、法制、食品、杂品等情况,揭示了走方医所用的简便治法和药物炮制、作伪的内幕。这些资料的披露,不仅为研究走方医提供了第一手材料,也为中医药学提供了许多新的治疗方法。

《本草纲目拾遗》,是一部为了弥补明代医学家李时珍《本草纲目》之不足而作的本草学著作。《本草纲目》是我国明代本草学的集大成之作,记载药物达1 892 种,其中 374 种属李时珍新增补。自《本草纲目》成书以后到赵学敏又历二百余年。这二百年间民间的医药知识得到了很大发展,很有必要进行搜集整理。

赵学敏的《本草纲目拾遗》不仅纠正李时珍书中的几十条错误,而且大量增加了新的药物。《本草纲目拾遗》中不见于《本草纲目》的药物达 716 种之多。更重要的是,这些资料绝大多数来自民间经验。《本草纲目拾遗》为我国中医药学增添了大量的用药新素材。该书是清代最重要的本草著作,在中医药史上占有重要地位,一直受到海内外学者的重视。

传奇故事

◆《本草纲目拾遗》与药香文化

清代著名医学家赵学敏在《本草纲目拾遗》中说:"王景略曾为织造寅公制藏香,其方云得自拉藏,予求其法,附载于此。"赵学敏是清代钱塘人(今浙江杭州),与曹雪芹是同时代的人。他早年业儒,博览群书。对医著本草均有研究。有所得则抄撮成帙达数千卷。乾隆三十五年选取所编的医书十二种,取其家"利济堂"之名,题作《利济十二种》付梓刊行于世。《本草纲目拾遗》十卷成书于1765年,书中所收集的药物遍及海内外,补正明代医家李时珍之误,录其未收载的药品716种,多为民间草药,亦记载了如金鸡纳等少许西药。书中所说的王景略,似乎难以考证是谁,推断他大概是一位制香的专家。而织造寅公,指的则是曹雪芹的爷爷———康熙的宠臣,官至江宁织造、兼两淮巡盐御史的曹寅。曹寅不仅是康熙朝的名士,而且还是一位儒雅的学者。他收集图书文物,在扬州天宁寺设立书局,校刊刻印了《楝亭十二种》等古籍,主持编辑出版了《全唐诗》《佩文韵府》等著作,为保存和传播中国传统文化,做了不可磨灭的贡献。

《本草纲目拾遗》中收载的藏香出自西藏,有红藏、黄藏、紫藏之分。作团成饼者良,如香炷者次之。赵氏说它"气味猛烈,焚之香闻百步外者佳。伪者名京香,不入药用"。《本草纲目拾遗》中所附载的曹府特制的"藏香方"由沉香、檀香、木香、母丁香、细辛、大黄、乳香、伽南香、水安息、玫瑰瓣、冰片等20余气味芳香的中药研成细末后,用榆面、火硝、老醇酒调和制成香饼。赵氏称藏香有开关窍、透痘疹、愈疟疾、催生产、治气秘等医疗保健的作用,其言不虚。因为制作藏香所用的原料本身就是一些芳香类的植物中药,用其燃烧后产生的气味,来除秽杀菌、祛病养生。从曹府家制的名贵藏香方,联想起《红楼梦》中贾府焚香的卫生保健习俗的描写,就不难体会到曹雪芹笔下细腻的中国传统香文化的氛围。

《红楼梦》中记载了20多种香,秦可卿的卧室里洋溢的是一股"甜香",令宝玉欣然入梦,神游了一回太虚幻境;黛玉的窗前飘出的是一缕"幽香",使人感到神清气爽;宝钗的袖中散发出的是一丝"冷香",闻者莫不称奇,而倒霉的妙玉则被一阵"闷香"所熏而昏厥,被歹徒劫持。具体地说来,书中写了藏香、麝香、梅花香、安魂香、百合香、迷香、檀香、沉香、木香、冰片、薄荷、白芷等不同品类的香料。香的形状有香饼、盘香、瓣香、线香、末香等。宁荣府祭祖宗祀神仙开宴会,大观园抚琴弦坐静禅过佳节,焚香都是必不可少的仪式。在那首著名的《中秋夜大观园即景》的联句中,黛玉和湘云便有"香篆销金鼎,脂冰腻玉盆"的对句。这描述的就是香的另一个品种——篆香。

◆香篆

据宋代洪刍的《香谱》载:"香篆,镂木以为之,以范香尘。为篆文,燃于饮席或佛像前,往往有至二三尺径者。"篆香又称百刻香。它将一昼夜划分为一百个刻度,寺院常用其作为计时器来使用。元代著名的天文学家郭守敬就曾制出过精巧的"屏风香漏",通过燃烧时间的长短来对应相应的刻度以计时。这种篆香,不仅是计时器,还是空气清新剂和夏秋季的驱蚊剂,在民间流传很广。在《红楼梦》中我们读到诸多的焚香场景:祭祖拜神,宴客会友,抚琴坐禅,熏炉祛病,袅袅香烟,卷舒聚散,使人感受到肃穆、亲切、高雅、温馨、恬淡、宁谧的情调。

焚香是古代人们抑制霉菌、驱除秽气的一种卫生保健习俗。

其与道教、佛教结缘,香花供养,盛行不衰。"能使南人敬,修持香火缘",世人常用"香火因缘"来说明彼此投机的宿世缘分。从中医药学的角度来说,焚香当属外治法中的"气味疗法"。这是因为制香所使用的原料,绝大部分是木本或草本类的芳香药物。通过燃烧所产生的气味,可起到免疫避邪、杀菌消毒、醒神益智、润肺宁心、养生保健的作用。由于所含药物的气味不同,制出来的香便有品性各异的功能,如解毒杀虫,或润肺止咳,或防腐除霉、镇痛健脾的功用。特别是被称为"国老"的中药甘草的掺入,则使制出的香气味不烈不燥,变得香甜柔润更加宜人。

《红楼梦》中亦有用香治病的细节描写。第 97 回写道:宝玉在婚礼上揭了新娘的盖头,发现竟不是朝思暮想的林妹妹后,旧病复发昏愦起来。家人连忙,"满屋里点起安息香来,定住他的神魂"。安息香,载于唐代的《新修本草》,是安息香科植物青山安息香或白叶安息香的树干受伤后分泌的树脂,有开窍辟秽、行气活血的功用,临床多用于卒然昏迷、心腹疼痛、产后血晕等症。第 7 回,宝钗在叙述"冷香丸"的配伍时,除了四时之花和水外,也曾说和尚给了一包"异香异气"的末药作引子,指的就是某种有止咳化痰平喘的芳香药。至于《红楼梦》中所描写的玫瑰露、梅花点舌丹、十香返魂丹等中成药,都与中医的芳香类药有着不解之缘。

中医的芳香疗法可分为嗅香法、佩香法、燃香法、浴香法、熏香法等。早在汉代,名医华佗就曾用丁香、百部等药物制成香囊,悬挂在居室内,用来预防"传尸疰病",即肺结核病。至于今日风行的药枕、元气袋、减肥巾之类的保健品,都是这种传统香味疗法的现代版。香不仅仅外用,而且还可以内服。明代医家李时珍的《本草纲目》中就记载用"线香"入药。书中说:"今人合香之法甚多,惟线香可入疮科用。其料加减不等,大抵多用白芷、独活、甘松、山奈、丁香、藿香、藁本、高良姜、茴香、连翘、大黄、黄芩、黄柏之类,为末,以榆皮面作糊和剂。"李时珍用线香"熏诸疮癣",方法是点灯置桶中,燃香以鼻吸烟咽下。除此之外,还可"内服解药毒,疮即干"。

　　我们如果稍为留心一点便会发现,在中国古代的节日民俗中,各种香料(芳香类中药)都扮演了重头的角色。春节的祭天祀祖就不必说了,元宵节、端午节、中秋节、重阳节,哪一个不呈现流香溢芳的香文化的韵味呢?《红楼梦》第24回,写贾芸为了谋上大观园里种植花木的差事,想在舅舅卜世仁开的香料铺中赊四两冰片、四两麝香给凤姐送礼。被舅舅卜世仁拒绝后,从醉金刚倪二那借了15两3钱银子,买了香料后,一大早便送到荣府。凤姐正在办置端午节用的香料,便接了锦匣,分派了贾芸做了花儿匠的监工。由此可知,每到节日,香料铺的生意多么兴隆。除了焚香外,古人还常用香饼熏衣增香防霉,用香末置于书橱画甑中驱虫防蛀。据蔡质的《汉官典职仪式选用》载:"尚书郎、女侍史二人洁衣服,执香炉烧熏。"在汉代的宫中,香炉不仅仅是燃香的所用的器具、祭祀用的陈设,而且被当做"熨斗"来使用。香饼燃烧后,既提供了热源,又洒播了香气。联想起书中从宝钗的衣袖中飘散的缕缕"冷香"来,便可知晓大观园中粉黛裙钗们的衣饰为何香气袭人了。

　　唐代诗圣杜甫在《奉和贾至舍人早朝大明宫》中有诗句云:"朝罢香烟携满袖,诗成珠玉在挥毫"。朝见皇帝归来,群臣的袍袖中携满缕缕香烟,很容易让人联想到皇宫中庄严肃穆的场景。山水诗人王维的那句"遍插茱萸少一人"的诗句,说的就是唐人过重阳节的保健习俗之一:用气味辛辣芬芳的吴茱萸制成香囊,当作发簪插在头发里,来防疫病的侵袭。纵览中国古代的香文化,王公贵族是香料及制品的最主要的消费者,这从历代所著的香谱中就可见一斑。汉代有郑玄辑著的《汉宫香方注》,隋朝有杨广编写的《隋炀帝后宫香药方》,五代时留下孟昶的《后主香药方》,明代有高濂的《遵生八笺·论香》。

在科学文化昌达的唐代,自贞观年间始,几位皇帝喜欢使用化妆品,并将口脂、面膏等芬芳的美容药物赏赐给文武大臣。据史料载,当时每年皇宫中需要进贡十万多盒的兰膏、绛血、红雪、腊脂、五药膏脂、面脂、面药等十几种香药,供君、臣、嫔妃们使用。《全唐文》中,载有张九龄、胞皇帝赐给他们美容香药后写的。这足以说明盛唐时,士大夫阶层的男士们使用芳香类的化妆美容品,是十分流行的。

《红楼梦》中淑女丫鬟们使用香皂、蔷薇硝、茉莉粉等,也是清代芳香类美容化妆品的缩影。宋代庞元英的《文昌杂录》载:宋真宗时,宫内有 28 个香药库,用来贮藏各地进贡的名贵香料。明代余继登的《典故经闻》中说,明宣宗朱瞻基在批阅太医院的奏折,见有尚衣监需辟虫香两万斤,奏请皇帝诏令派人去福建等地收购时,朱批阅云;"此非急务,不必遣人,且香药安用许多? 可减其十之七"。尚衣监是专门管理皇帝后妃服饰的官职,辟虫香则是一种专门用来熏染衣物,防备虫蛀的香料。与辟虫香相似,古代的香方中亦有辟寒香、辟邪香等异香名的记载。

从这则史料中可以想见,一个小小的尚衣监,便需要两万斤的香料以备日常之需。而明宣宗也称得上是一位节俭恤民的君王了。明代学者高濂的《遵生八笺·燕闲清赏笺》中,记载了 78 种古香方名,并将香分类为清心悦神的幽娴者、畅怀舒啸的恬雅者、远避睡魔的温润者、薰心热意的佳丽者、醉宴醒客的蕴藉者、祛邪避秽的高尚者的不同品位。不论是燃之佛炉,焚于卧榻,置于书房,香馥而味有余韵的香,带给我们的是心身的愉悦和情志的健康。

作为封建社会生活的百科全书,《红楼梦》对清代医药养生文化的描写是多侧面的。从赵学敏的《本草纲目拾遗》中所收载的曹府的"藏香方",说到曹雪芹笔下的贾府香谱的记载,正可洞观中国古代香文化的源远流长。

◆刻苦学医

赵学敏是清代著名的医药学家。他一生编撰了医书十二种,称为《利济十二种》,共一百卷。其中《本草纲目拾遗》十卷,实际是李时珍《本草纲目》的续篇。它除了引经据典对《本草纲目》的药物加以补充和订正外,还增录了药物716种,吸收了不少民间药物(约有五百一十一种)和外来药物,内容十分丰富。它对研究《本草纲目》和明代以来药物学的发展,是一部十分重要的参考书。《串雅内篇》《串雅外篇》是他总结走方医经验写成的,是一部研究民间医疗经验的重要著作。赵学敏的学术成果在药学史上有相当高的地位。

赵学敏非常喜欢读书,自称"素有书癖"。读书白天时间不够用,就点灯继续读。但是,夜读又害怕父母责备,于是就特地做了一盏油灯,偷偷地藏在帐子里。等父母睡了,就点灯读书。天长日久,煤烟把那顶翠绿色的帐子熏得乌黑,眼睛也差点失明。

赵学敏家有很多医书,其中不少是珍本秘本。另外他的邻居黄贩翁藏有医书不下万卷。这些书他都经常取来或借来读。在《本草纲目拾遗》中所涉及的文献多达六百余种,足见他阅文之广。在《串雅》序里,他说,他幼嗜岐黄家言,读书自《灵》《素》《难经》而下,旁及《道藏》《石室》,考穴自《铜人内景图》而下,更及《太素》《奇经》;伤寒则仲景之外,遍及《金鞭》《木索》;本草则《纲目》之处,远及《海录》《丹房》。他的《医林集腋》十六卷,就是根据阅读黄贩翁万余卷藏书和家藏的江闽秘本所搜集到的资料编成的;《祝由录验》四卷,则是根据读了湖南汪子师的《祝由本借录》和参考张子和的《儒门事亲》等抄本搜集的资料编成的。赵学敏搜集资料,注意面向广大群众,所以他得来的资料,不仅丰富,而且珍贵。在《本草纲目拾遗》中保存了许多古疗法和有效古方。比如,治疯狗咬伤的玉圣丹点眼疗法,至今为少数草药医生所掌握,在乡村中仍有信誉。书中也记载了一些较先进的治疗法,如鸦胆子治冷积痢,这是20世纪50年代以来中西医都热心研究使用的。而书中对鸦胆子指出病在大肠下端与直肠上端的交界处,药力难以达到。在当时能有这样深切的认识,实在令人惊奇!书中还注意收集民间一些不常见的简易物理疗法,如神灯照枪、火罐拔寒、鼻烟辟疫、砂壶吸毒等。

赵学敏不仅在书本上摘取资料,而且在医疗实践中,在自身经历体验积累资料。一般人治病,开了处方,就算了事。赵学敏不然,他总是先把病人的姓名、年龄、性别、发病原因和症状详细记录在本子上,然后经常去探望病人,观察病情的变化,用药后的反应,并把这些记在本子上。最有趣的是,他自己患病,自己治疗也把发病过程、自觉症状、治疗方法、治疗效果作为资料,一一记载下来。这些资料经过分析、综合,就成了很有用的医学论著。他的《露集》四卷是一部眼科书,书中内容就是根据他夜里经常躲在帐里看书,损伤了眼睛,后来经过六个月才治愈的亲身经历而著成的。这部书,他自称与《瑶函》《银海》《龙木论》《明镜》等眼科医书比较有"过之"。另外,《摄生亲览》也是根据其自身摄生积累的资料编成的。

　　总而言之,他刻苦钻研的精神和严谨治学的态度是值得我们学习的,尤其是他的一些学习方法和医学理论,更是值得我们学习和借鉴,不愧为一代名医。

第三十九章

清代名医吴鞠通,《温病条辨》著经典

生平小传

　　吴鞠通,中国清代医学家,名塘,字配珩,鞠通乃其号。江苏淮阴安楚州人,根据骆勉先生考证,吴生于乾隆二十三年(1758年),卒于道光十六年(1836年),享年79岁(见《吴鞠通年岁考》载《江苏中医》1964年4期)。他是一位杰出的中医温病学家,清代山阳医派的创始人。故居位于楚州区河下镇。

　　吴鞠通出生于楚州河下一个穷书生家庭。父吴守让,字逊夫,乾隆辛巳(1761年)秀才(《淮山肆雅录》)。吴鞠通一生悬壶,自26岁离淮后,主要在京城行医,晚年又云游大江南北,虽曾几度回淮,与淮阴名士丁晏、潘德舆、孔继嵘、名医杨福堂为至交好友,但在地方文献中很难找到一篇比较完整的关于他生平的资料。

我们只能从他的《温病条辨·自序》等材料中知其生平经历的大概情况。

青年时攻科举习儒,19岁时父亲病故,于是弃儒学医。后被选副贡入京,参与《四库全书》医书部分的抄写检校工作,读了吴又可《温疫论》深受启发,又研读晋唐以来各家学说,受益匪浅,于医学知识大有长进。

乾隆五十八年(1793年)京都大疫流行,不少病人因治疗不当而死亡,吴鞠通利用叶天士之法奋力抢救,抢救了数十病人,名声大振。

吴鞠通是著名的中医温病大师,以擅长治疗急性发热性疾病而举世闻名,对内科、妇科、儿科和心理治疗等也有非常深厚的造诣。吴鞠通不仅是清代的名医,而且在中医史上具有非常重要的地位,他将中医温病学发扬光大,使温病学和伤寒学同立,他本人也被中医界认为可以和汉代的医圣张仲景比肩,同为中医学的两大柱石,故有"伤寒宗仲景,温病有鞠通"的说法。

吴鞠通出生于一个书香门第,其父吴守让是一名秀才,他从小跟随父亲读书,希望走科举之路,将来出仕做官,光宗耀祖,振兴门楣。然而好景不长,幸福的生活最终抵不过病魔,19岁时父亲因病去世。此事对吴鞠通刺激很大,认为如果得遇良医,父病可能就不会死,他痛恨自己不懂医术,于是决定弃文从医。

但是,一时之间找不到名师,于是吴鞠决定自学。好在他文化功底深厚,读各类中医典籍没有什么障碍,苦读五年以后,他具备非常深厚的中医理论功底。

后来,他被朝廷选为副贡,入京参与《四库全书》的抄写和校对工作。为了更好地学习中医,他主动申请负责医书部分的工作。

在这里,他接触到了大量的宫藏典籍,很多都是珍品,甚至很多是孤本。几年下来,他不仅在理论上无与伦比,而且在眼界全部打开,成为中医理论宗师,各门各派,无所不通。经过反复思考,他决定主攻温病的治疗。瘟疫在古代是那是不治之症,一旦感染,九死一生,很多医生避之不及。

但是,吴鞠通却认为,瘟疫发作快、死亡率高,攻克瘟疫才是一个医生最大的担当。于是,他深入钻研了名医吴又可《温疫论》和到叶天士《温热论》,总结和摸索了一套治疗瘟疫的全新办法。不过,当时天下太平,他没有实践的机会。不过,机会总是垂青于有准备的人,很快他的机会来了。

1793 年,正值乾隆五十八年。这一年春夏之间,京城突然发生瘟疫,在百姓之中广泛传播,死者无数。一时间之间,京城人心惶惶,百业萧条,偌大的北京城一下子失去了生机。乾隆皇帝赶紧派御医进行救治。但是,民间医生和御医都用伤寒来治之,由于药不对症,死亡率居高不下,瘟疫蔓延至宫内,乾隆皇帝震怒,要求限期遏制。

吴鞠通时刻关注着疫情的发展,他仔细观察发现,此次瘟疫不是伤寒而是属于温热病。但是他当时人微言轻,无法上达天听。于是,就在京城淮安会馆内用自己摸索出的治疗温热病的办法尝试着医治受了感染的老乡。没想到的是,效果非常好,一出手就救活一名垂死的病人。

其他受感染的老乡得讯,立即赶过来求治。这样,他先后救活数十名危重病人。不久,京师都知道了吴鞠通可以治疗瘟疫,一时间,淮安会馆门前排起了长队,不久淮安会馆成为京城治疗瘟疫的核心场所,每天救治人数达到几百人,瘟疫慢慢得到了控制。原本名不见经传的吴鞠通成为京城的名人。

吴鞠通从此悬壶济世,最终成为一代温病学大师。他不但理论功底深厚,临床水平高超,而且对药性的把握非常准确,创制了很多新的方剂至今仍然是治疗温热病的常用药。还有我们都非常熟悉的安宫牛黄丸、霹雳散等急救药也非常灵验,使用至今。

吴鞠通在前辈医家理论和验方的基础上,通过几十年的实践,成为一名集大成的温病学家。他将自己的研究心得和临床实践编撰成《温病条辨》一书。该书从 1798 年开始撰稿,先后反复修改 20 多稿,时间长达 15 年,直至 1813 年才定稿印刷。此书的面世,标志着温病学作为一个学派正式形成,是中医学发展史上的一个重要里程碑事件。直到今天,温病学在战胜严重急性呼吸综合征、治疗新型冠状病毒感染中依然发挥了非常重大的作用。

两百多年来,《温病条辨》对中医产生了巨大影响,它被翻译成多种文字传播到海外,成为每一位中医人必读的经典书籍,也成为中医的四大著作之一。

我国历史上对大规模的流行性传染病常以“瘟疫”“温病”冠之,传统中医药文化对于如何防治瘟疫、战胜疫病,从长期的治疗防治实践中,总结出了一系列行之有效的宝贵经验。东汉末年的张仲景撰成《伤寒杂病论》,为中医治疗伤寒等“瘟疫”奠定了基础。明代名医吴又可著有《温疫论》,创造性地提出瘟疫病毒从口、鼻入的科学观点,摸清了瘟疫的传染方式和发病特征。清代初年的名医叶天士编著《温热论》,创立了卫气营血、类证辨治温病的纲领。清代中期,淮安府的一位名医吴鞠通将吴又可总结的辨证施治、治疗“温病”的方法发扬光大,其《温病条辨》一书对于今天中医战“疫”依然有重要的指导意义。

吴鞠通出生在一个书香家庭,父亲吴守让是当地秀才,古代传统社会推崇"万般皆下品,唯有读书高",年少的吴鞠通从小就受到儒家正统的教育,并未有悬壶济世、治病救人的想法,但这一切在他18岁时发生了改变。

明清江淮地区水旱灾害频繁,"大灾之后必有大疫",因此伤寒、霍乱、鼠疫等各种瘟疫也常肆虐。吴鞠通18岁时,父亲不幸感染上瘟疫,当时称之为"温热病",吴鞠通四处奔波寻找医生,家里积蓄花得精光,父亲的病却毫无起色,甚至父亲临终前都没有诊断出到底得了什么病。父亲的病故令吴鞠通悲痛欲绝,他放弃"皓首穷经"的科举之路,改而钻研医术。

吴鞠通购置了一批医书,在为父亲守孝期间便刻苦攻读。数年后,吴鞠通的侄儿又患上了温热病,"发黄而死"。当时的吴鞠通虽然学了几年医书,但也没有搞懂温热病是怎么回事。亲人接连染温热病亡故,更坚定了吴鞠通探索温热病的病理和医治方法的决心。

当时全国中医水平最高的地方是北京,26岁的吴鞠通毅然离开淮安,举家迁往北京。他一面去应聘《四库全书》抄写员的差事,挣钱糊口,又请教当时著名的中医前辈,利用各种条件研究医书。正巧,他被分配抄写和校对的《四库全书》部分正是"子部·医书类",这给他提供了大量阅读先贤医书的机会。当然,他心中始终放不下他的父亲感染温热病而去世的心结。吴鞠通综合了吴又可的《温疫论》总结瘟疫传染原理,又看到叶天士的温病理论《温热论》书中的温病理论,并且尝试在治疗病人的实践中,摸索成功的方法经验。

乾隆五十八年(1793年),北京城瘟疫肆虐,许多病人因病情耽搁、诊断有误、治疗不当而死亡。诸药不效,医皆束手,病势异常严峻。刚开始,吴鞠通也对自己的医术缺乏自信,后来在朋友的劝说下,收治了一些重症病患。吴鞠通这时已经初步形成了一套救治温病病人的理论和方法,挽救了数十人的生命。消息一出,京城震动,吴鞠通的大名也传了出去。

主要成就

鞠通有感于当时医生墨守伤寒治法不知变通,撰写《温病条辨》七卷,提出温病的三焦辨证学说,对温病学说贡献很大,是继叶天士、薛雪之后的温病学派重要代表人物。吴鞠通的《温病条辨》,是温病学的一座里程碑,不朽的中医著作。全书分七卷,以条文和注解相结合的方式对温病加以阐述,首卷"原病篇"摘引《黄帝内经》有关温病的记载,并加以注释,说明温病的始原。一至三卷是分述上、中、下三焦温病的证候及调治方法。四卷是杂说,提到救逆、紧急救治和病后调治各论,以便阅读者不致临床混淆。五至六卷是"解产难"和"解儿难",分述妇科产后及儿科惊风、痘疹的论治。吴鞠通创立了温病"三焦学说",并结合"卫、气、营、血"理论,创造性地提出温病辨证论治的纲领和方法,大大地丰富中国传统医学宝库。《温病条辨》写成后,立即被广为传抄,在医学界引起轰动,深得当代医家的重视和推崇。颇有医学知识的礼部尚书汪廷珍为之作序:"吾友鞠通吴子……述先贤之格言,摅生平之心得"写成《温病条辨》,这是不可多得的具有临床实用价值的著作。医家张维屏在书后评介:"瑭在京治温病,全活甚众,于是采辑名贤著述,附以己意,阅十数载,考验而成书……余观数月,见其苦心孤诣,缕析条分,诚治温病不可无之书……而后能明温病,既识伤寒,又不可不识温病,而是书于温病,则固详且备矣。"《珍藏医书类目》评价《温病条辨》"颇有条理,可为治温病之津梁也。"《意园谈医书笔记》赞扬"此书为温病所必看之书。"由此可见,《温病条辨》确是清代中医温病学的一部杰出之作。嘉庆十八年(1813年)吴鞠通的这部伟大著作,在汪廷珍的支助下,得以刊刻问世,并很快传到了日本,在国内外产生较大影响。日本中医博士奈良贤太郎写了一部《内科温病条辨的研究》,淮安清代医家李厚坤继承吴氏学说,把《温病条辨》改成赋文,便利阅读背诵,以启迪后学者。现代中医学院把吴氏著作作为必修课程,可见其影响之深远。

　　他曾在北京检核《四库全书》,得见其中收载了吴又可的《温疫论》,深感其论述宏阔有力,发前人之所未发,极有创见,又合于实情,便仔细研究,受到了很大的启发。他对叶天士更是推崇,但认为叶氏的理论"多南方证,又立论甚简,但有医案散见于杂证之中,人多忽之而不深究。"于是他在继承了叶天士理论的基础上参古博今,结合临证经验,撰写了《温病条辨》七卷,对温热病学说做了进一步的发挥。

　　他认为温病有9种,吴又可所说的瘟疫是其中最具传染性的一种,除此之外,另外还有其他八种温病,可以从季节及疾病表现上加以区分,这是对于温病很完整的一种分类方法。书中创立了"三焦辨证"的学说,这是继叶天士发展了张仲景的六经辨证,创立卫气营血辨证方法之后,在中医理论和辨证方法上的又一创举。"三焦辨证"法:就是将人体"横向"地分为上、中、下三焦。上焦以心肺为主,中焦以脾胃为主,下焦包括肝、肾、大小肠及膀胱。由此创立了一种新的人体脏腑归类方法,此法十分适用于温热病体系的辨证和治疗,诊断明确,便于施治。而且确立了三焦的正常传变方式是由上而下的"顺传"途径,"温病由口鼻而入,鼻气通于肺,口气通于胃,肺病逆传则为心包,上焦病不治,则传中焦,胃与脾也;中焦病不治,则传下焦。始上焦,终下焦。"因而,由传变方式也就决定了治疗原则:"治上焦如羽,非轻不举;治中焦如衡,非降不安;治下焦如沤,非重不沉。"同时,吴氏对《伤寒论》的六经辨证,同样采取了积极采纳的态度,认为"伤寒六经由表入里,由浅入深,须横看;本节论三焦,由上及下,亦由浅入深,须竖看。"这些理论,虽然从立论方式和分析方法上有所不同,但实际上仍是对叶天士的卫气营血辨证法的继承,并对其进行了很大的发展,尤其是在对疾病变化的认识上,是可以权衡协调的,二者并无矛盾之处。同时,三焦辨证法也完善了叶天士卫气营血说的治疗法则。叶氏的《温热论》中没有收载足够的方剂,而吴鞠通的另一重大贡献,就是在《温病条辨》当中,为后人留下了许多优秀的实用方剂,像银翘散、桑菊饮、藿香正气散、清营汤、清宫汤、犀角地黄汤等,都是后世医家极为常用的方剂。临床上使用的方子,《温病条辨》方占十之八九。

吴塘对中医学的贡献,可以说使得中医的基本治法在外感病和热性病方面得到了进一步的完善。在划分中医"四大经典"的时候,有一种划法,就是将吴氏的《温病条辨》与《黄帝内经》《伤寒论》《神农本草经》并列为中医必读的"四大经典"。可见该书在中医理论发挥上的重大意义。吴鞠通,是中国医学史上不可多得的具有建设性的代表人物之一。

吴鞠通著有《温病条辨》《吴鞠通医案》《医医病书》三部医书。通晓温病,以擅治急性发热性疾病闻名于世。对内科杂病、妇科、儿科、针灸以及心理疗法等也颇有造诣。和汉代张仲景比肩而立,并为我国中医药学史上的两大柱石,故有"伤寒宗仲景,温病有鞠通"之说。张仲景是中医学的泰斗,吴鞠通乃温病学的巨匠。

"两相羽翼"。

《温病条辨》以理论指导实践,《吴鞠通医案》则以实践验证理论,互证其学。《医医病书》述其未完,是吴鞠通完整医学理论体系的重要组成部分,"当与君《温病条辨》及未刻之《医案》,并传不朽"。

吴鞠通一生悬壶近 50 年,勤于思考,不断总结,常常标新立异,"医皆奇效",先后完成《温病条辨》《医医病书》《吴鞠通医案》3 部著作。其中,以《温病条辨》一书,影响最大。

《温病条辨》模仿张仲景《伤寒杂病论》的体例,正文内容主要是一段古代医书的文字,自己在文字下加一段自注说明,阐明观点。全书卷首引《黄帝内经》十九条,卷一至卷三将温病分为风温、温热、瘟疫、温毒、暑温、湿温、秋燥、冬温、温疟九种,共列三百九十八法,拟选一百九十八方,按上、中、下进行辨证施治,做到纲举目张,使人一目了然;后附《杂说》《解产难》《解儿难》三卷。

《温病条辨》继承和发展我国两千多年以来的中医瘟疫治疗思想,创造性地将瘟疫按季节分为伏气、时气、戾气,按病症分为风温、温热、瘟疫、温毒、暑温、秋燥、冬温、温疟九种,以便分类施治。吴鞠通认为,温热阳邪也,阳盛则伤人之阴,热病未有不伤阴者,其耗之未尽者胜,尽则阳无所留恋,必脱而死。温邪伤人致病,多自上焦而中焦、下焦,病变由浅而深,病势、病情逐渐加重。上焦即心肺,温病初由口鼻入,鼻通于肺,肺卫受邪;温病顺传到中焦,则见脾胃之证,病情加重;温邪深入下焦,多为肝肾阴伤之证。吴鞠通在《温病条辨》中以上焦、中焦、下焦为纲,以温病病名为目,将六经、脏腑及卫气营血辨证理论贯穿其中,重点论述三焦脏腑在温病过程中的病机变化,并以此概括证候类型,按脏腑进行定位、诊断和治疗。

吴鞠通在《温病条辨》一书中系统提出的三焦辨证理论,标志着中医温病学完整理论体系的形成,是中医学发展史上的里程碑。直到今天在中医助力战胜严重急性呼吸综合征、治疗新型冠状病毒感染中,《温病条辨》提出的三焦辨证理论,依然发挥着巨大作用。

《温病条辨》经大学士汪廷珍、吏部尚书朱士彦等名家点评、写序后于嘉庆十八年(1813 年)出版。至今,海内外多种文字共出版了近百个版本。

吴鞠通游历各地,以精湛的医术和尽心尽责的仁心救治百姓,许多"沉疴怪症",赖他"应手而愈"。桃李不言,下自成蹊,吴鞠通得到那些饱受温病折磨的百姓交口称赞。

道光元年(1821 年)三月,北京周边的任丘大疫,六月冠县大疫、武城大疫,死者无数。当年各地举人进京会试,考生到处流动,发生了瘟疫,一旦传播开来,后果不堪设想。清朝一些官员处于两难境地,正巧吴鞠通在北京附近行医,针对温病研制出新药霹雳散。于是有人提出,集体购买霹雳散服用预防。于是主管考试的官员购买很多霹雳散,分给考生,在会试的过程中,没有一位考生患上瘟疫。

吴鞠通生前将他从乾隆五十八年(1793 年)至道光十三年(1833 年)行医遇到的各种病情撰写下来,在人生的最后几年整理成为《吴鞠通医案》。《医案》分温病、伤寒、杂病、妇科、儿科等,共四卷,约 500 个医案。这是他毕生精力之集萃,也是运用了张仲景至清初各家研究成果的行医记录,与《温病条辨》《医医病书》形成了吴氏温病学的系统理论,同样是习中医者不可不读之经典著作。

吴鞠通著述的《温病条辨》，为淮安的医家治疗传染性疾病开辟了一条崭新的路径，他们尊奉并汲取《温病条辨》中精髓，用以诊疗不断发生的疫病。自清代道光以降，数十年间，淮安府山阳县的医家蜂起，名医辈出，逐渐形成"山阳医派"。

《温病条辨》问世后传到淮安，当地名医刘振元、刘金方父子遵循《温病条辨》的理法方药治疗疾病，获得了不少经验。到了道光、咸丰年间，河下刘氏医家的医徒李厚坤在学习、应用吴鞠通《温病条辨》的理法方药治病中，将该书编辑成《温病赋》九篇和《方歌》一卷。光绪年间，著名学者刘鹗涉足医学，在河下镇开一家中药店，学习吴鞠通《温病条辨》，编著《温病条辨汤头歌括》。韩达哉医士在太医院供职期间，编辑出版《医学摘瑜》一书，编选临证经验，收载了师授《温病条辨汤头歌括》《寒温大要论》《伤寒舌鉴赋》等文章，供临证医家参考、学习。

新中国成立后，为继承和发扬吴鞠通等中医先贤医学智慧和创新精神，淮安县于1958年率先创办了中医院。2007年，在吴鞠通的出生地古镇河下修建了吴鞠通中医馆。山阳医学的一些治疗实践和成果陆续被列入省、市非物质文化遗产。清代温病名医吴鞠通关于治疗和战胜疫魔的理论和实践，依然发挥着巨大功效。

传奇故事

◆求学成才之路

吴鞠通，名瑭，字配珩，江苏淮阴人，是清代著名医家，为温病四大家之一。他所创立的三焦辨证学说辞微旨远，对指导后世医家治疗温病及杂病具有深远意义。

吴鞠通学医之路坎坷，他既没有出生于医学世家，也没有良师从小教导。与医学结缘始于他19岁时，当时其患病在床一年多的父亲无医可治而身亡。他悲痛于父亲的病逝，羞愧于不懂医术，无法救治父亲，毅然放弃考取功名的道路，改为学医。23 岁时，他医术未通，遇亲侄患病，刚开始就出现了喉痹的征兆，与患伤寒不符，请遍当地医生，均不能治疗，沿用伤寒之法，最后发黄而死。吴鞠通悲痛之余，萌发了古伤寒之法治疗当今之病是否合适之思。26 岁在京城谋生计之时，为更多接触医学书籍，他寻求到一份检校《四库全书》医学部分的工作，长达十年之久。

十年的检校生涯夯实了吴鞠通的中医理论基础，补充了他对汉代、晋代、唐代以来各位医家对于疾病的认识和治疗方法。他通过对古贤书籍的梳理，清晰地认识到中医学的发展脉络，并发现明清时期的温病较之前朝代多发，而治法仍多沿用古伤寒法，造成了许多温病病人因误治而死亡的情况。他认为这是没有及时更新温病治法的后果，就开始研究温病该如何辨证论治。

吴鞠通在学术方面追求精深，为中医理法方药的推陈出新不断求索。他在《问心堂温病条辨自序》中写道："进与病谋，退与心谋……未敢轻治一人。"经过 20 年的研究，在 57 岁那年，他有志写一书《温病条辨》，为生民救命。当年恰逢京都瘟疫暴发，他一连拯救数十病危病人，名噪一时，求医者常来自外省。又过 6 年，在他 63 岁那年，其老乡汪瑟奄先生观五运六气之变，恐明年有瘟疫暴发，催促他尽快成书，给当下医生传播治疗温病的理法方药，为救助苍生作出大医应有之举。随后《温病条辨》问世，完善了温病学的治疗体系。

吴鞠通的成才之路经历了三点：第一，至亲因病逝世，而无医可治，苦其心智，而觉醒医者之心；第二，他毅力持久，数十年如一日地学习、思考、归纳、总结，将临床实际和理论相结合，完善医术之能;第三,他心怀济世之心,爱护苍生如子,传播大医之爱。

◆弃儒学医,三年抄书

1758 年吴鞠通出生于淮安市一个穷书生家庭,家中世代无人行医。14 岁乡秀才第一名,19 岁时父亲病故,于是弃儒学医,曾拜师当地名医高鹤雄。虽临诊数年,小有所成,但遇疑难杂症仍难以突破,更遑论成为天下名医。其时正逢《四库全书》初步整理完毕,急需人手校对、抄写文稿。25 岁的吴鞠通被召入宫参与校验《四库全书》,幸运的是,校验的是子部–医家类书目。他没想到,这一校验抄写就是三年。

别人抄书就是抄书,校验就是校验,认真做好就是。但吴鞠通不这么想,面对浩瀚的名家医书,仿佛步入了医学的天堂。他边校验边思考,边抄书边学习,乐在其中。待校验至《河间六书》时,吴鞠通觉得刘完素所述很有创意,但可惜没有说透,更没有合适的方子可用。这在颇有医学知识的礼部尚书汪廷珍为之《温病条辨》作序中可以看到:"惟金源刘河间守真氏者,独知热病,超出诸家,所著《六书》,分三焦论治……惜其人朴而少文,其论简而未畅,其方时亦杂而不精。"

得见其中吴又可的《温疫论》时,深感其论述发前人之所未发,极有创见,又合于实情,便仔细研究,受到了很大的启发。他对叶天士尤其推崇,但认为叶氏的理论"多南方证,又立论甚简,但有医案散见于杂证之中,人多忽之而不深究"。

◆参古博今,撰书救人

吴鞠通辞职不干了,从此定居京城行医。因诊断准确、用药神奇,逐渐声名鹊起,活人无数。连皇帝都知道他了。

吴鞠通有感于当时医生墨守伤寒治法不知变通,于是他在继承了叶天士理论的基础上参古博今,结合临证经验,前后花了六年时间,撰写《温病条辨》七卷,提出温病的三焦辨证学说,对温热病学说做了进一步的发挥,是继吴又可、叶天士之后的温病学派重要代表人物。

温病与《伤寒论》并非两套理论,在理论的制高点上看伤寒与温病,二者殊途同归。此为后话。

吴鞠通对《伤寒论》是非常精通的,银翘散与《伤寒论》中的某个方剂是暗合的,大家不妨思考一下。中医的理法方药,理排在第一位,不明理而学医,有如瞎子摸象,摸到什么就自以为是什么。自古至今中医有文字记载的各种方剂浩如烟海,不下十万首。穷尽一生也看不完。

学习中医名家的思想,不是学几首方剂会用就算学到了,而是要明理。正如汪廷珍在《温病条辨》作序中所夸赞吴鞠通的"研理务精,抗志以希古人,虚心而师百氏。"因为明了医理,所以吴鞠通可以自己创立一套理论和方剂,而非模仿古人。

◆流芳百世,名垂青史

附上吴鞠通先生自创的几首代表方剂,大家一定很眼熟。银翘散、桑菊饮、翘荷汤、新加香薷饮、三仁汤、青蒿鳖甲汤、杏苏散、清营汤、人参乌梅汤、沙参麦冬汤、复脉汤、清宫汤、清燥汤、增液汤、益胃汤、安宫牛黄丸。

学医十六年从未出手,35岁,他阻止了一场瘟疫。他就是清代温病第一人,吴鞠通。吴鞠通写了一本书叫《温病条辨》,是迄今为止中医学里,关于瘟疫论述的最高成就!

在19岁之前,他和我们现代人一样,上学就是为了考取功名。19岁时,家庭一场巨变让吴鞠通立志从医。因为他的父亲得病死了。学了 4 年,吴鞠通的侄子得温病,又被庸医治死。那时他觉得自己没学到家,不敢轻易出手阻止。又学了 3 年,被乾隆找去编纂四库全书,看到一本关于瘟疫的医书《温疫论》。于是再次潜心研究。时光荏苒,春秋转逝,又是十年之后。吴鞠通内功终于圆满。那时正值北京城暴发一场大瘟疫。遍地哀鸿。

吴鞠通此时依旧对自己的医术不放心。可是人命关天。时不我待。周围许多朋友都逼着他去治病。吴鞠通心怀忐忑地答应。尽管此时他暗地里已经把医学巨著《温病条辨》写完了。学医 16 年多,虽然内心自信,但是初次出手,吴鞠通还是比较谨慎。他先是选了几十个已经几乎没救的,用他自写的方子熬药灌入病人之口。不到数天,奇迹出现。经过他治疗的病人,全部存活。吴鞠通此时长舒一口气。信心大增。正准备放开手脚大干一番,救黎民于倒悬。却没想到,他的朋友们早把他的方子在开出的同时早分发出去了。一场瘟疫就此被遏制。吴鞠通一时名声大噪。于是他顺手从袖子里抽出那本藏了许多年的《温病条辨》。这本书几乎瞬间封神,一时间洛阳纸贵,在世间广为流传。而这本书也经历的时间的考验。200 多年来,一直是与医生张仲景的《伤寒论》比肩的存在。被列为中医五大经典之一。现代中医学必修科目之一。为中华民族又增加了一段悬壶济世的乐谈。而吴鞠通从此之后,走遍大江南北,从此悬壶济世,开启了他人生精彩的后半段。

◆佩姜与用姜

吴鞠通最善用姜。据说,他常将一块老干姜用小绢袋盛装佩戴身上,称佩姜,以避瘟疫邪气。一天,他去郊外,遇许多人在围观。走进人堆,只见一村妇面白昏仆,守候一旁的丈夫顿足捶胸。问原因,知妇人连日泄泻,是日强挣出门,不想如此情状。吴鞠通诊其脉舌,为寒湿泄泻虚脱日晒晕厥,便取佩姜嘱其夫速煎送来,即于树荫处为之揭穴揉按。村妇服姜汤后四肢渐转温暖,目睁神复。夫妻拜谢谢救命之恩,吴鞠通续开方一笺嘱回家调理。有贾姓富商年过半百始得一子。其子十多岁,时常偕友上临江楼饮汤食鲜竹鸡。一年后,形体渐消瘦,易躁怒,常昏眩。老父着急,请医诊治,却无效果。遂远道迎请吴鞠通为之诊病。吴鞠通细察后又详询饮食起居,便以生姜两斤捣汁,取一盅拌白矾细末调匀,以竹筷撬齿频频灌饲,顷刻苏醒。竹鸡喜食半夏,病人食竹鸡致间接半夏中毒,生姜解半夏毒,所以取效。

另一老妇,多年顽固哮喘,入冬症重,多治不效,求吴鞠通施诊。吴鞠通嘱其以生姜五斤捣汁,浸内衣使透,复于烈日下晒干,贴身穿上,自立冬起,每九日一换,至冬尽春来,症大减,神清息畅;次年冬天如法炮制再用一次,顽症告愈。生姜辛温,发表散寒祛风,化痰缓痉止哮。老妇体弱,服药难进,以姜汁浸内衣,让药效透皮作用肌肤渗达脏腑,搜剔肺肾伏邪,兴奋呼吸中枢,扩张上呼吸道血管,使血循环改善,促支气管排痰解痉,廉药奇法,竟收异效。至今,在民间还流传着姜汁背心和用干姜配制的咳喘背心的外治方法:

姜汁背心祛风寒:取鲜生姜 5 000 克,捣碎,纱布包,榨取姜汁,以姜汁浸棉花,晒干,做成背心。令病人穿之,日夜护住胸背,或每天使用 8 小时以上。姜汁背心能散寒解表,主治风寒咳嗽、哮喘。

咳喘背心疗"慢支":药用干姜 10 克,白檀香各5克,麻黄、细辛、生白芥子、桂枝、紫菀、冬花、苍术各 10 克,鹅不食草、艾叶各 20 克。上药共研为粗末,艾叶捣绒,铺掺于棉花中间,用布缝制成背心。凡患有慢性支气管炎、肺气肿的人,常由感冒诱发,缠绵难愈。故在缓解期宜穿此背心,能起到防治结合的作用。

在《温病条辨》中,吴鞠通用姜之方剂也很多。仅举两例述之。

辛温淡法:方有小半夏加茯苓加厚朴杏仁方:半夏八钱(24克)、茯苓六钱(18克)、厚朴三钱(9克)、生姜五钱(15克)、杏仁三钱(9克)。以甘澜水八杯,煮取三杯,温服,每日3次。主治:湿温,咳而且嗽,咳声重浊,痰多不甚渴,渴不多饮者。

苦辛热法:方有桂枝姜附汤:桂枝六钱(18克)、干姜三钱(9克)、生白术三钱(9克)、熟附子三钱(9克)。以水五杯,煮取二杯,渣再煮一杯服。主治:寒湿伤阳,形寒脉缓,舌淡或白滑,不渴,经络拘束。

◆轶事趣闻

吴鞠通青年时攻科举习儒,19岁的时候,父亲得了病,吴鞠通四处奔波寻找医生,家里积蓄花得精光,也没治好,甚至父亲临终前都没有诊断出到底得了什么病。身为读书人的吴鞠通伤心欲绝,既痛恨医者不专心钻研医术,又痛恨自己的无能。他守在父亲灵前,越想越难过,于是他做了个决定他要学医,而且绝不做害人性命的庸医。他就这么披麻戴孝的跑上街头的书摊,直接问学医的都看些什么书。书贩推荐了《黄帝内经》《伤寒杂病论》等,他抱着书,跪在父亲陵前,借着微弱的长明灯,看得如饥似渴,想从中翻找父亲的病因。

安葬了父亲后,他思考接下来的人生,《伤寒杂病论》序言里悲天悯人的情怀,还有"外逐荣势,内忘身命"的观点,这让他幡然醒悟,他痛下决心,"慨然弃举子业,专事方术"。他就这么严格要求自己,用心钻研医书十七年,在这十七年期间他从不敢轻易为人治病。就这样怀着对医学的虔诚,和对生命的敬畏,在行医时如履薄冰,反复钻研琢磨,才能有之后医学上的成就。而在大医还没成为大医之前的各种谨小慎微,往往会被人们怀疑不够自信,其实不然,正是有那份超出常人的严谨,才成就了医者超出常人的医术。抄《四库全书》,主攻温病,治病先讲病。

吴鞠通 26 岁时,北上进京,同时还要担负着养家糊口的重担。他在街头风餐露宿的流浪,寻找工作机会。一天他看到了清政府编纂《四库全书》,招募抄书员,于是他前去应聘,得了份抄书的工作。由此他每天在别人休息之余,用加倍于别人的用心和投入,翻阅大量医术,当他看到吴又可的《温疫论》这本书,又看到叶天士的温病理论《温热论》书中的温病理论,他结合父亲的病症,心里逐渐明朗起来,为自己的才疏学浅感到羞愧,于是加深思考,主攻温病。

温病是感受温邪引起的一类急性外感热病,伤阴耗液为其重要的病理变化。盖以热为阳邪,耗津损液;湿热化燥,亦可消耗阴液,故温病患者大多可见明显的机体津液耗灼消铄之象。历代医家均十分重视温病伤阴的特点,并强调治疗应注重滋阴养液、顾护阴液。吴鞠通为清代著名温病学家,其秉承叶天士之学术思想,并参以个人临证经验,创立了三焦辨证理论,对温病学的发展做出了巨大贡献,是继叶天士、薛雪之后的又一温病学巨匠,以《温病条辨》《医医病书》《吴鞠通医案》等著作存留于后世。吴氏认为:温热阳邪也,阳盛则伤人之阴也,热病未有不伤阴者,其耗之未尽者胜,尽则阳无所留恋,必脱而死。温邪伤人致病,多自上焦而中焦、下焦,病变由浅而深,病势、病情逐渐加重,即一般规律为始上焦,终下焦。在此过程中,尽管病机多样、病情复杂,但往往伴有阴液消耗的病机,因而提出治疗温病当以救阴精为要务的基本法则。

吴鞠通看病的时候，经常给人讲病，讲完以后病人才能真正康复。当时有个49岁的姓杨的妇女，开始时肝气不疏，然后导致胁下疼痛，当时大家给她滋阴了，越滋阴越不好，最后非常虚弱了，饮粥汤止一口，食炒米粉止一酒杯，一听到响动就惊厥昏倒，然后身体抽搐。这样病一犯就是几天，然后恢复，然后再犯，这个病让其他医生头疼坏了。

吴鞠通来了，先开了一些疏肝理气的方子梳理经络，病人见了点效，吴鞠通又开了点化痰的方子，也见了些效，慢慢这个人身体开始恢复了。这个时候吴鞠通要出差去其他地方，但是对这位病人不放心，就给她写了封信，以大道理开导之，过了很长时间回信来了，吴鞠通一看乐了，这个妇女说你信中说的道理太好了，我每天把这封信高声朗诵一遍，朗诵完了心情就开朗，自己的精神大涨，现在身体恢复得特别好，合家欢乐。这样朗诵不光对自己好，对家人也有好处。

吴鞠通看病不仅仅看到病人身体的疾病，甚至看到有很多身体疾病，有可能是不良情绪引起的，吴鞠通就一定要讲，让病人改变心态，这样才能真正治病。吴鞠通特别强调医生要兴趣广泛，才能开解病人心情。

治病要祝由，以前说是画符什么的，吴鞠通说不是这样的，祝是告诉的意思，由就是疾病的由来。祝由就是讲清楚疾病的由来，然后把病人的心结打开，这样没有用药，实际病已经好了一半了。在这种情况下，再用了药物以后，身体才能真正恢复健康。

霹雳散治霍乱。在《温病条辨》这部书里，吴鞠通对燥邪特别关注，他写了好多关于燥邪的论述，还记载了一些独创的药方，其中一个方子有着传奇般的色彩，对于令人色变的瘟疫具有独特的疗效。吴鞠通在晚年重新修订《温病条辨》的时候，在燥邪这栏里加了一个方子，叫霹雳散。他写的症状特别严重，有不终日而死者，吴鞠通在使用霹雳散的时候，正是北京河北一代，爆发大规模瘟疫的时候。

道光元年，三月任丘大疫，六月冠县大疫、武城大疫，死者无算。当时正好赶上科举，外边发生了瘟疫，一旦传播开来，后果不堪设想。清政府是有这意识的，科举取消是不能做，不取消如果有瘟疫的话，就不可收拾了。于是就有人提出，集体购买霹雳散，先吃下去预防一下，当时有关部门同意了，购买很多霹雳散，分给考生，在会试的过程中，没有一例患上瘟疫的，当时大家都认为吴鞠通这个方子开的好。

第四十章

清代名医张锡纯，中西医结合的先驱

生平小传

　　张锡纯(1860—1933 年)，字寿甫，籍山东诸城，河北省盐山县人，中西医汇通学派的代表人物之一，近现代中国中医学界的医学泰斗。自幼读经书，习举子业，两次乡试未中，遵父命改学医学，上自《黄帝内经》《伤寒论》，下至历代各家之说，无不披览。1916 年在沈阳创办我国第一间中医医院——立达中医院。1928 年定居天津，创办国医函授学校。由于他有高明的医术和特殊的地位，医名显赫。1930 年在天津创办国医函授学校，培养了不少中医人才。1933 年秋天因病逝世，享年 74 岁。

　　张锡纯出身于书香之家，自幼读经书，习举子业，父亲喜欢写诗，著有《莲香斋诗稿》。小时候，他父亲就要他读唐诗，还精选历代名家诗数百篇要他背诵。因此,张锡纯十余岁就能写出一手好诗。有一次,他在题为《天宝宫人》试帖诗中,写了"月送满宫悉"的诗句。他父亲认为那是佳句,大加称赏,并对人说他的儿子"异日当以诗显名"。但实际上,张锡纯"显名"的,并不是"诗",而是"医"。

1885 年张锡纯治愈了连当时的名医高鲁轩、毛仙阁都束手无策的危重症,颇受二人称道,自此开始应诊。但 1911 年前,仍主要以教书为主要职业。

1893 年第二次参加秋试再次落第后,遵父命改学医学,上至《黄帝内经》《伤寒论》,下至历代各家之说,无不披览。同时张锡纯开始接触西医及其他西学。1904 年,中国废科举,兴学校,张锡纯成为盐山县唯一可教代数和几何学的教员。受时代思潮的影响,张氏萌发了衷中参西的思想,遂潜心于医学。1900 年前后十余年的读书、应诊过程,使他的学术思想趋于成熟。1909 年,完成《医学衷中参西录》前三期初稿,此时他年近 50,医名渐著于国内。

主要工作经历如下:

1911 年曾应德州驻军统领之邀,任军医正,从此他开始了专业行医的生涯,以后任过立达医院院长、直鲁联军军医处处长等职。

1916 年,奉天设近代中国第一家中医院——立达医院,聘张氏为院长。

1928 年定居天津,创办国医函授学校。由于他有高明的医术和特殊的地位,医名显赫。他的一生除了孜孜研究医学外,还培养了不少中医人才。

1918 年(民国七年),苏中宣等人聘请张锡纯到奉天(沈阳),在大东关开办立达中医院,并担任院长,提倡中西医合作,名声大噪。

1920 年代初期,与江西陆晋笙、杨如侯、广东刘蔚楚同负盛名,称为"四大名医"。又和慈溪张生甫、嘉定张山雷齐名,被誉为海内"名医三张"。

1928 年后寓居天津,白天诊病,夜间写作,开办天津"国医函授学校",设立"中西汇通医社",培养后继人才。

主要成就

张锡纯生于晚清华北小康之家,少时读书原以举业为务,也受其父的医学兴趣影响,于医籍医事多有涉猎。自弱冠至而立之年,张锡纯两次参加乡试不第,科场不顺,遂以儒生之身,转以医学为业。自宋代起,科举竞争日趋激烈,举业不利的士人出于生计等现实考虑,转而弃文从医,已成为一种流行的社会文化现象。此类医者由于具有较好的知识水平和文化素养,每以"儒医"自称,以区别于那些持家传秘要一技之长、以医技谋生、文化水平普遍偏低的民间草医和游医。从历史角度,张锡纯的个人选择是早期现代以降长久的儒医传统在晚清帝国余辉中的延续。然而,张锡纯的殊异之处在于,他不以儒医身份自恃,也不把医生一途仅仅当作谋生津梁,而是以极大的热忱和心力投入医学知识的研习和医疗实践的精进,视之为终身志业。

张锡纯的习医之路以自学为主。他对医学的涉猎虽始于家学,但得力有限,文献中也未见有其投至医学名宿门下拜师服膺门庭的记录。就这一点而言,他的医学职业生涯可以说并未遵循中国传统医学的师徒传承模式,而更多地是以一己之力,凭借个体努力,充分利用时代条件,走出一条独特的名家之路。与同时代的医家相比,张锡纯成名甚晚,其习医之路的独立求索、苦心造诣,厚积薄发,是一个重要的原因。他的医名为国人所知,大致是在他

50 岁以后。尤其是 1918 年起，他积数十年医理研习和临床经验所著《医学衷中参西录》各期次第出版后，立时热销，迅速为他在中国医学界树立起广泛声誉，可谓横空出世，大器晚成。

张锡纯生逢 19 世纪中期起的第二次"西学东渐"，他对医学知识的研习不仅限于中国医学典籍，也包括这一时期译介的近现代医学知识。来自中西两个医学传统的资源共同构成了他的医学思想的知识基础，使其医学理念呈现出鲜明的开放气质和别具一格的中西杂糅特征。

16—17 世纪欧洲传教士主导的第一次"西学东渐"相比，自 19 世纪中期起传入中国的西方知识思想在规模和水平上都开始对中国思想传统构成强烈的冲击。以医学为例，这一时期的近代欧洲医学乘文艺复兴运动的锋锐，已经与思辩重于实证的中世纪欧洲医学拉开距离，特别是在解剖学方面取得了系统性进步，在药学方面也在由天然药物向化学制剂过度。

在医学理论和临床实践层面，张锡纯都积极探索中西医学的互相阐发，堪称中国近代医学史上中西医结合的先驱。他对这些来自域外的医学知识极为注意，其阐发则仍以中国传统医学为基础，认为"西医新异之理原多在中医包括之中"。他一方面公开赞许西医解剖学精细入微，确凿可信，为中国医学传统所不及；另一方面主张积极汲取，为我所用，"采西人之所长以补吾人之所短"。

从医学史角度，张锡纯的主张所反映出的既自信又开放的气度，实为在中国医学界内部某些将中医与西医对立，认为二者不能兼美，必要一分高下的论调所不及。

在医理方面，他将中医自《黄帝内经》以来赋予新的关键地位与这一时期西医对神经系统的认识相结合，提出其代表性中西汇通观点"心脑共主神明"之说。在临床中,他在辨证处方时常以中西药物并施,其中比较著名的是以中药生石膏和西药阿司匹林合用治疗温病,并在这方面积累了丰富的临床经验。

张锡纯的医学思想得自长期临床实践,为学崇尚亲知亲为,务求言有实据,不尚空谈。这表现为几个方面。

首先,重视中医经典而不迷信。张锡纯服膺《黄帝内经》《神农本草经》,认为是中国传统医学的渊源,但同时也指出其书其文由于传世久远,间有伪托讹误不可信之处。一方面能立足传统,充分运用中国传统医学典籍中积累的概念资源和长期经验;另一方面又能超脱门户之见和意气之争,为对传统的新诠释和与时俱进提供了充足的空间。例如他的"大气下陷"理论,即是基于《黄帝内经》关于"大厥"的记载和西医关于"脑贫血"的病理解释融合而成的新理论。

其次,以亲尝亲试为主要方法的药物学研究,有中医"实验派"的美名。以服用后的感受推断药性,是中国本草学的一个传统做法。这一做法在张锡纯的用药经验中占有基础性地位。《医学衷中参西录》包括大量他亲自口服药物以了解药性的记录,其中不乏传统上认为药性峻烈,甚至有毒的药物。据张锡纯自陈,这种经验使他在临床用药中得以精确把握药物之"性情能力",取得良好的治疗效果。不仅如此,这种经验也使其敢于不拘泥传统,发明大量新制方剂,或以经典所不载的超常规方式用药,例如善用山药治内科诸虚,重用山茱萸救脱等。

最后,重视医案和医学教育。张锡纯重视临床经验的总结。他的代表作《医学衷中参西录》约一半篇幅是按病症类型分门别类的医案。他的医案事、理兼具,不仅记载翔实完备,而且常有关于辨证用药的医理药理分析，为后来者学习中医临证提供明晰的参考，也是研究近代中医史的宝贵贡献。

衷中参西汇通中西医的思想使张锡纯找到全新的治学观点和方法。第一是抛弃崇古泥古、故步自封的观点，敢于创新，不全于故纸中求学问。从文献出发汇通中西医基本理论，并不足以解决当时的临床问题。这方面的与古为新主要得益于他的第二种观点和方法，即反对空谈的观点，崇尚实验方法。张锡纯虽无利用仪器进行实验室研究的条件，而他却能充分利用了自己长期临证实践的条件，尽一切可能通过切身体会去寻求知识。

张锡纯的实验精神突出表现在两方面，一是对药物的切实研究，二是临床的细致观察，以及详细可靠的病历记录。他认为，学医的"第一层功夫在识药性……仆学医时，凡药皆自尝试"。自我尝试仍不得真知，则求助于他人之体会。为了研究小茴香是否有毒，他不耻下问厨师。其他药物毒如巴豆、硫黄，峻如甘遂、细辛、麻黄、花椒等，均验之于己，而后施之于人。对市药的真伪，博咨周访，亲自监制，务得其真而后已。因此张锡纯用药之专，用量之重，为常人所不及。特别是他反复尝试总结出萸肉救脱，参芪利尿，白矾化痰热，赭石通肠结，三七消疮肿，水蛭散症瘕，硫黄治虚寒下利，蜈蚣、蝎子定风消毒等，充分发扬了古人学说，扩大了中药效用。他对生石膏、山萸肉、生山药的研究，可谓前无古人。

《医学衷中参西录》全书逾百万言，学者多感百读不厌，关键在于其内容多为生动详细的实践记录和总结，而绝少凿空臆说。其中张锡纯自拟方约200首，古人成方或民间验方亦约200首，重要医论百余处，涉及中西医基础和临床大部分内容，几乎无一方、一药、一法、一论不结合临床治验进行说明。重要方法所附医案多达数十例,重要论点在几十年临证和著述中反复探讨,反复印证,不断深化。因此,张锡纯被尊称为"医学实验派大师"。

张锡纯全书载案逾千,轻浅之病记载稍略,重病、久病或专示病案者,观察记载无不详细贴切,首尾完整。当时国内西医病案及论文也多不及其著述资料翔实。文中以中医立论者,必征诸实验;沟通中西者多发人深思。读其书者或不能尽服其理,但必不以为作者妄言欺人或故弄玄虚以凑篇幅。勤于实践,切身体会,仔细观察,随时记录,不断整理提高,就是张锡纯的实验方法。

代表著作《医学衷中参西录》是其一生治学临证经验和心得的汇集。由学苑出版社出版的《张锡纯医案》,是通过对张锡纯1909年所撰的《医学衷中参西录》研读与实践所得的一部张氏医案,书中从诊症、辨治、方药到方解、按语,明了清晰;书后附有本书作者撰写的"张锡纯医学思想探讨"等系列文章及张氏自拟方索引,既使人看到了张氏精湛的医术与仁厚之人品,也通过作者的笔加深了人们对张氏医学思想的理解。

目前所出版的张锡纯著作,多为将全部著作汇为一册的厚重开本。

而本次分卷出版恢复张锡纯生前对其医著的分册原旨,将《医学衷中参西录》系列医著分为五册:处方篇(即《屡试屡效方》)、药物篇(即《中药亲试记》)、医论篇(即《中医论说集》)、医案篇(即《医案讲习录》)、伤寒篇(即《伤寒论讲义》)。并在完全尊重张锡纯原意、原文的基础上,通过现代编辑手法,让该书的"层次更分明,

张锡纯是近代中国医学史上一位值得称道的医家,他曾在沈阳创建"立达中医院",疗效卓著;在天津开办国医函授学校,培养

了不少后继人才;在当时各地医学刊物上,发表了很多具有创见的论文,在医界产生了很大影响。他声名远播,与当时江苏陆晋笙、杨如候、广东刘蔚楚齐名,被誉为"医林四大家",又与慈溪张生甫、嘉定张山雷并称为海内"名医三张"。极负盛名的《医学衷中参西录》一书,是他一生刻苦向学的心血结晶,也是他长期实践经验的总结,更是他的创新精神与创新实践的丰硕成果。作为卓越的临床家和中西医汇通派的著名代表,张锡纯在中国医学史上占有重要的地位。学习其创新精神,发扬光大祖国医学具有重要的意义。

张氏在创制新方的实践和成就更为后人称道。从其临床实践来看,张氏用药有不少独到之处。注重实效、以实践验证药用是张氏用药的一大原则。

在理论上,常将中医脏象学说与西医解剖生理互证,力图沟通中西医,如认为《黄帝内经》所述厥证即西人所谓脑充血等。此外,他临证讲究详细记录病情,用药讲求实效,创制的许多新方如镇肝息风汤等,多为后人所喜用。

张锡纯为人忠厚,志行高洁。其书自序云:"人生有大愿力而后有大建树……学医者为身家温饱计则愿力小,为济世活人计则愿力大"。这种志向基于"不为良相,必为良医"的思想,张锡纯虽终生未直接参与政治,仍常于诗文中流露出忧患的心情。1924年,他自题其书第五期卷首云:"自命生平愿不凡,良医良相总空谈。坎坷无碍胸怀阔,遭际常怜国运艰。忧世心从灰后热,活人理向静中参。轩岐奥理存灵素,化作甘露洒大千。"诗中委婉地表达了未能医国的遗恨。

1954年,石家庄组织中医运用张锡纯重用石膏的经验治疗流行性乙型脑炎,获得良好的效果,卫生部门曾作为重大科技成果向全国推广。张锡纯的这一宝贵的见解和经验在新中国成立后得到了继承和发扬。

为济世活人计，张锡纯治医不计私利，凡有心得发现，必于医界公布。刊印书籍有赠送惯例，每难盈利。至于他对静坐吐纳术（当时特风行于学校）的体会，更多向医界提倡，以为不仅益于养生且利于治学。他的朋友和病人既有军政界要人，也有城乡贫民，相处中均一视同仁，不见傲下媚上形迹。他不置产业，日常业务仅足维持生计。1913 年，黄河泛滥，有一灾区孤儿流落至大名，病饿垂危，张锡纯携至寓所救活。因不知其乡贯里居，即收为义子，取名张俊升，成人后为其家立业，使谋生于天津。张锡纯逝世前终于查清其为河南滑县卢姓，遂改名卢俊升，一时传为义举。

张锡纯不避劳苦，自奉甚俭，常念学与年俱进，终生治学不辍。虽至晚年，每为人合药饵，必躬自监制；修订著作及复信答疑不肯假手他人。又力辟医不叩门之说，每遇疑难重证，辄辗转筹思，查考书籍，一旦有定见，虽昏夜立命车亲赴病家调治。即或病在不治，亦勉尽人力，每救疗至殓服已具，不肯稍有懈怠。时人称之为一代大师，实当之无愧。

传奇故事

◆治便秘

张锡纯有一个爱好，就是看父亲和其他的医生诊病。闲暇的时候，父亲经常给张锡纯讲些医理，这让张锡纯很感兴趣。话说这一天，张锡纯见邻居家里聚集了很多人，议论纷纷，面露疑惑的表情，张锡纯很奇怪：到底是怎么回事儿呢？

原来，隔壁的这家有人患了外感病，当时叫做伤寒，因为调理不当，最后变成了"热入阳明大便燥结证"，这在中医叫阳明腑实,就是有燥结的大便在肠中,这是因为外邪入里化热导致的。一般中医治疗是用张仲景的大、小承气汤类方。当然,前面治疗的医生和我们想的一样,开的也是大承气汤。这个方子出自张仲景的《伤寒论》,由大黄、厚朴、枳实、芒硝组成,瞧瞧,都是泻药。这个方子是著名的寒下之方,专门对付热邪导致的燥结,一般服用后很快就会奔厕所去,一泻方休。

但是,这位病人却非常奇怪,已经服用两剂的大承气汤了,却一点要泻的意思都没有。这让大家议论纷纷,怎么回事儿? 这位这是什么病啊? 怎么这些猛烈的泻药,他吃了都纹丝不动啊,别不是有什么别的毛病吧?

张锡纯听了,也觉得好奇,于是赶快跑过来,想一看究竟。这个时候,有人提出,不如我们把刘肃亭先生请来吧。

这位刘肃亭是谁呢? 原来,刘肃亭是张锡纯家乡的名医,十里八乡的人有病,都请他来看。他的手段高明,很多疑难病症都会应手而愈。大家一听,纷纷赞成,于是就把这位刘肃亭先生给请来了。

刘肃亭先生诊了一下病人,然后提笔开了个方子,就一味药,叫威灵仙,三钱,煎汤服用。大家全都揉眼睛,我们没看错吧? 这么一个严重的病症,您就一味药,而且这个威灵仙还是一个治疗风湿疏通经络的药,这和大便燥结有什么关系啊? 张锡纯也是感觉丈二和尚摸不着头脑,这位是高手,我们都听说了,可是凭着我自己有限的医学知识分析,这也太不靠谱了!

就在大家疑惑不解的时候,刚刚服下药的病人突然呻吟了一声,这下大家全都愣住了,纷纷停住议论,看着病人。

此时屋子里静悄悄的,掉根针都能听见,只见病人呻吟片刻,突然起身,直奔厕所! 甫问,大便通了,这个病也就这么好了(病亦遂愈)。张锡纯这个佩服啊,这可真是高手啊,果然是应手而愈啊。可是这是为什么呢? 最后,张锡纯实在是忍不住了,就虚心向这位老先生请教,他问刘先生说:"这个威灵仙虽然也有一点通便的作用,但是太小了,它主要是祛风湿通经络的,泻下的作用和大承气汤简直没法比,可是您用怎么比大承气汤还管用啊?"

这位刘先生也不保守,见张锡纯年轻好学,于是就和盘托出,他说:"告诉你吧,这位病人虽然服用了大承气汤,但是因为脏腑气化阻滞不通,所以药力并没有发挥作用,都郁滞在那里了,所以没有泻,此时这两服大承气汤还在肚子里面呢。"

张锡纯若有所思地点点头。刘先生接着说:"我只是用这个威灵仙来通经络,调气机,来触发大承气汤的药力,药力发挥作用了,大便也就通了,这个威灵仙的作用,就好比是放枪放炮时的那个导火索啊。"

张锡纯听了,赞叹不已,他后来自己说:"愚闻如此妙感论,顿觉心地开通,大有会悟。"什么妙论啊,这是功夫深厚,在看病的时候就会出现如此的神来之笔了。

张锡纯有了这次经历,思想上受到的启发较大。后来不久,就发生了另外一件事情。这事居然给了张锡纯一个实践这个理论的机会。

原来,在张锡纯的邻村,有位叫霍印科的小伙子,这位是张锡纯的师兄,两个人天天在一起背诵科举教材和复习提纲,模拟考试的时候估计也是前后座。这天霍印科因为点小事儿,生了点气,"怒动肝火",然后又患了外感,七八天以后,腹中胀满,大便燥结,非常难受。请来了医生一看,常规思路,这是大承气汤证啊,于是，就开了大承气汤。

您说怎么就那么巧，这位霍印科，服药后也是纹丝不动，丝毫没有要泻下的意思，反而觉得自己的胁下疼痛难耐。这下，大家全都傻了，这是什么病啊？

张锡纯一诊脉，又诊得个沉弦有力的脉象，于是他就知道这个病是肝气郁滞、肝火盛导致的。所以，他灵机一动，用了疏通肝气的柴胡三钱、生麦芽一两，就两味药，熬水给病人喝了。结果，药喝下去，半个小时以后，胁下已经不痛了，又过了一个小时，大便通下，肚子也不胀了，"病脱然痊愈矣"。

可见，张锡纯年轻的时候，就已经领会了中医的道理，学会圆通运用了。这些对我们今天的临床特别有启发作用。

◆用山萸肉救人

一日深夜，张锡纯被一阵急促的敲门声惊醒，下床披衣开门，只见来人神色紧张，口里呼着"救人"，拉起张锡纯就走。路上，才得知是村上的一个孕妇忽然染上霍乱，又吐又泻一整晚，胎儿流产。来前病人已经不省人事、奄奄一息了。

来不及细想，狂奔至病人家。刚刚跨进大门，就传来阵阵哭声。难道是自己来晚了？屋内，病人已经殓服在身，家属悲泣而立，见张锡纯风尘仆仆地赶来，边抹泪边说："没救了，没救了。""既然来了，让我再瞧瞧吧。"随即，他把四根手指搭在了病人的手腕上，虽然细若游丝，但仍一息尚存，便说还有一线生机。病人家属眼睛里顿时有了光。

"张先生，您快开方子吧。"

"只需一味药。"

"什么药？"

"山萸肉。但必须要快,病人已经极度虚弱,等不得啊。"

这可怎么办?药铺离这里快马加鞭也要一个时辰。时间不等人啊。这时,张锡纯突然想到,病人家的东邻就是他的表兄刘玉珍,而当天下午刚刚给他开了两剂药,其中就有山萸肉。想到这儿,他赶忙跑到表兄家,从药中挑出山萸肉六钱,立刻吩咐病人家属煎汤喂服,没多久,病人开始有微弱的呼吸了,喊她也能应声了。

与此同时,去城里药铺抓药的人也回来了。张锡纯说,此时必须乘胜追击,命家人将山萸肉、生山药各二两,煎汤一大碗,让病人慢慢温服下。让人没有想到的是,病人的精神很快就恢复了大半。家人见病人起死回生了,竟抱着她又哭了一回。转过头来,才想起自己家的救命大恩人,千恩万谢。

张锡纯叮嘱病人家属,虽说病人已经脱离生命危险,可要调养好身体,还需一段时日。但只要坚持每天用生山药末熬粥,慢慢调养,就能恢复如初。

张锡纯用山萸肉救脱的经验,屡试屡效。他在《医学衷中参西录》中反复强调要去掉山萸肉的核儿,这个经验为当代医家广泛吸收运用。

◆用资生汤治病

1931 年,大名府的一位女子长期不来月经,最后起不了床了。女人不来月经,居然会导致起不了床,这就很怪了。那这个女人的病又是怎么回事呢?这是张锡纯治疗过得很奇特的一个病人。张锡纯是民国时期最有名的一个国医圣手,他治疗过的病人,有很多得的都是怪病。按我们现在来说,就是疑难杂症。怪到什么程度呢?那我们就来看看下面这个怪病故事。

这个故事发生在民国时期,1931 年的大名府。

1931 年,张锡纯来到大名府,因为一些事,耽误了,就一直在大名府住了下来,顺便行医。

有一天,来了一个人,请张锡纯给女儿治病。张锡纯问了一下这个人女儿的情况,这个人就说了。自己的女儿还没有结婚,突然生了一个怪病,日渐消瘦,晚上盗汗,逐渐的月经也不来了,后来更是连床也起不来了,干脆就瘫痪了。病了一年多了,把家里人愁得不行。找了很多医生看了,也不好。后来听说了张锡纯,就找上门来请他给看看。

张锡纯太厉害了。

他只是听病人家属说了病情,也没有亲自去看病人,就给开了一个方子:什么方子呢? 资生汤。

资生汤是什么样的一个方子呢? 是一个专门治疗痨瘵病的方子。

那,什么是痨瘵病呢?

就是我们现在所说的结核病,以及一些消耗性疾病,比如甲状腺功能亢进症、糖尿病等。

这个病的表现主要有咳嗽,喘,呼吸急促,发低热,人体消耗,逐渐消瘦,心率加快。

如果是女性,还会出现月经逐渐减少,甚至停经,人极度消瘦。

有的人没有咳嗽和喘,但是会逐渐消瘦,喝水多但是不解渴,而小便很多。

资生汤的成分是什么呢?

生山药、玄参、于术、生鸡内金、炒牛蒡子。这里的于术就是白术。如果发热比较重,就再加上生地黄。

张锡纯给病人开了这个方子后,病人吃了好多天,慢慢地能吃饭了。

但还是发热,怎么办?那就加上生地黄吧。

五六天后,发烧退了,而且能起床了。但是因为长期瘫痪不能下床,腿疼得不得了,走不了路。张锡纯于是又在方子中加入了丹参、当归。

连吃了十天,腿不疼了。不仅不疼了,而且正常走路了。月经也来了。

病人又说,月经虽然正常了,但是白带太多,忘了说了。

张锡纯又在方子里去掉丹参,把白术剂量加倍,又吃了十剂。

这回,所有的症状都消失了,痊愈了。这样一个怪病,就这样被张锡纯治好了。

更为神奇的是,张锡纯人还在大名府,把这个方子寄给家里人。

结果一个多月后,家里有一个自己的徒弟生病了,吃不下饭,心率很快。

家里人就拿这个方子给这个徒弟吃,吃了十剂以后,居然也痊愈了。

这就验证了,资生汤治疗痨瘵,不管是男是女,效果都很好啊!

张锡纯不愧为民国时期最著名的中医大家,国医圣手。

◆人生有大愿,才有大建树

张锡纯医德高尚,曾在自序中说:"人生有大愿力而后有大建树……学医者为身家温饱计则愿力小,为济世活人计则愿力大。"

1902 年,43 岁的张锡纯在本县北部的外祖家刘仁村(今属黄骅市),教导初入学的幼童。这年秋天,盐山一带霍乱流行,刘仁村一刘氏妇,年近四旬,染病暴脱,已殓服在身,病人家属辞以不必入视。张锡纯得知此事后,找到病人家属说:"一息尚存,当可挽回。"

随后为病人疏方，竟用大剂山萸肉、党参、山药治愈，病人家属感激涕零，喜出望外。

1919—1920 年北方霍乱流行，张先生行医不计私利，配制中药，免费为穷苦的病人发放，还把"急救回生丹"及"卫生防疫宝丹"两方，登载于《北洋公报》，救人无数。

◆收治患病孤儿成义子

1913 年，辛亥革命之后，54 岁的张锡纯离乡从戎，随军至大名。这年，黄河泛滥，一个灾区的孤儿流落到大名，病饿垂危，张先生就带到寓所救活，因不知其乡贯里居，即收为义子，取名张俊升，俊升获救时年龄约 10 岁左右，自己也不知道几岁，张先生就拈阄为 11 岁。俊升成人后为其成家立业，使谋生于天津。张先生逝世前终于查清其为河南滑县卢姓，遂改名卢俊升，一时传为义举美谈。

◆病家赠婢女的故事

北洋政府时期，张锡纯已名播南北。一位何姓军阀（时人称为将军）为其母亲四处求医，最后找到张锡纯诊治。不久，这位何将军的母亲痊愈了，特意登门致谢，出手就是三百块大洋，还选送了一个非常漂亮的婢女，给张先生作姜小或丫鬟之用。张先生也不拒绝。何走后，张先生敬问女子来历，女子哭诉她是南方某地一商贩之女，因其父经商破产而亡，母亲为抵债将其卖于何府当侍女。张先生安顿女子休息，供给饮食衣物。即刻发信给女子家乡，一周后收到回信。安排徒弟同乘火车一路护送女子与家人团聚，临行前拿出何将军所赠财物送赠女子，嘱其归乡重振旧业、侍亲嫁人。女子离开前泪流满面，哽咽拜谢。

◆创立立达医院

1918 年，沈阳税捐局局长齐自芸用"理中汤"方有卓效，因与东三省官银号总办刘海泉相商筹建中医院,聘张锡纯为院长。秋初,张先生立刻自汉口到达沈阳,出任立达医院院长。"立达"之意取自《论语》"己欲立而立人,己欲达而达人"。该院位于沈阳市大东路大什字街东侧,现138中学教学楼的一个院落里,有房20余间,设内、外、针灸三科,设有病床,是国内成立最早的中医院,"中医之有院,实自此始"。张先生初到沈阳,"果治愈重危之证多人,声誉大起",且"西医难治之证,经先生治疗多立起"。如沈阳市署一科长患梅毒,在洋人医院治疗20余天,头面肿大,下肢溃烂,周身壮热,谵语不省人事,亲友邀张先生诊视,为免洋人医师察觉,托言探友。诊后张先生认为系梅毒类杂温病,仅服药两天就意识大清,病人遂决意出院到立达医院治疗,十余天后痊愈。前来立达医院求诊者很多,张先生每诊必留病志,在所著《医学衷中参西录》中,就记载有在沈阳诊治150多个病例,占总数的三分之二。

◆抗争废医案

1929年,余云岫等人主张"废医存药",民国南京当局通过"废止旧医以扫除医事卫生之障碍案",成为中医发展史上的一股逆流。年已古稀的张锡纯义愤填膺,他与上海名医冉雪峰结成南北同盟,奋起反抗。

张锡纯上书南京当局说:"近闻京中会议,上峰偏西医之说,欲废中医中药,不知中医之实际也。且中医创自农轩,保我民族……是以我国民族之生齿,实甲于他国之人也。今若将中医中药一旦废却,此于国计民生大有关系。"该案被迫取消。因此,在天津重订《医学衷中参西·前三期合编》八卷为四版,分上下两册。印行至第五版方满足需求。

◆免费办国医函授

1933年,74岁的张锡纯感叹"吾老矣""今将未了之事,托诸函授,四年之后,吾门中必有人才辈出,以行吾志"。春天,在天津创办四年制"国医函授学校",开创中国中医函授教育之先河。"国医函授学校"招收门人弟子五百余人,遍及全国。张先生亲自兼教务,制定科目,亲手编写教材,函授只收讲义费,与其他以谋利为目的之办学迥然不同。七月,《伤寒讲义》完成并陆续寄出,自咏诗云:"八旬已近又何求,意匠经营日不休,但愿同胞皆上寿,敢云身后有千秋"。张锡纯日间诊病,夜间写作,《温病讲义》只解完 11 方,就辛劳成疾,一病不起。9 月 27 日(农历八月初八)酉时,因心脏病谢世长辞,中秋节灵枢回籍,葬于盐山祖茔。

后　记

　　三年之久的新冠肺炎疫情，我们都亲身经历并见证了中医药的伟大与神奇。实现中医药的复兴是大势所趋，是民心所盼。按照《易经》三元九运的理论，从2024年（甲辰年）开始，中国进入了下元九运离火运，这二十年的离火运就是文化运，正是中医药文化复兴的黄金二十年，历史的大趋势正在眷顾着中国，中医的春天到来了。我们坚信，有党中央的高度重视和坚强领导，有全国人民的团结奋斗，我们伟大的中医一定能够再创辉煌。

　　实现中医文化伟大复兴的使命，历史地落在我们这一代人的肩上。作者创作本书的初衷，就是要讲好中医故事，让更多的人了解中医，支持中医，让更多的人加入到中医药复兴的队伍中来。

　　本书在创作出版过程中，得到了很多热心人的帮助和支持。国医大师张磊教授亲自为本书题写书名；郑州大学纪委书记许东升教授亲自审稿并为本书写序和题字；原河南大学药学院院长、教授，博士生导师，欧洲自然科学院院士、俄罗斯自然科学院外籍院士，国家药典委员会（中药）特聘专家许启太先生亲自为本书写序；中医主任医师、教授，世界针灸学会联合会副秘书长、专家委员、北京中医药大学特聘专家、河南中医药大学客座教授、中国骨伤微创水针刀学术委员会会长、张仲景国医学院教授，水针刀疗法创始人，吴汉卿先生亲自为本书写序并题字；原河南中医药大学外语部主任、教授、中国中医药翻译专家、中国著名书法家朱忠宝先生亲自为本书题字;著名书法家、国礼大师饶龙起先生亲自为本书题字;著名书法家冯少斌先生亲自为本书题字;河南中医药大学《中医学报》编辑部李华教授等编审人员亲自为本书审稿修改;郑州大学出版社孙保营社长以及负责本书的编审人员都付出了辛勤的劳动。在此一并表示衷心的感谢! 我还要特别感谢我的家人,她们在我创作过程中,给与了很多精神上的鼓励和生活上无微不至的照顾和付出。

许连纯

2024 年 3 月 5 日